中国计量大学重点教材建设项目资助
本教材适用于公共管理学科高年级本科生及研究生

THEORY AND PRACTICE OF
PUBLIC SERVICE QUALITY MANAGEMENT

公共服务质量管理
理论与实践

虞华君　霍荣棉
翁列恩　吴　丽　　等◎编著

ZHEJIANG UNIVERSITY PRESS
浙江大学出版社

序　言

随着我国国家现代治理体系建设的不断深化,近年来公共服务在质和量方面均有较大提升。我国社会主要矛盾已经转化为人民日益增长的美好生活需要和不平衡不充分的发展之间的矛盾,而公共服务既是满足人民群众美好生活的重要内容,也是转变政府职能、优化发展方式,深化"放管服"改革,推动我国经济社会持续健康发展的重要保障。因此,公共服务在新时代需要适应新形势和新要求,公共服务部门需要更多地体现以"人民为中心"的服务理念和宗旨,不断改进和完善公共服务体系和服务机制,让人民群众有更高的满意度和更多的获得感,而实现这一目标,首先就是要持续提升公共服务质量。各级政府应积极提供高质量的公共服务,努力实现"幼有所育、学有所教、劳有所得、病有所医、老有所养、住有所居、弱有所扶、困有所助"的目标。

自党的十八大以来,以习近平同志为核心的党中央顺应人民对美好生活的新期待,把提升公共服务质量摆到重要位置,不断加大公共服务质量建设,不断完善公共服务的内容体系,不断提升公共服务资源投入,使我国公共服务质量有了长足的进步和提升。一方面,国家通过持续推进公共服务的均等化建设,补短板,着力提升公共服务水平相对滞后地区的公共服务质量。2017年1月,国务院印发了《"十三五"推进基本公共服务均等化规划的通知》,明确提出"基本公共服务均等化是全体公民都能公平可及地获得大致均等的基本公共服务",其核心是促进机会均等,重点是保障人民群众得到基本公共服务的机会,而不是简单的平均化。通过推进基本公共服务均等化,保障全面建成小康社会进程中的公共服务水平与质量,努力促进社会公平正义、增进人民福祉、增强全体人民在共建共享发展中的获得感、实现中华民族伟大复兴的中国梦。另一方面,国家也出台了一系列法律法规,对公共服务质量建设进行了必要的引导和规范。如 2016 年 6 月,国家质检总局制定了《公共服务质量监测技术指南》,该指南对指导和规范公共服务质量监测工作,不断提升公共服务质量监测工作的科学性、规范性和有效性有十分重要的引领作用,该指南通过开展公共服务质量监测,将促进各类公共服务的事中、事后监督监管,提高公共服务质量,也有助于促进政府职能转变,推动城市可持续创新发展。又如,2017 年 3 月,国家正式开始实施《公共文化服务保障法》,对公共文化服务的质量和要求从法律层面进行了明确的规定,广大人民群众第一次从法律上获得公共文化服务的权力。同年 11 月,国家标准委会同 26 部委联合印发《社会管理和公共服务标准化发展规划(2017—2020 年)》,明确了"十三五"时期社会管理和公共服务工作的指导思想、基本原则和发展目标,对全国社会管理和公共服务标准化工作进行全面部署。规划提出了"提高保障和改善民生水平,加强和创新社会治理"是党的十九大报告中的重要战略部署。随着我国经济社会的快速发展,创新社会管理,促进公共服务均等化已成为提高保障和改善民生水平,全面建成小康社会的一项紧迫任务。标准化作为加强和创新社会管理,进一步提升公共服务水平的重要技术支撑,在国家治理能力和治理体系建设中发挥着越来越重要的作用。

本书从理论和实践两大视角开展探讨,理论视角主要侧重介绍公共服务质量管理概念、发展历程、理论基础、管理方法与技术、标准化管理和国际经验等内容,实践探索主要从七大领域进行介绍,主要涉及社会服务质量管理、公共文化体育服务质量管理、公共教育服务质量管理、劳动就业创业服务质量管理、社会保险服务质量管理、医疗卫生服务质量管理和住房保障服务质量管理的实践探索。故本书总体上体现出三个特点:首先,本书系统分析了公共服务质量管理的理论基础及管理方法与技术。本书系统梳理了公共服务质量管理的理论基础,介绍和阐述了新公共服务理论、全面质量管理理论等相关理论基础,并对公共服务质量管理的具体管理方法和技术进行了分析,同时引入了公共服务质量标准化管理理论,深入解读了公共服务质量管理基于标准化视角的管理思路和方案。其次,本书对国内所有门类公共管理领域质量管理实践进行了梳理和分析。本书通过对我国公共服务质量管理领域的全面梳理,结合当前公共服务现状,对当前我国社会服务质量、公共文化体育服务质量、公共教育服务质量、劳动就业创业服务质量、社会保险服务质量、医疗卫生服务质量和住房保障服务质量的实践进行了全面梳理和剖析。最后,本书注重国内外公共服务质量管理的对比与国外经验的引入。本书注重搜集和分析国外公共服务质量管理的相关情况,对国内外公共服务质量管理方面进行深入分析与比较,并注重梳理对我国公共服务质量提升有帮助的相关内容,具有较好的借鉴作用。本书对进一步深化我国公共服务质量管理的理论研究,开展公共服务质量的实践探索具有十分重要的参考价值。

2020 年 7 月 10 日

目　录

理　论　篇

实　践　篇

理论篇

第一章 公共服务质量管理概述

随着经济社会发展及政府职能的不断转变,公共服务越来越受到政府部门及人民群众的关注。20世纪90年代第九届全国人大一次会议上国务院秘书长罗干在《关于国务院机构改革方案的说明》中指出,要把政府职能切实转变到宏观调控、社会管理和公共服务方面,这也是公共服务首次被写入中央政府的文件中。之后,各届政府都在不断探索和深化公共服务各项机制。胡锦涛在党的十八大报告中对打造服务型政府及基本公共服务体系有了更为全面和深入的解读。习近平在党的十九大报告中进一步提出了加快推进基本公共服务均等化的要求。从提出公共服务,到深化公共服务,再到实现基本公共服务的均等化,体现了公共服务已成为当前社会广泛关注的热点和重点。同时,不断提升公共服务质量,完善公共服务质量管理工作也将成为后续理论研究和实践探索的重要领域。

第一节 公共服务概述

一、公共服务内涵

公共服务一词的出现相对较晚,从内涵上公共服务与公共产品有很多相通的地方,也有很多学者认为公共服务就是公共产品。19世纪末西方一些学者将边际效用价值理论运用到了财政学科,奠定了公共产品理论的基础。1919年,瑞典经济学家林达尔在其博士学位论文《公平税收》中最早提出了公共产品一词,并形成了公共产品理论最早的研究成果之一"林达尔均衡",研究解释了个人对公共产品的供给水平及其成本分配进行议价,最终实现均衡的过程。1954年、1955年,美国学者萨缪尔森分别发表了《公共支出的纯粹理论》和《公共支出理论的图式探讨》两篇论文,进一步解释了公共产品理论的核心内容,并对公共产品概念进行了界定,认为公共产品是每个人对其进行消费,但不会减少其他人对这种产品的消费,具有非排他性和非竞争性。1956年,蒂鲍特(C. M. Tiebout)在萨缪尔森的公共产品研究基础上发表了《一个地方支出的纯理论》,提出了地方公共产品问题,对部分公共产品而言,只能是特定地区的人才可以使用。1965年,公共选择理论的代表布坎南发表了《俱乐部的经济理论》一文,对公共产品理论进行了重要补充,并首次提出了非纯公共产品(准公共产品),对公共产品的概念进行了拓展,提出基于集体或社会团体决定,出于某种原因而提供的物品或服务即为公共产品,该公共产品不能同时满足萨缪尔森提出的非排他性和非竞争性的属性。[①]

根据公共产品在竞争性与排他性方面的差异,形成了四种类型的公共产品,具体如表1.1所示。

表 1.1　公共产品的类型[②]

产品	竞争性	非竞争性
排他性	纯私人产品:食物、衣服、小汽车等	俱乐部类型公共产品:交通设施、游泳池、健身俱乐部、电影院等
非排他性	公共池塘类产品:地下水资源、地下石油、公共草地、公共池塘等	纯公共产品:国防、森林、绿化、义务教育、社会治安、公共卫生体系等

1973年,桑得莫(A. Sandom)发表了《公共产品与消费技术》,侧重于用消费技术视角进一步研究准公共产品。

公共服务的提出则是在19世纪后半叶,德国社会政策学派代表瓦格纳强调财政的社会政策作用,并初步提出了公共服务的概念,他认为"如果我们考虑财政经济中国家以及其他消费所需的支出经济的话,那就必须筹划国家所需要支付的工资乃至薪俸,或直接使用于公共服务的支出,这一部分特别需要叫做财政需要"[③]。1912年,法国公法学者莱昂·狄骥出版了《公法的变迁——法律与国家》一书,明确提出"那些事实上掌握着权力的人并不享有行使公共权力的某种主观权利,而恰恰相反,他们富有使用其手中的权力来组织公共服务,并保障和支配公共服务进行的义务"[④]。

20世纪80年代以来,随着公共行政学和公共经济学研究的发展,传统行

---

① James M. Buchanan. An Economic Theory of Clubs[J]. Economica, New Series, 1965, 32(125).

② 董礼胜.中国公共物品供给[M].北京:中国社会出版社,2007:18.

③ 毛连程.西方财政思想史[M].北京:经济科学出版社,2003:123.

④ 莱昂·狄骥.公法的变迁——法律与国家[M].邓戈,译.沈阳:辽海出版社,1999:53,446.

政学和政治学开始引入经济学和管理学的相关理念和方法,公共服务和公共产品逐渐趋同。埃曼努埃尔·萨瓦斯在《民营化与公私部门的伙伴关系》中特别提出,产品和服务这两个属于同义词,是不能被并列使用的。[①]

　　我国政府对公共服务的认知和实践探索也经历了一个逐渐深化的过程,具体见表1.2。

表 1.2　我国政府公共服务实践探索基本过程

时间	文件	内容
1998 年	第九届全国人大一次会议《关于国务院机构改革方案的说明》	要把政府职能切实转变到宏观调控、社会管理和公共服务方面
2002 年	2002 年政府工作报告	加快政府职能转变……切实把政府职能转到经济调节、市场监管、社会管理和公共服务上来
2004 年	2004 年政府工作报告	要重视社会管理和公共服务方面的立法
2007 年	党的十七大报告	明确提到了政府职能转变的目标是"建设服务型政府",同时对公共服务的表述也从单纯提及变为"完善公共服务体系"
2011 年	2011 年政府工作报告	各级政府一定要把社会管理和公共服务摆到更加重要的位置,切实解决人民群众最关心、最直接、最现实的利益问题
2012 年	党的十八大报告	对"服务型政府""基本公共服务体系"的内涵表述得更加清晰、丰富,还明确提出"改进政府提供公共服务方式,加强基层社会管理和服务体系建设"
2015 年	2015 年政府工作报告	提供基本公共服务尽可能采用购买服务方式,第三方可提供的事务性管理服务交给市场或社会去办
2017 年	党的十九大报告	完善制度、引导预期,完善公共服务体系,保障群众基本生活;履行好政府再分配调节职能,加快推进基本公共服务均等化,缩小收入分配差距
2017 年	国务院印发《"十三五"推进基本公共服务均等化规划》	确定了公共教育、劳动就业创业、社会保险、医疗卫生、社会服务、住房保障、公共文化体育、残疾人服务等八大领域的基本公共服务

　　随着政府转变职能,加强民生保障建设,打造服务型政府,各项公共服务

---

① E. S. 萨瓦斯. 民营化与公私部门的伙伴关系[M]. 北京:中国人民大学出版社,2002:42.

的政策文件逐步推行,公共服务的内涵变得更加具体、更加丰富。

二、公共服务的概念

(一)国外学者的观点

法国公法学者莱昂·狄骥提出,公共服务是任何国家都存在着一个向他人施加物质性强制的个人或个人群体,但这种权力并不是一种权利,而纯粹是一种行为能力,故公共服务是指那些政府有义务实施的行为。任何因其与社会团结的实现与促进不可分割,而必须由政府来加以规范和控制的活动,就是一项公共服务,只要它具有除非通过政府干预,否则便不能得到保障的特征。[①]

詹姆斯·布坎南认为,公共服务是与市场提供相对应的服务,人们一般通过市场机制获得一定物品或服务,而通过政治机制获得其他物品或服务,前者称私人物品或服务,后者则称公共物品或服务。[②]

汉斯·范登·德尔、本·范·韦尔瑟芬认为公共服务是有着共同需求的消费者群体而且难以将这种服务分割到每个消费者的具有共用性质的服务产品。[③]

埃利诺·奥斯特罗姆提出公共服务是以服务形式存在的公益物品,公共服务具有以下性质:一是公共服务的不排他性与共用性;二是公共服务的不可分性;三是公共服务的不可衡量性。[④]

格洛特(Grout)和斯蒂文斯(Stevens)认为公共服务是"为大量公民提供的服务,其中存在显著的市场失灵,使政府有理由参与——不论是生产、融资或监管"[⑤]。

Pall Samuelson 把广义的公共服务职能归结为三个方面:政府的稳定职能,主要是保持宏观经济运行的稳定;政府的效率职能,主要是提供各种狭义的公共产品和劳务;政府的平等职能,主要是实现公共服务均等化。[⑥]

---

① 莱昂·狄骥.公法的变迁——法律与国家[M].邓戈,译.沈阳:辽海出版社,1999:33,47,50.

② James M. Buchanan. The Demand and Supply of Public Goods[M]. Chicago: Rand-McNally, 1968: 6-10.

③ 汉斯·范登·德尔,本·范·韦尔瑟芬.民主与福利经济学[M].北京:中国社会科学出版社,1999:22.

④ 埃利诺·奥斯特罗姆.公共事务的治理之道[M].上海:三联书店,2000:16.

⑤ Paul A. Grout, Margaret Stevens. The Assessment: Financing and Managing Public Services [J]. Review of Economic Policy, 2003(2): 215-234.

⑥ Pall Samuelson. The Pure Theory of Expenditure[J]. Review of Economics, 1954(11):36.

公共服务是指将政府的所有职能都包括在内,代表性的如联合国政府职能分类(COFOG)体系就是将政府的全部职能归入公共服务,包括普通公共服务与公共安全、社会服务、经济服务等。[①]

(二)国内学者的观点

公共服务是指不宜由市场提供的所有公共产品,如国防、教育、法律等,一般指由政府直接出资兴建或直接提供的基础设施和基本公共服务,如城市公用基础设施、道路、电信、邮政等。[②]

徐小青认为,公共服务是一种具有非竞争性和非排他性的社会服务,公共服务具有公共产品的性质,是不具备物品的物质形态,而是以一定的信息、技术或劳务等服务的形式表现出来的一种公共产品。[③]

程谦认为,公共服务与公共产品并不是等同的概念,公共服务范畴比公共物品更宽泛,通过公共服务可以提供公共产品,也可以提供混合物品或私人物品。[④]

冯云廷提出,公共服务是一个很宽泛的概念,广义上的公共服务是指公共领域所提供的直接的和间接的服务的总称,既有物质形态的公共服务,也有非物质形态的公共服务。[⑤]

李军鹏提出,公共服务指政府为满足社会公共需要而提供的产品与服务的总称,它是由以政府机关为主的公共部门生产的,供全社会所有公民共同消费、平等享受的社会产品。[⑥]

卢映川、万鹏飞认为,公共服务是指政府为促进发展和维护公民权益,运用法定权力和公共资源,面向全体公民或某一类社会群体,组织协调或直接提供以共同享有为特征的产品和服务供给活动。[⑦]

陈昌盛、蔡跃洲认为,所谓公共服务,通常是指建立在一定社会共识基础上,一国全体公民不论其种族、收入和地位差异如何,都应公平、普遍享有的服

① 萨尔瓦托雷·斯基亚沃—坎波、丹尼尔·托马西.公共支出管理[M].张通,译校.北京:中国财政经济出版社,2001:77-78.
② 刘旭涛.行政改革新理念:公共服务市场化[J].中国改革,1999(3):3-5.
③ 徐小青.中国农村公共服务[M].北京:中国发展出版社,2002:16-20.
④ 程谦.公共服务、公共问题与公共财政建设的关系[J].四川财政,2003(12):18-19.
⑤ 冯云廷.城市公共服务体制:理论探索与实践[M].北京:中国财政经济出版社,2004:12.
⑥ 李军鹏.公共服务型政府建设指南[M].北京:中共党史出版社,2005:19-22.
⑦ 卢映川,万鹏飞.创新公共服务的组织与管理[M].北京:人民出版社,2007:19.

务,不仅包含通常所说的公共产品,而且也包括那些市场供应不足的产品和服务。①

刘尚希认为,公共服务是政府利用公共权力或公共资源,为促进居民基本消费的平等化,通过分担居民消费风险而进行的一系列公共行为。②

淮建军等认为,公共服务是对政府公共服务职能表述的滥觞,从这一角度定义的公共服务具有垄断提供的性质,即"只有具有公共权力的政府才能够供给"③。

赵黎青认为,公共服务是将其作为政府若干职能中的一项,在我国对政府职能的划分中,公共服务是与管理社会、监管市场和调控经济并列的一项职能,公共服务只有作狭义、具体和明确的界定才能在理论和实际操作上具有实质性意义。④

柏良泽认为,公共服务仅包括那些与保障公民基本权利相关的公共需要,认为公共服务属于人权事务范畴,因而"实现普遍人权是公共服务的价值基础,公共服务是维护基本人权的活动"。⑤

张序认为,公共服务主要是指公共部门为了直接满足公民基本的、具体的公共需求,生产、提供和管理公共产品及特殊私人产品的活动。公共服务使用公共权力或公共资源来维护社会公平,体现公共利益。⑥

杨颖认为,公共服务是由中央或地方政府为满足公共需求,通过使用公共权力和公共资源,向全国或辖区内全体公民或某一类公民直接或间接平等供给的物品和服务,供给公共服务是政府职能的重要组成部分。⑦

黄新华认为,公共服务将所有的公共需要都纳入公共服务范围,公共服务是为满足公共需求和实现公共利益向社会提供的各种物质产品和精神产品的总和。⑧

---

① 陈昌盛,蔡跃洲.中国政府公共服务:体制变迁与地区综合评估[M].北京:中国社会科学出版社,2007:10.

② 刘尚希.基本公共服务均等化:现实要求和政策路径[J].浙江经济,2007(13):24-27.

③ 淮建军、刘新梅.公共服务研究:文献综述[J].中国行政管理,2007(7):96-99.

④ 赵黎青.什么是公共服务[J].中国人才,2008(15):69-70.

⑤ 柏良泽."公共服务"界说[J].中国行政管理,2008(2):17-20.

⑥ 张序.与"公共服务"相关概念的辨析[J].管理学刊,2010(2):57-61.

⑦ 杨颖.公共服务的概念、分类及供给主体创新研究[A]//中国科学学与科技政策研究会.第七届中国科技政策与管理学术年会论文集[C],2011.

⑧ 黄新华.从公共物品到公共服务——概念嬗变中学科研究视角的转变[J].学习论坛,2014(12):44-49

（三）总结

从总体上看，要清楚表达公共服务的概念需要体现以下几层意思。首先，从供给主体分析，这些公共服务主要由各级政府提供，包括中央政府及地方各级政府，同时也包含一些公共组织，如社区或农村等自组织。其次，在公共服务的提供方面，主要是由各级政府直接提供的，也包含政府通过购买服务方式由第三方提供的，也包括由政府部门主导、社会力量参与提供的。再次，在公共服务的满足群体方面，有些公共服务是针对全体公民的，也有些公共服务仅针对部分特定群体，如社区自筹自建的各项休闲娱乐等文体设施主要针对本社区居民，社区外部居民不能享有该项公共服务。因而，有些公共服务带有一定的排他性，仅服务于特定人群。最后，在开展公共服务的过程方面，接受服务的群体均具有相同享有公共服务的权利，各接受服务对象享有平等的公共服务权利。因此，本书中涉及的公共服务的概念是指由政府及公共组织为满足全体公民或部分特定群体需要，通过直接提供或其他形式提供的，以共同享有为特征的各类产品和服务的总和。

三、公共服务类型

由于公共服务涉及面十分广泛，涉及的内容和领域也十分多样，有必要对公共服务的相关类型进行梳理，便于更清晰和全面地认识公共服务。

（一）按公共服务的属性分类

根据公共服务的属性不同，可以分为纯公共服务、准公共服务和类公共服务三种类型。纯公共服务主要为完全处于非竞争性和非排他性的公共服务，包括国防、消防、基础教育、治安管理、社会保障、公共卫生、公共基础设施等各种全民普惠型的公共服务。这些公共服务的成本一般由公共财政统一承担，无偿提供给普通民众。准公共服务则是指具有非竞争性但具有排他性的、或具有竞争性但具有非排他性的公共服务。其中，第一种准公共服务主要是由部分公共主体提供给特定人群，仅供这些特定人群享有这些服务，如社区自建、内部共享的文化健身娱乐设施；第二种准公共服务虽然不具有排他性，但存在着竞争性，如公共草地等。类公共服务是指虽具有竞争性和排他性，但一定程度上也属于公共服务，这部分服务本身由于存在着政府补贴，或由政府实施垄断经营活动，各项服务活动带有一定的公共性，如公共交通、水电煤服务、电信服务、高等教育等。这就决定了这些服务的生产者之间的弱竞争性和消费者的弱选择性,因此,政府在这些领域也承担着一定的公共服务职责。①

(二)按公共服务的层次分类

根据公共服务的层次不同,可以分为基本公共服务和非基本公共服务。基本公共服务主要是指由政府提供的,保障全体公民共同享有的基础性公共服务保障。国务院发布的《"十三五"推进基本公共服务均等化规划》,明确指出了当前我国的基本公共服务包括公共教育、劳动就业创业、社会保险、医疗卫生、社会服务、住房保障、公共文化体育、残疾人服务等八个部分。非基本公共服务则是在基本公共服务之上更高层次的公共服务,这些公共服务可以根据群众个体需求,通过不同方式进行申请和使用,并可能需要支付一定使用成本,如高等教育服务,需要服务申请人满足一定的条件(如:参加高考并被录取),同时需支付一定补偿费用,如学费等,才可以获得该种公共服务。

(三)按公共服务的功能分类

根据公共服务的功能不同,可以分为维护性公共服务、经济性公共服务和社会性公共服务。② 维护性公共服务主要是指为了维护整个国家的安全以及维持正常运转秩序而推出的各项公共服务,诸如国防军队、警察消防等。这些公共服务主要服务于国家机器的正常运行。经济性公共服务主要是指体现政府在经济领域方面,为了确保整个经济系统的正常运转,提供或委托提供的各项生产性服务,如邮政服务、电信服务、水电服务、交通服务等带有一定垄断特色的有偿性服务。社会性公共服务是指为保障人民群众正常生活和工作需要,提供的各类公共服务,如教育、就业、社保、环保、文化、医疗等方面的公共服务。

(四)按公共服务的范围分类

根据公共服务的范围不同,可以分为国际性公共服务、全国性公共服务、地方性公共服务。国际性公共服务主要是指跨越国界的全球性公共服务,如涉及环境保护服务、国际性疾病治疗与控制等公共服务,这些公共服务往往由联合国等国际性组织来提供和承担。全国性公共服务则是由中央政府统一筹划、提供的覆盖到全国范围内所有人群的公共服务,例如义务教育、国防等。地方性公共服务是由不同地区的政府部门或组织提供的针对特定人群的公共服务,这些公共服务可以是全省范围内人群享有的,也可以是全市范围内人群

① 杨颖.公共服务的概念、分类及供给主体创新研究[A]//中国科学学与科技政策研究会.第七届中国科技政策与管理学术年会论文集[C],2011.

② 李军鹏.公共服务型政府[M].北京:北京大学出版社,2004:10.

享有的,也可以是更小地域范围或人群范围所享有的,如省(市)级就业培训服务、社区健身娱乐设施等。

（五）按公共服务的领域分类

根据公共服务的领域不同,可以分为公共安全领域公共服务、公共教育领域公共服务、医疗卫生领域公共服务、社会保障领域公共服务、基础设施领域公共服务、公共交通领域公共服务、环境保护领域公共服务、公共信息领域公共服务、文体休闲领域公共服务、科学技术领域公共服务等 10 个方面。[①] ①公共安全领域主要涉及保障公民人身财产安全方面的公共服务,如警务救助、消防与救灾等;②公共教育领域公共服务主要涉及公民教育培训等方面的公共服务,如基础教育、职业教育、高等教育和终身教育等各类教育服务;③医疗卫生领域公共服务主要涉及公民医疗卫生方面的公共服务,如卫生保健、疾病预防与控制、突发公共卫生事件应急管理、医疗服务及健康促进等;④社会保障领域公共服务主要涉及公民各类基本社会保障方面的公共服务,如就业培训与指导、养老、失业、工伤等保险保障、社会救助、残疾人保护、住房保障等;⑤基础设施领域公共服务主要涉及各类基本生活生产设施的保障服务,如水电煤等供应服务、邮政通信服务,以及道路交通设施服务等;⑥公共交通领域公共服务主要涉及为公众提供交通运输等方面的服务,如公共汽车、地铁、出租车、铁路、民航、轮船等公共服务;⑦环境保护领域公共服务主要涉及环境生态保护等方面的服务,如垃圾处理、大气保护、污染治理等;⑧公共信息领域公共服务主要涉及公共信息资料的提供、政府部门的开放与参观及重大事项决策参与等方面的服务,如政策法规、政务咨询、气象信息、旅游信息、就业信息等的提供,以及进行听证、旁听、征求意见等方面的服务;⑨文体休闲领域公共服务主要涉及各类文化体育休闲娱乐等方面的服务,如影视互联网服务、公共文化设施开放、文化遗产传承与保护、公共体育设施开放以及各类文体活动的组织举办等;⑩科学技术领域公共服务主要涉及各类科学技术的普及和推广等服务,如举办各类科普展览、开展青少年科学技术教育、推广先进技术等。

四、公共服务供给

公共服务一般是由政府部门提供的,但随着公共服务越来越多样化,越来越复杂,公共服务的供给也有更多的服务主体参与进来,除了政府部门及其附属机构之外,私人部门、非营利性组织等均成为公共服务的供给者或参与者。

---

① 陈振明.公共服务导论[M].北京:北京大学出版社,2011:60.

（一）政府部门

政府部门是国家行使各项权力的执行部门，同时也是保障人民群众各项权利的责任部门，政府本身承担着提供公共服务的职责。政府部门提供公共服务有其必要性，由于公共服务是整个社会公众或部分公众都可以享有的，并涉及方方面面保障的，需要调用大量社会资源来实现或完成这些职能。因此，一般部门无法承担或实现这些工作，同时，也无法通过市场的力量来解决，尤其很多公共服务是无利可图的。此外，公共服务有一个重要的目标就是保障这些公共服务的接受者享有平等权利和机会，如何保证公平公正，需要由政府出面维护社会公平与和谐。

人民群众对公共服务的要求会随着社会经济发展不断提升，人们对自身权益的关注也在不断提升，对政府部门组织提供公共服务提出了更高的要求。各种调查和民意测验表明，公众希望看到政府改善和提高为民服务的方法和质量，希望政府能够提供更优质的服务，切实有效地扩展服务的领域和范围，公民也希望政府提高公共服务能力，以较低的成本提供更多更优质的服务。[①]

在成为公共服务供给主体的同时，政府部门在提供公共服务的过程中也暴露出一些问题。首先，政府部门提供的公共服务往往表现为相对固化明确的服务标准，希望通过采用统一的方式和标准来提供，但在现实中由于区域间的差异、人群间的差异等多种原因，往往无法实现供需有效对接，达到精准供给，甚至出现供不应需、供过于需等情况，也浪费了很多公共资源。其次，政府部门在承担不断增多的公共服务过程中，投入的人力资源会越来越多，一方面将导致政府部门机构臃肿，工作绩效水平低下；另一方面也将使财政负担不断加重，财政赤字持续攀升。最后，还需要厘清政府部门的职能，避免政府部门大包大揽，政府部门不是全能政府，更不能偏离基本职能。政府部门不应该亲自承担所有的公共服务工作，而是应该将部分可以由其他公共部门或市场力量来完成的工作，交给非营利组织或营利组织去完成，调整好自身的角色定位。2015年，李克强总理在政府工作报告中明确指出："提供基本公共服务尽可能采用购买服务方式，第三方可提供的事务性管理服务交给市场或社会去办。"

（二）非营利性组织

由于存在政府失灵和市场失灵的情况，非营利性组织成为解决公共服务

---

① 丹尼斯·A.荣迪内利,贾亚娟.为人民服务的政府:民主治理中的公共行政角色的转变[J].经济社会体制比较,2008(2):115-123.

供给问题的重要选择之一。本书所指的非营利性组织主要有三大类:第一类是由政府部门出资设立并提供经费开展各类公共服务的组织,这些组织往往也是政府部门的附属单位,如图书馆、文化馆、博物馆等各类公共部门,这些组织直接承担着政府相关的公共服务职能;第二类是由社会发起设立,依托或受政府部门领导或管理的各类公共组织,政府部门往往不提供资金支持,由各组织独立争取经费开展各项活动,如各类学会、协会等;第三类则是由各类社会力量设立的独立民营非企业组织,通过吸收自然人、法人或者其他组织捐赠的财产,以从事公益事业为目的成立的非营利性组织,如各类慈善组织和基金会等。

由于非营利性组织存在许多优势,使得自20世纪70年代开始,世界各国非营利性组织呈现快速增长,并在各个领域发挥着不可或缺的重要作用。非营利性组织存在着许多优点:首先,非营利性组织的非营利性。非营利性组织是不以营利为目的的社会组织,组织开展的各项活动带有一定的公益性,并以增进社会公共利益、服务公众为宗旨;其次,非营利性组织是具有组织章程的民间自治法人机构,可以自主遴选和更换领导人,能够独立开展活动,拥有独立账户,可以通过收取一定的费用补偿其提供的各项服务成本,且收费应低于市场价格,具有一定的灵活自主性;最后,非营利性组织具有一定的公益属性。非营利性组织的管理和各项活动由会员自愿参加。

政府与非营利性组织在提供公共服务上的合作关系模式如表1.3所示。

表1.3　政府与非营利性组织在提供公共服务上的合作关系模式

功能	策略关系模式			
	政府主导	双元模式	合作模式	非营利性组织主导
经费提供者	政府	政府与非营利性组织	政府	非营利性组织
服务提供者	政府	政府与非营利性组织	非营利性组织	非营利性组织

资料来源:B. Gidron, R. M. Krammer, L. M. Salamon, Government and the Third Sector Emerging Relationship in Welfare States[M]. New York: Jossey-Base Public Administration Series, 1992:18.

(三)营利性组织

营利性组织主要指以追求经济利润最大化为目的,以经济利益驱动的独立法人组织。营利性组织在设立之初似乎和公共服务之间没有直接联系,但随着公共服务的范围和要求越来越多样化和复杂化,政府部门及非营利部门在部分公共服务领域已无法较好地满足人民群众的需求。因此,政府部门越来越多地开始引入营利性组织,通过政府第三方采购的方式,直接向社会购买服务来满足人民群众的多样化公共服务需求,故营利性组织也自然成为公共服务供给的实施主体。

通过营利性组织参与公共服务供给,可以带来一些好的影响。首先,营利性企业可以大大提升公共服务的质量,由于营利性组织是以竞争性方式参与到公共服务领域之中的,故质量低下、服务差的营利性组织将被阻隔在市场之外。其次,由于竞争性市场的存在,促使参与公共服务的营利性组织努力降低成本,提升服务质量,从一定程度上实现了公共服务的高效率和有效性。再次,由于营利性组织要提升自身的竞争力,必须要紧贴群众需求、市场需要,故营利性组织会切实关心、关注人民群众的迫切需求,并做好充分的服务准备工作,进而提供最新的高质量的服务。

(四)各类公共服务主体间比较

政府、非营利性组织和营利性组织虽然都作为公共服务提供的主体开展公共服务,但三者之间存在着较大的差异,三者在公共服务的理念哲学、服务基础、资金来源、服务范围等诸多方面存在着较大的差异,详见表 1.4 所示。这三种类型的公共服务供给主体各有特色,相互补充,都是当前公共服务领域不可缺少的组成部分。

表 1.4   各类公共服务主体间比较分析

比较项目	政府部门	非营利性组织	营利性组织
理念哲学	正义	慈善	利润
代表性	多数	少数	所有者与管理者
服务的法律基础	权力	赠与	用者收费
财源	税收	捐赠、收费、辅助	顾客付费
功能的决定	法律规定	团体抉择	所有者与管理者决定
决策权威来源	立法机关	章程与细则授权的董事会	所有者
负责对象	选民	董事会及赞助者	所有者
服务范围	全面性	限于某地区或意识形态	限于付费者
行政结构	大规模官僚组织	小规模官僚组织	独立运作的市场机构

资料来源:Ralph Kramer. Voluntary Agencies in the Welfare State [M]. Berkeley:University of California Press, 1987.

第二节　公共服务质量概述

一、公共服务质量的概念

（一）公共服务质量的源起

20 世纪 50 年代起,"质量"一词最早出现在企业中,由此引发了学者们对公共部门服务质量和私人部门服务质量的差异进行讨论,激发了欧美等国家在公共机构探索质量的行为。随着经济学和管理学的发展,出现了管理质量和服务质量等词语,管理者开始更加关注公共服务质量,公共服务质量也开始出现在公共管理的相关文献中。

公共服务质量是服务质量理论发展的成果。服务质量原本属于市场营销学的范畴,是指服务能够满足规定和潜在需求特征的总和,指服务工作能够满足被服务者需求的程度,是企业为使目标顾客满意而提供的最低服务水平,亦可理解为顾客的满意度,也是企业保持这一预定服务水平的连贯性程度。

随着人们对政府公共服务职能和公共价值的关注,当代政府所需要做的不仅仅是如何提供公共服务,而是不断改进公共服务的效率和质量,以满足人民群众日益增长的公共服务需求,提高人们的公共服务满意度。因此,在公共服务理论的领导下,以美国、英国、加拿大等西方学者为代表,在世界范围内掀起了一场公共服务质量研究的浪潮,从不同视角对公共服务质量相关主题进行研究,形成了一些新的代表作。

（二）公共服务质量概念分歧

公共服务质量是公共行政学科中的一个重要概念,但目前我国学界尚未就公共服务质量概念形成一个公认的定义,学者们对该概念的表述未达成共识。如:学者赵晏等认为"政府服务质量可以界定为政府使用公共权力和公共资源向社会公众提供公共产品和服务,为其生活和参与社会经济、政治、文化活动所提供的各种保障"[1];学者林尚立认为"政府公共服务质量指民众每次接受政府服务时,该服务所能满足民众的期望与需求的程度"[2];学者蔡立辉

---

[1]　赵晏,邢占军,李广.政府公共服务质量的评价指标测度[J].重庆社会科学,2011(10):113-120.

[2]　林尚立.国内政府间关系[M].杭州:浙江人民出版社,1998:29.

认为,"公共服务质量指政府部门提供服务过程中所使用的方法与手段、公众对政府公共服务的满意程度、政府提供公共服务的态度以及政府所表现出的社会效果与管理能力的总称"①……概括起来,学者们主要从公众需求满足、公共服务特性、公众满意度等角度界定公共服务质量,并形成了几种不同视角的学术观点,而这些观点表现为学者们在界定公共服务质量时未有效区分公共服务与政府服务、行政服务,未充分考量公共服务的公共性等。

二、公共服务质量构成要素

国际标准化组织制定的 ISO9000:2000 标准把质量定义为"一组固有特性满足要求的程度",这成为目前国际上普遍认同和广泛应用的质量定义。该定义虽然简短,但却不失规范和准确,同时还包含了大量可供延展的丰富信息。根据 ISO9000:2000 标准给出的注释,首先,该定义省略了质量的载体,产品或服务活动或过程、体系或人,以及各项的组合均可作为质量的载体;其次,定义中的"固有特性"指质量载体本来就有的且可区别于其他事或物的特征;最后,定义中的"要求",指明示的,或者隐含的必须履行的需求或期望。明示的要求即规定要求,隐含的要求指惯例或一般做法。同时,"要求"的主体可以是组织、顾客以及其他相关方,特定要求包括产品要求、质量管理要求、顾客要求等。由此来看,ISO9000:2000 标准界定的质量,不仅是关于质量概念的权威界定,而且为其他领域中相关质量的概念界定奠定了理论基础。

服务质量是产品生产的服务或服务业满足规定或潜在要求(或需要)的特征和特性的总和。特性是用以区分不同类别的产品或服务的概念,特征则是用以区分同类服务中不同规格、档次、品位的概念。服务质量最表层的内涵应包括服务的安全性、适用性、有效性和经济性等一般要求。质量学者佛尔兹(Folz)和里昂(Lyons)认为服务质量的含义和效益的含义密切联系,但是更加强调服务水平、有效性、便利性、安全性和回应性等特性。

因此,借鉴服务质量与质量的定义,公共服务质量可以定义为公共部门提供的公共服务所固有的可区分的特征,满足国家、上级公共部门、地方政府、社区、本级公务部门和公务人员、公民(可统称为公众)等要求的程度。它以人们的需求为前提,以公共服务所具有的功能为载体,以公众满意度为具体评价标准,反映了公众预期的公共服务水平与其所感受到的实际公共服务水平之间

---

① 蔡立辉.论当代西方政府公共管理及方法[J].中山大学学报(社会科学版),2003(2):26-32,52.

的差别。

　　学者林尚立等把公共服务质量界定为民众每次接受政府服务时,该服务所能满足民众的期望与需求的程度。借鉴这一定义必须明确其中"一组固有特性"和"要求"的具体所指。也就是说,对公共服务质量的概念必须回答两个问题:一是公共服务的"一组固有特性"具体指哪些特性? 存在于哪里? 二是公共服务的"要求"具体指什么? 如果没弄清这两个问题就直接界定公共服务质量,只能是对上述质量定义的简单套用。比如金青梅等认为,公共服务质量是公众实际感知与预期服务的比较或差距,这实际上是借鉴了格朗鲁斯和帕拉苏拉曼等对商业服务质量下的定义。但公共服务是一个内涵丰富的概念,不能仅仅以"服务"来定义。公共服务不仅可以体现为无形的服务,还可体现为有形的产品。更重要的是,公共服务与商业服务相比更凸显"公共性"。

三、公共服务质量内容

（一）公共服务质量内容

公共服务质量内容包括以下四个方面。

　　第一,符合预先设定的要求。公共服务质量强调公共服务的产出结果或最终效果需符合其预先设定的质量要求。虽然对有些公共服务项目来说,服务过程的质量比服务结果的质量要重要得多,但对大多数公共服务项目而言,产出结果质量比服务过程质量更重要。鉴于公共服务产出结果质量通常由多种要素共同起作用来决定,并非单一要素所能决定,且各种要素并不一定在同一时间点或时间段内起作用,甚至有些服务产出结果或效果的质量需要等到服务活动结束时或结束很长时间后才能得到验证。因此,在重视过程质量的同时重视结果或效果的质量非常重要,而重视结果或效果的质量的具体体现就是要求公共服务符合预先设计的对结果或效果的具体要求。

　　第二,实现服务效能最大化。公民是公共服务的消费者,要求公共部门在履行公共服务职能过程中以最低成本最大限度提供服务,以满足服务期望和需求。鉴于每个公民对公共服务的期望和需求不尽相同,且即使是同一公民在不同的时空点对同一公共服务的期望和需求也有差异,以功能最大化为尺度理解公共服务质量,将有助于公共部门选择更全面、更有效的方式提供公共服务,个性化需求集成之后呈现的多元化服务无疑是极佳的服务提供方式。

　　第三,以正确的方式做正确的事情,即公共部门能够经济、有效地实现其服务目标,它强调的是公共服务产出的效率和效能取决于公共服务提供者满足公民需求的能力。这种基于能力的质量观对公共部门资源有限性和服务需求攀升性之间的博弈做出了有效回应,也是公共服务质量内涵的题中应有之义。

第四,具有公共精神。从某种程度上来讲,公共服务是一种"奉献",公共服务质量管理更应体现这一精神。公共服务质量优劣很大程度上取决于公共服务提供者是否具有公共精神。因为即使是一个拥有充足资源的公共服务部门,若缺少忠诚和奉献精神,也难以保证公共服务质量。另外,从服务质量评估来看,由于服务的投入、过程、产出或效果等要素有时是无形的或难以描述的,在此情况下,服务提供者的承诺和奉献就应成为其服务质量评估的重要指标,即公共服务质量应具公共精神。

(二)公共服务质量的影响因素

一是公共服务供给数量。一定数量的公共服务是满足公众公共服务需求的基础,对于公共服务质量而言,本身包含一定的数量要求。特别是在我国基本公共服务供给不足的情况下,供给数量的增加会在很大程度上影响公众的满意度。影响供给数量的因素既与政府的公共财政实力有关,也与对公共服务的重视程度有关。

二是公共服务供给结构。公共服务供给结构主要表现为公共服务供给内部结构、城乡公共服务供给结构和地区公共服务供给结构。公共服务内部结构不合理会带来公众选择上的烦恼,表现为期望消费的公共服务供给短缺,同时伴随着某些公共服务供给过剩。而城乡和地区公共服务供给结构不合理易引致享受较低水平公共服务群体的不满意。

三是公共服务服务态度。公共服务大部分是以无形的服务形式提供的,其质量只有在接受服务的过程中才能感觉到,因此,服务人员在服务过程中的态度决定了公众对公共服务质量的评价。

四是公共服务标准。这是指政府提供的公共服务质量是否达到规定标准或承诺标准。服务标准是公众及其他主体评价服务质量的主要尺度,也是上级政府和公众监督公共部门的主要依据。

第三节　公共服务质量管理

一、公共服务质量管理的概念

（一）公共服务质量管理起源

20 世纪 80 年代后期以来,质量管理理论得到了进一步深化和扩展,其含义已经超出了一般意义上的质量管理领域,演变成一种全面的管理理念和方法;质量也不再仅仅被视为产品和服务的质量,而是整个组织经营管理的质量。质量管理理念的转变为公共服务质量管理提供了理论基础,要求公共部门以质量为中心、以全员参与为基础,开展旨在为社会公众提供满意服务的系统管理活动。

公共服务质量管理理论是公共服务理论与质量管理理论的结合,其产生和形成主要受到私人部门管理理念和方法的影响。而质量管理强调以顾客为关注点,顾客是决定组织生存和发展的最重要因素,服务于顾客并满足甚至超越其需求应该成为组织存在的前提和决策的基础。由此可见,顾客满意度是质量管理的核心。真正的公共服务管理理论要以公民为中心,要求公共部门时刻关注作为顾客的公民的需求,不断提高公共服务的质量,及时回应公民的需求,提升"顾客满意度"。

因此,公共服务质量管理要转变观念,强化"顾客满意度"。学者张成福等在《公共管理学》中提到公共部门的内部和外部顾客。内部顾客是指公共组织内部参与组织管理和运作的成员,是为人民提供具体服务的服务者和行动者;外部顾客是指组织最后政策产出的直接受益者或者间接受益者,也就是行政机关直接或间接接触的对象,一般称之为人民,或俗称老百姓。[①] 对于内部顾客来说,随着社会环境的迅速变化和公众需求的日益多样化,公共服务管理需要转变公共服务的提供方式,强化"为公众服务、对公众负责"的公众满意导向,以保证集体机会均等和公共利益,在了解公众的需求和期望、尊重公众的知情权和选择权的基础上,确保公共服务目标与公众的需求和期望有效对接,并及时回应公众需求。对于外部顾客而言,也要通过广泛的宣传、培训等方式,使其知晓公共服务质量管理政策和标准,切实提高公共服务质量意识,并

---

①　张成福,党秀云.公共管理学[M].北京:中国人民大学出版社,2007:16.

对公共服务提供的内容、方式和渠道进行有效监督。

（二）我国公共服务质量管理的实践与探索

20世纪90年代中期，中国就开始了公共服务质量改进的新的实践探索。如：1994年6月，山东省烟台市建设委员会决定在本系统借鉴国外服务宪章经验，试水社会服务承诺制，在供气供热、房屋拆迁、公共交通等10个部门，向社会做出服务承诺，包括服务目标、服务内容、服务标准、投诉程序和投诉电话，以及达不到承诺如何处罚与赔偿等；1995年5月，烟台全市推行承诺制，把政府部门对社会的服务以契约合同的方式固定下来，接受社会监督。2009年，深圳将过去各部门年度责任目标白皮书改称为年度公共服务书，所有部门及各区就公共服务公开做出承诺等。

近一二十年来，中国的公共服务质量评价与改进方兴未艾。除了较早的承诺制之外，还出现了政府绩效评估、公共服务白皮书、公共服务质量奖、服务标准化一类的创新实践。例如，政府的绩效评估、公众满意度调查、生活幸福指数调查、生活质量调查、公共服务质量调查一类的评估、评价。而公共服务白皮书是一种比服务承诺制更加细化、标准化的方式。这些实践都推动了公共服务质量管理的改进与发展。

二、公共服务质量管理方式

公共服务质量管理是一项巨大的工程，既涉及政府的机构重组、职能转变、流程再造等宏观内容，也涉及具体方法、供给手段、供给方式等微观内容。从公共服务质量持续改进的整体方式与机制看，主要有标杆管理、市场化管理、全面质量管理、ISO9000质量管理、使用者介入质量管理（质量圈）、业务流程重塑、质量管理等。学者们从不同的视角对公共服务质量持续改进机制、方式与手段进行探讨。新公共管理学者、公共价值理论的倡导者、协商治理理论的研究者各有侧重。

新公共管理学者对西方各国在改善公共服务质量等方面所采用的方式、措施进行了归纳总结。例如，奥斯本等概括出12种可用于提升公共服务质量的"管理工具"，即绩效预算、灵活的绩效框架、竞标、公司化运作、企业基金、内部的企业化管理、竞争性公共选择制度、凭单和补偿计划、全面质量管理、组织流程再造、特许制度及社区治理结构。萨瓦斯则基于服务提供和生产之间的区别，确定了公共服务的不同制度安排，并归纳出有利于公共服务供给的公私部门伙伴关系的10种形式，即政府服务、政府出售、政府间协议、合同外包、特许经营、政府补助、凭单制、自由市场、志愿服务和自我服务。显而易见，新公共管理运动中的公共部门更多的是采用市场化、企业化和社会化的方式进行公共服务质量改进。

公共价值理论的倡导者更加重视公共利益导向与公民在公共服务质量改进中的作用，因而在改进手段与方式的选择上更加关注公民因素。他们主张将公民满意度和公共价值本身看做判断公共部门价值与预期目标实现与否的最重要的标准（critical standard），因为公共价值为公共部门管理者收集民意以改进公共部门决策和公共服务质量提供了一个框架。他们认为，应当在政府内部建立起有效的决策机制和激励机制，依据结果和产出测量绩效；推行新的公共服务供给模型并鼓励公民参与；转变服务理念，发展部门文化；将公民的期望转化为明确的公共服务目标和标准，并以此测量部门的公共服务绩效。

协商治理理论的研究者主要研究如何平衡个人的不同需求和期待，如何将社区和社会当做一个整体，如何使用社会资源、部门的能力和公民的责任以实现公共服务质量改进的目标。实现协商治理的一个重要的前提是正确地获取和看待公民的需求。因此，改进公共服务质量应注重机制的建设，包括网络化和信息共享机制等、民主化和公民参与机制、透明度和信任机制、战略管理和政策执行机制等。协商治理理论认为不同利益相关者之间的信任与合作是提升公共服务质量的前提和保障。

三、公共服务质量管理意义

当前，我国公共服务质量管理的基础还很薄弱，公共服务水平离人民群众的实际需求还有差距，一些地方政府片面追求公共服务发展速度和数量，忽视发展质量和效益的现象依然存在，危害人民群众生命健康安全和影响社会和谐稳定的公共服务问题仍然非常突出。

在我国改革开放和现代化建设事业的发展过程中，公共服务质量方面产生了大量亟待解决的重大问题，我国持续改进公共服务质量的序幕已然拉开。公共服务质量管理反映了当前我国政府治理创新的理念和价值选择，即以人为本、科学发展、又好又快、保障和改善民生、人民满意的服务型政府等新理念和价值都可以在质量管理中得到体现。近年来，随着我国经济社会发展水平的提高，人民群众期待获得更高质量的公共服务。顺应人民群众这一新期待，党的十八大报告从保障和改善民生的角度对公共服务质量提出了新要求，如"建设职能科学、结构优化、廉洁高效、人民满意的服务型政府""推动政府职能向创造良好发展环境、提供优质公共服务、维护社会公平正义转变""努力让人民过上更好的生活""着力提高教育质量""推动实现更高质量的就业"等。

　　持续改进公共服务质量管理,有利于发扬民主,提高公共政策的质量。公共政策的质量直接影响着公共政策的执行及提供公共服务的质量,高质量的公共政策是高质量公共服务的前提和基础。政府在制定公共政策时,可以通过多种渠道扩大公众参与,宣传公共服务质量意识,增加公共政策制定过程的透明度,使公共政策更加符合公众的利益和偏好,从客观上保障公共服务的质量。公共服务质量管理要求政府及工作人员永远不能满足于现状,要不断改进措施,持续提高公共服务的质量,以追求卓越的态度满足公众的需求。基于这种认识,应该对公共服务质量的持续改进开展动态管理,注重发挥高层领导和各级管理者的领导作用,在政府机关内部营造持续改进质量的危机意识和氛围,为组织成员提供持续改进的方法和工具,以明确的目标测量和追踪持续改进的效果,及时通报改进的结果并对有功人员进行表扬和奖励。

　　总之,加强公共服务质量管理,对于推动我国更好地"建设质量强国""保障和改善民生",提升政府的管理能力和执政能力,拓展公共管理学科的研究范围和主题,促进公共管理的学术研究与实践应用,具有十分重大的理论与实践价值。

第二章　公共服务质量管理发展历程

随着公民意识的逐步高涨,公民对于政府公共服务的评价,越来越成为公共部门行使相关职能的重要参考依据,而根据公民满意度来改善公共服务质量、提升公共部门绩效也成为现代公共管理学研究中的重要课题。

公共服务质量管理成型于 20 世纪 80 年代,是质量管理方法、技术与新公共服务理论相结合的产物,也是将质量管理理论和实践经验应用于公共服务部门的一个新探索。由于公共服务质量管理脱胎于传统的质量管理理论和经验,但又区别于传统的质量管理理论和经验,因此,为了能够回溯公共服务质量管理理论根源与发展演变,从整体上把握公共服务质量管理理论和实践的发展脉络,本章将从公共服务质量管理理念、管理技术和手段、管理实践等三个方面进行重点阐述。

第一节　公共服务质量理念演进与发展

一、以效率为价值导向的管理理念

在质量管理的理论和经验还未引入公共服务领域前,质量管理作为私人部门提升产品质量和绩效的一种手段而存在。

19 世纪末,资本主义生产方式兴起,传统以家庭手工业作坊为主的生产模式开始逐步被资本主义工厂化的生产模式取代,由于受到家庭手工业作坊生产经营方式的影响,工人生产技能的学习也主要沿袭"师傅带徒弟"的模式,而产品质量是否合格,主要参考标准基本依赖"口授手教"的经验以及简单工具的测量结果,这一阶段科学质量管理理念虽然还未形成,但产品质量已经开始得到重视,并出现了简单的质量控制奖惩措施,成为早期质量管理理念萌芽与发展的基础。

20 世纪初,随着工业生产的进一步发展,传统质量管理实践中凭经验法则行事的弊端日益凸显,如何通过科学的管理办法提升劳动生产率成为这一阶段社会各主体普遍关注的焦点。1911 年,美国人泰勒(Frederick Winslow Taylor)出版了《科学管理原理》一书,标志着质量管理正式进入了以科学管理理念为主导的阶段。泰勒认为,专业分工能够促成工厂作业的专业化和劳资双方责权的明晰化,根据这一思想,质量管理职能开始从生产管理中逐步脱离,并作为企业管理中固有的职能确定下来,同时,质量管理的主体开始由产业工人本身转移到工长,进而转移至检验员。

虽然这一阶段早期质量管理方法已经基本形成,但从质量管理实践看,人们对质量管理内涵的理解仅仅停留在产品本身是否符合设计标准,以及生产过程中是否按照既定操作标准严格执行等方面。对于质量管理也仅仅侧重于"事后管理",而在如何减少或杜绝不合格产品生产方面则缺乏必要的手段或措施。此外,在面对大批量的待检工业产品时,已有的质量检验制度不仅耗时大,而且效率低,并且对于已经发生的质量事故也很难追根溯源找到具体原因和责任主体。

20 世纪 20 年代,随着近代数理统计学的发展,频率分布、控制图、回归分析、显著性检验、趋势及离散度测量等数理统计方法日臻成熟,并开始被引入质量管理领域,质量管理进入了统计质量控制阶段。对于现代工业生产而言,其生产过程通常是在同一设计、同一原料、同一操作的条件下展开,这使得生产出的产品在一定程度上也是均匀的。由于影响产品的主要因素为不可避免的随机因素,因此,从统计学意义看,产品质量服从一定概率分布,这使得很多数理统计方法可以引入到质量管理中,并和质量管理相结合。虽然这一阶段数理统计方法和质量管理的结合已经初步具备条件,但由于受到世界经济危机的影响,这些经验并未得到广泛推广,直到第二次世界大战后才被工业生产企业所接受。统计质量控制通过过程样本抽样检验的方式,及时排除了工业生产过程中的异常情况,有效地将不合格产品率控制在误差允许的范围内,不仅降低了检验成本,而且不合格产品率的降低也进一步降低了企业的成本损失,对于提升产品质量、改善企业经济效益起到了积极的作用。

区别于质量检验阶段,这一阶段质量管理的范围不仅仅局限在产品质量上,而是将管理进一步向前延伸至整个生产环节,质量管理的方式也从"检验"为主向"控制"为主转变,同时数理统计方法的引入,为产品质量标准和生产过程的控制提供了科学依据。

仍需注意的是,虽然将数理统计方法引入质量管理中对于产品质量控制和企业效益提升起到了积极作用,但是由于质量控制过分强调数理统计方法的重要性,忽视了组织管理的重要作用,因此在实践过程中,对数理统计方法产生了认识上的偏差,限制了数理统计方法在质量管理中的应用,也影响了质量管理组织工作的开展。

实际上,在私人部门开展质量管理的同时,公共服务质量管理的理论和实践探索活动也在同步推进。

在早期,人们的行为方式较为单一,对于政府而言,即使不在行政管理领域开展很多理论和实践性的探索,也可以完成国家治理。由于该时期政府在行政职能履行的过程中所面临的问题均为结构性问题,因此,政府提升和改进公共服务质量的焦点集中于结构问题的治理。而随着社会经济的快速发展,人们社会活动的内容也开始发生较大的变化,公共服务方面的需求也随之开始增长,政府职能开始变得更为复杂,政府职能的行使也开始变得更加困难。到了 19 世纪中叶,政府面临的困难累积到了顶点,如何提升政府的公共服务职能和行政能力,成为政府亟待解决的问题。同时,由于这一时期西方普遍进入自由主义至上的资本主义阶段,崇尚自由主义和不受限制的原则,缺乏实现公平的科学方法,导致这一时期西方各国政府机构普遍陷入贪污腐败、办事效率低下、机构难以实现健康正常运转的困境,需要新的理论和实践经验为这些问题的解决提供可行路径。

1887 年,伍罗德·威尔逊在美国的《政治科学季刊》上发表了《行政学研究》一文,认为行政的目的有两个:一个是政府应当做什么和怎么做的问题;另一个是用什么方式和方法进行管理才能提高效率完成工作。在这种理念影响下,威尔逊主张将行政从政治学中剥离,建立与国家行政管理及与行政有关联的学科。该文也曾被认为是行政管理的开端,至此如何提升政府公共服务效率,以最少的投入办更多的事情,成为政府行使公共服务职能的导向。20 世纪初,泰勒科学管理方法的提出为质量管理的改进和深入发展带来了新的机遇。同时,在政府公共服务管理方面也出现了新的变化,1913 年,哈林顿·艾默森在《效率是作业和工资的基础》以及《效率的 12 条原则》中不仅深化了组织职能方面的认识,同时还提出了政府和企业管理的 12 条效率原则;1938年,赫伯特·西蒙出版了《市政工作衡量:行政管理评估标准的调查》,标志着公共服务进入以效率为导向的绩效评价时代,并在 20 世纪 40 年代至 70 年代得到了进一步的强化发展。美国 1947—1955 年两届胡佛委员会提出的绩效预算模式改革,开创了政府服务绩效预算的新时代。

回顾 19 世纪末到 20 世纪 60 年代至 70 年代以来质量管理以及公共服务质量理念发展的历程可以看出,效率始终是开展管理活动的核心目标和中心任务,虽然以效率为中心的质量管理理念在后续的实践中被认为具有一定的历史局限性,但是在世界经济还未得到进一步发展的时代背景下却具有一定的时代意义,而以效率为导向的管理理念的发展成熟,为后来的以结果和公民为价值取向的管理理念的诞生提供了客观条件。

二、以结果和公民为价值取向的管理理念

20 世纪 50 年代末,美国通用电气公司的费根鲍姆和质量管理专家朱兰提出了"全面管理的理念"。20 世纪 60 年代,这一理念得到推广。1961 年,费根鲍姆《全面质量管理》一书出版,美国的一些工业企业开始将数理统计方法与行为科学理论结合引入质量管理,在企业中普遍开展了"无缺陷运动"。同时期,日本也在工业企业中展开了"质量管理小组"活动,全面质量管理随着"无缺陷运动""质量管理小组""零缺陷"等新内容的出现,迎来全新的发展阶段。

全面质量管理改变了传统片面单一的质量管理模式,该模式首先赋予质量以新的含义。根据该模式的核心理念,全面质量管理不仅仅包括产品本身质量,同时还包括工程质量和工作质量,并认为只有工作质量和工程质量得到提升,产品质量才能得到保证;其次,该模式将质量管理纳入了从市场调研、产品定位、产品研究设计、产品原料采购、制造、检验、存储、销售、使用和维修等各个环节,并提出了"质量不是检验出来的,而是设计制造出来的"这一新观念;再次,该模式还强调企业员工在质量管理中的重要作用,无论是高层管理者还是普通职工,均对产品质量产生或直接或间接的影响,只有全员参与到改进工作质量管理的过程中,才能降低产品的不合格率,提升企业的生产水平;最后,全面质量管理除了强调全面、全程、全员的管理理念外,同时更加注重因果图、排列图、直方图、控制图、散布图、分层图、调查表等多种方法在质量管理中的应用。此外,全面质量管理还将提升企业绩效和顾客或消费者的满意度作为企业发展的目标,改变了传统质量管理中对服务对象是否满意这一要素的忽视。

20 世纪 80 年代,全球经济发展进入了全球化时代,一方面为了保证企业生产产品品质的稳定性、连续性和可持续性,另一方面为了使产品质量能够在国际间得到一定程度的统一,标准参照问题得到了广泛重视,并成为这一阶段质量管理领域关注的重点问题。实际上,标准化质量管理是全面质量的延续和发展,体现了全面质量的基本原理、指导思想和主要方法及要求,避免了执行过程中可能存在的形式主义现象,概括和提炼了全面质量管理的理论和实

践,为企业建立质量体系、实施外部质量保证提供了全面的指导。

　　但是,无论是全面质量管理,还是标准化质量管理均存在一定程度的缺陷。从全面质量管理的目标来看,降低或接近既定的质量水平是全面质量管理的理想状态,很难对其进行突破;而标准化质量管理作为质量管理的新标杆,仅能反映企业质量管理的基本要求,却无法满足企业对于先进质量管理的更高要求。

　　当全面质量管理的理念进一步渗透到私人企业部门并取得较快发展时,如何改进和提升政府公共服务质量成为公共管理领域理论研究的热点话题。E. S. Savas(1987)认为,应该将政府部分生产公共服务的职能转移给第三部门或私营部门,这些公司部门之间的竞争能够提升公共服务质量。M. Landau(1969)根据冗余理论也认为,适当的内部竞争在一定程度上可能会提升政府组织及其服务的效率和可靠性。A. Lerner(1986)集成并发展了 M. Landau 的观点,提倡利用战略控制的手段来提供更高质量的公共服务。R. Airanda 和 A. Lerner(1995)的研究也表明,公共部门和私人部门之间的竞争能够有效提升公共部门的公共服务供给效率,使公民得到质量更高、成本更低的公共服务。

　　虽然 20 世纪初公共服务质量改进相关研究已经较为深入,但是以结果和公民为核心的管理理念并未能够成为政府部门进行质量改革的指导原则,其背后的主要原因在于自资本主义生产关系确立以来,资本主义经济从自由竞争走向了垄断,但是就西方政治走向看,基本上是处于放任状态。1929 年,西方国家爆发了经济危机,为了能够推动政府向前发展,政府职能开始大规模扩张。20 世纪 70 年代,空前膨胀的政府管理遇到了前所未有的危机。首先,两次石油危机的爆发导致西方国家经济停滞不前,为了尽快恢复国民经济,保障经济平稳运行,各国提出了减税计划。该计划的实施直接导致政府收入减少,政府职能履行受到了一定程度的制约。其次,社会结构和社会环境的急剧变化引发了公众对环境保护、科技发展等新的公共问题的关注。这些前所未有的挑战意味着西方国家政府既要在财税收入减少的前提下保证其传统职能的履行,同时又要保证政府在新的管理领域和新的政府职能上有所突破。而实际上,政府面临的这些危机在随后的发展过程中并没有得到缓解和改善,反而出现了管理危机和信任危机。在此背景下,西方国家的政府开始了大刀阔斧的改革,一些新的前沿的公共管理理念也由此产生。

　　20 世纪 70 年代末 80 年代初,一场围绕提升政府公共服务质量的新公共管理运动在西方国家开展,公共组织机构逐渐将注意力转移到提供更好的服务上来。英国是新公共服务运动的最先发起者。1980年,撒切尔政府开始推行以缩小政府规模进行"财政管理创新"为中心的改革,他们一方面将国有企业(如:铁路)私有化,另一方面在政府管理中强调"3E"(economy, effectiveness and efficiency),即经济、效益和效率。这一运动注重管理主义,注重业绩评估和效率,注重用市场或准市场的方法改造政府部门的运作,用期限合同、节约开支、确定工作目标、金钱奖励以及更大的管理自由度等方法加强政府工作的竞争性。以此为蓝本,梅杰政府和布莱尔政府继续推进政府改革,市场化的作用得到了进一步的发挥;同样新西兰在1988年开始了以"政府部门法案"为蓝本的改革;加拿大在1989年成立了"管理发展中心",并于次年发表了题为"加拿大公共服务2000"的政府改革指导性纲领;美国于1993年成立了"国家绩效评估委员会",用以指导政府改革,后于1998年更名为"重塑政府国家伙伴委员会"。

这场旨在"解决公共问题,实现公共利益,运用公共权力对公共事务施加管理的社会活动",除了在政府管理手段上有所突破,更重要的是为政府提升和改善公共服务质量提供了新的理念。这些理念包括以下内容。

(1)以效益为主的价值取向。从新公共管理运动中传递的信息来看,政府不能仅仅关注管理中的严格程度、过程、规章制度等投入,更应该关注管理活动中的产出和绩效,应该关心公共部门直接提供服务的效率和质量,能够主动、灵活、低成本地对外界变化,以及不同的利益需求做出富有成效的反应。在资源配置领域,政府管理中的资源配置应与管理人员的业绩和效果相联系;在酬金分配上,管理人员应该按照业绩而不是传统任务来支付薪资;在财力和物力的控制上,应该强调采用更具效果而不是更具投入的预算制度,最终体现的是对管理效益的关注。

(2)建立企业式政府和以顾客为导向的政府。新公共管理运动在改革传统政府公共管理模式中,不再将政府视为一个高高在上的官僚机构,而是主张建立一个"企业式"的政府。政府官员或行政管理人员则是相应的"企业家"或"企业管理人员",社会公众则是因向政府纳税而享受政府服务作为回报的"顾客"。这种主张意味着好的政府应该是一个能够提供高效公共服务的政府,政府应该根据公众的需求来决定提供何种公共服务,并且赋予公民更多的选择权来评价政府工作效果,从而促进政府改善工作,提升服务质量。

(3)引入市场机制。虽然政府在公共服务的供给上扮演着重要的角色,但并不意味着所有的公共服务都应该由政府来提供,政府应该逐步取消公共服务供给的垄断性,让私人部门参与到政府公共服务的供给中,通过把竞争机制引入到政府公共管理中来提升政府公共服务的质量和效率。

新公共管理运动虽然改变了传统政府管理中低效的行动模式,但是随着改革进一步推进,新公共管理中的一些弊病也开始逐步暴露,并引发了学界的普遍关注。关于新公共管理运动及其后续改革中存在的弊病,主要体现以下几方面。

第一,机构裂化问题。新公共管理强调行政效率的提高和公共服务供给质量的改善,在改革过程中多数西方国家政府组织机构的革新是将政府机构从事某一种职能的部门进行分解,细化成若干执行机构,每一个执行机构负责更细的某一方面的公共服务供给。保留部分事务官进行政策协调和计划。这种做法在一定程度上确实能够避免传统官僚制度管理方式的不足,能够有效解决管理组织的结构问题,但是这种分散化、独立化、彼此之间缺乏联系的单一使命机构在实践中加剧了政府组织结构的裂化,裂化的机构在竞争理念和竞争机制的作用下相互之间几乎没有合作和协调的可能。一些学者也对此提出严厉批评,认为机构裂化和竞争机制的引入导致无人顾及政府机构内部的合作和协调,政府机构被严重碎片化,形成了碎片化的制度结构。

第二,分权化改革的失控。分权化是新公共管理运动的又一个主张,主张将中央政府职能转移到地区或地方政府以及非政府组织中去,从而使分权后下级机构有更大的自主权,能够更加独立地执行任务、自由地与其他组织进行竞争,但是分权化改革也给西方政府的行政管理造成了诸多困扰。首先,中央权力的下放,赋予了地方政府极大的自主权,一些地方政府由于没有处理好公权与公众的关系,导致公众并没有有效地参与到公共事务管理中;其次,权力的下放也着实削弱了中央政府对地方政府的控制,国家从整体上改善公共服务质量的能力受到了极大的限制;最后,权力下放改变了中央政府与地方政府间的平衡关系,基于市场原则的权力改革,导致地方政府间出现了恶性竞争的局面,地区间的差距进一步拉大。

第三,民营化改革的失效。民营化是新公共管理的重要政策主张,该主张认为政府应该将不属于政府职能范围的工作交给企业做,但是对于民营化后如何处理和解释管理者之间的关系,新公共管理运动却没有给出明确的思路。公共服务部门职能民营化后,使得公共服务供给中牵扯的主体变得更加复杂,使得各利益主体间的合作变得十分困难;同时,公共服务供给民营化后,政府公权力和私人部门的界限变得模糊,造成了公共责任模糊及问责的困难。

新公共管理运动中确立的以结果和公民为价值取向的管理理念,一度成为 20 世纪末西方发达国家和地区公共管理改革的依据,对于解决经济困难时期西方政府在改善公共服务质量方面的困扰发挥了重要的作用。但是仍然需要强调的是,任何一种改革和理念的诞生与发展都存在一定历史局限性,对于新公共管理运动而言,这种局限性也同样存在,这也成为后新公共管理时代发端的重要历史因素。

第二节　公共服务质量管理理论与技术的演进与发展

　　从历史演进看,效率、公民满意度既是贯穿管理理念变迁的核心,也是管理理念变迁的主线。虽然在相当长的一段时期内,这些理念并没有发生较大的改变,但在不同的历史阶段,国家和政府在公共服务问题解决方面出现的困境催生出许多新的理论和方法,这些理论及方法不仅为有效解决社会问题提供了理论支撑,也为管理理念的更新和强化提供了必要保障。

一、以效率为主的管理理论和技术

　　(一)泰勒科学管理理论

　　19世纪末期,资本主义经济得到快速发展,企业规模迅速扩大,但由于缺乏现代化的管理技术与方法,企业效率低下,劳资关系紧张,如何提高生产效率,成为工厂企业家们普遍关注的问题。作为科学管理理论的创始人,泰勒通过长期的调查和实证研究认为,在工厂企业中存在各种危机核心在于缺乏有效的科学管理,针对低效的管理体制泰勒提出了科学管理的四条原则,还总结出科学管理的主要内容:(1)确立良好的管理目标,根据目标分工协作;(2)运用科学方法对实现预期目标所存在的问题进行试验和总结,制订出相应的控制原则和标准程序;(3)精心挑选和培训工人,使其掌握工作技术;(4)因岗设人,创造使工人完成工作定额的良好环境。

　　泰勒科学管理理论的提出,对当时乃至后来的管理起到了积极的促进作用。该理论不仅在美国得到了大力推广,随后也在欧美发达国家如英国、法国、德国等得到应用。同时,这一基于实践提出的管理理论也被应用到了当代管理领域中,虽然科学管理理论在管理实践中得到了广泛应用,在管理理论发展中产生了重要的影响,但是理论中存在的不足也不容忽视。科学管理理论虽然强调效率的重要性,但是却忽视了管理对象对于分配正义的要求。因此,在分配原本就不公正的环境中它很容易受到管理体制的抵制。同时,科学管理理论过分强调科学性和工作效率,忽视了管理对象工作之外的其他要求,以及在工作中的自由、自尊、自我实现的要求,这容易进一步强化管理对象的抵制情绪和对工作的厌倦,也容易造成管理对象和管理者之间的紧张和对立,进而引发劳资矛盾。此外,科学管理理论多数来自于企业实践活动,在政府管理、公共管理、社会管理方面的使用性较为有限。

（二）休哈特质量控制理论

质量控制理论是由美国贝尔电话试验所的休哈特博士于 1924 年提出的一种科学管理理论,最初提出是为解决军工品质量问题而设计出来的一种统计用图。休哈特控制图从统计理论出发,对生产过程中的质量特性绘制供分析用的控制图,即用控制图分析生产过程中有关质量特性值的变化情况,看工作是否处于稳定受控状;另一方面是绘制管理用的控制图,主要用于发现生产过程是否出现异常情况,以预防产生不合格品。

控制图的本质是对过程质量加以测定、记录,从而进行控制的一种科学方法。质量控制的本质就是控制质量数据的波动,通常来看,数据正常波动的主要原因是来自质量数据,正常波动的主要原因是来自 5M1E,人（man）、机器（machine）、材料（material）、方法（method）、测量（measure）、环境（environment）。由于存在操作者心理变化,原材料成分、性能的微小变化,机器的轻微振动,操作方法的微小改变,测试中的微小误差,温度、湿度、照明等的微小差异,要消除这些因素的影响,不仅技术上难以办到,经济上也不合算。这样众多的因素发生影响,而每个因素影响都很小,根据概率论中的中心极限定理,质量特性值的分布收敛于正态分布,可以通过人们的努力在一定经济范围内使之减小到最低限度,以将质量控制在一定范围内。质量数据的异常波动一旦出现,统计规律性就会遭到破坏,质量特性值的分布中心和分布形状就发生了变化。控制就是利用这种统计规律的变化来识别生产过程是否正常,并通过分析找出不正常的原因,进而采取措施解决问题。

控制图理论的提出一度解决了生产过程中质量管理难以控制和降低的问题,但是该方法最初并未获美国企业普遍采纳,直到第二次世界大战爆发后,因为这一理论的应用解决了军需产品质量低劣、交货不及时的问题,这一方法才得到广泛应用,并一度帮助美国成为工业强国。但仍需注意的是,随着生产方式的不断演进,现代制造业的生产环境发生了重大变化,不仅呈现出复杂性、非线性、时变性、连续性等特征,同时还呈现出不确定性和不完全性等特点,这些新的特点增加了质量参数采集的难度,使得控制图理论的应用受到了一定的限制。

二、以满意度为主的管理理论和技术

（一）管理理论：全面管理阶段

1. 统计质量诊断理论

统计过程控制（SPC）虽能对过程的异常进行警告，但它并不能告知是什么异常，发生在何处，也就不能进行诊断。1980 年，张公绪教授提出选控图系列，1982 年又首创两种诊断理论，突破了传统的美国休哈特统计质量控制理论，开辟了质量诊断的新方向，从此 SPC 上升为统计质量诊断理论（SPCD）。1996 年，张公绪教授又提出两种质量多元诊断理论，居世界领先水平。

张公绪教授提出的选控图理论是建立在总质量与分质量的基础上。生产一个产品一般由若干道工序加工而成，每道工序都有一个质量问题，但产品的最终质量是每道工序的质量综合而成的。休哈特控制图只能控制每道工序的质量，而对产品的总质量只有在每道工序独立时才能进行控制。张公绪教授发明的选控图解决了这个问题。

总质量是工序综合质量。它不但包含本工序的加工质量，而且综合了所有上道工序的加工质量，它就是通常意义的产品质量，是用户感受到的质量。分质量是工序固有质量。它是该工序本身的加工质量，不包括上道工序的质量影响，反映了该工序的工作质量。两种质量诊断的基本思路是通过两种质量的比较来诊断工序质量的异常，是由本工序造成的还是上道工序影响造成的，或者两者兼而有之。若用两种控制图分别对两种质量进行诊断，称为两种图的诊断。任何一道工序都存在总质量和分质量。总质量由全图度量，分质量由单选图（单因素选控图）度量，这样就构成了一个诊断系统。根据休图与选图是否显示异常，就可以对质量进行诊断，而后进行分析并采取措施进行排除，以达到提高质量的目的。

2. 质量功能展开理论

质量功能展开（Quality Function Deployment，QFD）是面向市场的产品设计与开发的一种计划过程，是质量工程的核心技术。QFD 的基本思想是产品开发过程中所有活动都由顾客的需求、偏好和期望驱动；通过“做什么”和“如何做”把顾客的需求、偏好和期望设计到产品和过程中去，从而使产品达到顾客的要求。QFD 代表了传统的设计方式（设计—试制—调整）到现代设计方式（主动的、预防的）的转变，是系统工程思想在产品设计与开发全过程的具体应用。

QFD 自 20 世纪 60 年代末由日本质量专家水野滋和赤尾洋二提出后，无论是理论研究还是应用实践都取得了显著发展。概括地讲,目前已形成三种被广泛接受的模式。

第一种是日本综合 QFD 模式,其代表人物是水野滋、赤尾洋二和 T. Ohfuji。概括而言,综合的 QFD 模式由两大部分组成,即质量展开(quality deployment)和功能展开(function deployment)。质量展开是把顾客的要求展开到设计过程中去,保证产品的设计、生产与顾客要求相一致;功能展开是通过建立多学科小组,把不同的功能部门结合到从产品设计到生产的各个阶段,促进小组成员的有效交流和决策。综合的 QFD 模式具体包括质量展开、技术展开、成本展开和可靠性展开。

第二种是美国供应商协会(American Supplier Institute, ASI)的四阶段模式,简称 ASI 模式。该模式首先由 L. P. Sullivan 提出,后经 J. R. Hauser 和 Don Clausing 加以改进。AIS 模式的四个阶段与产品开发全过程的产品计划、产品设计、工艺计划和生产计划相对应。通过这四个阶段,顾客要求被逐步展开为设计要求、零件特性、工艺特性和生产要求。该模式的最大优点是有助于人们对本质的理解,有助于理解上游的决策是如何影响下游的活动和资源配置;其缺点是不适合复杂的系统和产品。由于其结构简明,抓住了 QFD 的实质,因而迅速成为欧美企业实践的主流模式。

第三种是由劳伦斯成长机会联盟/质量与生产力中心(Growth Opportunity Alliance of Lawrence/Quality Productivity Center, GOAL/QPC)的创立者 Bob King 提出的 QFD 模式,通常称为 GOAL/QPC 模式。该模式包括 30 个矩阵,涉及产品开发过程诸方面的信息,对于 QFD 系统中的各种活动提供了良好支持。Bob King 在他的 *Better Designs in Half the Time* 一书中对该模式有更详细的解释。GOAL/QPC 模式的缺点是人们难以理解,其中各种活动之间缺乏逻辑的联系,在应用上缺乏可操作性;优点是比较适合复杂的系统和产品,比 ASI 模式具有更大的灵活性。

3. 零缺陷管理理论

零缺陷管理理论是 20 世纪 60 年代初由美国质量管理大师菲利普·克劳斯比(Philip Crosby)提出的。零缺陷管理的思想主张企业发挥人的主观能动性来进行经营管理,生产者、工作者要努力使自己的产品、业务没有缺点,并向着高质量标准目标而努力。它要求生产工作者从一开始就本着严肃认真的态度把工作做得准确无误,在生产中从产品的质量、成本与消耗、交货期等方面的要求来合理安排,而不是依靠事后的检验来纠正。

零缺陷管理的基本内涵可以概括如下:基于管理宗旨和目标,通过对产品和服务产出进行全过程、全方位管理,保证各环节、各层面、各要素的缺陷趋向于零。其具体要求是:第一,所有环节都不得向下一道环节传送有缺陷的决策、信息、物资、技术或零部件,企业不得向市场和消费者提供有缺陷的产品和服务;第二,每个环节、每个层面都必须建立管理制度和规范,按规定程序实施管理,责任落实到位,不允许存在失控的漏洞;第三,每个环节、每个层面都必须有对产品或工作差错的事先防范和事中修正的措施,保证差错不延续并提前消除;第四,在全部要素中以人的管理为中心,完善激励机制和约束机制,充分发挥每个员工的主观能动性,无论是被管理者还是管理者,以零缺陷的主体行为保证产品、工作和企业经营的零缺陷;第五,企业管理系统根据市场要求和企业发展变化及时调整,以保持最佳的适应性和最好的应变性。

4. 全面质量管理理论

全面质量管理是在传统质量管理的基础上发展起来的一种先进的质量管理理念和技术方法,早期的思想由美国著名质量管理专家戴明(W. Edward Deming)和朱兰(J. M. Juran)于20世纪五六十年代提出,经过20世纪六七十年代在日本的实践发展成为一种管理理论和技术,而后传到欧美各国得到进一步的发展和完善,并在20世纪80年代末流行于世界各国,逐渐成为一股潮流。

全面质量管理是质量管理史上的一次革命,从统计质量管理发展到全面质量管理,无论从质量管理理论还是质量管理实践来看,都是一个"质"的飞跃。全面质量管理不是一种简单的管理方法,而是一整套管理思想、观念、手段和方法的综合体系。实际上,全面质量管理是在管理的系统思想影响下,继承以前各阶段质量管理理论的基础上形成的,其实质是系统思想在质量管理中的应用和发展。

5. 六西格玛管理理论

六西格玛管理理论是1986年由摩托罗拉公司的比尔·史密斯提出。六西格玛管理理论是一种统计评估法,核心是追求零缺陷生产,防范产品责任风险,降低成本,提高生产率和市场占有率,提高顾客满意度和忠诚度。六西格玛管理既着眼于产品、服务质量,又关注过程的改进。为了达到六西格玛,首先要制定标准,在管理中随时跟踪实践操作与标准的偏差,不断改进,最终达到六西格玛。六西格玛管理法通过六个主题来体现其基本思想。

①对顾客真正的关注。在全面质量管理中,虽然也有满足顾客需求这一说法,但由于这一问题在整个管理方法中重要性并不突出,因此并没有多少公司真正努力增进对顾客期望和需求的了解,即使做过,顾客数据的收集也只是

一次性的或短期的,并不能真正了解顾客需求的动态特征。与此对比鲜明,在六西格玛管理法中,对顾客的关注是最重要的事情,六西格玛管理法的实施首先就是从定义顾客需求出发,并且在持续改进过程中,不断提升绩效。

②由数据和事实驱动的管理。六西格玛管理法强化了用数据和事实管理的理念。六西格玛管理法首先从澄清什么是业务绩效标准化的关键手段着手,接着使用统计数据和分析方法来构筑对关键变量和最优目标的理解。六西格玛管理重点提出并解决两个问题:什么是决策真正需要的数据? 如何分析使用这些数据,使收益最大化?

③对流程的关注、管理和提高。在六西格玛管理法中,业务流程就是采取行动的地方,不管是设计产品和服务、评估绩效,还是提高效率和顾客满意度,甚至运作整个业务,六西格玛管理法都把业务流程作为成功的关键之处。

④主动管理。主动就是指在缺陷出现之前进行管理,关注那些经常被忽略的业务作业,如确立优先事项、注重防范、不断思考改进流程等。

⑤无边界合作。无边界合作是原通用电气董事长杰克·韦尔奇提出的管理方式,通过让每个部门、每个员工认识到公司的共同目标——向顾客提供价值而努力,认识到工作各流程之间的相互依赖性,从而消除公司或企业内部上下级之间的隔阂,促进组织内部横向和纵向的合作。通过改进公司内部合作,公司获得了许多获益的机会,提高了处理问题的效率,同时争取到更多顾客。

⑥追求完美,容忍失败。任何将六西格玛管理法作为目标的公司都要向着更好的方向持续努力,同时也要愿意接受并控制偶然发生的失败,从错误中学习。

(二)管理理论:新公共管理阶段

新公共管理理论作为独立的科学研究成果,是在20世纪70年代以后逐步发展起来的。其源头可以追溯到20世纪初形成的传统公共行政学,至70年代末,由于受到公共政策和工商管理两个学科价值取向的强烈影响,新公共管理理论在传统行政理论的基础上充实并完善,终于自成体系,独树一帜。

作为一种旨在解决公共问题,实现公共利益,运用公共权力对公共事务施加管理的社会活动,新公共管理理论理念主要表现如下几个方面。

1. 以效益为主要的价值取向

新公共管理理论根据交易成本理论,认为政府重视的不是管理中严格的程序、过程、规章制度等的投入,而是管理活动的产出与绩效,应关心公共部门直接提供服务的效率与质量,能够主动、灵活、低成本地对外界情况的变化以及不同的利益需求做出富有成效的反应。因此,新公共管理理论主张在政府管理中,资源配置应与管理人员的业绩和效果相联系;在酬金上,强调业绩而不是按传统的任务来付酬;在对财力和物力的控制上,强调采用根据效果而不是根据投入多少来拨款的预算制度,最终体现的是对管理效益的关注。

2. 建立企业式政府和以顾客为导向的政府

新公共管理理论以公共选择理论等作为基础,认为政府与社会的关系中,政府不应该是一个高高在上的官僚机构,主张建立一个"企业式的政府"。一个政府官员相应地应成为一个负责任的"企业家"或"企业管理人员",社会公众则是因向政府纳税而享受政府服务作为回报的"顾客"。一个好政府应该是一个企业式的政府,应该是一个能够提供较高服务效率的政府。为了实现这一目标,政府就理所当然要以服务对象为顾客,把顾客当作上帝,政府服务应该以顾客之需要或市场的需要来导向。不是由政府管理人员选择提供者,而是政府管理人员让公民选择提供者,给公民以更多的选择权,让公民有更多的机会来评价政府工作效果,从而促进政府改善工作,提高其服务质量。由此,美国学者奥斯本提出了改革政府的十项原则:①掌舵而非划桨;②重妥善授权而非事必躬亲;③注重引入竞争机制;④注重目标使命而非繁文缛节;⑤重产出而非投入;⑥具备"顾客"意识;⑦有收益而不浪费;⑧重预防而不是治疗;⑨重参与协作的分权模式而非层级节制的集权模式;⑩重市场机制的调节而非依靠行政指令的控制。

3. 引入市场机制

政府理所当然是公共服务的提供者,但这并不意味着所有的公共服务都应该由政府来提供,对于公共服务的垄断性应该给予逐渐取消,让更多的私营部门参与公共服务的供给,通过把竞争机制引入到政府公共管理中,从而提高服务的质量与效率。

美国学者奥斯本提出的著名观点:政府的职能一定是"掌舵而非划桨"。新公共管理理论认为政府应该严格将管理与具体操作分开,认为有效的政府并不只是一个会实干的政府、一个会执行的政府,而是一个能够"治理"的政府,并且善于"治理"的政府。

(三)管理理论:后新公共管理阶段

1. 公共价值管理理论

公共价值管理理论认为,公共部门的中心任务是不断为公众和社会寻求和创造公共价值。Kelly 等认为,"公共价值是政府通过服务、法律法规和其他行动所创造的价值""价值由公民们的偏好决定,通过多种手段表达,并由选举产生官员的决定表现出来"。Stoker 认为,公共价值并不是一个由公共服务的生产者或使用者个体偏好的简单叠加,它是一个包括政府官员和利益相关者商议的结果。Horner 和 Hazel 则运用类似私人价值的逻辑来定义公共价值,认为"公共价值可以通过经济繁荣、社会凝聚和文化发展等途径创造公共价值——如更好的服务、增强的信任或社会资本、社会问题减少或避免。公众通过参与和协商等民主过程,而不仅仅是通过投票箱来决定。"

与此相似,Moore 持相同的观点,认为正如私人价值是私人部门管理者的核心工作一样,创造公共价值是公共行政者的重要活动内容。Hefetz 和 Warner 进一步区分了公共部门与私人部门的不同,认为私人部门管理者仅仅需要掌控市场过程,而公共行政者需要在政治和技术之间寻求平衡。

总之,尽管学者观点不一,公共价值被描述成一个多维度的结构,但学者们普遍认同公共价值是对公众提供的效用。

Kelly 等认为,公共价值有三个关键的成分:一是服务的价值,公平公正地给服务的使用者分配服务,本身就是传递公共价值;二是产出的价值,尽管一般与服务的价值是重叠的,但当它们包含更高层次的含义时应该独立看待它们(如国家安全、扶贫、公共卫生等)。垃圾收集服务给使用者传递的是整洁卫生等价值,产出则是它给市民带来了公共卫生的价值;第三个成分是信任与合法性。公共价值管理认为,信任在公共价值中处于核心地位。正如 Kelly 等指出的,"即使服务和产出的目的达到了,信任的失败也将毁坏公共价值"。

2. 协同理论

协同理论研究的是如何应付复杂体系问题的方法,主要出发点是试图构建一个一体化的理论来应对复杂系统,作为一种理论,它基于三论(系统论、信息论、控制论)以及耗散结构理论等现代科学理论,运用多学科的方法,通过建模,描述了系统是如何从低阶的混沌状态向高阶的有序状态转化。

协同理论认为,系统各要素之间的协同是自组织过程的基础,系统内各变量之间的竞争和协同作用是系统产生新结构的直接根源。系统内部存在涨落现象。涨落是由于系统要素的独立运动或在局部产生的各种协同运动,以及环境因素的随机干扰,系统的实际状态值总会偏离平均值,这种偏离波动大小的幅度就叫涨落。当系统处在由一种稳态向另一种稳态跃迁时,系统要素间的独立运动和协同运动进入均势阶段时,任意一个微小的涨落都会迅速被放大为波及整个系统的巨涨落,推动系统进入有序状态。协同理论的原理主要有三个:不稳定原理、序参量原理、役从原理。

3. 网络化治理理论

大约从 20 世纪 90 年代开始,治理理论研究逐步深化,与政策网络研究呈现融合的趋势,这两者的结合,产生了一个新的理论——运用政策网络框架来解释当前政府等公共组织如何对社会进行治理的理论。在网络化治理理论框架中,政府的社会治理战略大体包括两个相互衔接的部分,即构建治理网络和对治理网络进行经营管理。构建治理网络即政府通过努力引入多方主体介入到公共事务管理和公共服务提供中来,而对网络进行经营管理则指对多元的网络治理结构中主体进行管理,前者需要政府放低姿态,转变资源分配理念和具体方式,寻求政治上的变动;而后者需要政府在网络经营中起主导作用,为多元主体创造出参与公共服务供给的内外环境。此时,新的成员被源源不断引入到治理网络中,政府赋予它们更多的合法性,授予多种资源,为它们提供影响政策过程的机会并推动产生其他可能的结果。政府通过日益发达的信息技术,在不断波动的外在环境压力下妥善处理各种不确定和复杂性,提高公众参与的广度和深度,进而不断拓展公共服务供给过程的合法性和回应性。

网络化治理作为一种新兴的社会治理形式,从治理实践发展的历程来看,科层治理的局限性凸显以后,市场式治理兴起。然而正如政府失灵是科层式治理不可避免的现象一样,市场失灵同样会出现。在国家与私人部门相互依赖性增强的情况下,无论是市场还是科层都不再被认为是治理的恰当形式。科层式治理建立在官僚制的基础上,官僚制系统的压力体制导致了系统的不稳定;市场式治理建立在市场机制之上,又难以克服和防止市场失灵。因此,有必要催生一种新的公共治理形式。网络化治理建立在网络式的关系结构之上,网络是水平的,网络结构中的多方主体是平等的,可以自我协调和平衡,因此,其他治理形式产生的问题在网络化治理中都可以得到有效避免。网络化治理的多元主体可以通过平等的谈判和沟通协调产生正和博弈的结果,使多方参与主体都能够受益。而且,因为多方主体之间经常性的互动、沟通和协作,参与治理的各方行动者不再只是狭隘地关注自我利益,产生了主体间的信任和社会资本,这种信任和社会资本本身就是一种解决问题的能力。基于此,荷兰学者 Klijn 等认为,在一个日益复杂化和变动不定的动态环境中,科层式协调变得异常艰难;由于市场失灵,缓和和减少规制的作用也变得十分有限,治理只有在政策网络中才如鱼得水。在治理网络中,不管是公共的还是私人的行动者通过资源相互依赖,以一种非科层、非市场的形式连结起来,协调各方的利益和共同行动。

网络化治理不只是一种治理理论,已经在许多国家进行了广泛的实践。尤其是在许多欧洲国家中,网络化治理的实践形式已经广为人知,被政府和公众普遍认可,成为复杂、碎片化而又不断剧烈变动的社会中一个有用的治理机制。

4. 整体政府理论

整体政府（holistic government）或是整体性治理（holistic governance）是针对新公共管理改革导致政府功能裂化、机构碎片化，进而导致公共服务碎片化等弊端出现的一种新的公共管理理论。这种理论认为，新公共管理存在多种问题，诸如机构裂化、各自为政、互相冲突、缺乏协调和沟通等，导致公众无法得到满意的公共服务，或对得到的公共服务感到困惑但又求助无门。所有这些问题都可以通过整体性的治理或整体性运作解决。

波利特（Pollit）认为，整体政府是一系列在政府和其他各种公共部门组织中通过横向和纵向的多方相互协调行动来提供公共产品和服务，实现公共利益的一种公共治理模式。按照他的理解，应该不断破除各类政策之间相互消解和腐蚀的制度情景，促使政府等公共组织更有效率地使用稀缺资源。各主体之间应该团结协作，为公众提供满意的公共服务。汤姆·林（Tom Ling）进一步对整体政府理论做了凝练性的概括：多方运用文化、制度等与管理目标相结合，在不消除组织之间界限的情况下，通过跨边界协作实现公共部门组织之间的联合和协同，形成工作联盟和伙伴关系。总之，整体政府理论提出了一种新型的社会公共治理模式，为政府组织结构改革提供了新的思路，即在公共服务提供的过程中实施一体化的管理理念、方法和具体措施，促使多元的治理主体功能整合，协调一致，有效汲取和利用各种公共资源，积极回应公众不断变化的公共需要，为公众提供满意的公共服务。

5. 无缝隙政府理论

"无缝隙政府"（seamless government）的概念最早由美国学者拉塞尔·M. 林登首次提出。他认为，无缝隙政府是指政府打破组织机构内部条块分割、功能细化的局面，通过整合组织机构内部的各种资源，消除政府不同层级和部门机构之间的障碍和壁垒，建立新型的政府组织结构形式，以单一友好的界面接触公众，向公众提供优质高效的公共服务。无缝隙政府意味着要重塑政府机构原有的官僚组织结构体系，在横向维度上要尽量合并多个职能部门，在纵向维度上要尽量减少中间管理层级，形成自我管理团队，以高参与、高弹性、强流动性的组织结构体系来服务公众。无缝隙组织能够做到直接接触顾客，为其直接提供公共服务，不再需要任何繁文缛节，也能有效消解推诿、互为掣肘等现象，从而大大缩短顾客等候时间。

无缝隙政府倡导的典型结果导向，即重视积极的目标制订、具体详细的结果与产出，重视工作的实际绩效。在服务过程中，讲求全面质量管理、绩效管理和评估。在确定组织公共服务的目标后,迅速重组组织结构体系,建立扁平化的组织结构或是团队结构,超越狭隘的局部利益,面向整个过程和整体公共利益,直接面对公众,及时控制和形成阶段性成果,按时完成工作任务,实现预期目标。

（四）管理技术

（1）标杆机制:在公共服务提供过程中选取最佳实践(the best practice)作为实践模板,并以此为基准与其他公共服务提供者进行比较、分析、判断、学习、创新,从而使公共服务质量不断改进,创造优秀公共服务的良性循环过程。实质上,这是一个"标杆树立—模仿—创新—超越—成为新标杆"的循环过程,最终的结果是使公共服务质量不断达到公民的要求,提升满意度。

（2）竞争机制:在公共服务领域引入市场机制,弥补非市场机制的缺陷,旨在打破公共部门对公共服务提供的垄断,加入第三部门甚至是私人部门来提供公共服务,通过增加竞争的方式提升公共服务的质量,提升公众的满意度。实现手段包括服务与设施运营的承包合同、项目的共同拥有或共同融资、BOT(Build-Operate-Transfer,即"建设—运营—转让")、BOO(Build-Own-Operate,即"建造—持有—转让")、BBO(Buy-Build-Operate,即"收购—建造—运营")、政府与民营机构间非正式和志愿式合作等。

（3）使用者介入机制:使用者介入机制是指公共部门基于顾客满意的基本原则,让公众直接参与并渗透到公共服务的生产与改进过程中的制度安排模式,可以依据公共产品的特征和公众的兴趣等因素对公众的介入进行制度设定。介入的根本目的在于促进公共服务质量的改进与提高,最终赢得公众的满意。

（4）业务流程重塑机制:业务流程重塑机制是指改变公共部门原有管理的流程,代之以公共服务提供流程为中心,重新设计管理流程的一系列管理活动,从而改进公共服务质量以提高公众满意度。这是一种激进的管理机制。

（5）ISO9000质量管理机制:ISO9000质量管理机制,是ISO(国际标准化组织)根据其制定的一系列国际标准对服务的提供能力进行认证。这是一种由第三方来对服务质量进行评价和改进的管理机制。它将公共服务看作商品,通过ISO9000认证以确保公共服务提供者具备能够提供"符合公众的要求"的公共产品的能力。

（6）平衡计分卡方法:平衡计分卡作为一种绩效评估体系,它的起源可追溯到20世纪80年代中期,卡普兰和诺顿开始在企业中尝试用新的方法评估企业绩效,然后逐步完善其理论体系。1996年出版的卡普兰和诺顿的《平衡计分卡:化战略为行动》一书,标志着这一理论的成熟。平衡计分卡理论认为,传统的财务评价指标在推崇创新的今天,用来评价企业绩效已不再适用。它把对企业业绩的评价划分为四个方面:财务、客户、内部管理过程、学习与成长。其核心思想是通过这四个指标之间相互驱动的因果关系来展现组织的战略轨迹,从而实现企业短期利益和长期利益、局部利益和整体利益的均衡。

平衡计分卡的四个方面并不是相互独立的,而是可以通过一条因果链,展示业绩和业绩动因之间的关系。首先,企业的战略目标反映在这四大指标中。其次,四大指标存在着相互联系,即企业经营效果的好坏通过相关财务指标来表现;为提高经营成果,必须使产品或服务赢得顾客的信赖;要使顾客信赖,必须提供顾客满意的产品,为此就需要改进内部经营管理过程;而要改进内部经营管理过程,必须对职工进行培训,提升企业的创新和学习能力。同样,企业的学习和创新能力有助于其内部管理效率和质量的提升;规范的内部管理又可以保证企业为顾客提供更多的增值服务,有利于提升顾客的满意度;顾客对企业产品的忠诚,可以提升企业的经营业绩。

(7)顾客满意度指数:瑞典顾客满意度指数模型(Sweden Customer Satisfaction Barometer, SCSB),顾客期望、感知表现是顾客满意度的前因变量,顾客抱怨和顾客忠诚是结果变量。顾客满意度指数来源于顾客对公共服务的感知与期望,对服务的感知源于对服务的亲身经历与体验,对服务的期望源于享受服务之前的外界信息的影响,是对服务提供者未来能提高绩效的预期。因此,顾客满意度随着服务感知和期望的增加而提高。顾客满意度的提高影响着顾客对服务的态度,满意度高,顾客会减少抱怨,最终会提高顾客对服务的忠诚度。

美国顾客满意度指数模型(American Customer Satisfaction Index,ACSI)和欧洲顾客满意度指数模型(European Customer Satisfaction Index,ECSI)均在此基础上进行了改进,使其更符合本国实情。ACSI增加了一个结构变量——感知质量,模型设计了质量的定制化、质量的可靠性以及质量的总体评价三个标识变量来度量感知质量。ECSI增加了形象这一结构变量,将感知质量分为感知硬件质量和感知软件质量两个部分,并去掉了顾客抱怨这个结构变量。有学者评价,ACSI通过增加一个结构变量——感知质量,克服并弥补了瑞典模型的缺陷。在1998年修正的ACSI模型中,进一步将感知质量分为产品感知质量和服务感知质量,以适应服务的重要性在企业营销活动中日益增长的趋势。ECSI增加了结构变量形象,以解释企业形象或品牌形象对顾客满意度的影响。

第三节　公共服务质量管理实践发展历程

一、公共服务质量评价

20世纪90年代初,为推动我国服务型政府的建设,地方政府开展探索公共服务质量评价活动。

(一)鼓励民众和第三方评价机构参与公共服务质量评价

1994年,山东省烟台市为进一步加强行风建设,转变政府职能,提高服务质量和水平,率先进行社会服务承诺制的尝试。供水、供煤气、供热、房屋拆迁、公共交通等10个部门,均通过新闻媒体向社会公布各自的社会服务承诺、工作目标、服务内容、服务标准、投诉程序和投诉电话,并做出保证,达不到承诺将实行自罚并赔偿,这一举措取得明显成效。1999年,南京市开展万人评议政府活动;2000年,珠海开展万人评议政府活动;2004年,兰州大学绩效评价中心成立,负责政府绩效及公共服务质量评价,成为我国第一个独立的第三方评价中心。

(二)开展公共服务质量标准化建设

早期公共服务质量标准运用主要借鉴来自于工商服务业中的质量标准,比如ISO9000系列,但在使用过程中会出现标准体系在公共服务领域中适用性的难题。一些地方政府如北京市东城区、南京江宁区都在具体公共服务部门开展公共服务标准化建设。继此之后,杭州市上城区从区、街道、社区等多个层面开展公共服务标准化体系建设。2011年开始,福建漳州市引入现代服务业先进的理念、技术和运作方式,按照“标准化、高效化、均等化、便民化”的原则开始了行政服务标准化管理探索。

2015年,国家标准管理委员会发布《政务服务中心运行规范》系列标准,主要解决各地政务服务中心如何进行内部管理和外部服务的问题,涵盖了政务服务中心建立、运行、服务提供、服务监督、考核评价等各环节,对政务服务中心基础设施条件、进驻部门、办理事项、提供的服务及监督考核评价等进行全面规范。标准还对窗口服务评价的关键指标即办事效率、评价满意率、异常办理、投诉处理等方面的指标进行了量化规范,力求窗口服务评价指标分类更加丰富、科学、清晰、实用,对工作指导性更强。

（三）初步形成典型的公共服务质量评价模式

自开展公共服务绩效评价以来，各地方政府兴起了多种形式的公共服务质量评价改革活动，如目标责任制、岗位责任制、效能监察、效能建设、社会服务承诺制，各地方政府在公共服务质量评价方面形成了代表性的模式。以目标管理为主的连云港模式，在目标管理中实现三个统一，目标任务与目标具体分解相统一，目标内容与目标考核相统一，目标实施与目标检查相统一，始终围绕目标开展各项公共服务管理工作；以第三方参与的厦门思明评估模式，由福建省厦门市思明区政府与厦门大学进行合作，共同建构公共服务评价的指标体系，实现对政府公共服务质量的评价；以第三方评价的甘肃兰州模式，将评价工作完全委托给兰州大学绩效评价中心，评价权交给政府的服务对象，关注公共服务中的公民满意度。

（四）探索公共服务质量评价指标体系

2004年，国家人事部"中国政府绩效评估研究"课题组构建了一个综合性的政府绩效指标体系，该体系包含3个一级指标，即影响指标、职能指标和潜力指标，11个二级指标，公共服务是其中之一，关于公共服务的细化指标包括基础设施建设、信息公开程度、公民满意度。这一套指标体系没有区分政府层级，指标体系构建较为综合，带有一定的通用性。在此基础上，地方政府也积极参与构建地方公共服务指标体系。

2009年，深圳市政府提出了地方政府绩效评价指标体系，这套地方政府评价指标体系包含市政府绩效评价指标体系与区政府绩效评价指标体系两部分。市政府评价指标体系包含4个一级指标（行政业绩、行政质量、行政效率、行政支出）、9个二级指标（职能履行、专项工作、服务质量、依法行政、廉政勤政、行政审批、政务协同、经费节约、财务审计）、25个三级指标。区政府绩效评估指标体系包含4个一级指标（公共服务、社会管理、经济调节、市场监管）、10个二级指标（服务质量、服务保障、公共安全、人口管理、市政管理、经济效益、节能减排、转型升级、规范竞争、重点监督）、33个三级指标。随着公共服务质量评价向纵深方向发展，与公共服务密切相关的政府绩效公众满意度测评、服务型政府公众满意度测评、中国城市公共服务满意度测评都在陆续推进。

（五）推动公共服务质量评价结果的运用

公共服务质量评价的结果是否进行反馈，并持续改进公共服务质量，对于公共服务质量管理起着关键性的作用。地方公共服务质量评价的动力与激励机制决定着公共服务质量的评价结果是否得以运用。目前，我国公共服务质

量的奖项主要是中央编译局设立的中国地方政府创新奖、北京大学中国政府
创新研究中心设立的中国社会创新奖,虽然这些奖项都不是具体针对公共服
务质量,但中国地方政府创新奖与中国社会创新奖的评奖项目中,都有专门针
对公共服务的分类项目,激励着地方政府在公共服务质量管理中的创新与提
升。在地方政府中,深圳龙岗区开设区长公共服务奖,旨在通过该奖项的设立
推动全区公共服务创新与公共服务质量的持续改进。但相比于国外一些国家
专设的公共服务奖项来看,无论是政府的,还是民间的,我国现有公共服务质
量奖项偏少。

二、公共服务质量改进

　　20世纪90年代中期,中国就开始了公共服务质量改进的新探索。最初
是国外公民宪章(或称服务宪章)在地方政府层面的应用。1994年6月,山东
省烟台市建委决定采用国外服务宪章经验,试行社会服务承诺制,在供气供
热、房屋拆迁、公共交通等10个部门,向社会做出服务承诺,包括服务目标、服
务内容、服务标准、投诉程序和投诉电话,以及达不到承诺如何自罚与赔偿。
1995年5月,烟台全市推行承诺制,即将公共服务以契约合同方式固定下来,
并接受社会监督。1996年5月,国务院纠风办和建设部在烟台召开推广服务
承诺制现场会。同年7月,中宣部和国务院纠风办在京召开烟台市推行社会
服务承诺制经验报告会。至1997年底,实行承诺制的部门和单位已经涵盖全
国31个省、自治区、直辖市。

(一)实施公共服务标准化

　　近几年,公共服务标准化开始在中国的许多地方推行,被视为公共服务质
量改进的重要技术和方法,是公共部门管理与质量管理结合的产物,也是近年
来我国地方政府公共服务领域改革中最具深度和广度的一项实践。以2007
年浙江杭州上城区政府开展的“政府管理与公共服务标准化”实践探索为起
点,开启了我国地方政府公共服务标准化建设之路。

　　从典型实践上看,前者包括浙江杭州上城区“政府管理与公共服务标准
化”建设,北京东城区国家级城市公共服务标准化示范区建设,上海市社区事
务受理服务中心标准化、社区居家养老标准化,江苏南京江宁区国家级机关公
共服务标准化示范区建设等;而行政服务标准化实践包括山东聊城市行政服
务标准化、山东新泰市行政服务标准化、安徽省政务服务标准化以及福建漳州
行政服务标准化等。

　　从标准化体系上看,相比基本公共服务标准化体系,行政服务标准化体系

更加系统与成熟。各地行政服务标准化体系具有共性内容,即都包括标准化工作方针、工作目标、适用的法律法规等,但也有一定的特色与差异。例如,山东新泰行政服务标准化体系包括行政服务通用基础标准体系、行政服务保障标准体系以及行政服务提供标准体系;安徽省政务服务标准化包括行政服务基础标准子体系、行政服务提供标准子体系、行政服务保障标准子体系以及行政服务评价与改进标准子体系;福建漳州市在全省率先实施行政服务标准化,制定了较为完善的行政服务标准体系,为福建省级行政服务标准体系的出台提供了参考。

（二）推行公共服务的电子化智能化

我国自 1999 年推行"政府上网"工程以来,各地政府在稳步推进电子化过程中积极创新策略,不断拓宽电子化运用领域,尤其在公共服务电子化建设方面取得突破性进展。各地政府通过不同的信息服务设施(电话、网络、自助电脑终端),从最初的信息公布、有限的互动,发展到综合性电子服务平台("一站式"服务),极大地促进了信息公开与行政透明,提高了行政效率,增强了政府与公民之间的互动。我国政府在公共服务电子化建设方面有以下几个方面的举措。

1. 建立电子化服务平台,提供无缝隙服务。目前,电子化服务平台已在多个政府部门和多个领域得到运用,包括政务服务、行政服务以及税务服务等。政府政务服务平台通过与地方政府门户网站合二为一,形成综合性服务端口,例如北京市政府"首都之窗"政务门户以及广州省"网上办事大厅"等,这些服务平台所能提供的服务涵盖衣、食、住、行等方方面面;或者单独建立政务服务平台,提供相对专业的服务,例如福建省在全省推广的"12345 政务服务平台",以办理群众咨询诉求为核心内容,及时满足公民的服务需求。以行政服务中心为依托的行政服务电子化平台得到了更为广泛的应用,例如上海浦东打造的"小博士"行政审批智能导航和福建漳州市的"96123 行政服务平台"等,公民可以通过这些平台逐步实现网上申请、受理、办理、缴费、咨询、监督以及联网核查等事项。

2. 采用多样化技术手段,满足多元主体的需要。为了增强服务的可获得性和便利性,适应不同群体的需求,各地政府在提供公共服务过程中充分利用新兴信息技术和新媒介,实现服务的全方位覆盖。第一,利用服务热线,实现24 小时服务。例如,北京市"12345 非紧急服务热线"和青岛的"12345 政务服务热线",通过设计完整的服务热线流程(受理来件—分类处理—跟踪督办—联动督查—反馈结果—责任追究—综合分析—发布信息),将自动语音查询、人工服务、信息资料处理紧密结合起来，切实解决公民遇到的问题。第二，利用 QQ、微博以及微信等新媒体，建立政府—公民互动平台。公民可通过添加政府相关部门的 QQ 号码、微博互动网页以及二维码扫描微信平台，及时了解政府最新服务信息，并实现与政府的实时对话。

3. 汇集大数据，实现服务管理智能化。以数据库为基础，充分利用物联网、云计算、移动互联网等新一代信息技术而形成的智能化管理已成为当前热门话题。"智慧城市"以及"智慧社区"正在纳入地方政府改革的进程中，全国已有 400 多个城市宣布建设智慧城市。上海发布了《上海市推进智慧城市建设 2014—2016 年行动计划》，将构建"政府、企业、社会组织"三位一体的公共服务体系，到 2016 年，基于网络的智能化公共服务将基本涵盖全体市民；同时，将整合已有的电子化服务平台，建设一体化的智慧政务，这将改变政府服务方式和服务管理流程，为公民提供安全、高效、便捷的智慧化服务。

（三）引入公共服务购买机制

我国政府向社会组织购买公共服务还处于起步阶段，各级政府对公共服务购买高度重视。2013 年 9 月，国务院公布《关于政府向社会力量购买服务的指导意见》，明确了到 2020 年这项改革措施的目标任务。与此同时，地方政府也开展了积极探索。2008 年，广东省在全国率先出台《关于开展政府购买公共组织服务试点工作的意见》；2013 年 3 月，厦门市民政局、厦门市财政局印发的《厦门市政府购买和资助社会工作服务实施办法（试行）》明确规定，政府购买社会工作主要包括购买服务岗位和购买服务项目的方式；2014 年 1 月，甘肃省出台《关于政府向社会力量购买服务的实施意见》，制定 6 类 50 款购买服务事项；2014 年 6 月，河北石家庄市出台《关于政府向社会力量购买服务的实施意见》，指出在全市内开展试点工作，提出短期、中期以及长期目标，明确购买主体和承接主体，制定 19 类 154 项购买服务事项。

广东省公共服务购买的实践一直走在全国前列，着重从购买制度、购买程序、购买规模以及购买方式四个方面进行探索，取得了积极成效，为处于探索阶段的政府购买公共服务提供了经验。主要内容包括：在制度建设上，通过出台《关于开展政府购买社会组织服务试点工作的意见》《政府向社会组织购买服务暂行办法的通知》《2012 年省级政府向社会组织购买服务目录（第一批）》以及《关于政府向社会组织购买服务供应方竞争性评审的管理办法》，明确服务主体、服务范围、服务程序、经费保障机制。在购买程序上，贯穿公正、公平原则，以公开竞争和招标的方式，严格执行"政府制订计划—识别服务类型—确定供给主体—选择供给方式"的程序路径。在购买规模上，打造多地区、多

组织以及多领域购买服务的新格局,努力将购买服务延伸到边远农村和经济
相对落后地区,将购买领域从养老服务等传统领域逐步拓展到外来务工人员
服务、志愿服务等新兴领域。在购买方式上,不同市区和机构根据实际情况引
入了非竞争方式、有限竞争方式以及充分竞争方式,同时有些城市还探索出以
奖代补、岗位购买、全额支付、资助补贴等做法,共同促进购买方式的多样化。

（四）设立公共服务质量奖

当前,我国激励地方政府公共服务质量改进行动的奖项主要有学术研究
机构和地方政府两个层面。为了鼓励地方政府改革与创新,总结先进经验与
先进典型,自 2000 年开始,国内一些学术研究机构陆续设立了一系列民间奖
项,其中中央编译局、北京政治与经济研究中心、北京大学中国政府创新研究
中心等机构发起的"中国地方政府创新奖"以及"中国社会创新奖"有较大的影
响力。虽然这些奖项并未冠以"公共服务质量奖"的名称,但却实质性地激发
了地方政府进行公共服务质量改进与创新。以 2014 年第七届"中国地方政府
创新奖"为例,在 10 个优胜奖以及 10 个提名奖中(共 132 个申请项目),以公
共服务类居多,分别涉及残疾人服务、基本医疗服务、政务服务、服务标准化以
及便民服务中心等方面。

在地方政府层面,深圳市龙岗区 2009 年设立我国第一个也是目前唯一的
"区长公共服务质量奖",旨在引导全区公共服务部门推进卓越绩效管理模式,
提高本区整体公共服务质量水平。该奖项在《龙岗区区长公共服务质量奖评
定管理办法》的指导下,自 2010 年开始评定,每两年评定一届。在评价标准
上,借鉴《欧洲通用评估框架》,设立《公共服务卓越绩效评价准则》;在评价对
象上,包括区政府工作部门、直属事务(业)单位、派出机构(各街道办)、驻区政
府职能部门等政府组织和政府投资的医疗卫生机构,教育机构,城市供水、供
电企业,公共交通企业以及其他由政府投资并提供公共服务的非政府组织。
在评定组织管理上,设立区长公共服务质量奖评定工作委员会,委员们由知名
学者、质量管理专家、行业人士和政府有关部门人员等社会各界人士组成。在
评价方法上,采用外部评价方式,由企业、媒体和民众等服务对象给政府机关
打分,充分保证评定过程的公平性和科学性。

第三章　公共服务质量管理理论

第一节　新公共管理理论

一、新公共管理兴起的时代背景

20 世纪 80 年代至今,为适应全球化、信息化及国际间竞争加剧的趋势,迎合国内公共服务需求的增加,以及提高政府效能的呼声,西方各国相继掀起了政府改革的热潮,促使传统的公共行政模式向"新公共管理模式"转变。新公共管理运动一般指从 20 世纪 70 年代末 80 年代初首先由英国撒切尔内阁和美国里根政府开始的对公共部门组织和管理的彻底改革,起源于英国、美国、澳大利亚和新西兰,并逐步扩展到其他西方国家。西方各主要国家根据本国的实际,分别制定了各自的政府改革方案,如美国的"企业化政府"改革运动、英国的"管理主义"运动、奥地利的"行政管理计划"、丹麦的"公营部门现代化计划"、法国的"革新公共行政计划"、葡萄牙的"公共选择计划"以及澳大利亚的"财政管理改进计划"等。"新公共管理"运动在西方国家的风行有多方面的原因:全球化、信息技术的发展以及工商企业改革的成功经验,构成了新公共管理产生的时代背景;传统公共行政模式与后工业社会的不适应则是催生新公共管理的体制原因;而西方国家内部的财政危机、管理危机、合法性危机则是新公共管理兴起的内部动因。

（一）全球化对公共行政的挑战

第二次世界大战以来,人类社会逐步从工业社会向信息社会转变,以微电子技术支撑的信息革命以摧枯拉朽之势将人类带入一个全球化时代。究竟什么是全球化? 英国社会学家莱斯利·斯克莱尔对全球化所做的解释较为权威。他认为:"全球化是以经济全球化为核心,包括通信、旅游及生态的全球化为基本内容,以文化及社会、政治影响为直接后果的一种社会变化趋势。"①它揭示的是全球不分贫富、不分种族、不分信仰、不分国界日益密切的相互依存关系。

全球化对政府的挑战最根本的指向是政府能力。在现代社会发展中,政府能力是影响国民经济和社会发展水平的一个重要"变量",是实现社会进步不可或缺的重要"资源"。提高政府能力成为增强主权国家国际竞争力的决定性因素。经济合作与发展组织(OECD)认为:"经济的迅速全球化使得保持国际竞争力显得十分必要,这是公共部门制度革新的一个强有力的推动因素。处理国际问题不再是传统涉外部门的唯一职责,所有政府部门甚至地区和地方政府部门,都必须具有追踪、理解和处理国际问题的能力,这些源于国际社会发展中的问题正渗透到各国社会和经济问题的各个方面。"②一般来说,全球化在以下几方面对政府能力提出了更高的要求:①政府的快速反应与应变能力。在全球化环境中,一国发展与世界发展的关联度不断复杂化,政府管理须时刻关注世界并保持高度的敏感力、辨别力和判断力。同时,全球信息、知识以无与伦比的速度扩展,社会生活的需要也日益多样化,且变化的周期日益缩短,决策的随机性、时效性大大增强,这要求政府具备随时捕捉客观环境变化的能力,并据此迅速调整管理战略,制定对策。②政府的自我更新和创新能力。全球化的竞争说到底是发展知识经济的竞争。政府作为国家竞争力的核心塑造者,应及时汲取新知识,进行积极有效的改革和制度创新。固步自封、僵化保守、按部就班的政府将导致国家失去竞争力,并最终使政府失去存在的合法性。③政府的多元利益整合能力。信息社会使社会利益及价值目标日益多元化,思想上的共识在逐步丧失,统一的、普遍认可的标准在不断模糊,"每一种主张、理论、主义、意识形态都可以自成体系,自行其事,自己就是裁判,而不再仰仗传统意义上的'真理'和作为'真理'的载体的那种权威"③。工业化时期形成的大多数统一意志的民主,已经被信息社会日益凸显的个性化特征所取代,各种社会利益、价值取向呈多元化的发展趋势。"社会分化为各种亚文化群——各有自己的价值观念和生活方式。各自看电视中不同的节目,各自在不同类型的店铺买东西,各自驾驶不同类型的汽车,我们已经由具有涵盖

① 张定淮,曹晓明.全球化时代各国政府行政改革[J].马克思主义与现实,1999(1):32-34.

② OECD. Public Management Development Survey[M]. Paris: Publications OECD, 1990: 9-10.

③ 徐迅."后现代"景观中的国家[A]//刘军宁等.自由与社群[C].北京:生活·读书·新知三联书店,1998:271.

广泛而相当划一的中产阶级组成的大众社会,转变为甚至在中产阶级内部也有很大文化差异的'马赛克社会'。"①这种多元化社会必然要求政府具有整合多元利益的能力,以维持既有秩序和社会稳定。

(二)信息技术的发展对公共行政的影响

20 世纪 70 年代以来,随着微电子、光电子技术和电子学的技术发展,以及卫星通信、遥感和全球定位系统、宽频带高速数字综合网络、信息压缩与高速传输、人工智能和多媒体技术等信息科技的迅猛发展,人类步入一个以信息化为特征的新时代。在这个时代,"世界上权力与财富性质的游戏规则已经改变。权力不再以诸如某个办公室或某个组织的权威之类的传统标准为基础,财富的含义正在从诸如黄金、货币和土地之类有形的东西转移开去。一个比黄金、货币和土地更灵活的无形财富和权力基础正在形成。这个新基础以思想、技术和通信占优势为标志,一句话,以'信息'为标志。"②信息化改变了人们的思维方式和思维习惯,也不可避免地对公共行政的各个层面产生了深刻影响。

第一,信息技术的发展向公共行政提出了新的要求。信息技术使政府长期以来所拥有的收集和管理信息的专利权被剥夺,打破了知识和信息被传统官僚机构垄断的局面。普通百姓取得信息的速度几乎和政府领导者一样迅速。从此,政府不再是公众行为的单向控制者,公众也不再是政府信息的被动接受者,双方通过技术获取信息的接近性使得政府与公众将建立新型的合作协同关系。接触政府信息的便利使公民和社会团体更容易参与公共管理活动,并对公共行政的回应性提出了更高要求;同时,面对因拥有信息而逐渐强大的公众,政府不得不改变权力行政的理念,开始关注公众的所想所需,并及时地对公众需求做出回应。另外,信息技术的发展导致公众能够超越政府控制的信息渠道,轻而易举地获悉世界上正在发生的一切。公众对其他国家行政改革的努力有相当的了解,他们不希望自己的政府在其他国家政府推进行政改革的时候无动于衷。信息技术的发展不仅形成了各国行政改革的内部动力,而且产生了改革的外部压力,即学习其他国家有效改革措施的压力。

第二,信息技术的快速发展为公共行政趋向灵活、高效提供了技术支持。信息技术的发展对公务员系统严密的等级制组织结构产生冲击。借助于信息

---

① 戴维·奥斯本,特德·盖布勒.改革政府——企业精神如何改革着公营部门[M].上海市政协编译组,东方编译所,编译.上海:上海译文出版社,1996:151.

② E.拉兹洛.决定命运的选择[M].北京:生活·读书·新知三联书店,1997:6.

技术,政府办公趋向于自动化、电子化、网络化,使信息共享更为便捷,为在信息处理和传递过程中减少中间环节提供了可能。正如奈斯比特所评价的,"电脑将粉碎金字塔,我们过去创造出等级制、金字塔式管理制度,现在由电脑来记录,我们可以把机构改组成扁平式"①。因此压缩层级、扩大管理幅度,使组织结构扁平化成为改革趋势,传统的金字塔式等级制结构势必被打破,被更科学合理、灵活高效而民主的扁平式一体化组织结构代替。此外,信息技术的运用大大提高了收集与处理信息的效率,相应地提高了决策速度,为快速了解掌握公众的需求,并及时作出回应提供了条件。

(三)企业改革的成功对公共行政的触动

与公共部门的垄断性不同,私营企业长期处在竞争环境中。为了在日趋激烈的竞争中求得生存和发展,私营企业不得不在组织结构、管理技术和方法等方面不断创新,以便提高生产率和服务质量,赢得更多的顾客。第二次世界大战以后,西方世界的经济增长速度放慢,20 世纪 70 年代开始大幅下滑,中小企业的平均寿命大大缩短,平均寿命不到 7 年,而且其中 1/3 的寿命不到 2.5 年。大型企业的寿命虽然要长些,但也少于 40 年。② 为了应对竞争,一大批企业对早期工业社会形成的一整套旧的生产经营管理制度进行了彻底和显著的改革,具体包括:打破以等级划分、权力集中、控制严密为特征的官僚制组织模式,改革组织结构,下放权力;强化消费者导向,加快对顾客需求的回应,提高创新速度;大胆起用先进的管理方法和技术,如绩效评估、全面质量管理、人力资源开发等。通过改革,私营部门大大增强了灵活性和创造性,对顾客的回应更为及时、迅速,内部管理更为科学合理,效率大为提高,取得了较大的成功。

私营企业的革新精神及改革成果无疑对政府构成了现实而又巨大的改革压力。对此,两位欧洲行政学教授 Flynn 和 Strehl 曾做了比较客观的分析,指出:"(20 世纪)80 年代初期,欧洲服务行业的竞争力不断提高。银行和航空业规制的放松迫使公司为赢得客源展开竞争。这种竞争不仅仅体现在价格方面,而且表现在顾客服务方面。这种情况对公共部门产生了两个方面的影响。第一,它提高了公众对高水平服务的认识和期望。既然银行能够减少顾客排队和等候的时间,征税员有什么理由让我们在那里耐心等待? 既然我们能够

---

① 约翰·奈斯比特.大趋势[M].北京:新华出版社,1984:336.

② 迈克尔·哈默,詹姆斯·钱皮.改革公司:企业革命的宣言书[M].上海:上海译文出版社,1999:2.

通过电脑终端即时买到机票,为什么领取退休金需要那么多的复杂手续和函件往来? 第二,它向公众表明,服务的提供可以有更好的办法,没有必要依靠官僚们根据他们自己的意愿和便利来行事。"[1]

二、新公共管理的基本观点

学术界公认,"新公共管理"(new public management)概念是英国著名公共管理学家胡德 1991 年在《行政管理》杂志发表的《一种普适的公共管理模式》一文中首先明确提出和使用的。新公共管理是对一系列广泛相似的行政管理学说的简便说法,它支配了 20 世纪 70 年代末以来大多数 OECD 国家的行政改革日程。此后,虽有其他各种不同概括,但现今"新公共管理"已然成为70 年代末开始的世界行政改革主导潮流的代名词。

（一）新公共管理的概念

随着加入世界行政改革潮流的国家越来越多,早已超出 OECD 国家的范围,改革呈现出复杂性和多样性,使新公共管理变成一个内涵灵活、外延广泛的复合概念。不同学者在不同的时段强调新公共管理的不同方面,使得新公共管理至今难以取得一致性认识。下面是三种代表性观点。

1. 胡德认为,"新公共管理"由七个要点构成[2]:①公共部门实行职业化管理,即让管理者来管理,理由是因为"负责的前提是明确分配行为职责"。②明确的绩效标准和绩效测量,因为"承担责任需要明确描述目标,提高效率需要紧紧盯住目标"。③对产出控制的格外重视,根据所测量的绩效在各个领域分配资源,因为"需要重视的是结果而非过程"。④公共部门单位分散化,这包括将一些大的实体分解为"围绕着产品组成的法人单位",它们的资金是独立的,"在'保持一定距离的'基础上处理彼此之间的关系"。因为需要创建易于管理的组织,进而"获得公共部门内外特许制度安排的效率优势"。⑤公共部门更趋竞争性,这包括"转向任期合同和公开招标程序",其合理性在于,"把竞争作为降低成本和提高标准的关键"。⑥对私营部门管理方式的重视,理由是,"需要在公共部门应用私营部门'行之有效'的管理工具"。⑦更强调资源利用的纪律性和节约性,因为"需要控制公共部门的资源需求,'少花钱多办事'"。

2. 霍尔姆斯与桑德(Holmes,Shand,1995)这两位来自世界银行和经济

---

① Flynn N, Strehl F. Public Sector Management in Europe[M]. London：Prentice Hall/Harvester Wheat Sheaf, 1996：3.

② 欧文·E.休斯:公共管理导论[M].北京:中国人民大学出版社,2004:52.

合作与发展组织的从业人员把新公共管理看作[①]:①一种更具战略性和结果导向(效率、效果和服务质量)的决策方法;②以一种分权化的管理环境来取代高度集权的等级组织结构,使资源分配与服务提供的决策更接近于服务的一线,以获得更多的相关信息和来自顾客及其他利益群体的反馈机会;③灵活地寻求直接提供公共服务的替代方案,以便产生成本效益更好的政策结果;④把权力与责任的一致性作为改进绩效的关键,办法包括签订明确的绩效合同等机制;⑤在公共组织内部以及公共组织之间创造竞争的环境;⑥强化中央"驾驭"政府的战略能力,以便对外部变化和不同利益做出迅速、灵活和成本最低的反应;⑦通过要求报告结果与总成本,实现更大的责任和透明度;⑧用宽幅度预算与管理制度支持和鼓励上述变革。霍尔姆斯与桑德的观点与 OECD 出版的《转变中的治理:OECD 国家的公共管理改革》(1996)一书关于新公共管理的观点几乎完全一致。

3. 奥斯本和盖布勒的企业家型政府观点。他们认为改革实践逐渐浮现出企业家型政府,"新政府之轮"有"赖以维系的十根辐条",它们是:①起催化作用的政府:掌舵而不是划桨;②社区拥有的政府:授权而不是服务;③竞争性政府:把竞争机制注入到提供服务中去;④有使命感的政府:改变照章办事的组织;⑤讲究效果的政府:按效果而不是按投入拨款;⑥受顾客驱使的政府:满足顾客的需要,不是官僚政治的需要;⑦有事业心的政府:有收益而不浪费;⑧有预见的政府:预防而不是治疗;⑨分权的政府:从等级制到参与和协作;⑩以市场为导向的政府:通过市场力量进行变革。[②]

上述三种关于新公共管理的解释给我们带来两点重要启示。其一,新公共管理是一个形式多维的概念。胡德的观点着重于理论阐释,从"是什么"和"为什么"的角度说明了新公共管理的内涵;而霍尔姆斯与桑德的观点着重于政策主张,从"怎么做"的角度指出了新公共管理改革的政策方向与方法;奥斯本和盖布勒则从经验描述的角度,概括了新公共管理改革已经或正在浮现的政府模式。

由此,我们可以给新公共管理下一个简短的定义。新公共管理是以市场导向的激励机制和企业导向的管理方法为基础,通过政策转变公共部门治理模式的改革运动。在这一过程中,理论、政策和实践三者不断相互适应、调整

---

① 欧文·E.休斯.公共管理导论[M].北京:中国人民大学出版社,2004:53.

② 戴维·奥斯本,特德·盖布勒.改革政府——企业精神如何改革着公营部门[M].上海市政协编译组,东方编译所,编译.上海:上海译文出版社,1996:21.

和完善。

（二）新公共管理的基本观点

分析政府或公共管理，都必须面对两个主题：一是政府在现实社会中的地位和作用是否合理，即是否与社会需求和自身能力相匹配；二是政府的运行方式和管理方法是否合理，即是否与政府的目的和功能相匹配。正如伍德罗·威尔逊在《行政学研究》中所指出的："行政学研究的目标在于了解。首先，政府能够适当地和成功地进行什么工作。其次，政府怎样才能以尽可能高的效率及在费用或能源方面用尽可能少的成本完成这些适当的工作。"[①]也就是说，"做什么好？怎么做好？"是政府管理及其改革的恒定主题，无论是传统的行政学还是最近的新公共管理理论，都是围绕着两个途径和线索建立起来的。

关于"政府做什么好"即政府职能，来自经济学分析得出的新公共管理理论基础公共选择理论认为：①政府和市场均有缺陷。市场失灵是政府干预的理由，但政府也有其内在的局限性，政府同样会失灵；市场解决不好的问题，政府也不一定能解决得好，而且政府失灵将给社会带来更大的灾难和资源浪费。②政府失灵表现为公共政策偏离公共利益、提供公共产品的低效率、官僚主义、管理者寻租和腐败。③政府扩张是政府失灵的重要原因。20世纪70年代西方国家出现的"滞胀"现象以及其他社会经济问题，正是政府过度干预、政府膨胀的直接后果。而导致"政府官僚体制倾向于以令人无法忍受的速度膨胀"，乃至于"政府部门失败的基本原因，就是官僚的利己行为"。[②]其基本结论是，市场的缺陷并不是把问题转交给政府去处理的充分条件，只要有可能，决策应转交私人部门。

关于"政府怎么做好？"即政府运行机制与管理方法，来自管理学分析得出的新公共管理理论及管理主义[③]认为：①公共部门与私营部门之间在管理上并无本质差别。管理主义认为管理具有相通性，其一般过程是相同的，都有计划、组织、指挥、协调、控制等环节。管理学大师彼得·德鲁克说：公共领域和

---

① 彭和平，竹立家. 国外公共行政理论精选[M]. 北京：中共中央党校出版社，1997：1.

② B. 盖伊·彼得斯. 政府未来的治理模式[M]. 吴爱明，夏宏图，译. 北京：中国人民大学出版社，2001：29.

③ 管理主义有广义与狭义之分。狭义的管理主义（彼得斯称"低层次的管理主义"）指主张将一般管理方法如战略管理、目标管理、全面质量管理等引进到公共部门；广义的管理主义（彼得斯称"高层次管理主义"，亦称"新管理主义"，常被等同于"新公共管理"）除一般管理外，还包括将委托/代理理论和交易成本理论引进到公共部门的主张。参见B. 盖伊·彼得斯：《政府未来的治理模式》，第35页。本书指狭义。

私人领域的管理 90% 是相同的，不同的只是所用的术语、方法，如管理者大约都用相同的时间处理人员问题。②私营部门的管理比公营部门具有优越性。管理主义认为，私营部门的管理水平比公共部门先进、优越得多。一项有关 18 个公共领域——包括航空、银行、汽车服务、清洁服务、债务征收、电力、消防、森林、医院、住宅、保险、油船维修、铁路、垃圾清理、储蓄、屠宰、供水、气象的研究结果证明，50 项研究中有 48 项，公共企业显著不如提供同一种服务的私人企业有效率①。③借用私人部门的管理模式重塑政府，是提高政府工作效率和管理水平的根本途径②。

在欧文·修斯看来，管理与行政的内涵有所不同，就其实质而言，行政指听从命令，管理则指实现结果。新公共管理至少包括以下特点：第一，强调结果的实现和管理者的个人责任；第二，战略、组织、人事等管理更具有灵活性；第三，明确规定组织和认识目标，根据绩效指标对工作任务的完成情况进行测量；第四，不刻意强调管理者的无党派或中立性；第五，政府职能要接受市场检验，如以合同方式包出工程等，政府介入并不一定总是指政府要通过官僚制手段行事；第六，呈现出通过民营化和市场检验、签订合同等其他方式减少政府职能的趋势。

三、新公共管理的理论基础

新政治经济学和新制度经济学的新发展给公共管理理论的发展提供了新的理论工具。

（一）公共选择理论

公共选择理论是以 1938 年伯格森的一篇探讨福利函数性质的文章《福利经济学可能前景的重述》(A Reformulation of Certain Aspects of Welfare Economics)作为起点，在阿罗 1951 年的著作《社会选择和个人价值》(Social Choice and Individual Values)推动下发展起来的。大批著作和文章则在 20 世纪 50 年代后期才开始相继涌现，例如布莱克的《选举和委员会理论》(The Theory of Committee and Election)、布坎南和图洛克的《同意的计算》(The Calculus of Consent)等，着重于研究如何将个人偏好加总以实现社会福利函数的最大化，或者研究在外部性、公共物品、规模经济出现的场景中如何实现合理、有效的资源配置。公共选择理论在"经济人"的基本假定下，运用现代经

---

① 丹尼斯·C.缪勒.公共选择理论[M].杨春学,等译.北京:中国社会科学出版社,1999:321.
② 鞠连和.论新公共管理及其对中国的适用性[D].长春:吉林大学,2008.

济学的逻辑和方法,分析非市场的集体决策过程。布坎南认为,"公共选择是政治上的观点,它由经济学家的工具和方法大量应用于集体或市场决策而产生"。公共选择的主题与政治科学的主题相同,涉及选民理论、投票者行为、官僚机构、政党政治等领域,其中具有代表性的是理性选民理论和官僚理论。

公共选择理论主张用市场的力量改善政府功能,提高政府效率,克服非市场缺陷及政府失败。第一,在政府内外确立竞争机制。通过公共组织小型化、服务招投标、用者付费等,让服务机构在公民和市场选择下展开竞争,克服政府垄断的低效率和官僚主义。假如允许若干办事机构为完成某项工作任务而提出相互竞争的预算,那么预算主管部门就可以选择"报价最低"的机构,从而降低费用,缩小政府机构的平均规模。第二,采用私营企业承担公共事业的政策,如私有化和签约外包,更多地依赖市场机制来提供某些公共产品和服务。第三,放松管制,解放市场,减少寻租。

1. 理性选民理论

在公共选择学派看来,选民扮演着政治市场上的"经济人"角色,关心个人利益,是理性的,这就决定其在行动时必然进行成本—收益分析。但由于信息的不完全性、个人选择的不确定性等原因,很多时候选民表现出"理性而无知"的政治冷漠心态。选民是否认同、认可某一公共服务是基于个人理性的成本—收益计算的结果,当收益大于成本,就会选择认可,否则更倾向于否定。

2. 官僚理论

公共选择学派认为官僚和普通人一样,也是个人利益最大化者。官僚的个人利益包括薪金、职务晋升、社会声望、控制权力、社会影响力、轻松的工作负担以及美好的工作环境等。官僚目标的实现取决于预算规模,而预算规模又取决于政府权力的大小。因此,出于对部门利益的追求,政府官僚必然千方百计地追求部门的预算最大化以及对权力的控制。

(二)委托代理理论

20 世纪 30 年代,美国经济学家伯利和米恩斯认为组织所有者兼具经营者的做法存在着极大的弊端,提出"委托代理理论",倡导所有权和经营权分离,组织所有者保留剩余索取权,而让渡经营权。委托代理关系是随着生产力大发展和规模化大生产的出现而产生的。究其原因,一方面是生产力发展使分工进一步细化,权利的所有者由于知识、能力和精力的原因不能行使所有的权利了;另一方面,专业化分工产生了一大批具有专业知识的代理人,他们有精力、有能力代理行使好被委托的权利。在委托代理的关系当中,由于委托人与代理人的效用函数不一样,委托人追求的是自己的财富更多,而代理人追求自己的工资津贴收入、奢侈消费和闲暇时间最大化,这必然导致两者的利益冲突。由于所有者不是自己亲自管理,而是雇用代理人经营管理,就会产生"代理成本"。代理成本包括:①委托人发生的监察费用;②代理人发生的约束费用;③剩余损失。委托人和代理人之间严重的信息不对称是代理成本产生的主要原因。在詹森和麦克林看来,组织的每一层次上都会出现代理成本。因为监督成本的存在,将导致公司的管理者拥有对某些资源的控制权,在一定的约束条件下,他可以配置这些资源来满足自己的偏好。然而,在一定程度上,为了完成任务,他必须要保持与代理人的合作,代理人为了自身的目的,也能占有资源,又会导致监督成本。在公共服务领域,声誉模型、选择模型和评估模型具有一定的代表意义。

1. 声誉模型

当代理人的行为很难、甚至无法证实,显性激励机制很难实施时,长期的委托代理关系就有很大的优势,长期关系可以利用"声誉效应"(reputation effects)。伦德纳(Radner,1981)和罗宾斯泰英(Rubbinstein,1979)的模型很好地解释了这种情况。但明确提出声誉问题的法玛(Fama,1980)认为,激励问题在委托代理文献中被夸大了。在现实中,由于代理人市场对代理人的约束作用,"时间"可以解决问题。他与伦德纳和罗宾斯泰英的解释不同,法玛强调代理人市场对代理人行为的约束作用。他为代理人市场价值的自动机制创造了"事后清付"(ex-post settling up)这一概念。他认为,在竞争的市场上,经理的市场价值取决于其过去的经营业绩,从长期来看,经理必须对自己的行为负责。因此,即使没有显性的激励合同,经理也要积极努力工作,因为这样做可以改进自己在经理市场上的声誉,从而提高未来的收入。霍姆斯特姆(Holmstrom,1982)模型化了法玛的思想,虽然该模型是在一些特殊情况(经理人是风险中性,不存在未来收益贴现)下建立起来的,但它证明了声誉效应在一定程度上可以解决代理人问题。并且,该模型还说明努力随年龄的增长而递减,因为随年龄的增长努力的声誉效应减小。这就解释了为什么越是年轻的经理越是努力。声誉模型告诉我们,隐性激励机制可以达到显性激励机制同样的效果。

2. 选择模型

在麦克阿斐和麦克米伦(McAfee,McMillan,1991)的模型中不仅考虑了团队工作中的道德风险,而且考虑了其中的逆向选择问题。他们证明不论委托人是观测团队产出,还是每个人的贡献,均衡结果都是一样的。个人贡献的不可观测性并不一定会带来搭便车的问题,监督并不是消除偷懒的必要手段。

重要的是,他们认为监督的作用是约束委托人自己,而不是代理人。根据建立在总产出上的最优合同,委托人在事前收取代理人一定的保证金。委托人有动机故意破坏生产使代理人只能达到较低的产量,以获取保证金。解决这种委托人道德风险的办法是,让委托人监督代理人,而不是收取代理人的保证金。因为在监督的情况下,代理人的产出越高,委托人的剩余越多。委托人就没有破坏生产的动机了。

3. 评估模型

如果几个代理人从事相关的工作,即一个代理人的工作能够提供另一个代理人工作的信息,那么,代理人的工资不仅要依赖自己的产出,还要考虑其他代理人的产出,这就是"相对业绩评估",目的是排除外生的不确定性,让代理人努力程度表现得更为直观。事实上,在劳动力市场上,相对评估直接或间接地起着很重要的作用。相对业绩评估的一个很重要方法是"锦标制度"(rank-order touraments)。在锦标制度下,每个代理人的所得依赖于他在所有代理人中间的排名,与他的绝对表现没有关系。锦标制度最早由莱瑟尔(Lazear)和 Rosen(1981)提出,并由 Green 和 Stokey(1983)进一步发展。人们发现,用锦标制度作为工资的基础在基本的委托代理模型中不是最优的,但是,它有自己的优势:其一,锦标制度很易操作;其二,Carmichael(1984)、Malcomson(1984a)和 Bhattacharya(1983)提出:锦标制度可以解决委托人的道德风险问题。

(三)交易费用理论

1937 年,著名经济学家罗纳德·科斯在《企业的性质》一文中首次提出交易费用理论,认为交易费用决定了企业的存在,企业采取不同的组织方式的最终目的也是为了节约交易费用。"交易费用"指在一定的社会关系中,人们自愿交往、彼此合作达成交易所支付的成本。威廉姆森将交易成本分成:①搜寻成本,即收集商品信息与交易对象信息的成本;②信息成本,即取得交易对象信息与和交易对象进行信息交换所需的成本;③议价成本,即针对契约、价格、品质讨价还价的成本;④决策成本,即进行相关决策与签订契约所需的内部成本;⑤监督交易进行的成本,及监督交易对象是否依照契约内容进行交易的成本,例如追踪产品、监督、验货等;⑥违约成本,即违约时所需付出的事后成本等。

威廉姆森进一步指出,交易费用来自人性因素与交易环境因素交互影响所产生的市场失灵,具体包括有限理性、投机主义、不确定性与复杂性、专用性投资、信息不对称等。交易本身的以下特征影响交易费用。①交易商品或资产的专属性(asset specificity)。由于交易所投资的资产本身不具市场流通性,契约一旦终止,投资于资产上的成本难以回收或转换使用用途。②交易不确定性(uncertainty)。指交易过程中各种风险的发生概率。由于有限理性的限制,人们在面对未来情况时,无法完全实现预测,价值交易过程买卖双方常发生交易信息不对称的情形,交易双方因此透过契约来保障自身的利益。因此,交易不确定性的升高会伴随着监督成本、议价成本的提升,使交易成本增加。③交易的频率(frequency of transaction)。交易的频率越高,相对的管理成本与议价成本也就越高。

四、新公共管理范式的研究特点

霍姆斯(Holmes)和尚德(Shand)把新公共管理视作范式,这种好的管理方法具有以下特点:①这是一种更加富有战略性或结构导向型的决策方法(强调效率、结果和服务质量)。②分权式管理环境取代了高度集中的等级组织结构,使资源分配和服务派送更加接近供应本身,由此可以得到更多相关的信息和来自客户及其他利益团体的反馈。③可以更为灵活地探索代替直接供应公共产品的方法,从而提供成本节约的政策结果。④关注权威与责任的对应,以此作为提高绩效的关键环节,这包括强调明确的绩效合同的机制。⑤在公共部门之间和内部创造一个竞争性的环境。⑥加强中央战略决策能力,使其能够迅速、灵活和低成本地驾驭政府对外部变化和多元利益做出反应。⑦通过要求提供有关结果和全面成本的报告来提高责任度和透明度。⑧宽泛的服务预算和管理制度支持和鼓励着这些变化的发生。

第二节 新公共服务理论

一、新公共服务理论提出的时代背景

新公共服务理论的提出,是在20世纪90年代公共部门改革的实践基础上,在新公共管理理论运动取得成功和遇到挑战的过程中,逐步酝酿发展起来的。在这一时期,世界范围内的民主政治也发生了巨大变化,进入了民主政治发展的第三波,民主及民主化的思想和行动得到进一步的普及和发展,公民权利的概念重新获得极大重视。在政治民主化过程中,国内政治的焦点又一次转到了如何实现公民民主权利的问题上来,各国政府纷纷采取各种措施保障

公民的权利,促进民主政治的进一步发展。在以效率为主要追求目标的新公共管理理论运动之后,人们开始反思,效率能代替公平的价值吗?对政体价值的追求可以被忽视吗?这些现实的问题困扰着公共部门。新公共管理的理论和治理理论不能对此作出完满的回答。因此,迫切需要一种新的适应现实的理论来指导实践。基于对新公共管理理论的基础的反思和批判,登哈特夫妇等整合了一些新公共管理理论的替代观点,形成了新公共服务理论。

新公共服务理论将公民置于中心位置,构建了一个符合现代民主价值观的公共治理体系和公共行政实践框架。新公共服务理论来源于民主社会的公民权、社区和公民社会理论以及组织人本主义和组织对话理论,它遵循公共利益、公民民主权利、公平正义、回应性和公共服务等基本理念,强调对公民的服务、重视公民权和人的价值,将政府公务员看成仆人,认为政府要通过榜样、说服、鼓励或授权的方式来实施多元主体的共同管理和领导,其实质是要实行"以人为本"的政府管理,以公民的需要为基础,以满足公民对公共物品和服务的特定需要为目标的理论,是一种真正以公民为中心的政府管理理论。总的说来,它就是"关于公共行政将公共服务、民主治理和公民参与置于中心位置的治理系统中所扮演角色的一系列思想和理论"①。

二、新公共服务的基本观点

在《新公共服务——服务,而不是掌舵》②中,登哈特夫妇提出了新公共服务理论的基本观点。

1. 服务而非掌舵

现代社会的复杂性和不确定性使公共管理者的重要作用不是体现在对社会的控制或驾驭,而是在于帮助公民表达和实现他们的共同利益。政府不仅是服务供给者,更多的时候是调解者、中介甚至裁决者。政府的作用从掌控者转向了议程的安排者,政府的角色从掌控者、管理者转向了服务者、参与者,集中相关各方到谈判桌前通过协商和谈判合理解决公共问题。

2. 追求公共利益

公共利益是管理者和公民共同的利益和责任,是追求的目标而不是副产

---

① 陈世香,谢秋山.链接公共性和私人性:登哈特新公共服务理论评述[J].公共管理与政策评论,2013(4):89-95.

② 珍妮特·V.登哈特,罗伯特·B.登哈特.新公共服务:服务,而不是掌舵[M].北京:中国人民大学出版社,2004:22.

品。新公共服务提出,建立社会远景目标的过程并不能只委托给民选的政治领袖或被任命的公共行政官员。政府的作用将更多地体现在把人们聚集到能自由、真诚地进行对话的环境中,共商社会应该选择的发展方向。此外,政府还应确保解决方案本身和提出解决方案的过程符合社会公平、公正、民主、平等等价值准则。总之,政府就是要在公共利益为主导的基础上,努力营造出一种宽松的环境,鼓励公民平等对话,自由表达共享价值,从而实现公共利益目标。

3．战略地思考,民主地行动

符合公共需要的政策和计划,只有通过集体努力和协作过程,才能够最有效地、最负责任地得到贯彻和执行。为了实现集体的远景目标,需要确定角色和职责,集中各方力量进行实施,并通过参与和推动公民教育计划培养更多的公民领袖,并拟定具体的行动步骤,迈向预期的理想目标。只有在开放政府的基础上,人们才会逐渐认识到政府是容易接近的,并且能够对公众的呼声及时地做出回应,能够服务于民,为公民权利创造机会。

4．服务于公民而不是顾客

新公共服务理论认为公务员不仅仅要回应"顾客"的需求,更要关注建设政府与公民之间、公民与公民之间的信任与合作关系。这主要表现在四个方面:①政府与公民之间的关系不同于企业与顾客之间的关系,政府服务的对象不仅有那些需要直接服务的对象,还有那些等待服务的人以及没有积极寻求服务但可能需要服务的人。②政府在提供服务时,要更多地考虑公平、平等等问题。在很多情况下,公平和平等方面的考虑比顾客的愿望现实更重要。③提高公共部门的服务质量非常重要,但政府不应当首先或专门回应"顾客"自私的、短期的利益,且必须体现出对非短期利益问题的责任感和愿意为邻里及社区事务承担的责任。④政府不仅要满足法定的公民利益需求,而且要积极回应更加广泛意义上的公民利益诉求。

5．责任多重而非单一

新公共服务理论认为公务人员不应当仅仅关注市场,还应该关注宪法和法令,关注社会价值、政治行为准则、职业标准和公民利益等因素,并要求他们为之负责。"新公共服务"认识到这些责任的现实性和复杂性,进而意识到责任是多重的而不是单一的。

6．重视人而不只是生产效率

新公共服务理论认为在管理和组织时要强调"依靠人来管理"。公务人员不能仅仅被视为追求政府稳定工作的雇员和市场参与者,他们需要稳定的工作和丰厚的薪酬,但也希望能够服务到需要服务的人,并对其人生有所影响。新公共服务重视组织授权、合作和共同领导,认同社会和组织倡导的各种价值、理想和目标。

三、新公共服务的理论基础

新公共服务的兴起与实践有其深刻的理论基础,按登哈特的观点,主要包括民主和公民权、社区和公民社会、组织人本主义和后现代公共行政等理论。[①]

(一)对民主和公民权理论的不同理解和关注

1. 民主理论

"民主"概念首先是指国家的政治制度。在现代社会,民主用以表达具有平等、自由的性质和特征的社会状态。民主理论自产生以来就主张公民的主权。经历了中世纪的黑暗时期之后,关于人民主权理论有许多思想家在持续探索。他们认为,政府权力是民众为了共同利益而交出的一部分权力,而主权仍然掌握在民众中。因而政府的这种权力不是绝对权力,而是"有限的",人民有权行使的最高权力,而且在他们认为必要时,可以建立一个新的政府形式。从天赋人权角度,提出人生而自由、平等,主权属于人民而且永远都保留在人民手中的观点。国家的最高权力属于人民,任何人包括统治者都必须服从由人民制定的作为公意的正式的法律。人民主权不可分割、不可转让、不可限制,它主要通过立法权得以实现。等级制、世袭制、宗法性特权等都是对民主理念的极大破坏。政府只是人民的委托者,人民能够监督政府,而政府成员是人民的公仆。以上这些民主思想,后来经过法国、美国等国家的资产阶级革命,最终以法律形式得到了确认。虽然民主的内容在各国有一些差别,但都强调了人民对政府必须保持一种同意委托、监督甚至制约关系,而政府只能按照人民的"意志"去办事。这无疑为服务型政府的建设奠定了坚实的理论基础。

近代以来的国家宪政制度设计,将公民与国家的关系分为两层,即公民与政治的关系,以及公民与行政的关系。在前一种关系中,公民处于主人翁地位;在后一种关系中,公民的主人翁地位消失了,成了被管制的对象。本质上说,马克思主义的民主理论是关于无产阶级和劳动人民群众应该成为社会的主人,如何成为社会的主人和怎样保持主人翁地位的理论,其核心是表明人民

---

① 周晓雨,马晓东.新公共服务理论及其对中国政府管理的借鉴[J].新疆社科论坛,2005(3):51-55.

当家作主是社会主义民主政治的本质。① 在中国,社会主义民主的特点包括:一切权力属于人民,实行真正的普选制、监督制、罢免制,人民代表大会统一行使国家权力,共产党领导的多党合作和政治协商制度,社会主义民主和法制的统一。

近20余年,民主得到了进一步的发展完善,在世界各国持续不断的行政改革中,先进的电子技术为民主的实现提供了便捷的手段,听证会、行政咨询等在实现公民意志的表达方面提供了途径。行政承诺和公民对行政机关的民主评议等,实现了公民在公共行政中的主导作用。服务型政府是与民主行政相匹配的政府模式,民主将会成为政府提供公共服务的重要指导价值,贯穿于公共行政的全过程。

2. 公民权理论

公民权理论提倡重视公民权。包括诸如公民的权利和责任,而不管他们的合法身份怎样。这是一种更加广泛的观点,公民权涉及的是个人影响该政治系统的能力,它意味着对政治生活的积极参与。越来越多的人们要开始重视追求代表公民利益而非自身利益的公民权。正如埃文斯和博伊特对此解释的那样,一个复兴的公民权概念通常包括关心共同利益,社区整体的福利,一个人所拥有的尊重他人权利的意愿,对不同宗教信仰、政治信仰和社会信仰的容忍,承认社区的决策重于一个人的私人偏好,以及承认一个人有责任保护公众和为公众服务。②

桑德尔(Sandel)认为,民主社会的公民会更积极地参与到治理过程中。他们会超越一己私利,关注更广泛的公共利益。桑德尔指出:“政府的存在是为了确保公民可以选择通过一定的程序如投票,将他们的私利与社会利益相一致,保护个人权利。”③金和斯蒂弗斯则认为,公民应该被视为公民而非顾客,政府应该提高回应性以提高公民的信任度。近年来的政治学和社会学理论研究,都提倡更为积极的公民参与、公民权利与责任。金和斯蒂弗斯认为行政人员应该把公民看作公民而不仅仅是客户、顾客或消费者,他们应该和政府共享权威、减少对公民的控制,行政人员应当相信协作的功效。他们认为,公共管理者应当追求更高的责任心和增加对公民的信任,这一认识巩固了新公

---

① 李靖.在中国建设服务型政府的理论基础[J].政治学研究,2005(4):70-72.

② 珍妮特·V.登哈特,罗伯特·B.登哈特.新公共服务理论:服务,而不是掌舵[M].北京:中国人民大学出版社,2004:229.

③ Sandel, Michael. Democracy's Discontent[M]. Cambridge: Belknap Press, 1996: 68-70.

共服务理论。在民主社会，公民会去做一个民主政体中公民应该做的事情——他们会去管理政府。正如桑德尔在解释民主公民权时指出的那样，公民看起来会超越自身利益去关注更大的公共利益，进而会采用一种更加广阔且更具长期性的视野，这种视野要求公民了解公共事务、有归属感、关心整体，并且与命运息息相关的社区达成一种道德契约。因此，登哈特教授选择民主社会的公民权理论作为新公共服务理论赖以建立的理论基石，并在新公共服务理论中高度提倡和发扬，指出公共行政人员服务的对象是公民，而不是"当事人""委托人"，也不是"顾客"，重视的是人，而不只是生产率，公共利益是关于共享价值观进行对话的结果。

（二）对社区和公民社会理论的积极探讨

登哈特的新公共服务理论的另外一个理论基础是关于社区与公民社会的理论。

1. 社区理论

"社区"一词源于拉丁语，意思是共同的东西和亲密伙伴的关系。最早将"社区"作为一个专有名词提出的是德国社会学家滕尼斯。"社区"一词从滕尼斯提出到现在，其含义发生了很大的变化。现在我们所谓的社区，是指聚集在一定地域中人群的生活共同体。具体而言，社区是在一定地域内发生各种社会关系和社会活动，有特定的生活方式，并具有成员归属感的人群所组成的一个相对独立的社会实体。① 长期以来，社会学家根据自己的不同理解，从不同的角度对社区下过许多不同的定义。根据著名的社会学家杨庆坤研究，"社区"一词的定义有 140 种之多。② 作为一个社会实体，社区由以下一些基本要素构成：以一定的社会关系为基础组织起来的，进行共同生活的人群；有人们赖以从事社会活动的具有一定界限的地域；有一整套相对完备的生活服务设施；有自己特有的文化；有对自己所属的社区的一种认同感。

社区居民是他们自己社区的"所有者"，所以他们应该作出必要的决定以确定应该提供什么样的公共服务以及如何运营这些公共服务。③ 虽然不同的人们对社区关注点不同，但存在着一个基本相同的观点就是：社区是建立在人们彼此关怀、信任和协作基础之上，通过强有力的有效沟通和矛盾解决系统，

---

① 滕尼斯. 共同体与社会[M]. 林荣远，译. 北京：商务印书馆，1999：22.

② 侯玉兰，冯晓英. 城市社区发展国际比较研究[M]. 北京：北京出版社，2000：78.

③ 理查德·B. 博克斯. 公民治理：引领世纪的美国社区[M]. 孙伯瑛，等译. 北京：中国人民大学出版社，2005：19.

使得个人和集体保持一致。因此,在社会基本价值观和公共利益方面,社区发挥着积极的作用。罗伯特·B.登哈特援引美国前健康、教育和福利部部长约翰·加德纳(John Gardner)的话,指出:"一个好的社群中的每个成员,都富有人情地对待他人,尊重人和人之间的差异,并重视彼此之间的真诚正直。一个好的社群会培育合作和相互依赖的氛围。所有的成员都有这样的共识,即他们彼此都相互需要。社群中有一种归属感和认同感,以及一种相互负责的精神。"①因此,在社区乃至更大范围的公民社会内,如若能够真正建立起平等、关怀、信任和协作基础上的公民组织体系,那无疑将会大大增进社会信任度。同时,作为公民与社会、与国家联系的基本桥梁和纽带,社区所具有的互相沟通本质和对公民利益与期望的调节功能,使其可以作为培育公民注重公共利益的品质和公民参与各种社会活动的能力的载体。因此,倡导政府要在推动社区和公民社会建设中发挥更加积极的作用,这与服务型政府重视公民参与和民主行政是一致的。

2. 公民社会理论

在我国学术界,公民社会常常又被称为"市民社会"和"民间社会",它们是英文术语 civil society 的三个不同中文译名。虽然国内学者目前仍然交叉使用市民社会、公民社会和民间社会三个术语,但这三个不同的中文称谓事实上并不是完全同义的,它们之间存在着一些微妙的差别。"市民社会"是对 civil society 的经典译名,来源于马克思主义经典著作的中译本。但这一术语在传统语境中或多或少带有一定的贬义,许多人事实上把它等同于资产阶级社会,而且容易把这里的"市民"误解为"城市居民"。"民间社会"最初多为历史学家在研究中国近代的民间组织时加以使用。这是一个中性的称谓,但在不少学者特别是在政府官员眼中,它具有边缘化的色彩。"公民社会"是对 civil society 的新译名,这是一个褒义的称谓,它强调公民的公共参与和公民对国家权力的制约,越来越多的年轻学者喜欢使用这一译名。俞可平先生认为公民社会主要是一个与政治社会国家和经济社会企业相对应的概念,其主体是各种各样的民间组织。②

现代西方哲学家哈贝马斯认为,市民社会是独立于国家之外的私人领域和公共领域。私人领域是指以市场为核心的经济领域,公共领域是指社会文化领域。哈贝马斯特别强调公共领域的价值,认为它正遭受商业化原则和技

---

① 罗伯特·B.登哈特.公共组织理论(第三版)[M].北京:中国人民大学出版社,2003:200.
② 俞可平.全球化时代的"社会主义"[M].北京:中央编译出版社,1998:173.

术化政治的侵害,使得人们自主的公共生活越来越萎缩,人们变得越来越冷漠和无情,只有重建非政治化、非商业化的公共领域,才能使人们在自主的公共生活领域重新发现人的价值和意义。20 世纪 80 年代以来,人们开始对国家主义进行反思,作为一种世界性潮流的民主化和市场化,以及追求民主的各种社会运动的兴起,促使公民社会理论再度流行起来,并成为当代世界重要的社会政治思潮。公民社会包括以下的原则,它们构成了公民社会的文化特征,即自治原则、自主原则、公开原则、开放原则、法治原则。

　　社区和公民社会理论认为,社区在民主政治建设中发挥着重要的作用,人们要在社区中实现自己的利益,而且也只有在这里,公民才能以讨论和沟通的形式参与进来。因此,民主社会的政府的作用在于促进、创建和支持公民与社区的联系。美国的政治传统建立在公民参与的基础上,是各种类型的活跃组织、协会以及政府团体共同作用的结果,这些小的组织都是公民为了实现他们的利益和能得到社会的关注而结合在一起,共同组成了所谓的公民社会。这种由公民参与的对话与协作是社会和民主体系建立的基础,政府在创造、促进和支持这些公民与社会之间的联系中扮演着重要而又关键的角色。①

第三节　全面质量管理理论

一、全面质量管理的基本观点

　　全面质量管理(Total Quality Management,TQM)是以质量为中心,以全员参与为基础,目的在于通过让顾客满意和本组织所有成员及社会受益而达到长期成功的管理途径。全面质量管理强调以下观点:①用户第一。将用户的概念扩充到内部,即下道工序就是上道工序的用户,不将问题留给用户。②预防的观点。即在设计和加工过程中消除质量隐患。③定量分析的观点。只有定量化才能获得质量控制的最佳效果。④以工作质量为重点的观点。因为产品质量和服务均取决于工作质量。

　　全面质量管理的基本方法可以概况为:一个过程,四个阶段,八个步骤。一个过程,即管理是一个过程。在不同时间内,应完成不同的工作任务。组织的每项生产经营活动都有一个产生、形成、实施和验证的过程。四个阶段,即

---

　　①　辛静.新公共服务理论评析[D].长春:吉林大学,2008.

根据管理是一个过程的理论,美国的戴明博士把它运用到质量管理中来,总结出"计划(plan)—执行(do)—检查(check)—处理(action)"四阶段的循环方式,简称 PDCA 循环,又称"戴明循环"。八个步骤,指为了解决和改进质量问题,分为八个步骤。①分析现状,找出存在的质量问题;②分析产生质量问题的各种原因或影响因素;③找出影响质量的主要因素;④针对影响质量的主要因素,提出计划,制订措施;⑤执行计划,落实措施;⑥检查计划的实施情况;⑦总结经验,巩固成绩,工作结果标准化;⑧提出尚未解决的问题,转入下一个循环。

二、全面质量管理的特性

全面质量管理通过整合战略层次的质量规划到日常工作中的质量细节,使组织实现根本上的转变,从而创立一个崭新的组织及组织文化。事实上,考虑到技能、运营模式及管理风格等要素的差异,这种全面转变在短期内对于任何组织来说都不能轻易办到,目前较为成功的办法就是要求组织面对内、外顾客的需求进行整合,以满足顾客需求为中心进行决策、制度性安排和绩效反馈,不断改进,进而塑造组织核心能力。

全面质量管理的核心内涵可以归结为以下三个方面:①是以客户需求为导向的策略性、整体性管理系统;②强调团队精神,要求所有的管理者与员工广泛参与;③需要运用数量化方法改进组织的作业流程。

三、全面质量管理评析

由于全面质量管理首先产生于私人部门,说明全面质量管理体系与私人部门的运行发展相适应。但公共部门与私人部门有着根本区别,要在我国公共部门中应用全面质量管理必定面临相当程度的障碍和困难。从目前的研究成果来看,这些障碍和困难主要体现在以下几个方面。

1. 我国公共部门具有天然的垄断地位

我国的公共部门以国家公共权力为存在基础,由于自然垄断、非营利性以及管制性等因素的作用,导致其收入、运行和产出具有明显的非市场性,即垄断性,这意味着排斥和限制竞争。正如公共选择学派所言,垄断免除了公共部门的外部竞争压力,同时也就免除了提高效率和服务质量的内在动力。

2. 我国公共部门服务质量存在识别和衡量上的困难

与私人部门相比,公共部门具有目标的公共性、多元性与弹性,以及产出的中间性等特点,其所提供的公共产品和服务不能像私人部门那样用某种价格来识别和衡量,因而为公共部门质量标准的制定和测定带来了困难。

3. 我国公共部门服务的消费者尚未树立市场顾客的意识

市场竞争不仅会带来社会资源的有效配置,而且会引致顾客主权。顾客决定竞争性产品和服务提供者的生存。因而在竞争性的市场中,产品和服务的提供者总是会树立很强的"顾客导向"意识。由于我国公共部门的垄断性,作为公共产品和服务的消费者在扮演顾客角色的同时,还扮演国家公民的"被管理者"角色,很难树立市场顾客的意识。这使得公共服务的消费者在信息、地位以及心理意识方面与公共部门处于不对等的劣势地位。

尽管全面质量管理在我国公共部门的顺利实施还存在一定的限制和困难,但由于全面质量管理所倡导的理念与公共管理的价值追求存在一致性,在我国公共部门全面实施全面质量管理仍然是一条必由之路。

第四章 公共服务质量管理方法与技术

公共服务质量管理是一项巨大的工程,宏观层面的内容涉及政府的机构重组、职能转变、流程再造等;微观层面的内容包括具体的治理管理方法、供给手段、供给方式等。特别是新公共管理运动开展以来,公共服务质量管理领域也从传统关注政府内部转向公私合作,提出了不少带有"新公共管理运动"烙印的公共服务质量管理工具和方法。如奥斯本等概括出 12 种可用于提升公共服务质量的"管理工具",包括绩效预算、灵活的绩效框架、竞标、公司化运作、企业基金、内部的企业化管理、竞争性公共选择制度、凭单和补偿计划、全面质量管理、组织流程再造、特许制度及社区治理结构等;萨瓦斯从制度安排角度,提出了公共服务供给的 10 种公司部门伙伴关系:政府服务、政府出手、政府间协议、合同外包、特许经营、政府补助、凭单制、自由市场、志愿服务和自我服务。① 陈文博等提出公共服务质量管理在改进机制上的方法,包括标杆管理、市场化管理、全面质量管理、ISO9000 质量管理、使用者介入质量管理(质量圈)、业务流程重组等。② 本章选取了在公共服务质量管理中经常可以用到的三类质量管理方法和技术,分别为质量功能展开法(Quality Function Deployment,QFD)、质量管理小组(Quality Management Team,QC 小组)和服务质量评价法(Service Quality)。

第一节 质量功能展开

一、QFD 概述

QFD 是"Quality Function Deployment"(质量功能展开)的缩写,是全面

---

① 陈振明,等.公共服务质量管理——理论、方法与应用[M].北京:科学出版社,2017:14.
② 陈文博.公共服务质量评价与改进:研究综述[J].中国行政管理,2012(3):39-43.

质量管理的一个重要工具。1966 年，普利司通轮胎公司久留米工厂的
Oshiumi 制作了"工序保证项目一览表"，该表具有后来 QFD 的某些特征。此
后，石川馨（K. Ishihara）博士受到价值工程理论的启发制作了"业务机能展开
表"，并于 20 世纪 60 年代末期将该表应用于松下公司（Matasushita）。1971
年，三菱重工的神户造船厂在赤尾洋二的建议下开始应用 QFD。在实践的过
程中，1972—1974 年，Nishimura 和 Takayanagi 提出的"质量表"巧妙地将顾
客需求与工程特性结合在一起。1975 年，日本质量管理协会（Japanese
Society for Quatily Control，JSQC）成立了以赤尾洋二为首的 QFD 研究委员
会，该委员会主要工作是推进 QFD 的发展，于 1987 年解散。同年，日本科技
联盟（Union of Japanese Science and Engineer，JUSE）又成立了 QFD 研究委
员会，致力于 QFD 的研究及推广工作。在美国，QFD 的运用是从 1983 年开
始的，其事件的起源是赤尾洋二与木暮正夫（Kogure）合作在美国期刊《质量
进展》上发表了论文《日本的质量机能展开和全公司范围的质量控制》。1993
年，非营利的研究和教育机构——QFD 协会成立。在美国较早地运用 QFD
的公司有惠普、柯达等。此外，为了保证军需品的质量，美国国防部也要求其
供货商必须应用 QFD 技术。[①]

　　QFD 的基本理念是立足于产品开发过程中最大限度满足顾客需求，将不
可测量的价值需求转变为产品或服务特性，并制定产生这些产品或服务过程
的控制策略的系统化、用户驱动式的质量保证体系与改进方法。在 QFD 的
理念下，企业或服务提供组织需要以完全满足顾客的需求为目的，将顾客的需
求变为自身发展的动力。

　　QFD 的两个基本问题包括"顾客需要什么（what）"和"如何满足顾客期望
（how）"。为了保证产品能够为顾客所接受，一个组织必须认真研究和分析顾
客的需求，将顾客的需求转化为进行和实施产品或服务设计的质量特性，而产
品或服务特性可以用多种质量特性来表示，如物理特性、性能特性等。只有将
这些特性落实到产品的研制和生产整个过程或服务提供设计，最终转换成的
产品或服务特性，才能真正体现顾客的需求。QFD 要求产品的开发者或服务
提供者在听取顾客对产品的意见和需求后，通过合适的方法和措施将顾客需
求进行量化，采用工程计算的方法将其一步步展开，将顾客需求落实到产品的
研制和生产的整个过程中或服务提供的全过程中，从而最终在研制的产品或
提供的服务中体现顾客的需求，同时在实现顾客需求的过程中，帮助企业或服

　　① 赵武，张颖，石贵龙. 质量机能展开（QFD）研究综述[J]. 世界标准化与质量管理，2007(4):56-61.

务提供组织各职能部门制定相应的技术要求和措施,使他们之间能够协调一致工作。

二、QFD 的基本方法和工作程序

(一)基本方法——质量屋技术

QFD 强调通过一定的市场调查方法获取顾客需求,并采用矩阵图解法和质量屋的方法将顾客的需求分解到产品或服务开发的各个过程和各个职能部门,以实现对各职能部门和各个过程工作的协调和统一部署。QFD 的核心内容是需求转换,即如何将顾客需求转化成产品或零部件的特性并配置到制造过程中去。其基本原理用"质量屋"的形式加以展开。[①]

质量屋是由需求和特性构成的二维表。其构造始于分析顾客需求,写在矩阵的行,产品的质量特性写在矩阵的列,矩阵的中心和边缘体现这组信息的关系。其结构见图 4.1。

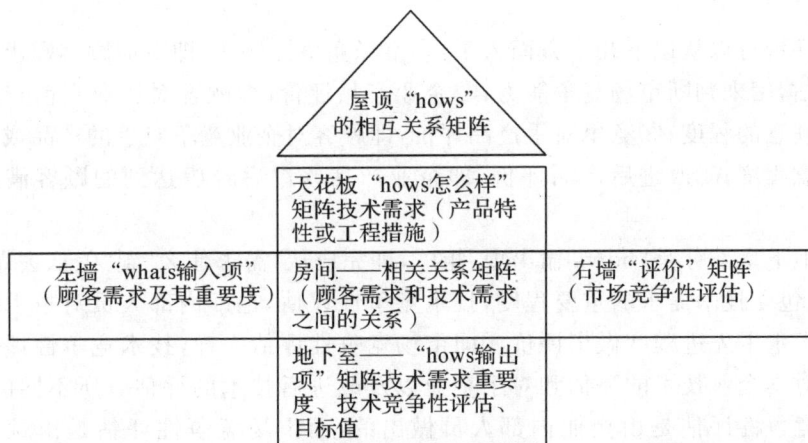

图 4.1　广义的质量屋

在质量屋的左墙,是"whats 输入项",表示需要什么,在这里特指顾客的需求和重要程度。顾客需求在质量屋的左侧作为行标,要求顾客尽量使用自己的语言。重要度也即权重,在行标和中心区之间加一列表示重要度,通常用 1～10 表示,1 表示不重要,10 表示非常重要。基于从顾客得到的信息对每个

[①]　廖永平.简明质量工具与方法[M].北京:中国科学技术出版社,2012:124.

顾客需求赋予一定的数值。

在天花板位置,是"hows 怎么样"矩阵,表示针对需求怎样去做,属于技术需求。具体操作是在天花板写上技术需求作为列标,由顾客的需求转换得到可执行、可度量的技术要求或方法,用组织的技术语言来表达。

在质量屋的房间位置是相关关系矩阵,表示顾客需求和技术需求之间的关系。一般用符号表示需求和特性之间的相关关系,用正号或者负号表示正相关,负号表示负相关;用数字表示程度的强弱。

屋顶是"hows"的相关矩阵,表示技术需求矩阵内几个项目的关联关系。在屋顶用的相关矩阵代表的是产品特性之间的相互关系,用正负符号表示这种关系是正的还是负的以及程度的强弱。

右墙是"评价"矩阵。记录的是顾客对该公司及其竞争对手现有的、具有可比性的产品的评价。从顾客的角度评估产品在市场上的竞争力,是顾客竞争性评估。通常用 1～5 表示,并且用不同的符号表示自己和竞争对手的产品。

评价可以从以下几个方面入手:①市场竞争性评估,即对应顾客需求进行的评估,用来判断市场竞争能力;②企业产品评价,即顾客对企业当前产品或服务满意的程度;③竞争对手产品评价,即顾客对企业竞争对手的产品或服务的满意程度;④改进后产品评价,即企业产品改进后希望达到的顾客满意的程度。

地下室部分是"hows 输出项"矩阵,即完成从"需求什么"到"怎么去做"的转换,包含技术需求的重要程度,技术竞争性评估,也即内部人员对技术需求的技术水平先进程度做出评价。同市场竞争性评估一样,技术竞争性评估也包括对本企业技术的评估和对手企业以及改进后技术的评估。所不同的是,技术竞争性评估是由企业内部人员做出的,而市场竞争性评估是由顾客做出的。

(二)质量屋构造流程

质量屋的构造流程包括以下几个方面。

1. 质量需求的展开

首先是顾客需求的获取。顾客需求的获取是质量展开的最关键一步。为了辨别顾客需求,QFD 采用了不同的质量工具,如使用顾客的声音来收集需求,用亲和图来组合相似的需求,用树状图来研究需求细节等等。在这部分要尽可能地获取顾客描述需求的准确语言。在这里,顾客关于商品的要求是以文字的形式进行的表述,即为原始数据,顾客的特性为属性数据,如顾客的年龄等。对于改良型产品,原始数据和属性数据是通过顾客关于产品的要求等的访谈、投诉等来收集的。在服务质量领域,经常通过服务质量差距评价法(SERVQUAL)来获取顾客需求。

其次是质量需求的转换。通过调查从顾客那里获取原始数据,其内容是非常丰富的,有意见,有投诉,也有评价。需求中对于质量的要求,如对价格、功能的要求不同。因此需要对原始数据进行转换,一般有以下四个步骤。

第一步,考察原始数据,用5W1H(who,where,when,why,what,how)考察下列项目:什么用户提及这个问题、情景实例以及功能需求项目。

第二步,抽出需求项目。

第三步:需求转换,即将需求项目转换成质量需求。

第四步:质量需求的表述。

2. 质量特性展开

质量特性的展开就是以顾客语言表达的质量需求转换成技术语言的质量特性。对于服务质量在难以抽出量化的质量特性的情况下,一般的做法是从质量需求中抽出质量要素。质量要素是评价质量的尺度,当这种尺度可以计测时,就成为质量特征。

3. 质量屋的构造

质量屋实质上是将市场上抽象的语言信息转变为公司内部设计产品的具体的技术信息的表格。

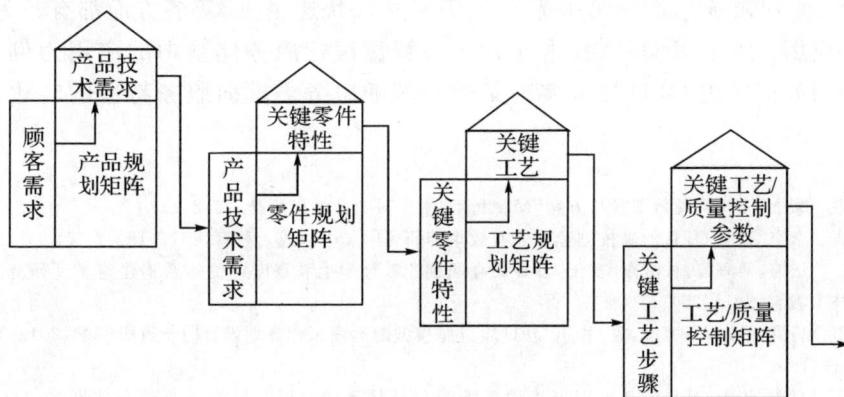

图 4.2　QFD 瀑布式分解模型

QFD 的瀑布式分解模型形象地展示了按照顾客需求—产品技术需求—

关键零件特性—关键工艺—关键工艺/质量控制参数的工作路线。[①]

产品规划矩阵:其目的是将顾客需求转化为明确的、定量的设计要求。在产品规划质量屋中,通过把顾客需求转化为质量特性,并根据顾客竞争性评估和技术竞争性评估的结果来确定各个质量特性的目标值。

零件规划矩阵:其目的是将设计要求转化为零部件特性的展开矩阵。利用前一阶段定义的质量特性,从多个设计方案中选择一个最佳方案,并通过零件规划矩阵将其转换为关键的零件特性。

工艺设计矩阵是用来确定为实现关键的质量特性和零件特性所必须保证的关键工艺参数。

工艺/质量控制矩阵可将关键的零件特性和工艺参数转换为具体的生产控制方法和标准。根据已经确定的关键工艺要求,制定全面质量管理工序表、操作说明书、预防性维护计划等文件,从而将顾客的要求落到执行层。

三、QFD 技术的应用

QFD 技术的应用十分广泛,具体可以分为两个领域:产品质量领域和服务质量领域,虽然运用的对象不同,但 QFD 技术的流程构造方式大致相当。本书主要介绍 QFD 技术在服务质量管理领域的应用。

只要是服务组织提供服务,在涉及如何将顾客需求转化为服务需求的时候,都可以采用 QFD 技术来帮助更好地实现这种转换。这种技术在教育领域[②③]、医疗领域[④]、图书馆服务[⑤]、住房保障[⑥]、快递企业[⑦]等各方面都有较为成功的应用。本节以 QFD 技术在青岛市智慧医疗服务体系中的应用为例,具体介绍如何采用 QFD 技术实现某个领域的服务需求向服务特性的转化,并

[①]　廖永平.简明质量工具与方法[M].北京:中国科学技术出版社,2012:128.

[②]　李宁.基于 QFD 的高校创业人才有效培养研究[J].中国成人教育,2017(18):71-74.

[③]　张锦,梁海霞,杜海东.基于 QFD 的高职创业教育学生满意度评价体系构建与实证研究[J].职业技术教育,2014(26):41-44.

[④]　马凯,张婷,马力辉,等.基于 QFD 质量屋模型的远程医疗规划设计[J].重庆医学,2013(18):2169-2184.

[⑤]　刁羽.基于 QFD 的高校图书馆服务质量保证体系研究[J].图书馆理论与实践,2015(1):78-81.

[⑥]　谢星全,朱筱屺.基本公共服务质量评价研究——以基本住房保障服务为例[J].软科学,2018(3):29-32.

[⑦]　武丽英.基于质量功能展开(QFD)的快递企业服务质量评价研究[D].太原:山西财经大学,2018.

进而指导服务质量管理体系的构建。①

按照 QFD 的使用方法流程,在使用 QFD 技术构建服务质量体系时大致可以分为三个阶段:质量需求展开、质量特性展开和质量屋构建。下文将从这三个阶段入手介绍青岛市智慧医疗服务项目。

(一)质量需求展开——青岛市智慧医疗的发展现状与市民需求分析(左墙)

青岛市智慧医疗建设相对较早,到 2017 年,已经取得不少成效。如在通信与医疗基础设施方面,从 2012 年全面启动以来,随着青岛联通"3G"与定制式服务推进青岛医疗信息化建设项目的建成,大部分医院医疗系统网络已经建立,基础设施基本满足了智慧医疗的发展条件。在政策层面,青岛市政府大力推行,全面支持,于 2016 年发布了《青岛市"互联网＋医疗健康"行动计划(2016—2020 年)》,将智慧医疗建设作为全市的重点工作。在智慧医疗终端建设方面,推出了不少医疗智能终端产品,如青岛联通推出的家 e 通设备等。在智慧医疗平台建设方面,各个区域卫生平台已经基本建设完成。在智能医院建设方面也是卓有成效。虽然青岛智慧医疗建设已经在许多方面崭露头角,但是也存在不少问题,如目前依旧没有建成标准的居民健康电子档案,医保卡的功能不够强大,医院之间共享数据难,智能医院建设多停留在预约挂号层面等。

基于这样的背景,研究者面向青岛市居民开展了智慧医疗服务的需求调研,确定市民需求。首先,研究者根据文献和理论,确定青岛市居民智慧医疗服务需求内容,以此为依据编制《青岛市居民智慧医疗服务需求问卷》(具体见案例来源文献);接下来,研究者在 2016 年 7 月 18 日到 9 月 4 日期间对青岛各社区、医院、购物广场、高校等场所发放问卷 450 份,实际回收 435 份,其中有效问卷 374 份,问卷有效率达到 88％。本次的调查对象来源广泛,男女比例较为均衡,男性约占 56％,女性约占 44％,涉及各行各业、各年龄段、各文化程度、各收入层的人群。

通过信效度分析和因子分析,抽取了 3 个公因子并加以命名,分别为:期望型医疗需求(A)、基本型医疗需求(B)和保健型医疗需求(C),并通过平均数法确定指标权重。

---

① 该案例主要摘取于山东科技大学王丽娟的 2017 年硕士论文《基于质量功能展开的青岛市智慧医疗服务体系研究》。

表 4.1　青岛市智慧医疗的顾客需求要素的重要度均值与权重列表

需求类型	需求要素	均值	权重(w_i)
期望型	A1 快速有效应对卫生事件	4.88	0.0645
	A2 医疗费用低	4.86	0.0645
	A3 由专家为自己诊治	4.52	0.0597
	A4 医疗费用缴纳方式多样	4.30	0.0568
	A5 挂号、就诊、取药等待时间短	3.94	0.0521
	A6 健康监测	3.93	0.0519
	A7 住所附近有好医院	3.74	0.0494
	A8 智能终端自动求救	0.51	0.0464
基本型	B1 疾病误诊率低	4.56	0.0603
	B2 用药安全有效	4.21	0.0538
	B3 患者信息安全	4.07	0.0538
	B4 规范的网上售药	3.80	0.0502
	B5 医疗用品安全卫生	3.89	0.0514
	B6 医院服务态度好	3.59	0.0474
	B7 就医环境卫生、舒适	3.31	0.0437
保健型	H1 规范的市民健康电子档案	4.02	0.0531
	H2 日常小病可便捷诊治	3.78	0.0499
	H3 量身定制饮食方案	3.56	0.0470
	H4 有效的保健运动视频	3.22	0.2200

（二）质量特性展开——青岛市智慧医疗服务关键质量、保障要素和竞争要素特征获取（天花板、地下室和右墙）

1. 关键质量要素提取（天花板）

质量特征，也就是技术需求，是用以满足顾客需求的手段，是由顾客需求推演得到的。青岛市民作为青岛市智慧医疗体系的顾客代表，所提出的有关智慧医疗的需求必须通过质量特征要素才能保证其实现。

案例通过 SERVQUAL 质量差距评价的五个维度，将第一部分采集的需求分别映射到可靠性、保证性、关怀性、响应性和有形性五个维度上。在这个推演过程中，考虑到智慧医疗的特殊性，映射过程中需要经过慎重思考，最终得到的映射表如表 4.2 所示。

表 4.2　质量功能展开中的质量特征要素

维度	内容
可靠性	QCD1 有管理机制保障医院的救治能正常开展
	QCD2 医院有先进的医疗设备、良好的医疗环境、充足的药物、强大的信息安全系统
	QCD3 医院有足够多的高素质、高能力的医护人员
	QCD4 医院有预约挂号、网上缴费、远程医疗等功能
	QCDS 政府在医疗上的强有力监督、扶持与治理
	QCD6 合理健全的医疗政策、制度、法律、法规体系
关怀性	QCEl 医护人员态度友好、认真负责
	QCE2 关注、了解病人的需求并不断调整救治方案
	QCE3 降低医疗成本，主动帮助病人解决经济等困难
	QCE4 健康服务推送
响应性	QCR1 对相关者的投诉及时做出回应整改
	QCR2 及时更新、升级医院的设备
	QCR3 专业互联网医疗问询平台
互联性	QCC1 智能可穿戴设备—医疗系统的互联
	QCC2 社区—医疗机构的互联
	QCC3 地区医疗机构间的互联
	QCC4 患者信息的整合
	QCC5 医疗机构—政府卫生部门的互联

　　构建顾客需求—质量特性相关矩阵。这是质量屋的本体部分，描述了质量特性对顾客需求的贡献和影响程度。在本案例中，相关程度以专家打分法进行赋值，评分的尺度为 0～9 分，按照分值从小到大，表示影响或相关度从小到大。同时，也可以采用层次分析法（AHP）来确定相关矩阵。案例选取了智慧医疗的学术研究领域、医学和政府领域共 20 名专家进行打分。得到的关系矩阵见表 4.3。

表 4.3　顾客需求与质量特征的相关矩阵

	QCD1	QCD2	QCD3	QCD4	QCD5	QCD6	QCE1	QCE2	QCE3	QCE4	QCR1	QCR2	QCR3	QCC1
B1	0.53	7.92	7.26	3.21	1.1	1.38	4.25	3.32	0	0	1.31	6.27	1.19	3.05
B2	0.71	7.48	5.33	0	6.29	3.78	3.26	4.51	0	0	1.46	0	0	1.02
B3	0.47	7.06	5.68	0	1.33	1.48	0.88	0	0	0	1.72	3.54	0	1
B4	0	0	0	0	7.84	8.27	0	0	1.52	0	3.47	0	2.54	0
B5	2.02	3.25	6.24	0	7.35	5.69	4.94	0	0	0	3.08	3.34	0	0
86	0.42	0	7.64	0	0	0	7.92	6.95	4.35	1.92	5.34	0	0	0
B7	1.52	8.16	3.64	2.55	3.26	2.58	6.51	0	0	0	2.49	5.48	0	0
A1	3.62	6.94	7.02	3.62	7.83	0	5.76	3.28	0	3.16	0.85	1.98	1.52	3.32
A2	0	0	4.68	4.92	7.84	2.53	0	2.64	8.26	0	1.02	0	0	0.52
A3	1.25	0	6.85	5.38	0	0	0	0	0	0	0	0	3.52	0
A4	1	0	1	0	7.25	0	1.35	0	0	0	0	0	5.54	0
A5	1.14	1.27	3.25	8.06		0	3.98	0	2.28	0	5.35	2.24		1.22
A6	0	1.26	2.04	1.36						3.55		1.65	3.34	7.14
A7	0.85	3.35	4.58	8.04	3.52	0	2.93	1.58	1.84	0.85	3.05	5.36	1.22	2.35
A8	1.08	4.09	0	0	0	0	0	0	0	0	3.86	0	0	8.25
H1	0	0	0.85	0	2.44	3.52	2.21	0	0	0	0	2.97	0	3.02
H2	2.35	1.28	3.54	4.26	0	0	0.84	0	0	4.25	0	0	7.96	2.62
H3	0	0	3.35	2.28	3.15	0	1.22	0	0	5.56	0	1.28	4.82	3.02
H4	0	0	2.08	4.25	5.36	0	1.22	0	0	7.83	0	0.68	3.25	0

2. 保障质量要素提取（地下室）

计算特征要素的重要性与权重。

采用独立配点法计算质量特征要素的重要度。第 j 项质量特征的重要度数值：

$$h_j = \sum_{i=1}^{n} w_i r_{ij}$$

其中，w_i 为青岛市居民智慧医疗服务需求内容中第 i 项需求的重要度，r_{ij} 为第 i 项顾客需求与第 j 项质量特性的关联程度。

计算第 j 项质量特性的权重 H_j

$$H_j = \frac{h_j}{\sum_{j=1}^{m} h_j}$$

其中，h_j 为第 j 项质量特征的重要度。经过计算，青岛市智慧医疗服务质量屋中，各质量特征要素的重要度、权重及排名见表 4.4。

表 4.4　青岛市智慧医疗质量屋中各质量特征要素的重要度、权重及排名

质量特征要素		排名	重要度	权重
QCD1	有管理机制保障医院的救治能正常开展	18	0.8637	0.0235
QCD2	医院有先进的医疗设备、良好的医疗环境、充足的药物、强大的信息安全系统	5	2.7948	0.0759
QCD3	医院有足够多的高素质、高能力的医护人员	1	4.0131	0.109
QCD4	医院有预约挂号、网上缴费、远程医疗等功能	3	2.9756	0.0808
QCD5	政府在医疗上的强有力监督、扶持与治理	2	3.0895	0.0839
QCD6	合理健全的医疗政策、制度、法律、法规体系	12	1.6195	0.044
QCE1	医护人员态度友好、认真负责	7	2.3908	0.0649
QCE2	关注、了解病人的需求并不断调整救治方案	14	1.2396	0.0337
QCE3	降低医疗成本，主动帮助病人解决经济等困难	17	1.0226	0.0278
QCE4	健康服务推送	13	1.328	0.0361
QCR1	对相关者的投诉及时做出回应整改	15	1.2183	0.0331
QCR2	及时更新、升级医院的设备	6	2.4767	0.0672
QCR3	专业互联网医疗问询平台	11	1.6202	0.044
QCC1	智能可穿戴设备—医疗系统的互联	10	1.8541	0.0503
QCC2	社区—医疗机构的互联	8	2.2608	0.0614
QCC3	地区医疗机构间的互联	4	2.8318	0.0769
QCC4	患者信息的整合	9	2.1288	0.0578
QCC5	医疗机构—政府卫生部门的互联	16	1.1037	0.03

3. 竞争特征要素提取（右墙）

青岛市智慧医疗质量功能展开模型中的竞争分析，是质量屋的重要组成部分——质量屋的右墙，是从青岛市居民的角度出发，对青岛市内几家三甲医院在医疗服务方面满足居民需求的程度进行评估。

（三）质量屋构建——青岛市智慧医疗服务体系构建

质量特征要素自相关矩阵，也就是技术指标间的自相关矩阵，是质量屋的天花板，主要是为了观察质量特征间是否存在负相关，防止在后面的质量保障措施实施阶段出现矛盾问题。若两个质量特征要素间存在正相关关系，一般用·表示；若两个质量特征要素间存在负相关关系，则一般用×表示。如果青岛市智慧医疗的质量特征要素间某两个质量特征要素存在负相关，则其中一个质量特征要素上满足必然会阻碍另一质量特征要素的实现。这种情况下，

优先实现哪一个质量特征要素，或者多大程度上满足质量特征，就需要决策者
根据实际情况及最终目的做出适当取舍。

通过查阅文献、访谈等方法，分析 18 项质量特征要素间的自相关关系，最
终得到质量特征要素自相关矩阵，如图 4-3 所示。从质量屋的屋顶图可以看
出，有部分技术指标之间存在正相关的关系，特别是 QCD2 医院有先进的医
疗设备、良好的医疗环境、充足的药物、强大的信息安全系统等质量特征，它与
QCD3、QCD4、QCD5、QCE1、QCR2 这五个质量特征要素均存在一定程度的
正相关关系，各技术指标间不存在负相关关系，也就是说任意一项技术指标的
实现都不会阻碍其他技术指标的实现。存在正相关的技术指标中，一项指标
的实现会在一定程度上带动另一项指标的实现，这对青岛市智慧医疗服务质
量保障措施的实施有一定好处。

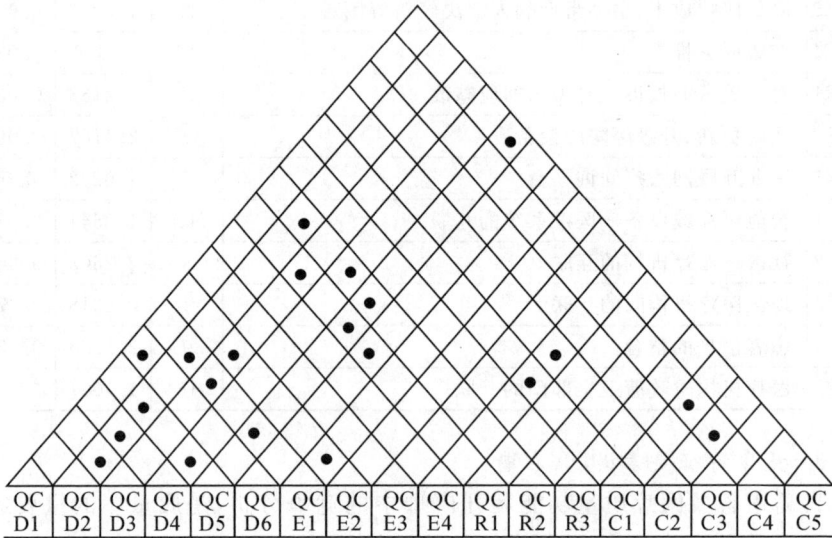

图 4-3　技术指标自相关矩阵

第二节　QC 小组

一、QC 小组概述

（一）QC 小组

QC 小组的全称为质量管理小组（也称"质量控制小组"或"品管圈"），是指在生产或工作岗位上从事各种劳动的员工，围绕企业的经营战略、方针目标和现场存在的问题，以改进质量、降低消耗、提高人的素质和经济效益为目的组织起来，运用质量管理的理论和方法开展活动的小组。[①] QC 小组也可以理解为由相同、相近或互补工作场所的人们自发组成的小团体，全体合作、集思广益，按照一定的活动程序来解决工作现场、管理、文化等方面所发生的问题及课题。

QC 小组往往具有以下特点：①参与人员面向全体员工，既包括高层领导，也包括各类管理者、技术人员、工人、服务人员等。在 QC 小组的组建、推进和活动过程中，领导往往成为 QC 小组的主要推动者或倡导者。不过随着创新性 QC 小组等新型质量管理小组的出现，技术人员也往往成为主要推动者。②QC 小组所选择的课题是广泛的，但应突出问题的真实性和实效性，QC 小组往往将在工作、管理中遇到的真实问题作为研究课题。③QC 小组的活动目的在于发挥人的积极性和创造性，改进质量。④强调运用质量管理的方法、理论和工具，突出科学性。

一般而言，QC 小组的活动主要包括以下几种方式：学习、会议、实践和团队建设。所谓学习活动是指 QC 小组成员往往需要通过教育培训，转变价值观和思想意识，需要学习和掌握质量管理的相关知识，包括小组的活动程序、质量管理工具、统计方法的应用等；会议是 QC 小组的主要活动形式，一般分为定期的和随机的，在会议中通过交流、集思广益、启发思路，创新改革，完成课题；实践是指为了课题目标，小组各成员根据活动计划和责任分工，根据自身特长，完成各项任务，包括测试、试验、研制工具、技术攻关、开展调查、参数调整等；团队建设是指 QC 小组是成员奔着共同的目标自愿走到一起来的，成员对小组的归属感、愿意在课题组中全力付出，对于完成课题目标至关重要，

[①]　中国质量协会.质量管理小组基础知识[M].北京:中国计量出版社,2010:2.

所以 QC 小组活动中往往包括课题之外的一些团队建设活动。

QC 小组不同于行政班组。企业或组织的行政班组是根据专业分工或写作的需要,按照效率原则,自上而下建立,是基层的行政组织;而 QC 小组通常是根据课题需要,按照兴趣、爱好、特长或情感原则,自下而上或上下结合而组成的群众性组织,带有非正式的特点。行政班组的目的在于完成企业或组织的经济性目标;QC 小组的目标在于提高人的素质、改进质量、降低消耗、提高效益。在活动方式层面,行政班组的活动比较固定,是基于岗位开展的;QC 小组较为灵活,可以跨班组、跨部门。

(二)QC 小组的产生与发展

QC 小组最早诞生于 1962 年的日本。在 20 世纪 50 年代,日本开始对企业的现场负责人进行质量管理教育,并组织"现场 QC 讨论会",在质量管理专家石川馨的倡导下,于 1962 年正式命名为"QC 小组",并开始在全国注册登记。目前,世界上第一个登记注册的 QC 小组是日本电电公社松山搬运机 QC 小组。接下来的第三年,日本科技联盟建立了 QC 小组支部。QC 小组在日本的运用,明显提高了企业员工的素质,发挥了员工的主动性、积极性和创造性,并有效实现了企业质量问题的预防和改进。随后在韩国、泰国、中国、马来西亚、美国等 70 多个国家得到推广。虽然命名不同,但本质基本相同。如在日本和中国内地称之为"QC 小组",新加坡称之为"品管圈",中国台湾和香港称之为"品质圈",还有一些国家称之为"质量小组"或"改进小组"等。

我国从 1972 年开始推行全面战略管理和开展 QC 小组活动,至今已经经过了 40 多年的探索。总体而言,我国 QC 小组活动的发展分为四个阶段。

试点阶段(1978—1979 年):北京内燃机总厂为代表的一批企业,邀请日本质量管理专家讲学,同时国内一批专家、学者也致力于介绍和传播国外全面质量管理的科学知识。1979 年 8 月,全国第一次 QC 小组代表会议召开,表彰了一批全国优秀 QC 小组。同年 8 月,成立中国质量管理协会,并于 9 月 1 日举办了第一次"质量管理月"活动。1979 年 5 月,国家经济委员会首次举办"全面质量管理培训班";同年 12 月,中国质量管理协会和中国企业管理协会举办了"全面质量管理骨干学习班"。

推广阶段(1980—1985 年):1980 年,国家经济委员会颁布了《工业企业全面战略管理暂行办法》,明确了全面质量管理在企业中的地位,并对 QC 小组活动提出了具体要求。1983 年,国务院领导接见全国第五次 QC 小组代表,并发表重要讲话;同年 12 月,国家经济委员会根据国务院领导讲话精神,制定颁发《QC 小组暂行条例》,QC 小组逐渐从工业企业发展到交通运输、邮电通信、工程建筑、商业和服务业。

发展阶段(1986—1997年):党的第十三次全国代表大会把质量问题提高到新的高度。1986年国家经济委员会决定"七五"期间全国大中型骨干企业都要有计划、有步骤地推行全面质量管理。1986年,国家经济委员会、劳动人事部、中国科协、全国总工会、共青团中央联合发出通知,要求普及全面战略管理基本知识并作为应知应会的内容之一。1986年6月17日,在QC小组第二次研究会上,正式成立QC小组工作委员会;1987年,在总结经验基础上,由国家经济委员会、财政部等5家单位联合颁发《QC小组活动管理办法》;1989年,成立由中国科协、全国总工会、共青团中央和中国质量协会联合组成的"全国群众质量管理活动领导小组";1997年8年,国家经贸委、财政部、中国科协、全国总工会、共青团中央和中国质协联合颁发《关于推进企业质量管理小组活动的意见》,进一步细化QC小组活动规范和指导。在这个过程中,为配合全国QC小组的推广普及教育,中国质协出版了一些学习材料,包括《QC小组基础教程》《QC小组活动手册》《成果案例分析》《典型经验汇编》等。

深化阶段(1998年至今):随着国家经济体制的调整,QC小组的活动范围也发生了较大变化,主要体现为由国有大中型企业向三资企业和民营企业转变,由内地企业向沿海企业转变,由制造业企业向服务业企业转变。QC小组活动得到国家质量主管部门的重视和支持;普及教育成效明显,自2001年到2010年,10年间全国接受培训人数逾百万人次,近70万人通过全国统一考试。2009年,中国质协建立了全国QC小组诊断师注册制度,设立初级、中级、高级三个诊断师注册级别,制定了《全国质量管理小组活动诊断师注册管理办法》、培训考试、考核大纲等。同时,与国际加强联系,1997年8月首次在北京召开了国际质量管理小组大会(International Convention on Quality Control Circles);2007年,时隔十年,在北京举办第二次IC-QCC会议,参加人数创历史新高。

二、QC小组的方法和程序[①]

(一)组建程序

鉴于单位背景、问题特性、QC小组成员类型等诸多要素,组建QC小组的程序也不尽相同。不过,目前来看,我国QC小组的组织方式大致可以分为三种情况。

---

① 邢文英.QC小组基础教材[M].北京:中国社会出版社,2008:5-9.

第一种情况是自下而上的组建程序:带有群众自发性特点。一般由同一班组(部门)的几个人(或一个人),面对工作中遇到的问题或想要解决的内容选择一个课题内容,然后推举一位组长(或邀请几位同事),共同商定是否组成一个 QC 小组,确定小组名字,确定课题内容,确定组长人选。取得这些基本共识之后,由经确认的 QC 小组组长向所在部门(单位)申请注册登记,经主管部门审查认为具备建组条件后,即可发给小组注册登记表和课题注册登记表。

第二种情况是自上而下的组建程序:带有行政命令性色彩,不过这是中国企业当前较普遍采用的情况。首先,由企业主管 QC 小组活动的部门,根据企业实际情况,提出全企业开展 QC 小组活动的设想方案,然后与车间(或部门)的领导协商,达成共识后,由车间(或部门)与 QC 小组活动的主管部门共同确定本单位应建几个 QC 小组,并提出组长人选,进而与组长一起物色每个 QC 小组所需的组员、所选的课题内容。然后由企业主管部门会同车间(部门)领导发给 QC 小组长注册登记表。

第三种情况是上下结合的组建程序,这是介于上面两种之间的一种。它通常是由上级推荐课题范围,经下级讨论认可,上下协商来组建。这主要是涉及组长和组员人选的确定、课题内容的初步选择等问题,其他程序与前两种相同。这样组建小组,可取前两种所长,避其所短,应积极倡导。

一般认为,参加一个 QC 小组的人员不必过多,一般 4~10 人为宜,一个人可同时参加多个 QC 小组。QC 小组成立后,由组员自行讨论命名小组名称,推选出小组组长。QC 小组在公司专职管理部门登记公布。

(二)活动程序

QC 小组的活动程序一般包括以下内容:选题、确定课题目标、现状调查、原因分析、制订解决方案、实施解决方案、检查、分析和总结。

(1)选题。选题是 QC 小组活动开展的出发点,也是 QC 小组成立的原因。从广义的质量概念出发,QC 小组的选题范围涉及企业或社会组织的方方面面。从目前在企业中广泛使用的 QC 小组选题来看,大约可以概括为以下几个方面:提高质量;降低成本;设备管理;提高出勤率、工时利用率和劳动生产率,加强定额管理;开发新品,开设新的服务项目;安全生产;治理"三废",改善环境;提高顾客(用户)满意率;加强企业内部管理;加强思想政治工作,提高职工素质。不过,不管什么样的选题,都应该遵循以下原则:首先,选择的问题一定围绕企业或社会组织的方针目标和中心工作;其次,选择的问题一定是现场所遇到的薄弱环节;最后,选择的问题一定符合用户的需要。

(2)确定课题目标。课题选定以后,应确定合理的课题目标,并且用尽量可量化和可操作的描述来表达目标,使得每个小组成员有一个明确的努力方向,并且目标是便于检查、便于评价的。此外,还要注重实现目标的可能性,既要防止目标定得太低,小组活动缺乏意义,又要防止目标定得太高,久攻不克,使小组成员失去信心。

(3)调查现状。为了解课题的状况,必须认真做好现状调查。在进行现状调查时,应根据实际情况,应用不同的 QC 工具(如调查表、排列图、折线图、柱状图、直方图、管理图、饼分图等),进行数据的收集整理。

(4)原因分析。对调查后掌握到的现状,要发动全体组员动脑筋、想办法,依靠掌握的数据,可以通过头脑风暴,集思广益,选用适当的 QC 工具(如因果图、关联图、系统图、相关图、排列图等),进行分析,找出问题的原因。经过原因分析以后,将多种原因,根据关键、少数和次要、多数的原理进行排列,从中找出主要原因。在寻找主要原因时,可根据实际需要应用排列图、关联图、相关图、矩阵分析、分层法等不同分析方法。

(6)制订解决方案。主要原因确定后,制订相应的解决方案,明确各项问题的具体措施,要达到的目的,谁来做,何时完成以及谁是检查人。

(7)实施解决方案。按解决方案进行分工实施。小组长要组织成员定期或不定期地研究实施情况,随时了解课题进展,发现新问题要及时研究、调查并调整措施计划,以达到活动目标。

(8)检查。措施实施后,应进行效果检查。效果检查是把措施实施前后的情况进行对比,看实施后的效果,是否达到了预定的目标。如果达到了预定的目标,小组就可以进入下一步工作;如果没有达到预定目标,就应对计划的执行情况及其可行性进行分析,找出原因,在第二次循环中加以改进。

(9)巩固。对步骤 3~8 开展多轮反复之后,如果达到了预定目标,说明该课题已经完成。但为了保证成果得到巩固,小组必须将一些行之有效的措施或方法纳入工作标准、工艺规程或管理标准,经有关部门审定后纳入企业有关标准或文件。如果课题的内容只涉及本班组,那就可以通过班组守则、岗位责任制等形式加以巩固。此外,还需要分析遗留问题,并将其作为下一次活动的课题,进入新的 PDCA 循环。

(10)总结成果资料。小组将活动的成果进行总结,是自我提高的重要环节,也是成果发表的必要准备,还是总结经验、找出问题,进行下一个循环的开始。

以上步骤是 QC 小组活动的全过程,体现了一个完整的 PDCA 循环。由于 QC 小组每次取得成果后,能够将遗留问题作为小组下个循环的课题(如没有遗留问题,则提出新的打算),因此,就可以使 QC 小组活动能够持久、深入地开展,推动 PDCA 循环不断前进。

三、QC 小组应用

QC 小组起源于企业的内部质量管理活动,因其在提高人员素质、改进质量和提高效应等方面的积极作用而推广到社会生活的各个领域,包括公共服务领域。目前,QC 小组在医院[①②]、教育[③]、公共服务管理[④]等方面都有所应用。下面以中国计量大学质量与安全工程学院将 QC 小组运用于课程设计为例,展示 QC 小组的具体运用。[⑤]

课程设计是高校教学过程中重要的实践环节,是学生进行理论联系实际的桥梁及体察工程实际问题复杂性的初次尝试。课程设计一般安排在学生学完某一门专业重点课程之后进行,是高校教学中综合性和实践性较强的教学环节。在课程设计过程中,学生运用所学的知识,自己亲自动手,结合某一专题独立地展开设计与实践。通过课程设计训练,能使学生掌握工程设计的主要程序和方法,培养分析和解决工程实际问题的能力与创新开拓的精神。

目前,在工程教育领域的课程设计普遍存在以下问题:(1)理论与实际不能很好衔接。只会从理论角度按照书本上的理论解题,缺乏运用所学知识分析和解决工程现场实际问题的能力。(2)对现场实际的产品、工艺、过程等内容了解甚少。不具备现场实际的观点,不会使用工程手册、标准等工程上的实际经验数据,所以设计出的产品、工艺、过程等参数不合理、不规范。(3)缺乏团队合作精神。在设计过程中,特别是大型、复杂的设备的过程设计,单打独斗、单个学生大包大揽、学生抄袭等现象普遍存在,严重偏离课程设计的最初目的。(4)成绩的考核主要以图纸和说明书为评定依据。评定手段单一,影响了课程设计的教学效果。

---

① 张小燕,吴婉玲,韩娟,等.开展 QC 小组活动改善病房的空气质量[J].护士进修杂志,2001(11):820-821.

② 陈秋芳,刘沛珍.QC 小组活动在提高术前健康教育效果中的作用[J].护士进修杂志,2000(09):702-704.

③ 洪涛,曾其勇,杨其华,等.基于 QC 小组的课程设计组织方法[J].实验室研究与探索,2012(1):138-141.

④ 林全艺.新疆自治区人口计生委启动计划生育 QC 小组活动[J].中国计划生育学杂志,2005(6):379.

⑤ 洪涛,曾其勇,杨其华,等.基于 QC 小组的课程设计组织方法[J].实验室研究与探索,2012(1):138-141.

为解决上述问题,确保教学质量,中国计量大学几位老师将 QC 小组引入高校《质量分析与改进》课程的课程设计的组织中,有效改善了以上问题。

"质量分析与改进"是产品质量工程专业的骨干课程,是培养质量工程专业学生具备竞争力的核心课程。该课程包含大量的质量理论知识,这些理论知识的有效掌握必须基于较强的工程背景。为了能让学生有效掌握这些知识,后续专门开设了课程设计,以便学生有效地掌握这些知识,提高解决问题的能力。由于该课程是个综合性质的课程,涉及工程和管理知识,传统的课程设计模式无法有效地适应实践的需求。下面展示教师如何将 QC 小组引入课程设计从而提高课程教学效果的实际案例。

1. 课程设计硬件条件建设

QC 小组主要解决现场中的薄弱环节。为了营造真实的工作环境,课程组采用全真模拟工厂环境的教学设计思想,选用典型的机电产品,设计了制造流程,将工厂搬到了学校,建立了专门的模拟工厂环境实验室。学生通过在实验室针对真实产品进行装配、制造,发现问题、分析问题及改进问题。

2. 建立课程设计小组(QC 小组)

由于课程设计的目标是解决制造过程中的实际问题,这种问题是需要团队合作来解决,因此组建改进小组是必须的。根据 QC 小组的原则,小组的成员一般为 5~8 人比较合适;人数太多,可能会产生依赖思想,人浮于事;太少,可能无法解决问题。对于课程设计的小组,采用学生自荐和老师认可的方式,产生小组长,然后小组长选定小组成员;对于落选各个小组的学生,由指导老师和相关小组长商定,分配到指定小组。

3. 进行设计前实习

让学生对模拟制造工厂环境进行熟悉,熟练了解和掌握制造工艺,只有这样才能发现问题,为后面的分析和改进提供基础。为此,在老师的指导下,每个小组组员根据工艺流程、工艺指导文件等,承担相应的岗位,在模拟工厂环境实验室的流水线上进行各自的装配、检验等工作。该阶段,每个小组安排 2 天或 3 天,以每个学生熟悉掌握各自的岗位工作内容及小组可整体完成工作内容为原则。

4. 确定课程设计题目

根据前期的现场实习,每个组商讨本小组需要解决的问题,并结合 QC 小组的要求,确定小组的课程设计题目,并编制项目建议书。在建议书中,对项目的总体目标、设计的思路、进度、人员分工、各个阶段的标志性目标等进行详细说明。

5. 下达课程设计任务书

指导老师对各小组的改进建议书进行审核,重点是对其知识点的应用性、覆盖性及可行性进行审查;课程设计小组根据审核意见,修改建议书;指导老师根据修改后的建议书下达课程设计任务书。

6. 课程设计实施与过程监控

课程设计的整个过程在模拟制造工厂实验室进行。为了保证课程设计的质量和实验室秩序,除了指导老师外,实验室配备了专门的实验教师进行物料供给、设备维护、现场纪律等各方面的保障和考核;每个课程设计小组根据其项目任务书,分配固定的时间进入实验室进行课程设计。为创造真实的工作感受,每个小组必须准时进入实验室,一切按照模拟工厂的工艺纪律、工艺规程进行操作及相应的分析、改进活动;迟到 10 分钟以上的小组或小组人数不全者,丧失本次进入实验室的机会,由此所造成的损失由小组自行承担。指导老师根据项目任务书制订了"过程监控表",设定关键控制点,对每个小组的进展和效果进行跟踪与检查;同时将监控表绘制在黑板的看板上,直到每个小组达到规定的课程设计目标为止。

通过运用该管理方式,一方面可以让每个小组清楚地知道自己的进度和完成情况;另一方面也可以促使每个组之间互相竞争,达到更好的效果。

7. 项目总结

各个小组一旦完成了项目任务书设定的目标后,就需要把课程设计过程中所产生的各类数据、程序及涉及的理论、工具等进行整理,对取得的成果进行总结,对尚未解决的问题进行分析,提出初步建议和解决方案,形成详细的课程设计报告书。在形成报告书时,每个组员可以针对在小组工作时自己的具体分工进行详细展开,最后由组长负责组织组员讨论、修改,形成一篇完整的课程设计报告书。

8. 成果发布

发布会也按照 PDCA 模式展开,即策划、发布、评价的流程进行。每个小组由组长或指定的组员对整个活动进行讲解,然后评审专家按照评审规则进行评价。

9. 成果表彰

根据现场评审的结果,对表现优异的课程设计小组进行表彰和奖励。表彰设立一等奖 1 组、二等奖 2 组、三等奖 3 组,基本上接近参与课程设计的一半人数,发放证书和奖品。通过表彰和奖励,一则对学生的辛勤劳动且绩优者给予认可;二则可增加学生努力参与的积极性;三则通过实施表彰,可使得课程设计的结果评价多元化,而不仅仅局限于书面学分成绩,增加了课程设计的效果。

第三节 SERVQUAL 服务质量评价方法

一、SERVQUAL 评价方法概述

20 世纪 80 年代,格罗鲁斯(Gronroos)认为服务期望(expectation)和服务绩效(perceived performance)之间的比较就是顾客感知服务质量。美国著名服务营销学专家帕拉休拉曼(Parasuraman)、泽丝曼尔(Zeithamal)及贝瑞(Berry)三位学者在格罗鲁斯顾客感知服务质量评价模型的基础上,于 1985年提出了服务质量差距 GAPS 模型,1988 年在服务质量研究实践的基础上,又建设性地提出服务质量 SERVQUAL 测度模型。SERVQUAL 是 Service Quality(服务质量)的缩写,其理论是依据 TQM 在服务业中提出的一种新的服务质量评价体系,该理论核心是"服务质量差距模型"(Service Quality Model,又称 5Gap 模型,见图 4-4)。

SERVQUAL 模型说明了服务质量是怎样形成的。即服务质量是由顾客服务质量感知差距,即顾客对服务提供者所提供的服务质量的期望值(Expectation)和对实际服务质量的感受值(Perception)之间的差距而产生的,其差距大小是判定服务质量的关键,这也是进行质量测评及推进质量改善的重要环节。要提高服务质量,就要减小这一差距,而要减小差距,则需要从以下 5 个差距进行弥合。

差距 1:是指管理者对顾客期望的认知与事实上顾客对服务的期望之间的差距。这个差距产生的原因是由于服务管理者不能充分、贴切地了解顾客对服务的期望。

差距 2:是指企业所指定的服务质量标准与管理者对顾客的期望认知的理解之间的差距。这个差距会导致对于顾客实际需要的服务质量或规格,服务提供者无法提供或满足。这种差距是由多方面的因素影响的,如有限的资源条件、不确定的市场状况、管理者的疏忽等。

差距 3:是指企业的服务质量标准与实际传递标准的服务之间的差距。在服务形成过程中,受到不确定性因素的干扰,服务传递系统的实际效果无法达到管理者所设定的服务质量标准,也无法保证不可得到的服务与此标准相

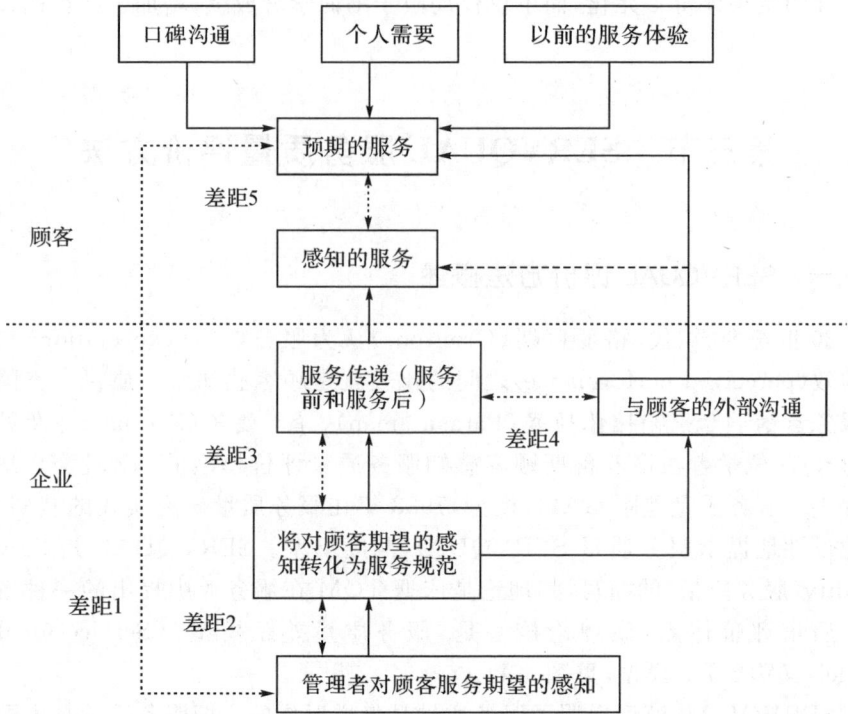

图 4.4　感知——差距模型

吻合。

差距 4：是指服务有关的外部沟通所做出的承诺和所传递的服务之间的差距。随着大众传播的变化，顾客对服务的期望和感受易受到其他因素影响而发生变化。企业对顾客所做的承诺或保证对提高顾客期望有一定的效果，但一旦实际的服务没有达到预设期望时，顾客对服务质量的感知会随之降低。

差距 5：即顾客服务质量感知差距，帕拉休拉曼（Parasuraman）、泽丝曼尔（Zeithamal）及贝瑞（Berry）构建了 SERVQUAL 量表，量表从当初的 10 个基本维度综合测评服务质量，后经合并，缩小为 5 个维度 22 个指标项。

1. 有形性（Tangibles）

有形性包括了实际设施、设备、服务人员和文字材料等可见实物对顾客留下的服务印象。在调查表中，为第 1～4 问项（见表 4.5，下同）。

表 4.5　PZB 的 SERVQUAL 量表

要素	组成项目
有形性	1. 有现代化的服务设施 2. 服务设施具有吸引力 3. 员工有整洁的服装和外表 4. 公司设施与他们所提供的服务相匹配
可靠性	5. 公司向顾客承诺的事情能及时地完成 6. 当顾客遇到困难时,能表现出关心并提供帮助 7. 公司是可靠的 8. 能准确地提供所承诺的服务 9. 正确记录相关的服务
响应性	10. 不能指望他们告诉顾客提供服务的准确时间※ 11. 期望他们提供及时的服务是不现实的※ 12. 员工并不总是愿意帮助顾客※ 13. 员工因为太忙以至于无法立即提供服务、满足顾客需求※
保证性	14. 员工是值得信赖的 15. 在从事交易时顾客会感到放心 16. 员工是有礼貌的 17. 员工可以从公司得到适当的支持,以提供更好的服务
移情性	18. 公司不会针对不同的顾客提供个别的服务※ 19. 员工不会给予顾客个别的关怀※ 20. 不能期望员工了解顾客的需求※ 21. 公司没有优先考虑顾客的利益※ 22. 公司提供的服务时间不能符合所有顾客的需求※

注:1. 问卷采用 7 分制,7 表示完全同意,1 表示完全不同意。中间分数表示不同的程度。问卷中的问题随机排列。

2. ※表示对这些问题的评分是反向的,在数据分析前应转换为正向得分。

2. 可靠性(Reliability)

可靠性是指服务者可靠地、准确地履行服务承诺的能力。从更广泛的意义上说,可靠性意味着公司按照其承诺行事,包括送货、提供服务、问题解决及定价方面的承诺。顾客喜欢接受信守承诺的公司的服务,特别是那些能信守关于核心服务质量方面的公司。在表 4.5 中,为第 5～9 问项。

3. 响应性(Responsiveness)

响应性是指服务者帮助顾客并迅速地提高服务水平的程度。该维度强调在处理顾客要求、询问、投诉和问题时的专注和快捷。响应性表现为顾客在获得帮助、询问的答案及对问题的解决前等待的时间上。响应性也包括为顾客提供其所需要服务的柔性和能力。在表 4.5 中,为第 10～13 问项。

4. 保证性(Assurance)

保证性是指服务者所具有的知识、礼节以及表达出自信与可信的能力。在顾客感知的服务包含高风险或其不确定自己有能力评价服务的产出时,如银行、保险、证券交易、医疗和法律服务,该维度可能非常重要。在表 4.5 中,为第 14～17 问项。

5. 移情性(Empathy)

移情性是指服务者关心并为顾客提供个性化服务。移情性的本质是通过个性化的或者顾客化的服务使每个用户感到自己是唯一的和特殊的,用户能够感受到为他们提供服务的公司对他们的足够理解和重视。规模较小的服务公司的员工通常知道每个用户的姓名等信息,并且与用户建立了表示了解用户需要和偏好的关系。当这种小规模的公司与大企业竞争时,移情能力可能使其具有明显的优势。在表 4.5 中,为第 18～22 问项。

SERVQUAL 最早应用于工商管理领域,特别是在营利性组织中得到广泛应用,如今非营利性组织也对此进行了不少探索。如 Donnelly 等将该方法用于测评政府组织的服务质量(Donnelly,1995),Mike Wisniewski 等认为 SERVQUAL 还可以适用于医疗服务组织、警察、应急服务、政府中介等公共部门的服务质量的评估[①]。20 世纪 90 年代起,高等教育界开始关注 SERVQUAL,尝试将其运用于测定教育教学服务质量。如 Anderson 等在实施全面质量管理后,用 SERVQUAL 的方法测量学生前后的感知服务质量,发现在实施 TQM 后,服务质量的可靠性和反应性有所提高,而在某些环节如移情性却有所下降。[②] Gaston 等在工商管理学生中使用了修订的 SERVQUAL 量表来测量教育服务质量评价,将教育服务质量分为声誉、行政

---

① Wisniewski M. , Donnelly M. Measuring Service Quality in the Public Sector: the Potential for SERVQUAL [J]. Total Quality Management, 1996,7(4): 357-366.

② Anderson E. High Tech v. High Touch: A Case Study of TQM Implementation in Higher Education [J]. Managing Service Quality, 1995,5(2): 48-56.

人员、教师、课程体系、响应性、有型设备以及设备的可利用性[①]。在国内,也有研究者尝试将 SERVQUAL 用于高等教育服务质量测量,如王齐婵对普通高校和高职学生进行教育服务期望质量和感知质量的差异情况进行了研究,发现大学生对五个服务属性的重要性认识基本一致,其中保证性和可靠性更为重要,且普通高校的服务质量感知高于高职院校。[②]

二、SERVQUAL 评价方法的基本步骤

SERVQUAL 的具体评估步骤分两步:第一步,向受调查顾客发放调查问卷,通常是 22 个指标,请调查者根据其服务体验来回答问题以判断服务期望和实际感知的服务体验,由此确定感知服务质量的总分数。第二步,计算服务质量分数。实际上,顾客实际感受和期望往往不同,因此对同一个问题的打分存在差异,这个差异就是这个问题的服务质量分数。具体算法如下:

$$SQ = \sum_{i=1}^{22}(P_i - E_i)$$

其中,SQ 表示感知服务质量的总和;P_i 表示顾客对第 i 个指标的感受分数;E_i 表示顾客对第 i 个指标的期望分数。所得分数再除以 22 就得到单个顾客的 SERVQUAL 分数。然后把调查中的所有顾客的 SERVQUAL 分数相加再除以顾客数量就得到企业的平均 SERVQUAL 分数。

由于实际情况下,顾客认为的 5 个维度的重要性是不同的,所以进行评估的时候往往需要将所得分数进行加权平均,具体公式如下:

$$SQ = \sum_{j=1}^{5}W_j\sum_{i=1}^{R}(P_i - E_i)$$

在该公式中,SQ 表示感知服务质量的总和;W_j 表示每个维度的权重;R 表示每个维度下的问题数量;P_i 表示顾客对第 i 个指标的感受分数;E_i 表示顾客对第 i 个指标的期望分数。对每个指标的权重计算可以参考使用 AHP 方法、德尔菲法或其他权重确定方法。

---

① Gaston L. , Nha N. Searching for Excellence in Business Education: An Exploratory Study of Customer Impressions of Service Quality [J]. International Journal of Educational Management, 1997, 11(2): 72-79.

② 王齐婵.高校教育服务质量感知的定量研究[J].高等工程教育研究,2003(6):20-23.

三、SERVQUAL 评价方法的应用

SERVQUAL 方法被使用到公共服务的众多领域,如社区教育评价[1],超市满意度评价[2],电子商务评价[3],景区服务质量评价[4],体育场所评价[5],公共服务总体评价[6]等等。不少研究将 SERVQUAL 评价模型与熵值法[7]、结构方程[8]、灰色关联分析[9]、质量功能展开[10]等方法相结合对具体问题展开研究。本节以 SERVQUAL 评价模型在社区信息化服务质量评价中的应用为案例阐述 SERVQUAL 的具体使用[11]。

服务质量 SERVQUAL 评价测度模型具有一定的代表性,在多数服务领域进行过服务质量测评研究,并取得了良好的评价效果。但并不是对所有情况都适用,为了能够取得较为可信的测评结果,具体应用过程一定要考虑被测领域的属性特点。为了很好地将 SERVQUAL 评价应用到社区教育信息化服务质量评价中去,必须结合社区教育信息化的特点对 SERVQUAL 评价模型的测度指标进行转换、修改、添加与删除操作。真正实现从用户的视角,以社区用户的感知体验为中心,开展社区教育信息化服务质量评价,这样才能实现将各类教育、教学服务质量监控自觉自愿地向社会测量转变,提高社区教育信息化服务质量评价的信度与效度。

（一）社区教育信息化服务质量评价指标体系设计

社区教育不仅是居民获取知识的一种学习途径,也是教育机构为社区居

---

① 赖长春.略论社区教育评价指标体系构建:顾客满意度测评视角[J].职教论坛,2017(9):48-51.

② 陈律.大型综合超市顾客满意度测评与提升实证分析[J].商业经济研究,2015(22):61-64.

③ 韩朝胜.基于多属性决策的电子商务顾客满意度测评[J].统计与决策,2011(2):167-169.

④ 梅虎,朱金福,汪侠.基于灰色关联分析的旅游景区顾客满意度测评研究[J].旅游科学,2005(05):31-36.

⑤ 黄伟.大型公共体育场馆顾客满意度评价体系研究[J].当代体育科技,2017,7(8):168-169.

⑥ 刘武,刘钊,孙宇.公共服务顾客满意度测评的结构方程模型方法[J].科技与管理,2009(4):40-44.

⑦ 王元华,曾凤章.基于熵值法的顾客满意度测评[J].商业研究,2004(22):11-13.

⑧ 段冰.基于结构方程的顾客满意度测评模型[J].统计与决策,2013(12):48-50.

⑨ 梅虎,朱金福,汪侠.基于灰色关联分析的旅游景区顾客满意度测评研究[J].旅游科学,2005(5):31-36.

⑩ 刘玉敏,张晓丽,徐济超.顾客满意度测评的质量功能展开方法[J].系统工程理论与实践,2004(9):20-27.

⑪ 胡水星.社区教育信息化服务质量评价指标体系研究——基于 SERVQUAL 评价模型的视角[J].教育发展研究,2015(23):77-84.

民提供教育服务的一种渠道,SERVQUAL 评价能够很好地体现以顾客为中心、以服务为宗旨的思想。该研究在对社区教育信息化服务评价指标体系现状梳理的基础上,基于 SERVQUAL 服务质量评价的视角,结合数字化资源服务、电子商务服务、在线教育服务质量评价等相关研究成果,从保证性、有形性、响应性、可靠性和移情性五大服务品质对社区教育信息化服务质量进行评价维度设计与解读(具体见表 4.6 所示)。

表 4.6　社区教育信息化服务质量评价维度

评价维度	维度说明
有形性	指社区教育信息化实施过程中所涉及的具体有形物品与要素
可靠性	指在社区教育信息化建设中,能够可靠地、准确地利用信息技术完成所承诺服务的能力
响应性	指社区教育在信息化服务供给上的时间效应,以及满足学习者迅速获得帮助的愿望
保证性	指教育服务机构能够运用信息技术有效地帮助社区学习者解决社区教育中出现的困难
移情性	指能够充分利用信息技术进行服务人员与学习者情感交流与沟通,构建和谐服务氛围

　　表 4.6 所列出的社区教育信息化服务质量评价维度并不是彼此分离的,而是相互影响、相辅相成。单一维度只能表征教育服务质量的某个方面,只有把所有评价维度综合起来共同作用,才能对社区教育信息化服务质量进行客观、公正、有效地评价。参照服务质量 SERVQUAL 模型的评价维度、测度指标和测量量表,并结合教育部教育信息化技术标准委员会 2002 年发布的《教育资源建设技术规范》,2003 年发布的《网络教育服务质量管理体系规范(征求意见稿)》等评价标准,构建社区教育信息化服务质量评价指标,具体见表 4.7 所示。

表 4.7   社区教育信息化服务质量评价维度及具体指标

评价维度	序号	评价指标
有形性(Tangibles) 社区教育信息化服务机构能够为学习者提供有效的、可靠的和丰富的学习资源、技术设备的能力	1	提供丰富的数字化学习教育资源
	2	现代化信息技术设施完备
	3	教育服务人员具有清洁、整齐的外表
	4	各项设备与所提供的服务相协调
可靠性(Reliability) 社区教育 IT 信息化服务机构可靠地、准确地完成所承诺服务的能力	5	认真履行对社区学习者的各种教育承诺
	6	当学习者出现学习困难时,表现出一定的协助诚意
	7	对学习者的教育承诺是可信任的、可信赖的
	8	具有准时提供所承诺教育服务的能力
	9	将与服务相关的记录正确地保存
响应性(Responsiveness) 社区教育信息化服务机构愿意帮助学习者提供学习支持,并能够及时为学习者提供各种信息支撑服务的能力	10	对学习者提出的服务请求应给予及时的答复
	11	能及时发布有关教学、管理和服务方面的信息
	12	教育服务人员总是乐于帮助顾客
	13	教育服务人员不会因为忙碌而无法提供服务
保证性(Assurance) 社区教育机构的管理者和教师具有一定的专业知识水平,能够向学习者传达对他们的信任和信赖的能力	14	教育服务人员具有足够的专业知识,足可以信任
	15	保障学习者个人信息的安全性和隐私性
	16	教育服务人员具有礼貌性,积极向学习者提供技术服务与学习指导
	17	教育服务人员能够互相支持,互相帮助,为更好的教学服务提供支持
移情性(Empathy) 社区教育信息化服务机构为其用户提供关怀和个性化服务的能力	18	为学习者提供方便的学习时间和学习场所
	19	教育服务人员应以关爱的态度对待每位学习者
	20	教育服务人员应了解学习者的特殊需求,给予个别化注意
	21	重视每一位学习者的利益
	22	积极引导学习者通过各种信息技术交互参与学习活动

（二）社区教育信息化服务评价指标权重的确定

根据 SERVQUAL 评价模型，如果所提供的服务在顾客心目中的重要性是相同的，不存在哪一个属性更重要，那么可以直接根据顾客感知和期望之间的差异得出服务感知质量。但是在实际测度评价中这五个维度的重要性往往是不一致的，为顺利进行教育服务质量评价，首先需为每一个指标维度赋予相应的权重。

利用主成分分析法对基于 SERVQUAL 模型的评价指标体系进行降维处理，可以简化服务质量评价指标体系，用较少的核心指标去解释教育服务质量的综合影响因素，实现科学地、客观地确定教育服务质量的影响因子，从而为后续的数据统计和定量分析减少复杂性。由于主成分分析实现了用少数几个综合指标表示原来多个指标，因此使得问题得以简化，一般取累计方差贡献率达 80% 左右的前 p 个主成分就能够代表绝大部分指标信息。利用主成分分析可以确定综合评价函数，从而可以进一步利用综合评价函数客观地确定评价指标的权重，这种方法可以比较科学地确定社区教育信息化服务质量多因素多层次的指标权重。

（三）加强社区教育信息化服务评价指标体系应用的策略

为了推动社区教育信息化服务评价指标体系的应用，尤其是结合社区学习者服务感知评价模型来验证评价方法的可行性、评价指标体系的可操作性，实现评价指标体系的使用广度和深度，需要加强社区教育信息化服务指标体系的应用策略分析。

1. 关注量表设计与调查对象的分析量表设计

量表设计与分析是实施有效评价的关键，也是开展评价的重要一环。在分析服务质量 SERVQUAL 量表的基础上，需要结合社区教育信息化服务的特点，采用社区教育信息化服务质量评价维度及具体指标体系进行量表设计。服务指标主要按期望与感知进行分解，主要由三个部分构成：第一部分为服务质量期望表；第二部分为服务质量感知表，分别用于调查社区学员对社区教育信息化服务质量的期望和实际服务质量的感受。社区学员根据自身的期望与体验对每个服务维度的具体测度指标进行打分，分数采用服务质量评价中常用的李克特量表，以 1 到 7 分类，其中 1 表示非常差，7 表示非常好。因为服务期望与服务感知在含义上略有不同，所以同一个问题在语义设计上做了细微改动；第三部分为各指标的重要性表，同样采用李克特量表 7 级分类，分数 1 表示非常不重要，分数 7 表示非常重要。

从社区教育服务的特性看，过程性服务是最为核心和基本的特性，这也是社区教育信息化服务特性的进一步延伸。社区教育信息化服务是过程、是活动,是信息化背景下广大学员对社区教育服务的一种消费,消费客体的核心价值源于服务双方在服务消费和服务提供过程中的价值体验与创造。基于上述社区教育信息化服务的特性,应该从社区教育学习者的角度开展教育信息化服务感知调研,重点对象是社区学院的学员和社区教育管理者。首先,深入到相关社区学院发放与回收调查问卷,收集社区学员对社区教育信息化服务质量评价的原始数据资料;其次,采用 SPSS 统计分析软件进行探索因子分析、主成分分析、因子命名等操作;然后,根据指标权重确定的数学模型与算法,得出服务评价综合函数,而该综合得分函数模型的每个变量系数就表示相对应指标的重要性程度,即确定了某个指标在社区教育信息化服务评价中所占的权重。如果对系数继续进行归一化处理,可以进一步明晰权重表示;最终,构建既有指标又有权重的社区教育信息化服务评价指标体系。

2. 强调指标体系应用的可行性分析

当前社区教育信息化服务质量指标体系侧重于从教育资源共享和服务管理利用的角度实施,由于相关指标对象是定性描述,很难从整体上对所有指标都进行量化处理,造成评价数据收集、分析和统计的困难。为解决这个问题,具体实施中,应该强调指标体系应用的可行性分析。从社区教育信息化的技术特点、服务性质和感知范围选择社区教育信息化可操作性比较强的指标体系作为评价数据来源,不断提升指标体系的可观察性和可测量性。强调社区教育信息化评价方法的确实可行性。具体实施时,要重视制定与指标体系相适应的实例化评价方法和规范流程,将理论模型范畴下的概念化要素转化成教育服务实际情境下的评价指标和实施方法。

在具体实施过程中应该采取自上而下和自下而上相结合的思路。首先,自上而下地根据社区教育信息化服务的总体目标要求,构建目标层;然后,根据社区教育信息化服务的维度将总体目标层转换成一级指标体系和二级指标体系;最后,对各级指标体系进行权重量化。同时,还要采用自下而上的实施策略,首先,在广泛调研和文献整理的基础上,归纳总结出社区教育信息化服务评价的所有指标;然后,结合服务提供者和服务接受者的自身经验感知增添一些重要指标;最后,通过问卷调查、专家访谈等情境访谈等方法优化指标体系。只有经过应用的可行性分析,评价指标体系才能体现社区教育信息化服务评价的核心要素,才能持续提升指标体系的可操作性,促进社区教育信息化服务评价指标体系的实践应用。

3. 重视服务感知质量与指标重要性象限图分析

为了促进社区教育信息化服务评价指标体系的综合应用,可以进一步对评价指标体系的权重与感知得分进行分析,以指标服务质量感知平均分为横轴,以指标权重为纵轴绘制象限图,得出指标服务得分与重要性象限图,见图 4.5。

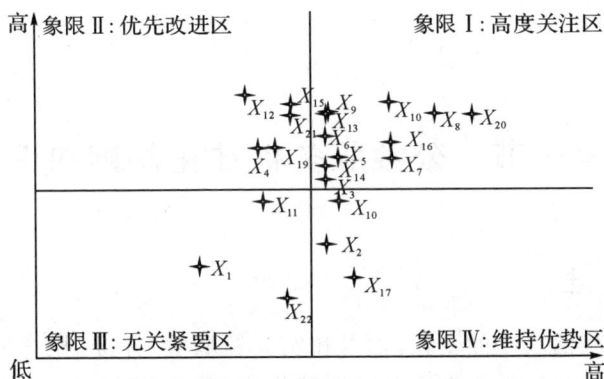

图 4.5　指标服务质量得分与指标重要性象限图

第五章　公共服务质量标准化管理

第一节　公共服务标准化基础知识

一、标　准

随着生产生活实践的变化,学术和实务领域对"标准"概念的认识体现出了不同的特点。在标准化专家的经典著作中,盖拉德(C. J. Gaillard)在 1934年出版的《工业标准化原理与应用》中,认为标准是对计量单位或基准、物体、动作、过程、方式、常用方法、容量、功能、性能、方法、配置、状态、义务、权限、责任、行为、态度、概念或想法的某些特征,给出定义、做出规定和详细说明;它以语言、文件、图样等方式或利用模型、标样及其他具体表现方法,并在一定时期内适用。该定义尽管罗列了需要统一的概念和事物,但概括性不够。桑德斯在 1972 年出版的《标准化的目的和原理》中,将标准定义为经公认的权威当局批准的一个标准化成果,它可以采用文件、规定基本单位或物理常数等形式。该定义补充了标准形成的法定程序和表现形式。①

1982 年 11 月,国际标准化组织(ISO)第 2 号指南对"标准"定义为:"适用于公众的,由有关各方合作起草并一致或基本上一致同意,以科学、技术和经验的综合成果为基础的技术规范或其他文件,其目的在于促进共同取得最佳效益,它由国家、区域或国际公认的机构批准通过。"在此定义基础上,1983年,我国原国家标准局在 GB 3935.1—1983《标准化基本术语 第一部分》中,对"标准"定义为:"标准是对重复性事物和概念所做的统一规定。它以科学、技术和实践经验的综合成果为基础,经有关方面协商一致,由主管机构批准,以特定形式发布,作为共同遵守的准则和依据。"2002 年,原国家质量监督检

---

① 陈渭.标准化基础教程——标准化理论与实践[M].北京:中国计量出版社,2008:1.

验检疫总局在 GB/T 20000.1—2002《标准化工作指南 第 1 部分:标准化和相关活动的通用词汇》重新对"标准"进行定义:"为了在一定的范围内获得最佳秩序,经协商一致制定并由公认机构批准,共同使用和重复使用的一种规范性文件。"在该定义后面加"注"指出,"标准宜以科学、技术和经验的综合成果为基础,以促进最佳的共同效益为目的。"由于该定义等同采用 ISO/IEC 指南 2:1996《标准化和相关活动的通用词汇》的定义,因此它又是 ISO/IEC 给出的定义。

世界贸易组织《技术性贸易壁垒协议》(《WTO/TBT 协议》)对"标准"的定义是:"标准是由公认机构批准的,非强制性的,为了通用或反复使用的目的,为产品或相关加工和生产方法提供规则、指南或特性的文件。标准也可以包括或专门规定用于产品、加工或生产方法的术语、符号、包装标志或标签要求。"

上述定义从不同维度揭示了"标准"概念的内涵,归纳为六个方面。[①]

第一,"获得最佳秩序""促进最佳的共同效益"是制定标准的目的。"最佳效益"是要发挥出标准化系统整体最佳效应,产生最理想的效果。"最佳秩序"是指通过实施标准使标准化对象的有序化程度提高,发挥出标准化系统的最佳功能。

第二,"重复性事物"是标准制定对象的基本属性。所谓"重复性事物"是指反复出现多次的同一事物,具有重复性特征的事物才有可能沉淀经验,而实践经验的提炼是产生标准的必经之路。

第三,标准制定的依据是以科学技术和实践经验的综合成果为基础的。标准反映了一定时期内科学技术发展水平和实践中的经验总结,将这些经验经过分析、比较、选择后加以综合、提炼、概括和规范化便形成了标准。标准是截至某一时间点,社会所积累的科学技术和实践经验的规范化成果。

第四,标准是协商一致的结果。所谓"协商一致",是指在标准制定过程中,按规定的程序就标准的内容与标准相关方进行广泛的征询意见和充分的协调,最终形成的标准实质上是标准相关方"妥协"的结果。最大范围地征询标准相关方的意见,最大限度地吸纳标准相关方的意见并形成各方都能妥协

① 安徽省质量技术监督局,安徽省标准化研究院.标准化知识与实务[M].北京:中国质检出版社、中国标准出版社,2014:2-3.

上海市质量和标准化研究院.公共服务标准化理论与实务[M].北京:中国质检出版社、中国标准出版社,2015:55-56.

接受的共识是确保标准适用性的基础。

第五,标准是由公认机构批准发布的规范性文件。标准是由公认机构批准和发布的,根据《中华人民共和国标准化法》的规定,我国标准按照制定主体分为国家标准、行业标准、地方标准和团体标准、企业标准。国家标准、行业标准和地方标准属于政府主导制定的标准,团体标准、企业标准属于市场主体自主制定的标准。其中,国家标准是由国家标准化行政主管部门批准和发布的。标准作为一种规范性文件,"文件"可以理解为记录有信息的各种媒体,"规范性文件"是指为各种活动或其结果提供规则、导则或规定特性的文件,例如标准、技术规范、规程等。

第六,标准的本质属性是统一。标准的本质属性是一种"统一规定",是反映需求的扩大和统一。单一的产品或单一的需求,不需要标准,也无须统一。相反,对同一需求的重复和无限延伸才需要标准。这种"统一规定"是作为各方"共同遵守的准则",正是因为标准这种"统一规定"的属性,使得标准在其规范的领域范围内具有约束性作用。

二、标准化

桑德斯在《标准化的目的和原理》中,对"标准化"定义为:"为所有有关方面的利益,特别是为了促进最佳的全面经济并适当考虑到产品使用条件与安全要求,在所有有关方面协作下,进行有秩序的特定活动所制定并实施各项规则的过程。标准化以科学、技术与实践的综合成果为依据,它不仅奠定了当前的基础,而且还决定了将来的发展,它始终和发展的步伐保持一致。"该定义提出了现代标准化的一些基本概念,如标准化是一项有序化的特定活动。[①]

1983年,我国原国家标准局参照国际标准化组织(ISO)第2号指南制定的 GB 3935.1—1983 中对"标准化"的定义为:"在经济、技术、科学和管理等实践中,对重复性事物和概念,通过制定、发布和实施标准,达到统一,以获得最佳秩序和社会效益。"2002年,GB/T 20000.1—2002 对"标准化"界定为:"为了在一定范围内获得最佳秩序,对现实问题或潜在问题制定共同使用和重复使用的条款的活动。"在该定义后面的"注"中,指出"上述活动主要包括编制、发布和实施标准的过程""标准化的主要作用在于为了其预期目的的改进产品、过程或服务的适用性,防止贸易壁垒,并促进技术合作"。该定义是根据 ISO/IEC 第2号指南(1996版)对标准化的定义进行的等同转化。

---

① 陈渭. 标准化基础教程——标准化理论与实践[M]. 北京:中国计量出版社,2008:3.

可以从下面四个方面来理解"标准化"的定义。[①]

第一,标准化是制定标准、实施标准、监督标准实施的一个循环往复的过程。该活动反复循环,螺旋式上升,每完成一次循环,标准的水平就相应得到提高。标准化作为一项工作,就是根据客观情况的变化,不断地促进该循环过程的进行和发展。

第二,标准化的效果只有在标准实施后才能表现出来。即便有再好、再多、水平再高的标准或标准体系,如果没有共同参与重复使用,就不会产生效果。因此,标准化的全部过程中,"化"即实施标准,是至关重要、不容忽视的环节。

第三,标准化是一项在一定范围内获得最佳秩序的有目的的活动。标准化可以有一个或更多特定的目的,以使产品、过程或服务具有适用性,这样的目的可能包括品种控制、可用性、兼容性、互换性、健康、安全、环境保护、产品防护、相互理解、经济效益、贸易等。但在一定范围内获得"最佳秩序"是标准化的最终目的,需要从系统和整体的角度出发来认识。在标准实施过程中可能会遇到某国家标准的实施对某行业产生良好的整体社会效益,但也有可能对某一具体企业产生一定的负面影响。

第四,标准化活动是建立规范的活动。标准化定义中所说的"条款",即标准内容的表述。标准化活动所建立的规范具有共同使用和重复使用的特征,条款不仅针对当前问题,也针对潜在问题,这是标准化的一个显著特点。

三、标准体系

GB/T 13016—2018《标准体系构建原则和要求》对"标准体系"的定义是:"一定范围内的标准按其内在联系形成的科学的有机整体。"可以从以下三个方面来理解"标准体系"的概念。[②]

---

① 安徽省质量技术监督局、安徽省标准化研究院.标准化知识与实务[M].北京:中国质检出版社、中国标准出版社,2014:3.
上海市质量和标准化研究院.公共服务标准化理论与实务[M].北京:中国质检出版社、中国标准出版社,2015:56-57.
② 全国服务标准化技术委员会.服务业标准化[M].北京:中国质检出版社、中国标准出版社,2013:7-8.舒辉.标准化管理[M].北京:北京大学出版社,2016:48-50.
全国服务标准化技术委员会.服务业标准化[M].北京:中国质检出版社、中国标准出版社,2013:7-8.
上海市质量和标准化研究院.公共服务标准化理论与实务[M].北京:中国质检出版社、中国标准出版社,2015:57-58.

第一,"一定范围"。锦标制度是指标准体系的适用范围,也是标准化系统能发挥作用的有效范围,可以是国家、行业(专业)、区域、企业或其他特定系统的"标准化范围"。例如,某行业标准体系涉及该行业的全部范围,某专业标准体系涉及该专业的全部范围,企业标准体系则涉及该企业的所有业务。

第二,"内在联系"。内在联系是组成标准体系的子体系或标准之间相互支撑、相互作用的关系,主要包括三种形式。

一是系统联系。各分系统之间以及分系统和子系统之间存在着相互依赖又相互制约的联系。根据这种联系,可以准确确定各分系统及子系统的合理位置。

二是结构联系,分为两个方面,即上下联系和左右联系。"上下联系"要求体系表内各层次标准应从底层的个性标准找出共性特征的内容,并将共性内容制定成共性标准,上层标准对下层标准具有指导制约关系,下层标准必须贯彻上层标准,下层标准对上层标准具有补充作用,即共性和个性的关系。"左右联系"是标准门类之间相互统一协调、衔接配套的联系,即标准制定时要考虑左右标准的协调统一。

三是功能联系,即标准使用和应用方面的联系和配合,包括标准相同功能联系和标准不同功能联系,应把功能相同的标准归到同一个分系统或同一个子系统中,以发挥标准整体功能的作用。

第三,"有机整体"。根据"内在联系"的原则制定的标准都得到贯彻以后,才能发挥出标准体系化的系统功能。标准体系中的各项标准并不是独立的要素,标准之间存在相互联系、相互作用、相互约束和相互补充的关系,从而构成一个科学、完整的统一体。标准体系的效应包括体系中各项标准直接产生的效应,还包括各项标准集合在一起所发挥的整体协同作用,而且在标准化实践层面更重视整体协同效应。

标准体系是一定时期内整个国民经济体制、经济结构、科技水平、资源条件、生产社会化程度的综合反映。它体现了人们对客观规律的认识,又反映了人们的意志与愿望,是一个人造系统。标准体系实质上体现了标准的逻辑组合。

四、公共服务

公共服务具有服务的一般性特征,因此,理解服务的概念是理解公共服务概念的前提。

（一）服务

ISO作为标准化领域的权威机构，在2000版和2008版的ISO 9000族标准中，以"注"的方式对"产品"给出定义，其中对"服务"做了明确的解释："服务，通常是无形的，并且是在供方和顾客接触面上需要完成至少一项活动的结果。"在ISO/IEC Guide 76:2008《服务标准制定导则——考虑消费者需求》作为ISO历史上首个专门指导服务标准化工作的指南，对"服务"界定为："服务提供者与顾客接触所产生的一系列活动的过程及其结果，其结果通常是无形的。"同时，ISO/IEC Guide 76：2008指出，服务包括但不局限于以下活动：

——为满足顾客需求，在有形产品上所完成的活动（例如汽车服务或维修）；

——提供专家意见或顾客支持（例如法律或财务建议）；

——提供无形产品（例如保险）；

——为用户提供培训和教育（例如语言、体育和技艺知识的传授）；

——膳宿和娱乐（例如旅馆、剧院）；

——为参与者提供有组织和引导的活动（例如旅游、假日活动）；

——设备或房屋租用（例如出租代理、工具出租）；

——为顾客或用户提供护理或治疗（例如理发师、牙医）；

——健康护理；

——网络服务（例如电信、电缆、互联网、电力和燃料传输服务）；

——交通服务（例如公共汽车、火车、轮船和飞机）。

ISO 9000族标准与ISO/IEC Guide 76：2008两个标准中对"服务"的定义既有共同之处，也有所区别。其共同点在于：一是以顾客需求为关注焦点；二是在供方与顾客接触面上的活动；三是过程的结果；四是服务的结果是无形的。不同点在于，后者的顾客更强调消费者；服务既包括结果，也包括过程。①

（二）公共服务

公共服务作为21世纪公共行政和政府改革的核心理念，日益受到政策制定者和普通民众的重视。在经济学视域中，物品又称产品或服务，公共服务也被称为公共产品、公共物品或公共财物，是与私人服务（private service）相对应的概念。美国经济学家萨缪尔森首次对公共服务（物品）给出明确定义："每

---

① 全国服务标准化技术委员会.服务业标准化[M].北京:中国质检出版社,中国标准出版社,2013:8-9.

个人对这种产品的消费,都不会导致其他人对该产品消费的减少。"[1]法国法学家狄骥将"公共服务"定义为:"因其与社会团结的实现与促进不可分割而必须由政府来加以规范和控制的活动,就是一项公共服务,它具有除非通过政府干预,否则便不能得到保障的特征。"[2]Grout 和 Stevens 认为,公共服务是"为大量公民提供的服务,其中存在显著的市场失灵(既包括公平,也包括效率),使政府有理由参与——不论是生产、融资或监管",该观点得到世界银行的广泛认可。[3]

我国学术界和政府文件中并未对公共服务的内涵给出一个统一的、准确的定义。宽泛的理解认为,只要不以营利为目的的协调公共利益的活动都应纳入公共服务的范畴。而狭义的理解则认为,只有政府运用法定权力和公共资源面向大多数社会成员提供的产品和服务供给活动才能纳入公共服务的范畴。从狭义的理解来看,公共服务具有如下基本特征:第一,从提供主体来看,公共服务由政府主导提供,并与政府的法定职责相关联。第二,从服务面向上看,公共服务面向公民的公共需求。第三,从服务属性上看,公共服务提供的是公共物品而非私人产品。[4]

(三)基本公共服务

根据 2012 年 7 月 11 日国务院发布的《国家基本公共服务体系"十二五"规划》(国发〔2012〕29 号),基本公共服务是指"建立在一定社会共识基础上,由政府主导提供的,与经济社会发展水平和阶段相适应,旨在保障全体公民生存和发展基本需求的公共服务。享有基本公共服务属于公民的权利,提供基本公共服务是政府的职责"。基本公共服务范围一般包括保障基本民生需求的教育、就业、社会保障、医疗卫生、计划生育、住房保障、文化体育等领域的公共服务,广义上还包括与人民生活环境紧密关联的交通、通信、公用设施、环境保护等领域的公共服务,以及保障安全需要的公共安全、消费安全和国防安全等领域的公共服务。根据《国家基本公共服务体系"十二五"规划》,为突出体现"学有所教、劳有所得、病有所医、老有所养、住有所居"的要求,规划的范围确定为公共教育、劳动就业服务、社会保障、基本社会服务、医疗卫生、人口计

①　Pall Samuelson. The Pure Theory of Expenditure[J]. Review of Economics, 1954(11):36.
②　莱昂·狄骥.公法的变迁:法律与国家[M].郑戈,冷静,译.沈阳:辽海出版社,春风文艺出版社,1999:446.
③　世界银行东亚与太平洋地区.改善农村公共服务[M].北京:中信出版社,2008:9.
④　柳成洋,等.社会管理和公共服务标准化概论[M].北京:中国质检出版社,中国标准出版社,2014:7.

生、住房保障、公共文化等领域的基本公共服务。"十二五"规划纲要还明确了
基础设施、环境保护两个领域的基本公共服务重点任务,包括:行政村通公路
和客运班车,城市建成区公共交通全覆盖;行政村通电,无电地区人口全部用
上电;邮政服务做到乡乡设所、村村通邮;县县具备污水、垃圾无害化处理能力
和环境监测评估能力;保障城乡饮用水水源地安全等。这些内容分别纳入综
合交通运输、能源、邮政、环境保护等相关"十二五"专项规划中。

《国家基本公共服务体系"十二五"规划》中提出了基本公共服务均等化的
目标。所谓基本公共服务均等化,指全体公民都能公平可及地获得大致均等
的基本公共服务,其核心是机会均等,而不是简单的平均化和无差异化。"十
二五"规划指出,把基本公共服务制度作为公共产品向全民提供的要求,是我
国公共服务发展从理念到体制的创新。我国实行社会主义制度,公民都有获
得基本公共服务的权利。保障人人享有基本公共服务是政府的职责,必须着
眼制度设计、系统规划、整体推进,建立健全基本公共服务体系。

2017 年 1 月 23 日国务院发布《"十三五"推进基本公共服务均等化规划》
(国发〔2017〕9 号)指出,"基本公共服务是由政府主导、保障全体公民生存和
发展基本需要,与经济社会发展水平相适应的公共服务。基本公共服务均等
化是指全体公民都能公平可及地获得大致均等的基本公共服务,其核心是促
进机会均等,重点是保障人民群众得到基本公共服务的机会,而不是简单的平
均化。享有基本公共服务是公民的基本权利,保障人人享有基本公共服务是
政府的重要职责。推进基本公共服务均等化,是全面建成小康社会的应有之
义,对于促进社会公平正义、增进人民福祉、增强全体人民在共建共享发展中
的获得感,实现中华民族伟大复兴的中国梦,都具有十分重要的意义"。《"十
三五"推进基本公共服务均等化规划》确立了国家基本公共服务制度,该制度
框架紧扣以人为本,围绕从出生到死亡各个阶段和不同领域,以涵盖教育、劳
动就业创业、社会保险、医疗卫生、社会服务、住房保障、文化体育等领域的基
本公共服务清单为核心,以促进城乡、区域、人群基本公共服务均等化为主线,
以各领域重点任务、保障措施为依托,以统筹协调、财力保障、人才建设、多元
供给、监督评估等五大实施机制为支撑,是政府保障全民基本生存发展需求的
制度性安排。

基本公共服务的特征具体体现在以下几个方面。①

---

① 上海市质量和标准化研究院.公共服务标准化理论与实务[M].北京:中国质检出版社,中国
标准出版社,2015:60-61.

第一,基础性。基础性主要表现在基本公共服务满足公众最基本、最迫切和最必要的需求,所涉及的范围和程度是公民最基本的权利范畴,为公民在社会中的正常生存和发展创造最基础性的条件。同时,基本公共服务是非基本公共服务的基础,只有实现了基本公共服务的普遍供给,才能有更多能力提供非基本公共服务。

第二,公益性。基本公共服务要求公共服务的供给者坚持以人为本、以公众为中心的理念,基本公共服务依托的基础是公共财政能力,而公共财政最主要和最核心的来源是公共税收。

第三,开放性。开放性要求基本公共服务在供给主体、提供方式、运行管理和结果反馈的全环节上实现公开,通过电子政务、舆论监督、问责制等多种方式保证社会和公众对基本公共服务的有效监督。

第四,均等性。基本公共服务均等化的内涵包括全体公民享有的基本公共服务的机会和原则应该均等以及结果应该大体相等,社会在提供大体均等的基本服务的过程中尊重某些社会成员的自由选择权。

（四）非基本公共服务

公共服务是指满足社会公众需要的服务与产品的总和,包括基本公共服务和非基本公共服务。基本公共服务的供给主体以政府为主,强调服务均等化、普惠化和便捷化;非基本公共服务的供给则需要充分调动市场和社会组织等各种社会力量的广泛参与,强调服务的市场化、多元化和优质化。2011年12月15日,时任国务院副总理李克强在全国发展和改革工作座谈会上指出:"非基本公共服务是指满足公民多层次、多样化发展需要的服务类别。"2019年政府工作报告中明确提出,要"支持社会力量增加非基本公共服务供给,满足群众多层次、多样化需求"。

非基本公共服务是指解决目前我国公民所面临的非迫切问题的公共服务,或能够满足我国部分公民较高水平需求的公共服务。前者如城市拥堵、环境污染、资源枯竭等问题;后者如让部分适龄青少年享受优质教育资源,让部分公民享受较高水平的基本社会保障等等。与基本公共服务相比,非基本公共服务的主要特征表现在。[①]

第一,动态性。与基本公共服务相似,非基本公共服务的领域所解决的问题会随着一国政治、经济和社会的发展不断转入基本公共服务领域。

---

① 娄兆锋,曹冬英.公共服务导向中基本公共服务与非基本公共服务之研究[J].中国行政管理,2015(3):104.

第二,针对非紧迫问题。非基本公共服务针对的是解决目前我国公民所面临的非迫切的问题。

第三,覆盖面较窄。非基本公共服务是为了满足我国部分公民的需求而提供的,其覆盖面远比基本公共服务的覆盖面狭窄。

第四,供给水平相对较低。非基本公共服务是为了满足我国部分公民较高水平需求,其供给水平高于基本公共服务的供给水平。

第五,政府关注度较低。与基本公共服务的供给状况相比,非基本公共服务的供给对我国政治、经济和社会的稳定与发展的影响力较小,所以,政府对此的关注度比对基本公共服务的关注度低一些,而且,市场对这种公共服务供给的介入程度远比对基本公共服务的供给的介入程度深,市场主体在其中运作后获利的可能性远高于前者。

第六,服务具有一定程度的竞争性与排他性。非基本公共服务的供给是为了满足部分公民较高水平的需求,市场主体在这一供给过程中发挥着重要作用,因此,其所提供的服务具有一定程度的竞争性和排他性。

（五）公共服务标准化

标准化作为一种基础工具,已经从工业、农业领域逐渐拓展到社会管理和公共服务等领域,成为提升公共服务水平和质量的重要技术手段。公共服务标准化是将标准化原理应用到公共服务领域,通过对公共服务标准的制定、实施及其监督检查,达到服务质量目标化、服务方法规范化、服务过程程序化,从而在公共服务范围内获得最佳秩序和社会效益的过程。

2012年8月2日,国家标准化管理委员会等27个部门联合发布《社会管理和公共服务标准化工作"十二五"行动纲要》指出,社会管理和公共服务是指政府和社会组织为促进社会系统协调运转,对满足公众普遍需求的事务进行组织、协调、监督和控制,提供公共产品和服务,为公众生活和参与经济、政治、文化等活动提供保障和创造条件的过程;社会管理和公共服务标准化是标准化理论在社会管理和公共服务领域中的应用。

2017年11月29日,国家标准化管理委员会等26个部门联合发布的《社会管理和公共服务标准化发展规划（2017—2020年）》（国标委服务联〔2017〕129号）,提出要以增进人民福祉、满足人民日益增长的美好生活需要为主线,以普惠性、保基本、均等化、可持续为方向,按照"改革创新、协同推进、科学管理、服务发展"的工作要求,推动社会管理和公共服务标准化工作改革发展,全面提升社会管理和公共服务水平,为经济发展新常态下提高人民生活水平,促进基本公共服务均等化,促进社会和谐提供有力支撑和持续动力,为基本公共服务标准化的发展明确了方向。

第二节　公共服务标准

一、公共服务标准化的重要性

（一）公共服务标准化为国家治理能力和治理体系现代化提供了基础性制度

2013 年，党的十八届三中全会《中共中央关于全面深化改革若干重大问题的决定》指出，中国全面深化改革的总目标是完善和发展中国特色社会主义制度，推进国家治理体系和治理能力现代化。国家治理体系和治理能力现代化要求转变政府职能，深化行政体制改革，创新行政管理方式，优化政府组织结构，提高科学管理水平。政府要加强发展战略、规划、政策、标准等的制定和实施，加强市场活动监管，加强各类公共服务提供。2017 年，党的十九大作出了"提高保障和改善民生水平，加快和创新社会治理"重要战略部署。随着我国经济社会的快速发展，创新社会管理、促进公共服务均等化已经成为提高保障和改善民生水平，全面建设小康社会的一项紧迫任务。

标准作为"世界通用语言"，是经济活动和社会发展的技术支撑，是国家治理体系和治理能力现代化的基础性制度，也是全球治理的重要规制手段和国际经贸往来与合作的通行证。标准化作为加强和创新社会管理、进一步提升公共服务水平的重要技术支撑，在国家治理能力和治理体系建设中发挥着越来越重要的作用。通过标准化建设，对于进一步提升社会管理和公共服务能力，完善公共服务体系，保障群众基本生活，不断满足人民日益增长的美好生活需要均具有重要意义。

（二）公共服务标准化为法治政府和服务型政府建设提供了技术手段

2015 年 12 月，中共中央、国务院印发《法治政府建设实施纲要（2015—2020 年）》，要求根据"四个全面"战略布局，围绕建设中国特色社会主义法治体系、建设社会主义法治国家的全面推进依法治国总目标，坚持依法治国、依法执政、依法行政共同推进，坚持法治国家、法治政府、法治社会一体建设，深入推进依法行政，加快建设法治政府，弘扬社会主义法治精神，推进国家治理体系和治理能力现代化提供有力法治保障，到 2020 年基本建成职能科学、权责法定、执法严明、公开公正、廉洁高效、守法诚信的法治政府。由于在许多领域、层次和环节缺乏法律的规范和约束，公共服务供给的随意性较强，甚至存在较大的自由裁量空间。公共服务标准化可以通过标准化的科学管理手段规范政府服务提供、服务管理和服务内部保障行为，提高政府行为的可预期性、稳定性和效率；通过制定标准、执行标准的方法，更新执政理念、明确职权范围、调整运行机制、改变管理方法，从技术手段上弥补法律的不足，不断缩小甚至根绝公权力被滥用的可能性。

（三）公共服务标准化为提升公共服务水平提供了测量工具和技术

标准是衡量政府绩效的基础，是对政府公共服务职能的履行情况进行评价和比较的客观尺度。通过公共服务标准化建设，可以为各部门工作提供一个定量的、可操作的评价依据，使得部门工作达到规范化、精细化，提高政府在提供公共服务过程中的工作标杆，提高政府行政效能。[①] 政府公共服务应用标准化技术的基本原理是，根据 PDCA 循环的要求进行全程控制，以确保公共服务的目标明确提出、资源配置均等、责任清晰、过程可控、方法科学合理、质量可测量、效果可以持续改进等，应用标准化技术，可以有效保障公共服务质量。[②] 推进公共服务标准化，有利于不断完善政府绩效的评价体系，以及全面科学地评价政府绩效，进行持续改进，不断提高公共服务质量和水平。

以基本公共服务为例，2018 年中共中央、国务院印发《关于建立健全基本公共服务标准体系的指导意见》，对划分基本公共服务支出责任提出了具体要求：一是明确政府在基本公共服务中的兜底职能。二是明确中央与地方支出责任划分。按照谁的财政事权谁承担支出责任的原则，根据中央财政事权、地方财政事权以及中央与地方共同财政事权三种情况，进一步明确基本公共服务领域的中央与地方支出责任及承担方式。三是制定中央与地方共同财政事权基本公共服务保障国家基础标准。对不易或暂时不具备条件制定国家基础标准的项目，地方可结合实际制定地方标准，待具备条件后由中央制定国家基础标准。地方在确保国家基础标准落实到位前提下，因地制宜制定高于国家基础标准的地方标准，按程序报上级备案后执行，高出部分所需资金自行负担。通过以上规定，不仅明确了政府的兜底职能，而且对于中央与地方的支出责任划分趋于制度化、法治化和规范化，有利于调动中央和地方的积极性，提高基本公共服务保障能力。同时，对于不同层级政府基础标准制定所做的规定，不仅有利于确保国家基础标准的统一性和科学性，而且有助于实现基本公

① 上海市质量和标准化研究所.公共服务标准化理论与实务[M].北京：中国质检出版社，中国标准出版社，2015：32.

② 李绥州.我国推进公共服务标准化的形势和任务[J].中国质量万里行，2015(11)：34.

共服务的可持续性和公平性。

二、公共服务标准化的范围和内涵

对于公共服务所涵盖的范围,我国并没有权威的解释和定义。2012年,国务院印发《国家基本公共服务体系"十二五"规划》,明确了基本公共服务的范围,包括保障基本民生需求的教育、就业、社会保障、医疗卫生、计划生育、住房保障、文化体育等领域的公共服务,广义上还包括与人民生活环境紧密关联的交通、通信、公用设施、环境保护等领域的公共服务,以及保障安全需要的公共安全、消费安全和国防安全等领域的公共服务。同年发布的《社会管理和公共服务标准化工作"十二五"行动纲要》中的社会管理和公共服务标准化工作涉及公共教育、劳动就业服务、社会保险、基本社会服务、公共医疗卫生、人口和计划生育、公共基础设施管理与服务、公共文化体育、公共交通、司法行政与服务、公共安全、生态保护和环境治理、社会组织管理、社会公益科技服务等14个方面内容。

2017年,国家标准化管理委员会等26部委共同印发的《社会管理和公共服务标准化发展规划(2017—2020年)》,明确了"十三五"时期社会管理和公共服务工作的指导思想、基本原则和发展目标,对全国社会管理和公共服务标准化工作进行全面部署。该规划明确提出,社会管理和公共服务标准化重点领域为基本社会服务与管理、劳动就业、社会保险、公共教育、公共卫生和基本医疗、文化体育与旅游公共服务、公共交通运输、公共安全、公共法律服务、公共专业技术服务、基层社会治理、公共数据服务等12大领域。

1. 基本社会服务与管理:以改善民生、解决群众关切问题为着力点,建立完善基本社会服务标准体系,重点加强基础通用、老年人服务、儿童服务、残疾人服务、优抚安置与社会救助、区划地名、社会组织与社会工作等领域标准制定与实施,强化标准在基本社会服务领域的支撑作用。

2. 劳动就业:以服务机构设置、服务功能建设、服务流程规范、服务管理精准为重点,推进劳动就业领域的标准化工作,实现劳动就业公共服务的科学化、标准化、精细化。

3. 社会保险:深化社会保险标准化工作改革,进一步健全社会保险管理服务标准化体系,将社会保险服务、评价、管理全过程纳入标准化管理轨道。

4. 公共教育:完善学校设立标准,加快学校建设标准制定,完善与办学规模相适应的占地面积、校舍建筑、运动场地等国家标准。完善学校设备基本配置标准,研制教育信息化标准。健全学校运行和管理标准,完善学科专业和课程体系标准,加快研制教育质量标准,健全教师队伍建设标准,完善教育督导标准,研制语言文字标准。

5. 公共卫生和基本医疗:重点加强社区卫生、疾病预防控制、环境卫生、妇幼保健及中医药等领域标准制定与实施。

6. 文化体育与旅游公共服务:重点开展文化艺术、新闻出版、广播影视、文物保护、公共体育与旅游公共服务领域标准的制定与实施,促进文化体育与旅游的社会化、生活化、科学化、规范化发展。

7. 公共交通运输:加强综合交通运输、事故应急救援、运输服务、信息化和节能环保领域的标准制修订,支撑安全便捷、畅通高效、绿色智能的综合交通运输体系发展,充分发挥标准化在规范市场秩序,提升工程、产品和服务质量方面的基础支撑作用。

8. 公共安全:以提高社会安全保障治理水平为着力点,建立完善安全保障标准体系,重点加强生产安全、社会公共安全、司法行政、防灾减灾等领域标准制定与实施,提高我国在公共安全领域科学管理水平,促进我国社会运行更加安全高效。

9. 公共法律服务:加强律师管理、公证管理、法律援助、司法鉴定、人民调解、刑满释放人员安置帮教等公共法律服务标准制修订,建立基本公共法律服务标准体系,推进司法鉴定标准化技术组织建设,有效支撑公共法律服务体系建设,保障公民基本权利,维护人民群众合法权益。

10. 公共专业技术服务:以规范公共专业技术服务发展为着力点,建立完善公共专业技术服务标准体系,重点开展地震、测绘地理信息、气象、海洋等领域标准研制,提升我国防震减灾、气象预测和海洋预测的准确性、及时性与有效性,带动我国公共专业技术服务水平整体提升。

11. 基层社会治理:以健全基层社会治理体系、提升基层社会治理能力、完善共建共享的基层社会治理格局为目标,推进基层政权建设、群众自治、城乡社区治理等领域标准化工作,大力推动基层社会治理体系建设与治理能力现代化。

12. 公共数据服务:按照党的十九大建设现代化经济体系和人民满意的服务型政府的要求,加快推进公共数据服务标准化工作,在部门和地方政务信息系统整合、政务部门开放共享数据、政务信息系统互联互通等方面开展重要标准研制,助力政府更好地提供公共数据服务。

三、我国公共服务标准化形势

发达国家公共服务标准化已经有几十年的历史经验。以美国为例,从 20 世纪 30 年代开始,在基础教育、公共文化、医疗卫生、公共基础设施等领域,基本建立了较为全面的标准体系。20 世纪 90 年代,克林顿总统发布行政命令,要求所有联邦政府机构必须建立以公民需求为导向的服务标准,成为推进公共服务标准化的标志性事件。[①]

我国也日益重视公共服务标准化工作,2012 年国务院发布《国家基本公共服务"十二五"规划》,明确提出享受基本公共服务是公民的权利,而提供基本公共服务是政府的责任。同年,国家标准化管理委员会等 27 部委联合发布《社会管理和公共服务标准化工作"十二五"行动纲要》。2017 年,国家标准化管理委员会等 26 个部委联合发布《社会管理和公共服务标准化发展规划(2017—2020 年)》,为我国社会管理和公共服务标准化的未来指明了方向。经过"十二五"和"十三五"时期各地区各部门的共同努力,覆盖全民的基本公共服务制度基本建成,各级各类基本公共服务设施持续改善,国家基本公共服务清单项目全面落实,保障能力和群众满意度逐步提升,但是仍然存在着发展不平衡不充分、质量参差不齐、服务水平与经济社会发展不适应等问题,与我国经济社会的发展需求相比,社会管理和公共服务领域的标准化工作仍存在较大差距。尽管我国社会管理和公共服务标准化工作取得了一定成绩,但与国民经济发展以及人民群众的迫切需求相比,标准化工作仍存在供给不足、质量不高、发展不平衡等问题。当前我国经济结构深度调整,发展动力加快转换,对创新社会治理方式提出了迫切需求。居民消费需求升级,公共服务在稳增长、惠民生、补短板中的地位得以进一步凸显。同时,新一轮科技变革和产业革命蓄势待发,移动互联网、物联网、大数据、云计算等信息技术快速发展,推动着公共服务供给方式和服务模式不断创新。我国社会管理和公共服务发展正处于重要的战略机遇期,需要进一步解放思想、深化改革、加大力度,紧跟新形势和新要求,推动社会管理和公共服务标准化工作取得突破性进展。

---

① 李绶州.我国推进公共服务标准化的形势和任务[J].中国质量万里行,2015(11):34.

第三节　公共服务标准化管理体制

一、我国标准化法律法规体系

根据制定机关和法律效力层级,我国的标准化法律法规体系由法律、行政法规、部门规章、地方性法规和地方政府规章五个层次构成;《中华人民共和国标准化法》(以下简称《标准化法》)是标准化法律法规体系的顶层法律,体系中的所有法规和规章均以其为依据。《中华人民共和国标准化法实施条例》(以下简称《实施条例》)是国务院依据《标准化法》颁布的行政法规。国务院标准化行政主管部门依据《标准化法》与《实施条例》制定了一批与之相配套的部门规章,初步形成了较为齐全的标准化法律法规体系。

(一)标准化法律

1988年颁布的《标准化法》是我国标准化工作的基本法和最高准则。此外,《中华人民共和国食品安全法》《中华人民共和国药品管理法》《中华人民共和国产品质量法》《中华人民共和国民用航空法》《中华人民共和国职业病防治法》《中华人民共和国劳动法》《中华人民共和国大气污染法》《中华人民共和国环境保护法》《中华人民共和国消防法》等法律中也有部分有关标准化工作的规范性要求。例如,《中华人民共和国邮政法》规定:"邮政设施应当按照国家规定的标准设置。"《中华人民共和国劳动法》规定:"劳动安全卫生设施必须符合国家规定的标准。"

由于1988年颁布的《标准化法》是在有计划的商品经济条件下制定的,无论立法宗旨还是所确立的标准体系、管理体制和运行机制都带有计划经济色彩。但是,其对建立和完善我国的标准化法律法规体系、提高产品质量、促进经济社会科学发展发挥了重要作用。但随着我国社会主义市场经济体制的不断完善、科学技术的迅猛发展、政府只能转变与社会治理方式的探索变革,已经不能适应新形势发展的需要。[1] 2017年11月4日我国完成了《标准化法》修订,该法共六章四十五条。第一章总则部分,主要规定了立法目的、标准的范围和分类、标准化工作的任务和保障、制定标准的基本要求、标准化管理体制、标准化协调计制、鼓励各方参与标准化工作、鼓励各方参与国际标准化活

---

[1]　甘藏春,田世宏.中华人民共和国标准化法释义[M].北京:中国法制出版社,2017:14.

动、表彰奖励等。第二章标准的制定,主要规定了强制性国家标准的制定范围和制定程序,推荐性国家标准和行业标准、地方标准的制定范围、制定主体和工作要求,标准化技术委员会和专家组强制性标准和推荐性标准公开,团体标准的制定及其规范、引导、监督,企业标准的制定,标准之间的关系,标准制定的基本原则,标准化军民融合,以及标准的编号等。第三章标准的实施,主要规定了强制性标准的法律效力,出口产品和服务的技术要求,团体标准和企业标准自我声明公开和监督制度,技术创新的标准化要求,标准实施的统计分析报告、实施信息反馈、评估、复审制度,标准之间重复交叉等的处理以及标准化试点示范与宣传等。第四章监督管理,主要规定了标准化监管职责,标准争议协调解决计制,标准编号、复审、备案的监督措施,举报投诉措施等。第五章法律责任,主要规定了生产、销售、进口产品或者提供服务不符合强制性标准应承担的民事责任、行政责任和刑事责任,企业生产的产品、提供的服务不符合公开标准的技术要求应承担的民事责任,企业未依法公开其执行标准以及标准制定主体未依法制定标准、未依法对标准进行编号、备案、复审应承担的法律责任。第六章附则部分,主要规定了军用标准的管理以及《标准化法》的实施日期。[①]

（二）标准化法规

标准化行政法规是国务院根据《标准化法》,按照法定程序制定和颁布的《中华人民共和国标准化法实施条例》(以下简称《实施条例》),是《标准化法》的补充和具体化,对标准化工作的管理、标准的制定、标准的实施与监督、法律责任等都做了明确规定。此外,国务院发布的部分行政法规中也有一系列有关标准化工作的规范性要求。

标准化地方性法规,是指省、自治区、直辖市的人民代表大会,根据我国标准化法律的基本原则,结合本行政区的具体情况和实际需要,为更好贯彻《标准化法》及《实施条例》等法律法规,制定和颁布的有关标准化工作的地方性法律规范。如《浙江省标准化管理条例》《上海市标准化条例》《黑龙江省标准化条例》等。

（三）标准化规章

标准化规章或称部门规章,是指国务院标准化行政主管部门及国务院有关行政主管部门根据《标准化法》及《实施条例》等法律法规,在本部门的职权和业务范围内,制定的有关标准化工作的办法、规定、章程、规则等规范性文

---

① 甘藏春,田世宏. 中华人民共和国标准化法释义［M］. 北京:中国法制出版社,2017:17-19.

件。例如国家标准化行政主管部门发布的《国家标准管理办法》《行业标准管理办法》《地方标准管理办法》《国家语言文字工作委员会语言文字规范标准管理办法》《铁路工程建设标准管理办法》《水运工程标准管理办法》《食品安全地方标准管理办法》等。

地方政府规章,是指由各省、自治区、直辖市以及国务院批准的计划单列市的人民政府根据《标准化法》及《实施条例》和地方性法规制定和发布的,以调整本地区范围内标准化方面的规定、办法、实施细则等。

综上所述,我国的标准化法律法规体系由《标准化法》、《实施条例》、国务院标准化行政主管部门的标准化规章、国务院其他部门的标准化规章、地方标准法规、地方政府标准化规章构成。

二、我国标准化工作管理体制

2015 年 3 月 11 日,国务院印发《深化标准化工作改革方案》,明确提出了建立高效权威的标准化统筹协调机制,整合精简强制性标准,优化完善推荐性标准,培育发展团体标准,放开搞活企业标准,提高标准国际化水平等改革措施。[①]《标准化法》及《实施条例》按我国政府行政体制确立了标准化工作的管理层级和层级之间的关系。《标准化法》第五条规定:"国务院标准化行政主管部门统一管理全国标准化工作。国务院有关行政主管部门分工管理本部门、本行业的标准化工作。县级以上地方人民政府标准化行政主管部门统一管理本行政区域内的标准化工作。县级以上地方人民政府有关行政主管部门分工管理本行政区域内本部门、本行业的标准化工作。"第六条规定:"国务院建立标准化协调机制,统筹推进标准化重大改革,研究标准化重大政策,对跨部门跨领域、存在重大争议标准的制定和实施进行协调。设区的市级以上地方人民政府可以根据工作需要建立标准化协调机制,统筹协调本行政区域内标准化工作重大事项。"

根据《标准化法》及其《实施条例》的规定,标准化工作的管理权限分工如下:

(一)国务院标准化行政主管部门的职责

——组织贯彻国家有关标准化工作的法律、法规、方针、政策;

——组织制定全国标准化工作规划、计划;

——组织制定国家标准;

① 甘藏春,田世宏.中华人民共和国标准化法释义[M].北京:中国法制出版社,2017:15.

——指导国务院有关行政主管部门和省、自治区、直辖市人民政府标准化行政主管部门的标准化工作,协调和处理有关标准化工作问题;

——组织实施标准;

——对标准的实施情况进行监督检查;

——统一管理全国的产品质量认证工作;

——统一负责对有关国际标准化组织的业务联系。

国家标准化管理委员会成立于2001年,是国务院授权的履行行政管理职能、统一管理全国标准化工作的机构。2018年国家市场监督管理总局成立后,对外保留国家标准化管理委员会牌子。以国家标准化管理委员会名义,下达国家标准计划,批准发布国家标准,审议并发布标准化政策、管理制度、规划、公告等重要文件;开展强制性国家标准对外通报;协调、指导和监督行业、地方、团体、企业标准工作;代表国家参加国际标准化组织、国际电工委员会和其他国际或区域性标准化组织;承担有关国际合作协议签署工作;承担国务院标准化协调机制日常工作。

(二)国务院有关行政部门的标准化管理职责

国务院有关行政主管部门分工管理本部门、本行业的标准化工作,履行下列职责:

——贯彻国家标准化工作的法律、法规、方针、政策,并制定在本部门、本行业实施的具体办法;

——制定本部门、本行业的标准化工作规划、计划;

——承担国家下达的草拟国家标准的任务,组织制定行业标准;

——指导省、自治区、直辖市有关行政主管部门的标准化工作;

——组织本部门、本行业实施标准;

——对标准实施情况进行监督检查;

——经国务院标准化行政主管部门授权,分工管理本行业的产品质量认证工作。

(三)省、自治区、直辖市人民政府标准化行政主管部门的职责

省、自治区、直辖市人民政府标准化行政主管部门统一管理本行政区域的标准化工作,履行下列职责:

——贯彻国家标准化工作的法律、法规、方针、政策,并制定在本行政区域实施的具体办法;

——制定地方标准化工作规划、计划;

——组织制定地方标准;

　　——指导本行政区域有关行政主管部门的标准化工作,协调和处理有关标准化工作问题;

　　——在本行政区域组织实施标准;

　　——对标准实施情况进行监督检查。

　　(四)省、自治区、直辖市有关行政主管部门的标准化管理职责

　　省、自治区、直辖市有关行政主管部门分工管理本行政区域内本部门、本行业的标准化工作,履行下列职责:

　　——贯彻国家和本部门、本行业、本行政区域标准化工作的法律、法规、方针、政策,并制定实施的具体办法;

　　——制定本行政区域内本部门、本行业的标准化工作规划、计划;

　　——承担省、自治区、直辖市人民政府下达的草拟地方标准的任务;

　　——在本行政区域内组织本部门、本行业实施标准;

　　——对标准实施情况进行监督检查。

　　(五)市、县标准化行政主管部门和有关行政主管部门的标准化管理职责

　　市、县标准化行政主管部门和有关行政主管部门的职责分工,由省、自治区、直辖市人民政府规定。

第六章　公共服务质量管理的国际经验

国外学者较早关注到公共服务对实践公共责任的重要性,正如美国学者登哈特所说,"一方面,政府机构要以最大可能的效率提供服务;另一方面,政府机构又必须对顾客的需求和愿望做出回应"[1]。20 世纪 70 年代末新公共管理运动兴起后,在公共服务管理领域引入质量管理技术方法以实现公共服务的效率性与回应性成为发达国家较为普遍的做法。公共服务质量管理实践以标准化的服务质量承诺、服务质量测评以及公共服务质量奖为主要内容,极大地改进了公共服务质量与公民满意度,并逐渐成为 21 世纪公共服务管理改革的关键词。2000 年,欧洲政府联合发起了两年召开一次服务质量公开会议。美国、加拿大等国家以服务质量奖为契机推动公共服务质量管理实践。可见,公共服务质量改进与管理正在成为不同国家与政府的正式公共服务质量承诺制度与管理实践。"事实证明,它适用于不同的国家与政治制度",但这种适应性并不意味着公共服务质量管理有一个最终可以应用的最佳模型。[2] 发达国家公共服务质量管理实践为我们提供了改进公共服务质量的有益经验,也有助于切实改善公共服务的质量和真实了解公民的公共服务需求。

第一节　英国公共服务质量管理

一、英国公共服务质量管理的缘起

20 世纪 70 年代末以来,英国兴起了以市场化、民营化为主要特点的新公共管理改革。这场新公共管理运动基于西方政府部门面临财政危机的背景,

---

[1]　罗伯特·登哈特.公共组织理论[M].扶松茂,丁力,译.北京:中国人民大学出版社,2003:10.

[2]　Christopher Pollitt. Public Service Quality: Between Everything and Nothing? [J]. International Review of Administrative Sciences, 2009, 75(3):379-382.

迅速扩散至美国、新西兰等其他国家,反映了其提高效率和降低公共开支的迫切改革需求。由此,效率就成为 80 年代英国公共部门管理改革的首要目标。然而,到了 80 年代末期,尽管以"经济和效率"为准则的英国新公共管理改革取得了显著成就,"雷纳评审""财务管理新方案"等改革措施的施行极大地提高了英国公共部门绩效,但也出现了一些新的问题与发展趋势,具体包括:

(1)以经济和效率为重点的政府管理改革存在刻意节省开支和牺牲服务质量的管理风险,新公共管理改革持续面临着公平正义方面的质疑与指责,这项改革的民意支持也呈现下降趋势。因此,从 20 世纪 90 年代初开始,英国政府管理改革的侧重点逐渐倾向于公共服务及其质量管理。为公众提供一定质量标准的公共服务成为英国政府管理改革的重点。

(2)作为英国新公共管理改革的重要措施,公共部门绩效评估的衡量指标也从"效率"指标转向"质量"指标。尽管投入产出比、成本效益分析等经济性、效率性指标仍是公共部门绩效的核心概念,但质量指标的重要性逐渐得以凸显,并呈现出"质量优位"的典型趋势。

(3)质量概念进一步被加以延伸和泛化。英国内阁办公室文件曾对"质量"做了这样的界定,"通过调动所有人员的潜力,以最低的成本满足确认的顾客需求"。这个界定包含着"效率、效果、顾客满意"等含义。换言之,质量这个概念更具兼容性和综合性。①

基于新公共管理改革的诸多问题和由"效率优位"向"质量优位"转型的发展趋势,英国于 20 世纪 90 年初期广泛推行公共服务质量管理,并开展一些创新性实践。自 1979 年英国开始实行新公共管理改革后,其政府管理改革内容具有广泛性和全面性的特点,同期也覆盖了公共服务质量管理的内容。汤普森(1994)在总结英国 1979—1992 年行政改革特点时,列出了"私有化、分权化、竞争机制、企业精神、非管制化、服务质量、对工会力量的限制"七项主题。因此,公共服务质量管理贯穿于英国行政管理改革,而从"效率优位"到"质量优位"的转变更具有划时代意义。管理专家罗萨多等人曾对此评论道:"顾客取向和质量优位意味着与传统的决裂,意味着新的游戏规则,是一场管理上的革命。在这一新哲学中,质量不再是需要兼顾的因素,而是管理者的核心工作。"英国公共服务质量管理不仅构成了其政府管理改革的重要内容,也引导了未来公共管理改革的主要方向,为其他国家提升公共服务质量提供了有益的经验借鉴。

---

① 周志忍.公共部门质量管理:新世纪的新趋势[J].国家行政学院学报,2000(2):41-45.

二、英国公共服务质量管理的基本实践

(一)英国公共服务质量管理的发展历程

以新公共管理改革为起点,英国公共服务质量管理的发展历程主要经历了以下四个阶段。

第一阶段:1979—1988 年,效率优位的公共服务质量管理准备阶段。1979 年英国撒切尔夫人上台后,其主要改革理念是"小政府观念"。受到公共选择理论和新古典经济学等学派的影响,对公共部门及其扩张的怀疑和不信任成为撒切尔夫人执政时期改革的重要原因,由此产生了以削减政府规模、减少政府开支和提升政府效率为主的新公共管理改革。1979 年,撒切尔夫人任命雷纳爵士为效率顾问,在内阁办公厅设立了一个效率小组,负责对政府部门效率的审查、调研、评估和改进研究。这即是著名的"雷纳评审"。"雷纳评审"关键是回答三个问题:一是为什么要从事正在从事的工作? 二是为什么要按照目前的方式从事这些工作? 三是怎样才能使这些工作更富有成效且降低成本? 通过发自政府内部的"雷纳评审",英国农业、渔业和食品部,海关,环境部等部门都参与了改善政府内部管理和提高管理效率的行动,并发现了政府部门单位成本过高、行政开支比重过高、工作失误导致的浪费、组织设置和工作程序不合理以及无效的工作等问题普遍存在。尽管"雷纳评审"的重点是经济和效率,目的是通过提高效率来降低公共开支和运营成本。然而,在实际中,"雷纳评审"不仅减少了政府发文数量,也大大提升了英国公共服务质量和效果。例如,"雷纳评审"削减了工作重复的程序,有效减少了申请者错误信息的现象,在一定程度上改善了公共服务质量。因此,"'雷纳评审'的意义远远超过了它所取得的直接效益"[①],为英国后续的政府管理体制改革树立了改革理念并奠定了坚实的基础,也成为效率优位时期英国公共服务质量管理的初期实践。

第二阶段:1988—1991 年,结果本位的公共服务质量管理实施阶段。1988 年,英国政府管理改革出现了一项具有标志性的事件,即"下一步行动方案"。该项改革成为英国中央政府全面转换管理和责任机制的重大努力,是英国公共服务改革的一个转折点。其意义主要体现在以下几个方面:一是由政府内部管理全面转向公共服务领域;二是由效率优位转向结果本位,注重公共部门改革及其运行的结果;三是引入私营部门质量管理做法,提升公共服务质

---

① 周志忍. 当代国外行政改革比较研究[M].北京:国家行政学院出版社,1999:81.

量。"下一步行动方案"也被称为《伊布斯报告》,其改革核心内容是设立执行机构,从政府内部机构中分离出执行机构,对公共部门人力资源改革和持续性改进公共服务都产生了重要影响。所谓执行机构,主要包括直接向公众提供服务的机构,例如税务机关、社会福利管理机构、研究机构等。为更有效地管理这些分离出来的执行机构,《伊布斯报告》规定了执行机构的框架性文件,内容包括机构负责人向主管部长承担的责任、执行机构的目的与工作目标、机构的服务内容、机构的资源配置以及其他约束性条件。为监督这些机构有否为公众提供一定质量的公共服务,并形成公众监督的长效机制,执行机构的服务标准、绩效指标、绩效情况等都被加以具体量化和透明化,以便公众对公共服务作出客观评价。如北爱尔兰驾驶员考核与车辆检测局于 1992—1993 年制定了"每人每天检测的车辆数不低于 7.6,顾客抱怨率不超过 2%,预约顾客满意率超过 92%"等 10 项量化的公共服务质量标准与绩效考核指标。以此为基础,英国逐渐形成了结果本位的公共服务质量管理实施机制。尽管这一时期英国公共服务质量管理整体上仍处于起步阶段,且主要限定在执行机构等直接供应公共服务的公共部门范围之内,但量化的质量控制指标和注重公共服务结果的管理机制为持续改进公共服务质量提供了现实可供操作的手段。

　　第三阶段:1991—1996 年,公民满意的公共服务质量管理全面实施阶段。1991 年,梅杰担任英国首相后,发起了以"公民宪章"和"竞争求质量"的政府管理改革。前者以公民满意和质量标准为核心,后者以公共服务的公私合作为准则。

　　(1)公民宪章运动。所谓公民宪章,就是用宪章的形式把公共服务的内容、标准、责任等公之于众,接受公众的监督,实现提高服务水平和质量的目的,即社会服务承诺制度。公民宪章运动的初衷是克服新公共管理改革前期以效率为主而牺牲公共服务质量的缺陷,其根本目的是为满足公民对公共服务的合法需求。梅杰政府的公民宪章运动主要有六项指导原则,包括明确的服务标准、透明度、顾客选择、礼貌服务、完善的监督机制以及资金的价值等。① 采用宪章或服务承诺的方式是为公共服务供给提供规定的质量标准,以此提升服务质量和方便公众监督。比如一般面上公众的承诺就包括服务内容、服务标准、服务程序和时限、违诺责任等,以标准化、规范化的承诺实现服务内容的明确化和具体化,不仅可以起到规范公共服务质量的作用,也有助于公众对公共服务供给部门及其人员实施有效的监督。服务承诺的标准化开启

---

　　① 周志忍.当代国外行政改革比较研究[M].北京:国家行政学院出版社,1999:116-117.

了公共服务质量管理的新历程,以公民满意为目标,以标准化、量化的方式明确规定公共服务职责与内容,推动了公共服务质量管理的科学化发展。英国公民宪章运动极大提升了公共服务质量和公民满意度,在世界上引起了广泛的影响,成为其他国家纷纷效仿的改革措施。之后,美国、法国、比利时等国家均制定了公共服务标准,公共服务质量管理的理念与制度走向普及化。

(2)竞争求质量运动。为更好地提升公共服务质量,梅杰政府发布了《竞争求质量》白皮书。该白皮书提出了公共服务中引入市场和竞争机制,提出通过公私部门竞争的制度化尝试来改进公共服务质量。尤其是《竞争求质量》白皮书新提出了"市场检验"的概念。所谓市场检验,就是指"对内部和外部服务承担者进行比较以检验资金的价值的过程"。尽管市场检验的目的是为提升公共服务供给效率,但市场检验在操作过程中建立了明确的服务水平和质量标准、协商和确定具体细节、检测和评价等步骤,由此在公私竞争过程中进一步提升了公共服务质量。需要指出的是,1996 年 4 月英国在政府部门中引入了"标杆管理"。标杆管理是对照先进典型,寻找差距并改进工作。作为一种私营部门管理方法,标杆管理在政府部门有其一定的适用性,特别是对比公共部门质量水平较高的部门,有助于改进本部门的公共服务质量。为推进标杆管理运用,英国政府部门邀请了国际质量管理协议的专家小组进行指导,并提出未来英国公共部门改革的主要任务是有效利用现有的执行机构,开展绩效比较以提高服务水平和质量。可以说,公共部门质量管理进入了技术化运作的阶段。

第四阶段:1997 年至今,职能转变与地方公共服务质量管理创新。1997 年以来,英国随着地方自治权的扩大,以地方政府职能转变为议题的公共服务质量管理进入新的视野。21 世纪以后,在英国中央政府改革的压力推动下,地方政府机构重组、职能转变、地方治理、公共服务供给都以竞争、创新的特征展现出来。"在过去 20 年里,地方议会已经开始主动对自己的服务进行绩效评估并不断寻求改进服务的方法以提高自身在社会中的形象。"和前几阶段以中央政府部门的公共服务质量管理倾向不同,这一阶段地方政府管理改革占据了重要地位。同时,"他们吸取以前的经验,没有像过去那样乱糟糟,而是努力寻求以公共服务为导向,或建立服务顾客文化"。地方政府是公共服务的直接供给者,然而公民在过去经常处于被动状态,地方政府则是处于垄断性公共服务的提供者地位。进入 21 世纪后,出于和各级政府、非营利组织竞争以及自身管理变革的发展需要,英国地方政府开始把公众看成消费者,使公民能够选择服务类型,有权得到影响自己选择的信息,有权对不满意的服务提出赔偿,有权寻求别的服务提供者提供的服务。至此,地方公共服务质量管理被提上了重要改革议程。为全面提高地方公共服务质量和"接近消费者",英国地方政府实施了庞大的改革计划,包括设立邻里办公室、"一站式"服务、社区会议、公众意见调查、发布议会新闻公报、建立投诉热线、接受公众质询、成立消费者服务中心等。[①] 对质量的要求和注重公民需求为出发点的质量管理构成了英国地方政府职能转变的核心内容,且一直在延续中推动地方政府管理创新。如何为公民直接提供高质量的公共服务也是 21 世纪英国公共部门管理改革的重要内容。

(二)英国公共服务质量管理的实践内容

作为新公共管理改革的先驱,引入市场竞争机制,学习私营部门管理经验,开展公私部门合作,英国在公共服务质量管理实践方面也充分显示出上述新公共管理改革的典型特征,其主要实践内容包括四个方面。

第一,建立公共服务质量标准。英国在《下一步行动方案》中就提出对所设立的执行机构要规定明确的绩效指标,以便对执行机构负责人进行目标考核,这些绩效指标构成了公共服务质量标准的原型。以公民宪章运动为典型,随着行政改革由政府内部管理向公共服务及其质量管理的转型,英国以服务对象为出发点,提出建立明确的公共服务质量标准。公共服务质量标准是英国公共服务质量管理实践的重要改革措施,一方面规定了面向公众的公共服务效率、质量等方面的具体要求和公务员在与公众打交道时的行为准则;另一方面将有关公共服务的信息都予以公开,包括服务的内容和运营状况、特定服务项目的开支与成本状况、管理机关和承担服务的具体机构及其服务水平和质量等方面的信息。公共服务质量标准提供了对政府部门绩效状况进行判定的标准,也是公众监督政府部门的有效手段。从表面上看,公共服务质量的标准化是政府部门引入企业质量管理经验与做法的结果,但从政府管理改革进程看,明确的公共服务质量标准树立了精准服务、顾客导向的典范,为现代公共管理走向精细管理、公民本位提供了良好的实践范本。

第二,确立公共服务质量承诺。英国公共质量管理在建立标准和明确责任两者之间以承诺制的方式构建确保公共服务供给质量的管理机制。韦伯提出的传统官僚制建立在公共部门专业分工基础之上,但由于公共服务的系统复杂性,公共部门专业分工的结果反而导致了部门信息壁垒和结构职责复杂

---

① 戴维·威尔逊,克里斯·盖姆.英国地方政府[M].张勇,等译.北京:北京大学出版社,2009:27-28.

交叉等问题,政出多门和职责不清成为公共服务供给中重要的难题。英国实施公共服务质量管理以承诺制方式实现公共服务内容的明确化和具体化,将每一项公共服务的内容、责任部门、责任人、约定的公共服务结果等信息都予以明细化、公开化,不仅有助于公众了解公共部门的公共服务职责,还有效约束了政府部门之间职责不清和相互推诿的现象。例如英国确立了伦敦地铁有限公司服务标准承诺,包括可靠、便捷,明净、整洁、高效,安全的环境,热情服务,物有所值,请您协助六大项,其中热情服务包括列车上的信息服务乘客满意率、车站信息服务乘客满意率、工作人员的服务态度乘客满意率等具体量化标准。① 公共服务质量承诺机制是公共服务质量管理结合技术性、政治性特点履行公共部门责任的重要实践,践诺机制也成为世界上其他国家推动公共服务管理改革的主要制度机制。

　　第三,运用公私竞争工具提升公共服务质量。公共服务质量不仅要追求"质"的结果,还应充分考虑成本等经济因素。这是由公共部门自身性质以及纳税人减少公共部门开支的呼声决定的。如何在开展公共服务质量管理的同时控制公共服务成本,就需要在公共部门中引入竞争和市场机制。撒切尔夫人执政时期在引入竞争机制方面做出了诸多尝试,梅杰政府时期进一步推动了公私竞争工具的运用。比如确立公共服务供给部门的标杆,开展公私部门之间的标尺竞争,并以法律的形式确立标尺竞争的原则,在很大程度上提升了公共服务供给部门的竞争意识,促使其积极主动减少公共服务开支、提高公共服务质量和维护顾客价值。公私竞争最直接的结果是提升了公共服务效率和降低成本开支。数据显示,通过公私竞争工具,相关工作的平均成本降低了25%,每年节省资金达1.16亿英镑。② 公共部门通过公私竞争也逐渐意识到与私人部门在顾客导向、服务质量方面的差距,也为公共服务质量管理的成本、结果之间如何取得平衡提供了实践改革尝试。

　　第四,建立使用者介入的质量管理机制。和私营部门质量管理机制不同,公共部门所提供的产品和服务更直接面向公众,且承担着重要的公共价值。根据学者登哈特夫妇的观点,公共服务供给过程应确立公民导向,以公民参与机制为基础体现公共服务的介质,以此提高公共服务质量与绩效。20世纪90年代中期以后,随着英国公民宪章运动、质量运动的开展,公共服务的"使用

---

① 周志忍. 当代国外行政改革比较研究[M]. 北京:国家行政学院出版社,1999:124.

② Flynn, N. Public Sector Management[M]. London:Prentice Hall/Harvester Wheat Sheaf, 1997:60-115.

者"(Users)如何参与、评价、反馈公共服务质量,成为关系公共服务质量管理的重要问题,也是维系公共服务基本价值的关键所在。英国于20世纪90年代中期致力于构建公共服务使用者介入的质量管理机制,其目的是完善公众利益的表达机制、科学测定公共利益诉求,鼓励政府从公众角度看待公共服务质量改进问题,而非从公共部门自身角度出发看待问题。其中较为典型的案例是1994年英国公共基金部门运用使用者介入方法,确定基金课题的优先排序,设计使用者需求与课题成果之间的矩阵,以确定所资助的课题能精准匹配公众的需求。从某种角度说,这种使用者介入的质量管理机制本质上是公共服务与公众需求的匹配管理机制,但这种机制更注重公民参与和公民价值。

第二节　加拿大公共服务质量管理

加拿大是发达国家中相对重视公共服务及质量管理的国家,并较早开展了以公共服务为主要内容的政府创新评选活动。可以说,加拿大以公共服务质量为导向的政府创新也使其成为当代政府管理创新的典型。

一、加拿大公共服务质量管理的发展历程

20世纪80年代末以来,如何提升公共服务质量与效率的政府管理创新进入加拿大政府管理改革的视阈。从总体看,加拿大公共服务质量管理经历了三个发展阶段。

第一阶段:1989年至2000年。其标志性事件是1989年加拿大制定了《公共服务2000年创议》,该项文件规定了加拿大以公共服务质量为核心的政府管理创新体系,明确了新世纪加拿大公共服务的质量目标及其实施进程。为推动以公共服务质量为导向的政府管理改革,加拿大实施了相应的政府内部管理改革以确保公共服务质量,其关键措施是建立了一体化、信息化、标准化的公共服务信息平台,即Service Canada("服务加拿大")。"服务加拿大"是加拿大政府集中构建的一站式公共服务平台,为公众提供标准化、公开化的就业、移民、旅行、商业、医疗健康、税收、环境资源保护、文化、交通、安全等各方面的服务信息。通过"服务加拿大"的一站式公共服务平台,政府提供何种标准、何种结果的公共服务被予以更加公开化、信息化,不仅为公众提供了相对标准的均等化公共服务,也是公众监督公共服务质量的重要渠道。显然,加拿大政府管理改革的重点就是以公共服务为核心,目的是提高公共服务的水

准和效率,建立覆盖全民的公共服务体系,这也是同一时期世界上许多国家行政改革的重要取向。[①]

第二阶段:2000 年至 2010 年。其标志性事件是公共服务质量奖的兴起。从 20 世纪 90 年代起,由于加拿大政府管理改革的公共服务导向,一些以公共服务质量为主的政府创新奖评选已逐渐兴起。早在 1990 年,加拿大公共管理研究中心(The Institute of Public Administration of Canada,IPAC)设立了创新管理奖(The IPAC Award for Innovative Management,IM Awards)。该奖项主要目的是识别与判断政府管理创新活动,并奖励那些促进公共服务质量与绩效水平显著提升的地方管理创新。IPAC 创新管理奖的评估标准由四方面构成:(1)创新性。强调创新项目是否实施了有效的组织变革,将新思想付诸实践或利用新技术。(2)相关性。创新项目应以公共部门问题为导向,必须解决公共部门的实际问题,以提高公众的生活水平和满足公民的需求与期望。(3)重要性。创新项目的意义可以是地方性的,也可以是国家性的,不应仅仅以效益的大小和规模为基础进行评估。(4)有效性。创新项目必须得以充分实施,并提供该项目成本效益以及相关利益的细节。2000 年以后,加拿大以"卓越公共服务"为目标,更加强调地方公共质量的改进。为此,加拿大设立了"卓越公共服务奖"(Public Service Award of Excellence,PSAE)。该奖项主要针对公共服务人员,包括优秀职业、卓越管理、青年、服务 60 年特别贡献、"阿特金森"奖、科学贡献奖等。其主要特点包括:一是设立奖项与加拿大本国公共服务导向的公共管理发展密切相关,反映了加拿大推动公共服务改革与创新的实践需求。二是激励手段多样化。每届奖项的获得者可以应邀参加联合国公共服务周的庆典,经费则由加拿大国库委员会秘书处和受奖人的部门共同承担。这样不仅有效地激励参赛及得奖者的荣誉感,也可以提升本国公共部门的国际知名度。[②] 三是重点在于奖励公共服务质量改进成效显著的政府管理创新,反映了改进公共服务质量的改革动机。以公共服务质量奖评选为主要机制构成了加拿大持续改进公共服务质量的管理机制,并成为地方公共管理者持续、有效改进公共服务质量的重要激励机制。

第三阶段:2010 年至今。这一阶段加拿大公共服务质量管理及其创新方式更加多元化,尤其是面向互联网+与大数据革命,公共服务质量持续改进的

---

① 翁列恩,胡税根.发达国家公共服务均等化政策及其对我国的启示[J].甘肃行政学院学报,2009(2):23-29.

② 陈振明,孙杨杰.公共服务质量奖的兴起[J].湘潭大学学报(哲学社会科学版),2014(4):12.

技术开发与机制创新得以进一步拓展。以 2017 年加拿大 IPAC 政府管理创新获奖项目为例,如其中获得银奖的项目是由加拿大秘书处财政委员会发起的"企业数字协作应用系统"创新,其目的是在互联网＋环境中促进公务员与公众的信息沟通与共享,使服务能够精准匹配公众需求,以数据协作共享为基础为公众创造公开透明的环境,以此促进公共服务供给与质量需求的相互匹配。这一管理创新凸显出现阶段公共服务质量管理的技术属性,公共服务供给与公众需求的适配程度是公共服务质量管理的基础,也是彰显公共服务公民本位价值属性的根本前提。同时,2017 年获得加拿大政府管理创新奖铜奖的项目是由诺瓦斯科塔省内部事务处发起的"有效的可持续的公共服务共享机制",其主要做法是运用信息技术管理系统建立包括公共服务采购、服务信息沟通、财政信息服务在内的质量管理系统,目的是满足公共服务数量与质量方面的需求,并降低公共服务运行成本。从上述案例可以看出,加拿大近几年公共服务质量管理的主要特点如下:一是重视互联网＋、大数据等信息技术的应用,公共服务数据信息的协同共享成为匹配公众的公共服务质量需求的重要技术基础;二是公共质量管理以公民需求为本位,公共部门持续改进公共服务质量不仅以公共部门财政开支节约为衡量指标,更为重要的是公民满意度的提升;三是地方政府是推动公共服务质量管理创新的主体,一方面是因为地方政府是公共服务的直接提供者,另一方面公民对地方政府的公共服务质量有着更为直接的感受。因此,地方政府在提升公共服务质量方面有着最为直接的责任。

二、加拿大公共服务质量管理的主要实践

加拿大公共服务质量管理的主要实践内容包括两个方面。

第一,建立公共服务信息化、标准化管理机制。加拿大是发达国家中较早确立公共服务信息化发展战略的国家,以"服务加拿大"为一站式公共服务平台,公众可通过该信息平台搜索到公共服务基本信息,并对自己可以享受的公共服务供给标准和质量水平有客观直接的认识。在"服务加拿大"公共服务平台上,公共服务供给流程、运作程序、质量标准等信息都被予公开化、规范化、标准化,不仅系统梳理了公共服务运作流程,也为公众提供了监督公共服务质量的重要渠道。

第二,构建公共服务质量奖评选的激励机制。加拿大政府管理创新评选具有明显的公共服务导向,尽管它经常被视为"美国政府创新奖"的复制版。在实践操作运行中,加拿大政府管理创新奖专门设立了"公共服务质量奖"项

目,对提升公共服务质量的政府创新予以专门奖励,突出了公共服务质量在现代公共治理中的作用,赋予公共服务质量更加积极、肯定的价值。加拿大地方政府也为提升公共服务质量主动开展了一些创新尝试,例如大数据信息平台的运用、灵活的公私合作关系、公民参与的全过程化、公共服务开支明细的公开化等等。通过公共服务质量奖的评选,在很大程度上激励了各级政府部门为持续改进公共服务质量的努力。近些年来,加拿大还进一步为具体的公务人员设立了奖励项目。比如在萨斯喀彻温地区(Saskatchewan Region),IPAC就设立了两个地方政府管理奖项,分别是"萨斯喀彻温有为专职人员奖"(Saskatchewan Promising New Professional Award)和"萨斯喀彻温中层治理者奖"(Saskatchewan's Lieutenant Governor's Award)。这两个奖项用来奖励具有前途的公共部门职员和在地方治理中具有创新领导力的管理者。在埃德蒙顿地区(Edmonton Region),IPAC通过设立了"阿尔伯特奖"(Alberta Awards)。该奖主要用于奖励表现卓越的公务员、卓越的公共政策、卓越的执行以及阿尔伯特地区卓越的管理者。从这些地方性政府奖项设置情况看,其主要奖励对象是地方政府公职人员,以最直接的方式鼓励地方政府管理者及其一线人员进行管理创新与实施卓越表现。一线公务员是影响公共服务质量的最重要因素,这些奖项为持续改进地方公共服务起到了关键作用。加拿大"公共服务质量奖"等政府管理创新评估机制为其他国家改进公共服务质量提供了很好的经验借鉴。

第三节　美国公共服务质量管理

　　20世纪80年代,美国掀起了"质量革命",由此渐渐将质量管理的理念和机制渗入到公共部门管理中,并促使美国成为全球公共服务质量管理及改革的主要典型。但是,源于私营部门的质量管理以及设置质量奖项、衡量服务质量的做法并非源于美国,而是第二次世界大战后的日本。第二次世界大战后,面临工业生产恢复、通货膨胀、粮食危机的巨大经济挑战,日本开始重视质量和效率,并于1946年组建了日本科学家和工程师联合会。该联合会的主要目的是推进质量控制知识的传播和应用。1951年所设立的"日本戴明奖"就是为纪念戴明在日本质量控制上的卓越贡献。[①] 60年代以后,基于检验和控制

①　陈振明,孙杨杰.公共服务质量奖的兴起[J].湘潭大学学报(哲学社会科学版),2014:7-12.

理念的质量概念发生了根本性变化,质量不再是专家的工作任务,而是组织中所有成员的责任。技术质量的概念延伸至服务质量、顾客满意等诸多领域。进入 80 年代后,以"美国波多里奇国家质量奖"为标志,意味着美国在国家层面开始注重公共服务质量,并持续开展了公共质量管理的实践改革尝试。

一、美国公共服务质量管理的发展历程

以 20 世纪 80 年代为起点,美国公共服务质量管理总体上经历了三个阶段。

第一阶段:20 世纪 80 年代中期至 90 年代中期,这是美国公共服务质量管理的导入阶段。由于 60 年代至 80 年代企业质量管理经验的积累,到 80 年代中期已初步形成了服务质量、顾客满意等基本理念,为政府部门引入质量管理创造了良好条件。1988 年,在联邦政府的大力推动下,美国联邦质量协会制定了《总统质量奖计划》。尽管这个奖项的设立初衷并不完全是为了公共部门,但由于受到联邦政府的鼓励和高层领导的支持,该奖项后来扩大到公共部门范围内,极大地激励了公共部门努力提升公共服务质量。在同一时期,除美国以外,英国及其他欧洲国家都纷纷推出了公共服务质量奖,如英国的"宪章奖励计划"、荷兰的"公共部门奖"、葡萄牙的"公共服务质量竞赛"、西班牙的"最佳实践服务质量奖"等。美国这一阶段公共服务质量管理的重要特点是政府高层领导的重视与推进,以政府奖励评选方式肯定公共服务质量改进的工作,鼓励联邦政府部门及州政府、地方政府为改进公共服务质量的努力尝试。

第二阶段:20 世纪 90 年代中期至 21 世纪初期,这是美国公共服务质量管理的全面推行阶段。标志性事件是美国在政府部门中引入了全面质量管理和推广"美国政府创新奖"评选。其一是政府全面质量管理的实施。根据质量管理大师戴明的观点,质量管理就是不断地减少失误,不断地提高质量,而全面质量管理的目的不是为了减少产品或服务从而达到消除不满意的部分,而是把质量纳入生产过程之中以达到令人满意的结果。随着联邦质量运动的兴起,90 年代中后期美国政府部门渐行引入和推广了全面质量管理(Total Quality Management,TQM)。当然,美国政府全面质量管理的最早案例可追溯到 1988 年由质量改进总统政务会建立的联邦政府质量学院。随着公共服务质量改进观念的扩散,联邦各级机关部门的全面质量管理成为共识,在 90 年代中期得到了全面推广。如农业部、能源部、内政部、退伍军人管理局、国家航空和宇航航行局(NASA)、总务局、环保局、社会保障署等联邦机关普遍采

用 TQM,并编发了《联邦总体质量管理手册》。① 通过政府全面质量管理的实施,持续完善公共服务供给流程和改进公共服务质量,并和顾客(公众)进行交流沟通以提升顾客满意度的做法得以普遍实施,并获得了大量成功实践案例。其二是"美国政府创新奖"的评选推动了这一时期公共服务质量导向的创新实践,尤其是州政府和地方政府层级的公共服务质量管理创新。"美国政府创新奖"是哈佛大学肯尼迪学院民主治理与创新中心于 1985 年创立的政府卓越奖励项目,其主旨是"突出政府创新的示范性,推动解决国家最紧迫和公众最关切的问题",其主要评估标准是创新性、有效性、重要性、可复制性、明智的理念五项。截至目前,已收到 27000 多份申请,并评选出了近 500 项政府创新奖,其主要领域包括艺术与文化、司法公正与公共安全、经济发展、教育、环境、财政、治理与政治、健康与人类服务、基础设施、公共管理、技术等。② 数据显示,美国公共服务领域的政府创新数量占据比较优势,其主要发展导向是强调公共服务的绩效、质量及公民满意。"美国政府创新奖"是美国各级政府公共服务质量管理的重要实践,以奖励评选的方式推动了公共服务领域的持续质量改进,并以第三方评估方式确保了公共服务质量评估的公正性、公开性,成为较长时期内美国评估公共服务绩效与质量的主要途径。

第三阶段:21 世纪初期至今,这是美国公共服务质量管理的拓展阶段。进入 21 世纪后,随着公共服务质量奖、政府全面质量管理以及公共服务标准化等管理机制的推进,美国公共服务质量管理呈现出典型的两个特点:一是公共服务质量管理的"治理与政治"导向趋势显著。"治理"是理解当代公共管理的关键词。所谓治理,主要是寻求社会多元力量合作共同参与解决公共问题,以更好地回应公众需求和实现社会可持续发展。在治理视阈之下,公共服务质量管理倾向于不仅要完善政府内部管理制度,更需要通过公民参与和与其他社会组织的合作伙伴关系共同提升公共服务质量。特别是强调公共服务供给中各种社会组织的共同责任。如 2004 年获得美国政府创新奖优胜奖的加州洛杉矶市,2001 年在加州大学洛杉矶分校高级政策研究所(API)的支持下启动了"邻里知识伙伴关系"(Neighborhood Knowledge Partnerships)项目,打造了基金会、独立生活中心、IT 公司、基层社区组织以及个人等主体的合作

---

① 史蒂文・科恩,罗纳德・布兰德. 政府全面质量管理实践指南[M].孔宪遂,等译. 北京:中国人民大学出版社,2002:12-13.

② 资料来源:Find Innovative Solutions. https://www. innovations. harvard. edu/find-innovative-solutions.

关系,全面提升了为基层社区独立生活人员提供的公共服务质量。[①] 二是信息技术与公共服务质量管理的契合度进一步提高。通过观察"美国政府创新奖"数据库可以发现,自 2005 年以后,信息技术相关的公共服务管理创新呈现增长趋势。其中,2015—2017 年是公共服务管理创新与大数据等信息技术运用最密切的时间段。线上处理业务、大数据分析需求、公共服务质量的可视化、服务标准的精细化都在很大程度上结合了互联网＋、大数据、云计算等现代信息技术,为持续改进公共服务质量提供了技术保障,也为精准识别公共服务质量需求、实现公共服务多元化供给、推动公共服务质量管理机制创新创造了良好条件。

二、美国公共服务质量管理的主要实践

"质量革命"奠定了美国公共服务质量管理的总体基调,即公共服务质量是不同于一般产品质量范畴的一个概念,它结合了公民满意度、公共价值、公共参与及政府管理机制改革与创新等内容。总体来看,美国公共服务质量管理的主要实践可以分为以下几方面内容。

第一,建立政府全面质量管理机制。20 世纪 80 年代末期,质量管理的运作方法被引进到政府部门中。1988 年所建立的联邦质量研究院就是为政府部门提供质量方面的方针政策。政府全面质量管理简而言之就是将全面质量管理的理念与机制运用到政府部门中。全面质量管理作为一种革新的工作机制,其核心内容包含:(1)全面:指把追求质量应用于工作的方方面面,从界定客户的需求到积极主动地评估客户满意与否;(2)质量:意味着满足、超过客户的期望值;(3)管理:指发展及保持组织力量以便不断提高质量。因此,全面质量管理的运作相应地也包含三个元素:一是与供应商协同工作以确保工作过程中使用的供应品符合顾客的要求;二是持续地进行员工工作过程分析,以改进他们的工作,减少不必要的返工;三是密切与顾客之间的交流,以明确和理解他们的要求及对质量所下的定义。政府引入全面质量管理工具,主要是将公民视为顾客,通过检查公共部门服务供给程序或过程而持续改进和评估公共服务质量,以此提高公共服务质量的管理活动。20 世纪 80 年代末期 90 年代初期,美国联邦政府部门较为普遍地采用了政府全面质量管理。其中典型的成功案例是纽约城市卫生部的车辆管理部门存在车辆故障和无法保证投入

---

① 翁列恩.地方政府创新的动因及其作用机制研究[M].北京:中国社会科学出版社,2019:129-142.

使用的问题。1991 年,该部门引入了以员工参与为主的全面质量管理信息系统。通过和员工交流改进工作士气和工作效率,寻找工作进程中的障碍因素,最后有力改进了车库等工作环境,还减少了车辆误点、误工现象,提高了车辆管理部门的服务质量。

第二,引入 ISO9000 质量管理机制。从 20 世纪 90 年代开始美国就在公共部门中引入了标准化管理机制,即建立公共部门的 ISO9000 通用标准。相较于企业标准,公共部门 ISO9000 标准更强调公共服务供给的过程、投入、产出、控制、效率和有效性,其目的是持续改进公共服务质量。美国公共部门质量管理的 ISO9000 标准主要包含几个方面内容:一是强调公共部门工作与服务的过程性,特别对公共服务供给过程进行了精细化设计,规范了公共服务流程与程序,确保公共服务质量;二是强调质量管理体系的重点是事先预防而非事后补救。这种重预防的质量管理机制意味着设定最有效的和最少花费的质量途径以确保公共产品与公共服务的质量,避免承担不必要的补救成本[①],并相应地提升公民满意度。随着标准化理念的深入发展,美国政府部门实施标准化管理的实践尝试也显著增加。1990 年,美国船舶局(American Bureau of Shipping,ABS)提出了 ABS2000 计划,重点是在各方面强调 ABS 管理过程与活动的质量与质量管理,以期全面整合其所有的功能。ABS 标准化管理改革共分为四个阶段,其中第一个阶段是实施管理过程,包括基于国际分类组织协会和国际标准组织 9001—9004 标准,涉及高层管理教育与承诺、所有雇员的质量意识、质量基础——ISO9001/IACS、建立操作程序或过程说明书、所有雇员的教育与培训、建立一个沟通与认知系统、建立一个纠错和预防系统、设定目标、建立世界范围的入门指南、持续地改进与 ABS 所有流程的简化。公共部门 ISO9000 质量管理体系促使标准化管理成为公共部门的日常管理方式,奠定了美国公共服务质量管理的技术保障。

第三,构建公共服务质量管理与创新的评价机制。以"美国政府创新奖"为典型,美国逐渐形成了科学的、持续的、稳定的公共服务质量管理评价机制。虽然政府创新奖是奖励创新性的政府管理活动,但从政府创新领域、政府创新结果看,这些政府创新项目主要在公共服务领域,且以提升公共服务质量和公民满意度为重要衡量标准。从 1985 年至今,美国政府创新奖经历了 30 多年的评选,已基本形成为较为系统、成熟和颇具影响力的评价机制,在持续改进美国公共服务质量过程中发挥了重要作用。由于评选机构的权威性、中立性、

---

① 王庆锋.国外公共部门质量管理机制研究[M].北京:中国经济出版社,2007:169-173.

科学性,该评价机制获得了较多的认可,成为激励美国政府部门积极改进公共服务质量的动力机制。并且,"政府创新奖""公共服务质量奖"的评价机制已扩散到世界上其他国家,波兰、瑞典、加拿大、中国、菲律宾等国家都开展了实践尝试。公共服务评选机制为政府部门提升公共服务质量提供了强大的推动力。

实践篇

第七章　社会服务质量管理

公共服务是现代政府的一项基本职能。提升公共服务质量是解决人民日益增长的美好生活需要和不平衡不充分的发展之间的矛盾以及提升人民群众的幸福感、获得感的重要路径,也是发展新时代中国特色社会主义和实践以人民为中心的理念的重要保障。2017年1月23日,国务院依据《中华人民共和国国民经济和社会发展第十三个五年规划纲要》编制了《"十三五"推进基本公共服务均等化规划》(以下简称"规划")。该规划是我国"十三五"乃至更长一段时期推进基本公共服务体系建设的综合性、基础性、指导性文件,不仅为我国较长时间内基本公共服务体系建设指明了方向与目标,也为基本公共服务设定了供给标准和供给质量。该规划明确指出,我国今后要推进基本公共服务均等化、标准化、法制化,促进制度更加规范。加快转变政府职能,创新服务提供方式,消除体制机制障碍,全面提升基本公共服务质量、效益和群众满意度。该规划奠定了我国公共服务质量管理的基础,也是提升公共服务质量的纲领性文件。

第一节　社会服务的界定与内涵

一、社会服务的界定与内涵

社会服务是公共服务的重要组成部分。一般而言,社会服务是指以提供劳务的形式来满足社会需求的社会活动。狭义的社会服务指直接为改善和发展社会成员生活福利而提供的服务,如衣、食、住、行、用等方面的生活福利服务。广义的社会服务包括生活福利性服务、生产性服务和社会性服务。生产性服务指直接为物质生产提供的服务,如原材料运输、能源供应、信息传递、科技咨询、劳动力培训等。社会性服务指为整个社会正常运行与协调发展提供的服务,如公用事业、文教卫生事业、社会保障和社会管理等。社会服务按服务性质可分为物质性服务和精神性服务。

　　在概念界定上,社会服务基本涵盖了公共服务的主要范畴。但一般而言,社会服务与公共服务的内涵与外延仍然是不一样的。

　　第一,从公共服务供给主体多元化角度,一些学者倾向于认为社会服务更强调社会中的企业、非营利组织以及公民等社会性团体提供公共服务的过程。即与公共服务的一般定义相比,社会服务更多的是指社会共同供给公共服务,凸显政府放权改革和公共服务供给主体多元化的导向,也是新公共管理改革思潮下"公共服务市场化"的一种行动方案。这一行动方案的基本逻辑是:尽管公共服务在传统意义上一直被视为政府的主要职责,但这并不意味着政府运用权威能力实施越来越多的公共服务就能增强公民信任与公民满意度。有学者研究发现,政府频繁使用社会政策、民生工程等回应策略并不一定能争取民众的政治支持与维护社会稳定。因此,还需要深入考虑这些公共服务的政策与项目能否精准而高效地传递给民众,即公共服务供给的效率与回应性问题。公共服务市场化改革推动了"社会服务"这一概念的兴起,社会主体共同参与供给公共服务,以提升公共服务效率和直接回应民众需求为目标,促进政府购买服务等公共服务供给方式逐渐成为流行。2013 年 9 月,我国出台了《关于政府向社会力量购买服务的指导意见》,旨在通过政府购买服务方式增强服务能力而不是简单的经济效率。部分研究认为合作性社会服务网络能够通过"分散回应"与"公众参与"等机制回应社会需求。合作生产就是指致力于公共服务的政府、专业机构和公民等主体为了共同目标在自愿的基础之上共同承担服务生产,是多方主体的一种协同方式。这种合作生产广泛使用在社会服务领域[①],体现了社会服务的属性。在社会服务实践领域,一些政府改革措施也能阐释"社会服务"的市场化、合作生产特性。以英国为例,2014 年 3月,英国内阁办公室发布了《政策文件:开放公共服务改革》评估报告,对 2011年发布的《开放公共服务改革》白皮书所列出的政策目标进行了一系列积极评价。2010 年 5 月以来,英国卡梅伦首相提出了"大社会公共服务"改革思路,其基本理念包括:(1)社区自治权力进一步扩大。根据英国《地方主义法案》,社区和社区组织可提供社区商店、社区酒吧、社区服务中心、儿童中心或图书馆等社会服务,并成立以慈善为目的、公司化运作的社会企业,帮助社区恢复因经费不足而关闭的便民设施。(2)中央政府进一步放权给地方政府。给予

---

　　① 杨宝,李秋月.社会服务的合作生产:基本框架与实践类型——基于多案例的比较研究[J].学习与实践,2017(11):98-105.

地方政府更大的财政自由权;取消中央政府空间发展规划的权力;地方政府在住房政策上有更大的话语权。(3)更多慈善机构和社会企业积极参与到公共服务供给过程。建立"大社会银行账户",为社区小组、慈善机构和社会企业提供必要的资金支持。(4)建设高效透明的政府。2010 年至 2015 年,英国共裁掉 300 多个"半官方自治机构",强势推动中央政府各部门大幅减少开支,并进一步公开政府信息,比如要求中央政府部门任何超过 25000 英镑的开支必须上网公示。① 通过加强社区自治权力的公共服务话语体系改革,英国地方公共服务机构的财产与经营权力进一步扩大,由此也推动了其社会服务领域的改革,从而演化为与一般公共服务有所区别的社会服务。

第二,从公共服务涉及的领域和范围看,社会服务泛指社会生活领域的服务,是直接为改善和发展社会成员生活福利而提供的服务。这个意义的社会服务发端于 19 世纪中后期的英国,其雏形是社会人员自发组建的为困难群体提供帮助的民间组织。第二次世界大战以后,西方国家普遍进入了快速发展期,国民生活水平得到显著提高,但也涌现出了大量的如健康、住房、家庭、教育、就业、养老等社会问题。为此,许多西方国家积极地出台相应的社会服务政策并成立社会服务机构,社会服务事业在这个时期飞速发展。时至今日,社会服务事业在西方已经形成了较为完善的体系,并成为西方福利国家制度中不可或缺的一部分,为减轻社会不幸和矫正社会需求作出了巨大的贡献。社会服务事业在我国起步较晚,20 世纪 80 年代才正式被我国纳入政府部门工作中,经过 30 多年的发展,社会服务在改善民生、服务民众、促进社会公平以及缓和社会矛盾等方面起到积极的作用,但伴随着我国社会服务需求的增长、非经济因素的频现、服务复杂性的增强等问题的出现,我国社会服务在缓解社会矛盾、矫正社会需求、改善人民生活水平、促进社会和谐发展等方面面临着更为巨大的挑战。② 从总体看,社会服务具有基础性、社会性和福利性等特性。其一,社会服务体现了政府提供基础性民生服务的基本职能,是保障民生、守护社会的"最后一道防线",因而具有基础性、广泛性、公平性的特点;其二,社会服务的目的是为保障公民基本生存权与平等参与社会发展的权利,集中体现为一些基础性社会福利与社会救助等服务,因而具有社会性、福利性的特点。

① 宋雄伟.话语构建与路径依赖:英国大社会公共服务及对中国的启示[J].中国行政管理,2016(3):137-141.

② 郭力源.共建共享:对社会服务新挑战的破题[J].学习与实践,2018(3):84-90.

二、基本社会服务的界定与范围

所谓基本社会服务,是指普及社会公众的基础性、一般性的社会服务领域,这个界定是从社会服务的普及性和基础性加以区分的。根据《"十三五"推进基本公共服务均等化规划》,国家建立完善基本社会服务制度,目的是为城乡居民提供相应的物质和服务等兜底帮扶,重点保障特定人群和困难群体的基本生存权与平等参与社会发展的权利。从我国现阶段所需要的基本社会服务而言,具体包括 13 项内容:最低生活保障、特困人员救助供养、医疗救助、临时救助、受灾人员救助、法律援助、老年人福利补贴、困境儿童保障、农村留守儿童关爱保护、基本殡葬服务、优待抚恤、退役军人安置、重点优抚对象集中供养等。

我国现阶段社会服务发展的重点任务包括四个方面。

一是社会救助。社会救助服务的主要目的是推进城乡低保统筹发展,健全低保对象认定办法,建立低保标准动态调整机制,确保农村低保标准逐步达到国家扶贫标准。完善特困人员认定条件,合理确定救助供养标准,适度提高救助供养水平。合理界定医疗救助对象,健全疾病应急救助制度,全面开展重特大疾病医疗救助工作,加强医疗救助与基本医疗保险、大病保险和其他救助制度的衔接。全面、高效实施临时救助制度。降低法律援助门槛,扩大法律援助范围。

二是社会福利。社会福利服务的工作重点是全面建立针对经济困难高龄、失能老年人的补贴制度,并做好与长期护理保险的衔接。提高城乡社区卫生服务机构为老年人提供医疗保健服务的能力,加快社区居家养老信息网络和服务能力建设,推进医养结合发展。进一步完善孤儿基本生活保障制度,做好困境儿童保障工作,统筹推进未成年人社会保护试点和农村留守儿童关爱保护,全面推进精神障碍患者社区康复服务。

三是社会事务。社会事务服务的工作重点是建立和完善公民婚姻信息数据库,探索开展异地办理婚姻登记工作。完善儿童被收养前寻亲公告程序,全面建立收养能力评估制度。推进基本殡葬公共服务,巩固提高遗体火化率,推行火葬区骨灰和土葬改革区遗体规范、集中节地生态安葬。做好全国地名普查,健全地名管理法规标准,加强地名文化保护,开展多种形式的地名信息化服务。

四是优抚安置服务。优抚安置服务的工作任务是全面落实优抚安置各项制度政策,提升对复员退伍军人、军休人员的优抚安置和服务保障能力。完善优抚政策和优抚对象抚恤优待标准调整机制。将优抚安置对象优先纳入社区、养老、医疗卫生等服务体系,探索建立优抚安置对象社会化服务平台。

现阶段基本社会服务的重点任务有助于明确社会服务质量管理的标准与目标,也是社会服务高质量发展的重要方向。

第二节　社会服务质量管理的主要内容与原则

基本社会服务是关系基层民生和保障公民权利的重要服务领域,实现基本社会服务高质量发展不仅体现了现代政府的基本职责,也是现阶段解决人民日益增长的美好生活需要和不平衡不充分的发展之间矛盾的基本保障。随着公共服务质量管理的兴起和国家高质量发展路径的确定,基本社会服务质量管理也就成为当前各级政府改进基本社会服务和保障民生需求的一项改革措施。从理论角度看,基本社会服务质量管理需要借助质量管理的一些理念与方法,其管理的主要内容与实施的基本原则如下。

一、基本社会服务质量管理的主要内容

作为公共服务质量管理的重要内容,基本社会服务质量管理的内容一方面涵盖了一般公共服务质量管理的主要内容,另一方面也具有基本社会服务具体特征的一些内容。从总体看,其主要内容包括以下几方面内容。

第一,建立全国及区域基本社会服务标准。基本社会服务具有普及性、广泛性、基础性的特征,是社会民生的根本保障。因此,基本社会服务质量管理应围绕基本社会服务均等化的目标,建立一定区域范围内的基本社会服务标准。在基本社会服务领域,基本社会服务质量管理的任务与目标就是确定法定的基本社会服务的范围和领域,明确一定时期内、一定范围内基本社会服务达到的标准,实现基本社会公共服务的均等化。基本社会服务的范围和标准要经过充分的调研论证,符合公民的需求和我国经济社会发展的现状,同时还要达成广泛的社会共识。可以说,基本社会服务质量管理的核心正是在于制定科学化、精细化的基本社会服务标准,以此成为确保基本公共服务质量的基础与准则,也是保证基本公共服务质量管理执行的前提。基本社会服务标准的制定要充分考虑不同地区基本社会服务供给现状,在涉及公民基本权利的领域要尽量制定全国统一的基本社会服务标准。同时,在基本社会服务标准建立过程中,政府还要明确基本社会服务标准实现的规划和不同时期的目标,

建立相应的支持体系,从而确保基本社会服务标准由政府的口号和政策真正转化为政府的行动,保障基本社会服务供给的持续性。通过基本社会服务标准的制定和实施,确保公民基本需求的公平满足,真正实现基本社会服务的均等化。这是基本社会服务质量管理的重点内容所在。

第二,建立基本社会服务质量的绩效评估机制,持续提升基本社会服务效能。长期以来单一的经济指标考核方式使得基本社会服务缺乏有效的考核评估机制,政府绩效评估形式单一,基本社会服务质量不达标、不合格得不到有效的考核、监控和纠正,进一步影响基本社会服务的质量改进。在基本社会服务质量管理过程中,政府应依据法定的服务质量标准,建立完善的政府绩效评估指标体系,在这个基础上进行考核,基本社会服务质量管理就有了一个可以实际操作的考评依据,从而建立系统合理的基本社会服务质量的绩效评估机制。基本社会服务质量管理建设要求将基本社会服务质量标准实现情况作为政府考核的专项评估内容,根据基本社会服务的范围和类型确定不同层级政府、不同政府部门的职责,并运用基本社会服务质量的绩效评估机制来保证这些职责的履行。这样就能激发政府提高效率、节约资源、改善基本社会服务质量,以此构建一个低成本、高效能、负责任的政府。

第三,建立基本社会服务透明公开机制。基本社会服务质量管理应建立在规范政府行为基础之上,要理清政府各部门以及各个层次的权力责任,规范政府工作程序,实现基本社会服务的规范化,从而便于公众了解基本社会服务质量与标准方面的信息。基本社会服务质量管理有赖于质量与标准信息的公开、规范,这也是建立行为规范、透明阳光政府的要求。建立基本社会服务透明公开机制,一是要梳理政府供给基本社会服务流程,建立各种规范化的标准依据,实现基本社会服务供给行为的标准化操作;二是可以通过规范化的标准理顺部门关系,做好各部门对接,避免政府内部的相互扯皮推诿;三是通过多种渠道公开基本社会服务质量信息,建立透明的基本社会服务监测和评估体系,公众有明确的参与渠道和投诉途径,实现基本社会服务质量信息与管理过程对公众的开放化和透明化。

第四,建立基本社会服务质量的持续改进机制。尽管基本社会服务是保障民生的基础性服务,但随着人民生活水平的提高,公众对基本社会服务需求的扩大,仍普遍存在着基本社会服务质量持续改进的现实诉求。基本社会服务质量的持续改进应不断满足公众的公共需求,需建立一种持续的质量改进程序。在基本社会服务质量和水平提高的同时,公众的各种诉求也会扩大,对基本社会服务质量的需求也会越来越强烈。因此,基本社会服务质量管理的最终目的就是将政府的关注点转到公共服务质量持续改进上来,使基本社会服务得到持续的关注和不断的改善,不断满足公众日益增长的公共需求,为政府持续的基本社会服务质量改进提供一种可靠稳定的路径选择。

二、基本社会服务质量管理的基本原则

基本社会服务质量管理涉及基本社会服务的各个方面,从理论上讲,所有基本社会服务都可以纳入质量管理的范畴。在具体推行基本社会服务质量管理的政府实践中,可以按照当前我国基本社会服务的重点内容开展质量管理实践。但总体上,基本社会服务质量管理还应遵循以下基本原则。

一是基本社会服务的标准化原则。根据我国政府基本社会服务供给水平,针对保障基础民生的基本社会服务,应制定全国统一的基本社会服务标准。在这些基本社会服务领域内的政府政策和行为都要参照这个标准来实施,以此确保基本社会服务的质量。基本社会服务的标准化要求无论地域条件和经济状况,在关系到公民基本权利满足的公共服务领域,政府所提供的基本社会服务必须能够满足公民的这种基本需要。这种基本需要的满足不是根据地域特点或者政府自身的意志来转移的,而是要有一个明确的、可衡量的具体标准,这个标准"是保证基本公共服务水平、范围、均等化程度的基本参照系",也是保障基本社会服务质量的根本原则。我国现阶段各地基本社会服务质量管理中都在参照标准化原则,但标准的精细化、动态化、适配度还有待进一步提升。

二是基本社会服务质量管理的规范化。提升与改进基本社会服务质量应建立在规范的质量管理基础之上,它是对基本社会服务质量管理的工作方法、程序流程、职责范围和行为操作所进行的统一规定。质量管理的重要工具是标准化,然而标准化的运作仍有赖于规范的行政流程与程序。当前我国基本社会服务主要由政府来提供,传统的政府管理方法、管理模式与管理流程仍存在诸多问题,比如部门职能交叉、权威管理方式以及信息沟通不畅等问题,直接影响着基本社会服务质量管理的效益,也影响着公众公共需求的满足。基本社会服务质量管理的规范化原则就要求在基本社会服务管理过程中,系统梳理社会服务供给部门的职责,形成科学规范的运行流程,从而能指导政府部门持续改进基本社会服务质量。

三是基本社会服务质量管理的公正性。基本社会服务是保障民生的基础性服务,作为社会保障的"最后一道防线",其本质上体现了社会公平正义的导向。因此,基本社会服务质量管理应围绕公正性原则,一是以人民的需求作为

基本社会服务质量管理的出发点和逻辑起点,基本社会服务质量标准应满足公众的基本需求,这也是新时代以人民为中心的政府管理的核心要义。二是基本社会服务质量管理的绩效评估指标体系也应确立以公民满意度为核心的导向,以公众需求满足程度来衡量和考核基本社会服务的实际绩效。

第三节　社会救助服务质量管理的实践

社会救助服务是基本社会服务的重要内容,也是中国社会保障体系的重要组成内容。从目的角度看,社会救助的主要目的是对处于贫困或深度脆弱的群体给予经济、服务、实物等方面的帮助和支持,从而维持受助者的基本生存权利和基本发展权利,在整个社会保障制度体系中具有"最后一道防线"、维护底线公平和社会稳定的功能,被视为国家和政府的重要责任,是现代国家治理体系中的关键政策安排。[①] 党的十九大报告指出,当前社会的主要矛盾是人民日益增长的美好生活需要和不平衡不充分的发展之间的矛盾。社会救助服务体系的建立与管理是解决社会主要矛盾的基础环节,有助于构建社会公平的"最后防线"。随着国家治理体系和治理能力现代化的推进,社会救助服务出现了精准化、标准化的趋势。在国家高质量发展背景下,各地也开展了社会救助服务质量管理实践,成为改进社会救助服务质量和提升社会救助治理能力的重要改革措施。

一、社会救助服务管理的主要内容

现代社会救助制度出现于 20 世纪 30 年代,其后世界上多数国家都建立了不同形式的社会救助制度。以美国为例,2004 财政年度中联邦社会救助支出达 5830 亿美元,相当于国内生产总值的 5％,占全国社会救助总支出的73.2％,占联邦总支出的 18.6％。德国 2014 年仅老年救助一项开支就达 55亿欧元,2018 年增至 72 亿欧元。日本于 1932 年颁布了《救护法》,1946 年颁布了《生活保障法》,几经修订后,其救助内容不仅涵盖生活、教育、住房,还包括看护、分娩等救助项目。到 2015 年平均每个发展中国家建立了 20 个以上

[①]　胡宏伟,杜晓静.新时代中国社会救助精准治理——现状、挑战与改进[J].北京航空航天大学学报(社会科学版),2019(2):60-69.

的社会救助项目。^①可见,社会救助服务作为社会保障体系的重要组成部分,其意义不仅在于为社会公民提供社会安全网,也是现代社会风险的一项工具,标志着现代政府基本管理与服务职责的履行。

我国现有的社会救助服务体系是在社会主义市场经济体制基础上建立起来的,伴随20余年的发展,已逐渐形成了较为健全的社会救助制度体系。尽管仍存在一些结构性的问题,但仍必须认识到完善社会救助服务和提升社会救助服务质量是社会救助服务治理体系的关键环节,也直接影响到社会服务体系的健全性与完整性。我国正在向着中国特色社会主义新时代方向发展,为确保全体人民共享经济社会发展的成果,保护贫困弱势群体的利益、减少贫富差距、促进基本公共服务均等化就需要提供最低限度的社会救助服务,并建立规范有序的社会救助制度体系,从而为所有社会成员提供较为一致的符合质量标准的社会救助服务。这对于解决底层民生问题是必不可少的制度安排。

社会救助服务及其制度安排是逆经济周期应对因失业率上升带来的社会问题的政策工具,体现了现代政府的公共责任。如何让社会公民共同享有社会主义发展成果,改善底层民众生活质量,促进社会公平正义,这是社会救助服务的重要使命。围绕这一使命,社会救助服务管理的主要内容包括以下几个方面。

第一,确立社会救助的"底线"与"兜底"位置。作为保障和改善民众的"最后一道防线",应明确一定标准的社会救助水平线。该水平线既反映了底层民众的基本生活保障要求,同时并无超出政府财政承受能力。其根本目的是确保社会民众的基本需求,解决贫困人口的基本生活困难,有助于激励救助者在确保基本生活保障前提下积极努力工作,为其提供兜底保障,并不至于产生福利依赖的惰性行为,从而发挥社会救助制度的积极作用。

第二,建立健全社会救助法律保障体系。社会救助服务管理的规范化、系统化、制度化依赖于社会救助法律法规的建立与完善。我国现阶段迫切需要加快推进社会救助立法进程,将适应相对贫困特点、实践中较为成熟的做法上升为法律,确立起新时代中国特色社会救助制度体系,同时,进一步明确国家和公民的权利与义务,完善社会救助管理体制,尤其是理顺社会救助事权与财政支出关系,进一步提升社会救助法治化水平。

第三,建立精准扶贫救助机制。精准扶贫救助机制以精准化需求识别与

---

① 江治强.新时代社会救助制度改革的方向与思路[J].中国民政,2019(5):41-43.

救助服务匹配为基础,一是制定与政府财政制度能力相匹配的社会救助标准,使社会救助标准与居民消费水平保持一定的平衡状态,并具有动态适应调整的能力;二是要完善救助对象认定机制,重点是将医疗灾难支出、残疾康复刚性支出等因素纳入救助对象认定标准体系,使收入虽然不到保障线,而存在灾难性刚性支出的低收入家庭能够得到必要的救助支持。要在收入核查与需求评估互有侧重、优势互补的同时,更多考虑强化"救助对象需求评估",建立以家庭为单位的救助需求综合评估机制。

第四,完善救助对象分级分类管理制度。将贫困老年人、未成年人、有劳动能力人员、在职(或灵活就业)人员单独建档,在审计审查、救助帮扶等方面采取差别化管理。同时要与就业市场、扶贫及其他社会保障政策建立信息共享机制,加强对重点群体生活风险或危机事项的监测预警,提高社会救助管理的前瞻预判能力。

第五,推动城乡社会救助统筹发展。从 2020 年到 2035 年将是新型城镇化和城乡统筹提速发展期,社会救助制度改革发展应当适应城乡统筹发展的需要,逐步从制度上实现城乡居民适用同样的制度、同样的救助程序,确保救助权利公平、机会公平。特别是适应人口流动的需要,逐步取消或弱化社会救助与户籍相挂钩的属地化管理体制,探索建立覆盖常住人口的救助管理办法,增强社会救助保障待遇的"便携性"。

二、上海市社会救助服务质量管理的实践

社会救助服务质量管理是近年来公共服务质量管理,以及精准扶贫政策导向下形成的重要创新实践,各级地方政府以精准救助为重点探索社会救助服务质量管理的做法,并取得了一些良好的效果。

上海市于 1993 年在全国率先建立了城镇居民最低生活保障制度,在社会救助服务工作方面基本形成了以最低生活保障、特困人员供养为基础,以支出型贫困家庭生活救助、受灾人员救助和临时救助为补充,医疗救助、教育救助、住房救助、就业救助等专项救助相配套,社会力量充分参与的现代社会救助制度体系。随着新时代国家治理体系和国家治理能力现代化的推进,在国家"精准救助"社会救助政策导向引导下,上海市在社会救助服务管理方面提出了精细化治理理念,构建起适合上海实际的"精准救助"管理体系,并成为社会救助服务质量管理的重要实践尝试。

(一)精准救助与社会救助服务质量管理

精准救助是社会救助服务质量管理的核心内容,为提升社会服务质量提

供了一种实践路径。2014 年 2 月 21 日,国务院正式颁布《社会救助暂行办法》,首次在国家层面以行政法规的形式建立健全社会救助制度体系,把以往分别制定实施的各类社会救助项目融合进统一的社会救助体系框架内,形成了最低生活保障、特困人员供养、受灾人员救助、医疗救助、教育救助、住房救助、就业救助、临时救助等八项制度。2015 年 3 月,民政部、国家统计局发布《关于进一步加强农村最低生活保障申请家庭经济状况核查工作的意见》(民发〔2015〕55 号),提出要完善城乡低保家庭经济收入状况核查工作,要求精准识别低保对象。此后,社会救助服务的精准化、精细化管理逐渐被提上议程,由此提出了精准救助的概念与政策。

因此,精准救助在需求识别、资源配置、信息沟通、动态调整、满足需求方面构建起了社会救助服务质量管理体系。一方面以精准识别、需求匹配的机制提供了社会救助服务质量管理的路径;另一方面则通过精准、精细的救助标准为衡量社会救助服务质量提供了依据,从而有助于持续提升社会救助服务质量、保障底线民生、提高公民满意度和推动社会可持续发展。目前,各地都将精准救助视为社会救助服务管理改革的重点工作之一,也推动了社会救助服务管理创新。2019 年,民政部办公厅公布了 2018 年度社会救助领域创新实践案例名单,其中内蒙古自治区兴安盟民政局的社会救助信息化管理系统建设项目和江西省吉安市民政局的运用大数据"一站式"核对平台助推兜底保障精准化项目等优秀实践案例,表明精准救助相关的社会救助服务质量管理创新正在兴起与发展。

(二)上海社会精准救助管理的主要措施

上海社会精准救助管理的目的是提升社会救助质量与水平,其主要措施包括以下三点。

第一,制定与完善社会精准救助方面的政策体系。2014 年,上海积极贯彻落实《社会救助暂行方法》,建立了"9+1"的社会救助体系,将最低生活保障、特困人员、支出型贫困,与医疗、教育、住房、就业、临时救助、社会参与等纳入制度范围,丰富了社会救助的内涵。同时,还通过实行分类救助政策,进一步关注低保边缘人群的生活困难问题,强化政策的针对性和精准性。上海社会精准救助方面制定的主要政策有上海市人民政府办公厅《关于印发市民政局等六部门制订的〈上海市城乡居民最低生活保障申请家庭经济状况认定标准〉的通知》(沪府办发〔2014〕16 号)、上海市民政局《关于发布〈上海市城乡居民最低生活保障申请家庭经济状况核对实施细则〉的通知》(沪民救发〔2014〕15 号),上海市民政局《关于印发〈上海市低收入困难家庭申请专项救助经济状况认定标准（试行）〉的通知》（沪民救发〔2014〕50号，上海市社会救助工作联席会议办公室《关于印发〈上海市社会救助工作绩效评价办法（试行）〉的通知》（沪社救联办〔2015〕2号）。

第二，建立精准识别救助对象的管理机制。2006年，上海率先在全国开展居民经济状况收入核对措施，积极与社会救助项目相对接，初步实现社会救助体系全覆盖。具体包括：一是扩大核对项目范围，提高救助对象识别的范围与力度。2017年底，上海核对项目总数达到12个，包含共有产权保障房、廉租住房、最低生活保障、因病支出型贫困、医疗救助、教育救助、临时救助、养老服务补贴、残疾人生活补贴、农村危旧房改造、特困人员供养和就业援助等项目，覆盖了社会救助的一般范围，确保了底线民生的总体保障范畴。二是缩短核对时间，提高核对效率。2017年底，上海建立了与政府有关部门及银行等单位的电子信息比对专线30条，比对频率从一周一次提高到一周两次，各救助项目的平均出证用时缩短到11.25个工作日。通过提高核对频次和核对效率为实现精准救助创造条件。三是实现救助核对结果精准化。2017年底，上海市共完成12个项目的核对45.48万户。其中：廉租房核对1.47万户，检出率14.58％；共有产权房核对3.78万户，检出率8.77％；低保核对25.8万户，差异率19.34％；因病支出型贫困核对2833户，差异率59.5％；医疗救助核对9.62万户，差异率12.17％；临时救助核对2.15万户，差异率38.12％；养老服务补贴核对1.35万户，差异率13.24％；农村危旧房改造核对323户，差异率26.33％；特困人员供养核对554户，差异率45.87％；就业援助核对12户，差异率22.22％。[①] 核对结果的精细化、精准化是精准救助的前提，更是社会救助服务质量管理的基础。

第三，建立社会救助的动态调整机制。精准救助固然建立在精准、精细前提基础之上，但精准并不意味着固定不变的标准。随着社会经济发展、财政资源变化，以及民生需求的变化，社会救助服务供给应能积极主动适应这些变化需求，建立灵活的社会救助动态调整机制，从而满足社会公众对社会救助服务的需求，这也是社会救助服务质量发展的根本要求。为此，上海市出台了一系列社会救助标准调节政策，如《关于调整本市城乡居民最低生活保障标准的通知》《关于提高本市城乡低保家庭中16周岁以下未成年人救助标准的通知》《关于调整本市救济对象定期定量补助标准的通知》《关于调整本市特困人员救助供养标准的通知》等。2018年，上海城乡居民最低生活保障标准由每人

---

① 曹康.上海实施精准救助管理的探索[J].上海城市管理,2019(1):67-75.

每月 970 元调整为每人每月 1070 元,低保家庭中的 16 周岁(含 16 岁)以下未成年人,救助标准调整为每人每月 1400 元;特困人员日常生活供养和重残无业人员标准调整为每人每月 1400 元;低收入困难家庭申请专项救助的收入标准调整为城乡居民家庭月人均可支配收入低于 2140 元。社会救助标准的动态调整机制体现了社会救助服务精准化的需求,也是公共服务质量管理的要求,更在深度上体现了未来智慧化精准治理的发展需求。

(三)上海社会精准救助服务管理的发展方向

作为社会救助服务质量管理的重要实践措施,精准救助在我国仍处于起步阶段。无论在精准识别需求方面,还是动态调整方面都存在诸多问题。同时,随着互联网＋、大数据技术的兴起,精准救助的识别技术与运行管理也发生了很多变化。为适应这些新变化,上海社会精准救助服务管理还需进一步推进改革创新,主要发展方向如下。

第一,进一步提升救助对象的精准识别能力。上海在全国最早实行困难家庭居民经济状况核对工作,对目标救助对象的识别方面起到了重要的作用。但实际情况是,居民隐性收入、隐性就业、人户分离现象普遍,家庭收入情况非常复杂,涉及部分有价证券、存款等隐性财产很难核查。诸如北京市,在进行居民经济状况核查的同时,也采取社工组织进行家庭调查,从而确保救助对象精准识别。在大数据时代,救助对象的相关信息数据采集更为便捷,且具有数据泛化性、即时性的特点,为精准识别救助对象创造了良好条件。当然,在这里需要注意精准识别救助对象中各类数据端口衔接与数据共享沟通的问题以及识别救助对象过程中的公民隐私保护问题。

第二,加强社会精准救助管理的运行机制。当前,涉及社会精准救助的政策繁多,为形成精准救助政策的合力和提高政策执行力,需明确各级政府、各部门的职责,构建救助工作运行网络。具体包括:一是做实"市社会救助联席会议制度",加强"精准救助"工作的统一组织领导。二是落实民政部门在社会救助工作中的主导地位,建立健全统筹协调运行机制,统筹各部门救助政策和救助资源,逐步实现救助资源共享、信息共享、数据互通的救助格局。三是健全完善市、区、街道三级救助机制,落实各级职责,统筹调配各类救助政策和帮扶力量。四是完善居(村)委网络机制,定期进行主动排查,协助基层救助工作人员完成相关工作。五是加强对社会资源的整合,畅通社会参与的渠道,积极推动慈善力量与社会救助项目相对接。

第三,搭建社会精准救助的数据平台。首先要树立大救助、大平台、大数据的概念,建立全市统一的社会救助信息管理平台,将分散在各部门的生活、医疗、住房等方面的救助政策和项目统筹纳入平台;实现市、区、街道三级数据互通、政策互通和救助信息互通,形成纵向贯通、横向互联的社会救助信息共享平台。二是完善救助信息管理机制,明确各级、各部门的权责。市、区级部门发布、更新、汇总社会救助政策法规,指导基层救助工作;街道办负责搜集、录入救助对象信息,建立电子档案并实施动态管理及相关保密制度。三是建立慈善资源与救助需求的信息对接平台,畅通救助对象和慈善主体间的信息沟通渠道,提升社会救助效率。四是健全社会救助信用体系,对社会救助对象的失信行为认定、失信惩戒、守信激励、信用修复、异议处理等进行具体的规定。

第四,完善社会力量参与社会精准救助的路径。社会组织是补齐民生"短板"的重要参与者和实践者,企业和个人在社会救助中同样发挥着重要的作用,积极推进各类社会力量参与社会救助,共建关爱困难群体的良好社会氛围。可以说,社会力量不仅弥补了社会精准救助的一些缺陷,也有助于从全社会关怀角度提升社会救助服务质量,是社会救助服务质量管理的重要补充。为拓宽社会力量参与社会精准救助,一是建立社会工作参与精准救助的工作机制。通过政府购买社会救助服务,专业社会工作机构提供生活帮扶、心理疏导、精神慰藉、资源链接、能力提升、社会融入等社会救助服务。二是强化基层行政管理性服务主体社工化。协助基层社会救助部门开展申请审核、入户访问、发现报告、政策宣传、需求评估,以及救助预防、救助方式衔接、救助对象服务转介等专业性工作,提高社会救助的针对性和有效性。三是充分发挥社工组织在整合资源、专业引导方面的独特作用,组织发动志愿者及其他专业人员为救助对象提供服务,进一步扩大社会救助工作的参与范围。四是动员各类社会组织,充分发挥资源和专业优势,鼓励其开展各类慈善救助类项目,拓展企业捐赠和公众参与渠道,形成良好的社会互动效应。

二、杭州市民政服务质量管理的实践:标准化管理

面向全体社会成员的社会救助是社会成员应对各种风险的基本保障,但这种保障应建立在一定的标准基础之上。有学者指出,救助标准是社会救助的核心内容,救助标准过低,不能解决救助对象最基本的生活需要乃至生存需要;而救助标准过高,不仅增加财政及社会的负担,还会引发反向激励效能。因此,社会救助标准要与社会发展水平相适应,与救助对象最基本的生活需要

相宜,满足人们最基本的生活需要,与整个社会大众的期待相宜。① 然而,在社会救助服务质量管理过程中,救助标准仅仅是社会救助服务中的一个重要环节,与此相关的程序与流程也应建立在规范化、标准化的操作之下。由此,一些地方政府开始探索社会救助服务标准化管理实践,为提升地方社会救助服务质量和规范地方社会救助服务管理提供了有益的经验借鉴。

(一)公共服务标准化的理念

社会救助服务标准化实践起源于公共服务标准化的理念。我国对公共服务标准化的研究起步较晚,还没有形成较为完善的公共服务标准化理论体系。胡税根、徐元帅(2009)通过对西方公共服务标准化建设理论和实践经验的研究,结合我国政府公共服务标准化建设的实际,分析了我国政府公共服务标准化建设的背景、目的、内容,指出了政府公共服务标准化建设可能要面对的问题并提出了应对策略;他们还从公共服务标准化的内涵和特点出发,着重分析了政府公共服务标准化建设的必要性,从理论价值、技术价值、管理价值、绩效评估价值、社会价值、伦理价值、应用价值七个方面对中国政府公共服务标准化建设进行了价值分析,并从基本公共服务标准化、政府公共服务管理体制的标准化、政府绩效管理制度的标准化三个方面进行了应用分析。② 黄恒学、张勇(2011)以北京市东城区城市公共服务标准化示范区为基础,从政府行为的政治、经济、文化、法律、道德等抽象的行为准则出发,基于政府行为特性和要素,探讨了政府行为的标准化。从政府职能角度探讨了政府基本公共服务标准化,并以基本公共教育、基本公共医疗卫生、基本社会保障、公共安全和公共环境等领域的标准化实践为对象,对政府基本公共服务领域标准化体系的规划和建设思路进行了研究。③

尽管国内目前对公共服务标准化尚未形成系统的理论,但已开始显现公共服务标准化的理念,并对公共服务标准化实践产生了一定影响,为地方政府开展公共服务标准化实践提供了良好的开端。与此同时,公共服务标准化作为公共服务质量管理的重要工具,也在公共服务质量管理实践中发挥了重要作用。

(二)杭州市上城区民政服务标准化管理实践

杭州市上城区东挽钱塘,南枕吴山,西濒西湖,处于钱塘江到西湖、运河的

① 高和荣.建国70年中国社会救助制度的发展与展望[J].济南大学学报(社会科学版),2019(2):136-142,162.

② 胡税根,徐元帅.我国政府公共服务标准化建设研究[J].天津行政学院学报,2009(6):39-44.

③ 黄恒学,张勇.政府基本公共服务标准化研究[M].北京:人民出版社,2011:130-132.

主通道,区域历史悠久,自古是杭州城市的核心部位。目前,上城区是杭州市唯一完全城市化的城区,下辖 6 个街道办事处、54 个社区,区域内常住人口 36 万,流动人口约 10 万。同时,上城区也是个典型的市中心老城区。老街老巷老房子多,实际可用于发展的区划面积不过 7 平方公里;老年人数量较多,60 岁以上人口比例已达 19.34%,老龄化程度在浙江全省居首位。因此,最低生活保障、特困人员救助供养、医疗救助、临时救助、受灾人员救助、法律援助、老年人福利补贴、困境儿童保障等社会服务尤其是民政领域服务的质量直接影响到社会公众对政府的满意度。作为区级政府,上城区政府迫切面临着提升民政服务质量的重要挑战。

为满足居民日益多样化的公共服务需求和提升公共服务质量,杭州市上城区政府于 2007 年借鉴企业标准化管理做法,率先开展了政府管理与公共服务标准化建设。早在 2004 年,上城区就在全国率先开展了社区管理与建设标准化工作,在民政服务领域积累了一些标准化的经验。2007 年,上城区政府成立了专门的标准化工作领导小组,颁布《上城区政府管理与服务标准化示范区三年工作实施意见》,提出了开展政府管理与公共服务标准化建设的工作思路:以规范行政权力、提升服务质量为目的,以构建政府职能标准化体系为核心,以制定具体职能管理标准为基础,以推进标准实施和动态完善为重点,全面推进区一级政府行政职能的标准化管理。2009 年,杭州市上城区被列为标准化国家试点单位,并于 2011 年以 95.3 分的成绩通过专家组审核验收。2010 年以来,基本形成了"一化四网"的社会服务体系("一化",即政府管理与公共服务标准化;"四网",即社会服务管理联动网、居家系列服务全覆盖网、城市智能管控网及为民为企办事服务网)。2014 年,上城区"政府管理与公共服务标准化"项目还获得了第七届"中国地方政府创新奖"。2015 年以后,随着政府权力清单建设的持续推动,上城区将权力清单、责任清单和标准化工作结合起来,建立了政府管理与公共服务标准化的事项与权力、责任相匹配的机制,确保权力清单、责任清单的标准化。

截至 2013 年底,上城区政府管理与公共服务标准化已经形成了包含 1 个大体系、4 个子体系、31 个分体系、3 个应用辅助体系的区(县)级政府管理和公共服务标准化体系。截至 2014 年,共出台标准 154 项,其中 1 项成为国家级标准,5 项成为省级标准,34 项成为市级标准,全部标准均已实施,并取得了明显成效。在 154 项标准中,属于公共服务领域的共有 78 项。具体按不同指标可以分为不同的类型。

第一,按标准层级划分。杭州市上城区国家级公共服务标准有 1 项,即

《居家养老服务管理规范》；浙江省级公共服务标准有 2 项，包括《居家养老服务管理规范》和《历史文化特色街区服务规范》；杭州市级标准有 15 项，包括《学校安全管理规范》《社区卫生机构管理规范》和《杭州南宋御街管理与服务规范》等；上城区级公共服务标准有 60 项具体项目，涵盖了社会公众生活所需公共服务的方方面面，例如《〈杭州市困难（低保）家庭救助证〉审批》《地名命名和标准地名使用（初审）》《实施学前教育、初等教育和初级中等教育的民办学校设立、分立、合并、变更、终止审批》，以及《出具无婚姻登记记录证明》等。

　　第二，按公共服务具体领域划分。按照国家基本公共服务体系"十二五"规划，把上城区现有的 78 项公共服务标准就基本公共教育、劳动就业服务、社会保险、基本社会服务、基本医疗卫生、人口和计划生育、基本住房保障、公共文化体育及残疾人基本公共服务九大领域做详细划分。其中属于基本社会服务领域的共有 21 项标准，其中 1 项国家级标准，1 项省级标准，6 项市级标准和 13 项区级标准，包括《居家养老服务管理规范》《社区公共服务工作站管理规范》和《新建社会福利机构审批》等。属于基本医疗卫生领域的共有 9 项标准，其中 1 项市级标准《社区卫生机构管理规范》和 8 项区级标准。属于残疾人基本公共服务领域的有 2 项区级标准，包括《伤残人员伤残等级评定审核（初审）》和《补办"中华人民共和国残疾军人证"的审核（初审）》。杭州市上城区公共服务标准化采用整体推进的方式，涉及社会公众生活的各个方面，并以信息化平台固化和量化标准执行，与绩效考评体系相衔接，力求依法依规服务、操作自动留痕、全程实时监督、成效及时评价；并以基本医疗卫生、基本公共教育、基本社会服务等基础较好的公共服务领域作为试点，启动单项标准编制，以期实现标准化对社会公众公共服务需求的全覆盖，这些在理论和实践上都是政府公共服务的创新和探索。

　　在基本社会服务质量管理领域，上城区最关键的是推进了基本社会服务标准化管理实践创新。为推动标准化管理实践创新，上城区总体上构建了一个标准化管理框架（见图 7.1），并以该框架为指引，推动了公共服务标准化的持续发展。

　　（三）杭州市社会救助服务标准化案例——《社会救助家庭评估规范》

　　社会救助服务标准化是保障社会救助服务质量的重要操作工具，杭州市已在社会救助服务领域出台了一系列标准化管理政策。如 2017 年出台的《社会救助家庭评估规范》就是一项典型的社会救助服务标准，有助于保障社会救助家庭评估管理工作，从而保证社会救助的服务质量。

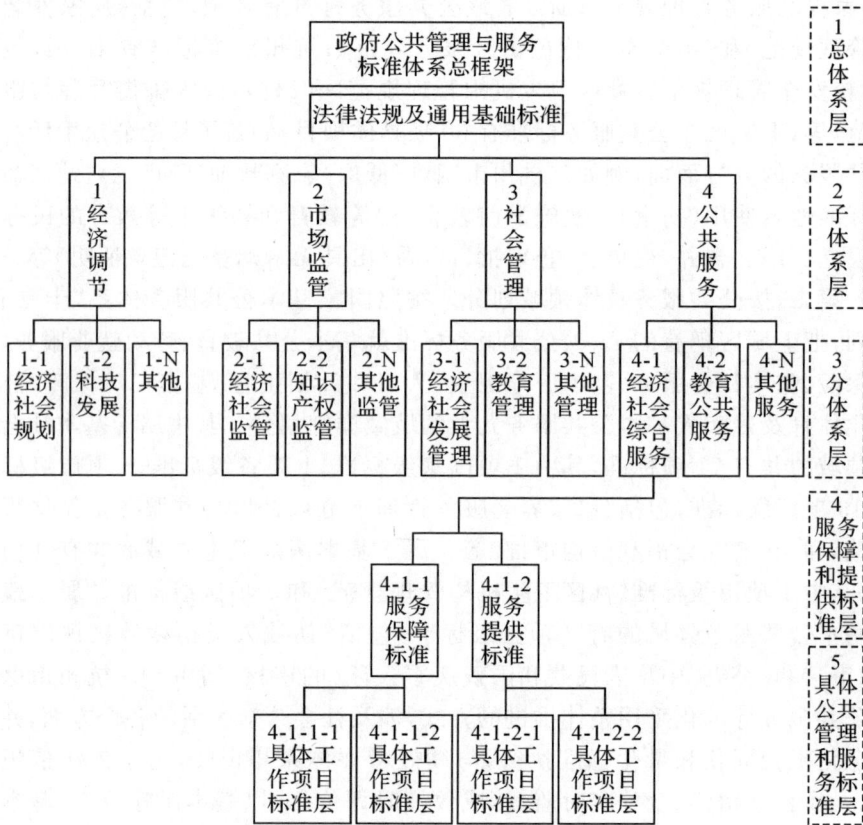

图 7.1   上城区政府管理与公共服务标准体系总框架

第八章　公共文化体育服务质量管理

第一节　公共文化体育服务中的质量管理

　　我国目前现代化建设的重要目标是构建和谐社会,构建一个民主法治、公平正义、诚信友爱、充满活力、安定有序、人与自然和谐相处的社会。当前,广大社会成员公共需求全面快速的增长与公共服务不到位、公共产品短缺之间的矛盾,是我国面临的主要矛盾。增强地方政府的公共服务能力是有效化解当前矛盾的基础和前提。公共服务质量管理强调以顾客为导向,倡导"顾客至上"的意识,有助于政府部门端正服务态度,提供服务前了解和掌握公众的需求,做好前期准备,提供服务时以公众为中心,提供更便捷有效的服务措施。

一、公共文化体育服务质量管理的兴起

（一）公共文化与公共体育服务质量

　　公共文化服务是以满足社会公众的基本文化需要为主要目标,以政府部门为服务主体,以社会公众为服务对象,以公共文化设施和公益性文化产品、文化活动及相关文化服务为服务内容,由政府直接提供或通过购买、委托等形式间接提供。即公共文化服务是指政府部门为满足社会公众的基本文化需要,通过直接或间接方式向公众提供公共文化设施和公益性文化产品、文化活动及相关文化服务的制度与系统的总称。公共文化服务质量不同于公共文化部门的绩效,它是在政府、文化部门和广大群众的互动过程中,广大群众根据建立在法律政策和前期体验基础上形成的服务期望,以及实际参与公共文化服务过程和结果获得的体验感受,将两者比较后作出的主观评价。开展服务质量测评工作,可以检验公共文化服务的运行状况及地方政府的管理水平。

　　公共体育服务指由公共部门或准公共部门提供的,以满足社会成员的基本体育需要为目的,着眼于提高市民身体素质和生活质量,给市民提供基本的

体育文化享受,也提供并保障社会生存与发展所必需的体育环境与条件的公共产品和服务行为的总称。公共体育服务质量是指体育主管部门为社会大众提供的各种体育服务项目,以满足公众体育需求,提升公众体育锻炼过程体验。公共体育服务质量是现代公共体育服务体系的重要内容。

(二)公共文化体育服务中质量管理的兴起

公共文化服务在国外发达国家和地区起步较早,其出现往往伴随着公共文化部门的建立、公共文化政策的出台等。从 19 世纪初到第二次世界大战前,经济的发展主要用来满足人们的衣食住行等基本生存需求,现代意义上的公共文化服务并不存在。二战后,随着经济发展形势越来越好,人们的生活水平不断提高,人们不再局限于满足基本生存需要,开始追求文化等精神需要的满足。1959 年,法国文化部成立,被视为政府管理公共文化服务的开端。20世纪 80 年代,公民的文化权利意识不断增强,非政府组织进入公共服务提供的领域,文化在公众生活和国际竞争中的地位越发重要。与此同时,"新公共管理""政府再造"等管理思潮的出现推动了各国文化管理体制的改革和调整,公共文化管理由"管制型"体制逐渐向"服务型"体制转变。伴随发达国家(地区)开展的"重塑政府"运动,绩效评估作为一种提升管理的有效工具被引入公共文化部门。2003 年,台湾地区"文建会"委托台湾智库依据联合国教科文组织的文化统计项目,并结合本土实际情况,开发出包括文化积累、文化创造力、文化可亲近性等方面的文化指标,在一定程度上标志着公共文化服务质量评估的开始。2007 年,北京市相关部门指出应结合实际建立公共文化服务的指标体系,包括机构职业素质指标、服务功能效益指标、社会满意度和成本运行状态指标、专业技术质量指标、行为流程规范性指标、资金运用指标等 10 个方面。2010 年,浙江省文化厅在深入调研和论证的基础上,制定了浙江省农村公共文化服务评估指标体系,涵盖政府投入等 7 个方面 23 个指标,并逐步开展公共文化服务质量评估工作。

在体育方面,现代奥林匹克奠基人顾拜旦早在 1919 年 1 月 13 日,提出"一切体育为大众"(sport for all)的口号,奠定了公共体育发展的理论基础,并一直把公共体育活动看成是奥林匹克运动的基础。1979 年,联合国教科文组织颁布《体育运动国际宪章》,以便使体育运动的发展为人类进步服务,促进体育运动的发展,并强调参加体育运动是所有人的一项基本权利,是全面教育体制内一种必要的终生教育因素,公共体育服务必须满足个人与社会的需要。1995 年 8 月 29 日,《中华人民共和国体育法》颁布,从制度上对体育的地位第一次进行了肯定。而中国公共体育服务的概念,是随着服务型政府改革提出的,是体育事业在发展过程中适应社会发展需要而产生的理念。2009年,我国颁布了《全民健身条例》,温家宝总理在2010年的《政府工作报告》中指出"大力发展公共体育事业,广泛开展全民健身运动,提高人民的身体素质"。2011年,国家体育总局发布的《体育事业发展十二五规划》和2012年7月发布的《国家基本公共服务体系"十二五"规划》中,也分别提到了大力发展公共体育服务。随着新公共服务理论的兴起,绩效管理作为提高公众对公共组织公信力的有效手段被广泛应用。西方发达国家公共体育服务绩效的评估领先于我国,2002年英国国家审计署出台地方政府全面绩效考核,该评价框架主要包括:资源利用评价(use of resources)、服务评价(service assessment)、市政当局评价(corporate assessment),其中服务评价包括对地方政府环境服务、住房服务、文化服务的评价,体育服务归属于文化服务之中(汤际澜,2014)。[①] 我国学者范冬云和刘礼(2011)认为公共体育服务质量应重点关注资源配置效率、责任心和百姓满意度。[②]

二、公共文化体育服务质量管理现状

(一)公共文化服务质量管理现状

1. 公共文化服务体系不断完善

现代公共文化服务体系是由政府作为主导力量,社会上各个阶层的组织一起参与其中,以保障"公民的基本文化权益"为目的,为公民的日常文化需求所提供的各种公共文化活动与服务的管控机制的总称。现代公共文化服务体系以服务目标均等化、供给主体多元化、运行机制民主化、公共服务高效化、管理体制法制化为主要特征。我国构建公共文化服务体系的发展已经有十余年,主要进程见图8.1。

自2015年中共中央办公厅、国务院办公厅印发《关于加快构建现代公共文化服务体系的意见》的通知后,各级各地也逐步推进现代公共文化服务体系建设,从内容解释、当地发展方向、评价标准等方面对现代公共文化服务进行了完善。目前,公共文化服务体系的含义界定依然较为模糊,典型意义上说,主要包含四个方面(见图8.2)。

初步建成覆盖城乡的公共文化设施网络。2008年国家相关部门出台了

---

① 汤际澜,谢正阳.我国基本公共体育服务均等化评价指标体系构建研究[J].南京体育学院学报,2014,28(3):49-55.

② 范冬云,刘礼.我国体育公共服务客体分析[J].湖南工业大学学报,2016(6):99-102.

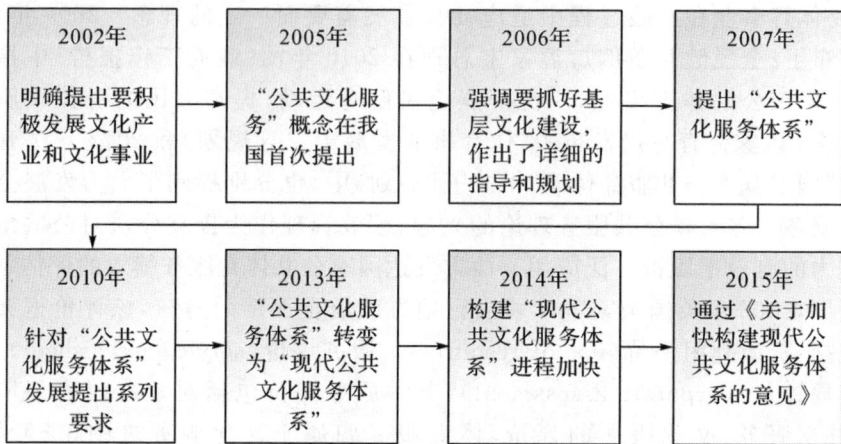

图 8.1　构建现代公共文化服务体系进程[1]

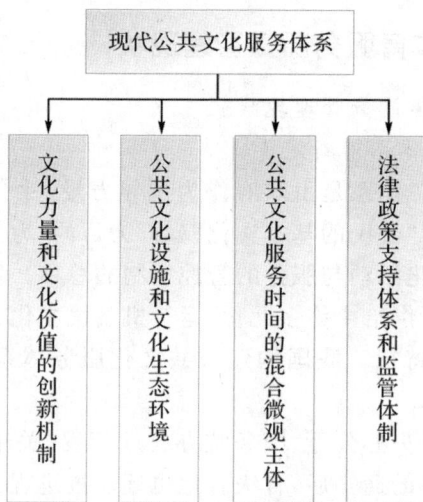

图 8.2　现代公共文化服务体系

关于全国范围内纪念馆和博物馆全部向民众免费开放的通知——《关于全国博物馆、纪念馆免费开放的通知》,规定了各级纪念馆、公共博物馆、全国爱国主义教育示范基地在规定时间内全部按规定进行免费开放,并且逐渐加大免费开放的力度和范围。此项工作高效地满足了公民的日常文化需求,并且,各

---

① 王莹霜.我国现代公共文化服务体国文系建设问题研究[D].哈尔滨:黑龙江大学,2018.

级地方政府的相关部门也都努力保障此项工作的顺利完成,给予财政上的全力支持。根据国家统计数据报告,仅仅在 2013 年中央财政拨付专项资金用于公共文化设施建设的款项为 50.07 亿元,相比 2009 年专项资金上浮了 30.07 亿元,增长比例超过 250%。2012 年底,我国一共有 15 个省级美术馆或者博物馆公众可以免费参观,截至 2015 年底,全国有 3076 个公共图书馆、2919 个文化馆、34101 个乡镇综合文化站都已经免费对公众开放,市民休闲公园以及文化广场均免费开放。①

公共文化惠民工程逐步推进。文化惠民是我党和政府实行亲民和爱民政策的体现,在文化服务上很好地展现了我国政府“执政为民”的思想。总理温家宝提出:要加大财政支出到民生工程建设项目和文化惠民工程上。例如农家书屋建设工程、基层文化阵地建设工程等都属于公共文化惠民工程。此项工程同时具有基本、均等、公益以及便利等特性。基层公共文化服务资源的总量也在文化惠民工程的实施过程中大大增加。2017 年,中央财政通过继续实施“三馆一站”免费开放、非物质文化遗产保护、公共数字文化建设等文化项目,共落实中央补助地方专项资金 49.33 亿元,比上年降低 19.2%。全国文化事业费中,县以上文化单位 398.35 亿元,占 46.5%,同比降低了 1.6 个百分点;县及县以下文化单位 457.45 亿元,占 53.5%,同比提高了 1.6 个百分点。东部地区文化单位文化事业费 381.71 亿元,占 44.6%,比重提高了 1.3 个百分点;中部地区文化单位 213.30 亿元,占 24.9%,比重提高了 0.9 个百分点;西部地区文化单位 230.70 亿元,占 27.0%,比重下降了 1.3 个百分点。全国文化事业费分布情况见表 8.1。②

表 8.1　全国文化费按城乡和区域分布情况

项目		1995 年	2000 年	2005 年	2010 年	2015 年	2016 年	2017 年
总量 (亿元)	全国	33.39	63.16	133.82	323.06	682.97	770.69	855.80
	县以上	24.44	46.33	98.12	206.65	352.84	371.00	398.35
	县及县以下	8.95	16.87	35.70	116.41	330.13	399.68	457.45
	东部地区	13.43	28.85	64.37	143.35	287.87	333.62	381.71
	中部地区	9.54	15.05	30.58	78.65	164.27	184.80	213.20
	西部地区	8.30	13.70	27.56	85.78	193.87	218.17	230.70

① 中华人民共和国文化部.文化发展统计分析报告[R].北京:中国统计出版社,2011.

② 中华人民共和国文化和旅游部.2017 年文化发展统计公报[EB/OL].http://zwgk.mct.gov.cn/auto255/201805/W020180531619385990505.pdf.

续表

项目		1995 年	2000 年	2005 年	2010 年	2015 年	2016 年	2017 年
占比 （％）	全国	100.0	100.0	100.0	100.0	100.0	100.0	100.0
	县以上	73.2	73.4	73.3	64.0	51.0	48.1	46.5
	县及县以下	26.8	26.7	26.7	36.0	48.3	51.9	53.5
	东部地区	40.2	45.7	48.1	44.4	42.1	43.3	44.6
	中部地区	28.6	23.8	22.9	24.3	24.1	24.0	24.9
	西部地区	24.9	21.7	20.6	26.6	28.4	28.3	27.0

评价体系逐步完善。随着现代公共文化服务体系的不断完善，提升公共文化服务质量成为重要内容，公共文化服务评估体系、评估主体、评估应用等也不断完善，切实提升了公共文化服务质量。评估体系方面，各级各地以《国家基本公共文化服务指导标准》（2015—2020 年）为指导，以本地公共文化服务特征为依据，制定基本公共文化服务标准。评估主体方面，逐步创新公共文化服务评估方式，鼓励政府主导、社会力量参与，使公共文化评估从一元主体走向多元主体。

（二）公共体育服务质量管理现状

公共体育服务是满足公众的体育权利与体育需求的基础性保障，新公共管理理论关注公民权利的保障，提出要运用公共权力或公共资源提供公共服务，并提出了公共服务供给过程中公民参与的理念，满足公民基本需求，这些理念对于正处在体育发展方式转变过程中的中国体育事业领域产生了深刻影响。受经济和社会发展阶段的限制、传统管理体制的影响，长期以来，我国公共体育服务供给主体单一，体育行政部门一直是我国公共体育服务供给的绝对主体。我国体育行政部门根据国家经济社会发展规划，积极投身公共体育服务建设。各级体育行政部门高度重视体育工作，不断深化体育行政管理体制改革，深入推进公共体育服务体系建设，基本公共体育服务水平得到了明显的提高，公共体育服务总量也有了较大的增长。

1. 公共体育服务体系不断完善

公共体育服务体系是以政府为主导，以公共财政投入和政策为保障，以提高全民族健康素质为目的，以建设体育强国为重要任务，社会多方参与形成的满足群众体育需求、保障群众体育权益、面向群众提供的公共体育产品和服务的综合。[①]公共体育服务体系是实现政府公共体育服务职能的有效载体,是公共服务体系的组成部分,是确保不同区域之间、城乡之间、不同群体之间、居民个人之间享受的公共体育服务水平基本一致、公民的体育权益得到保障的基础。

学界对公共体育服务体系的基本结构或构成要素有不同理解,肖林鹏等(2007)提出公共体育服务体系由核心类、支持类和保障类等三个层面和体育活动、体育组织、体育场地设施、体育信息、体育指导、体育资金、体育政策法规、体育监督反馈和体育绩效评价等九个要素构成。[②]王才兴认为体育公共服务体系由体育监测服务、体育活动服务、体育设施服务、体育组织服务、体育指导服务、体育信息服务等六要素构成。[③]郑家鲲认为公共体育服务体系包含七大系统,既包括核心类要素——体育活动体系,又包括基础类要素——体育场地设施要素和体育组织要素,也包括保障类要素——政策法规要素、经费保障要素、评价指标要素及绩效监督要素。[④]当前,我国公共体育服务体系研究已经比较成熟,并基本达成共识。公共体育服务体系框架见图8.3。

2. 公共体育服务质量持续提升

评价体系逐步完善。对于公共体育服务体系建设的效率和效果,国内学者主要对地区间、城乡间和人群间公共体育服务建设水平进行评价。不同学者采用不同的评价体系和评价方法,概括起来可以分为三类:一是效果评价,主要是基于公民满意度的主观评价,即公共体育服务客体对服务主体提供公共体育服务的满意度评价,公共体育服务满意度是借鉴顾客服务满意度研究思路,并在公共体育服务领域的具体运用。蔡景台等(2009)[⑤]和张清华等(2010)[⑥]从体育组织服务、体育设施服务、体育指导服务、体育信息服务和体育活动服务五个方面入手,采用四级满意标准来衡量居民对城市体育公共服

①　王占坤.浙江省公共体育服务体系建设研究[D].福州:福建师范大学,2015:28-29.

②　肖林鹏,李宗浩,杨晓晨.我国公共体育服务体系概念开发及其结构探讨[J].天津体育学院学报,2007(6):472-475.

③　王才兴等.构建完善的体育公共服务体系[J].体育科研,2008(2):1-13.

④　郑家鲲."十二五"时期构建我国公共体育服务体系的若干思考[J].成都体育学院学报,2011(12):1-6.

⑤　蔡景台,樊炳有,王建帅.城市体育公共服务居民满意度调查分析[J].北京体育大学学报,2009,32(6):31-34.

⑥　张清华,刘海辉,樊炳有.江苏省城镇居民体育公共服务满意度调查[J].山东体育学院学报,2010,26(3):8-12.

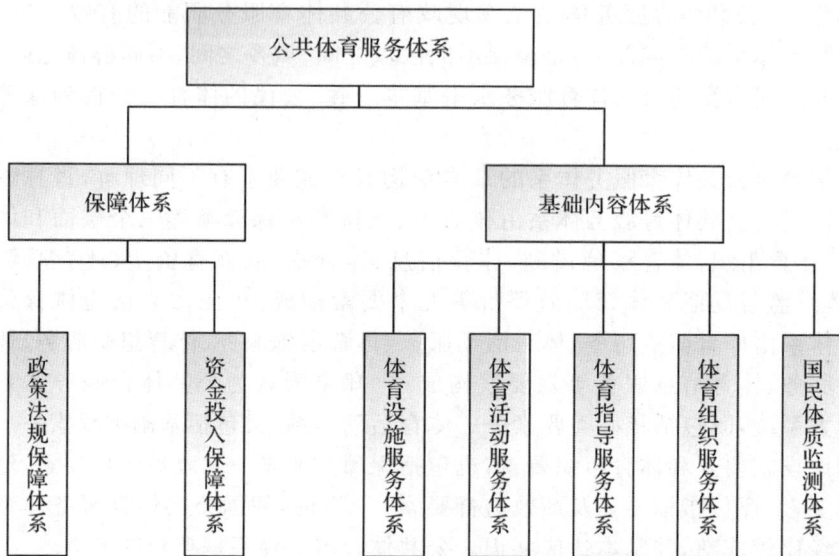

图 8.3   公共体育服务体系框架图

务的满意程度,张清华等(2010)则采用李克特 5 点计分;姚绩伟等(2013)①研制了包括 5 个二级指标,即社区体育场馆服务、社区体育活动组织服务、社区体育健身指导服务、社区体育文化建设服务和社区体育运行管理服务。二是效率评价,主要是基于投入产出的客观评价。熊飞、朱梅新(2012)②运用优化的 TOPSIS 方法对体育公共服务水平进行综合评价。三是综合评价。宋娜梅、罗彦平、郑丽(2012)③构建了一个涵盖公共服务效能、公众满意度、公共服务投入度等 3 个一级指标以及与之相关的 14 个二级指标和 58 个三级指标的体育公共服务绩效评价指标体系,并采用层次分析法对体育公共服务绩效评分的计算方法进行了探讨;汤际澜(2014)④构建了主客观综合评价的公共体育服务均等化评价指标体系,该体系包括 3 个一级指标、12 个二级指标和 38 个三级指标组成的经验性预选评价指标集。该评价指标体系的构建包涵了学

---

①   刘绩伟,杨涛,丁秀诗.城市社区体育公共服务公众满意度量表的研制[J].天津体育学院学报,2013.28(6):477-482.

②   熊飞,朱梅新.西部民族地区体育公共服务均等化评价[J].南京体育学院学报,2012,26(5):18-23.

③   宋娜梅,罗彦平,郑丽.体育公共服务绩效评价:指标体系构建学评分计算方法[J].体育学科学,2012,33(5):30-34.

④   汤际澜,谢正阳.我国基本公共体育服务均等化评价指标体系构建研究[J].南京体育学院学报,2014,28(3):49-55.

校体育、城市社区体育和行政村体育。但是上述综合评价的研究缺少进一步实证。

　　服务质量持续提升。体育设施供给方面。2014 年 10 月 2 日,国务院出台《关于加快发展体育产业促进体育消费的若干意见》,第一次将全民健身事业提升为国家发展战略,强调全民健身事业发展的重要意义。有关部门提出了我国公共体育设施供给力求实现的目标,在"十二五"公共体育设施建设规范中提出,到 2015 年人均体育场地面积达到 1.5 平方米以上;《国务院关于促进健康服务业发展的若干意见》提出,到 2020 年我国人均体育场地面积要达到 1.8 平方米;国务院发布的关于加快体育产业发展的第 46 号文件提出,到 2025 年我国人均体育场地面积要达到 2 平方米。2014 年公布的第六次全国体育场地普查数据显示,截至 2013 年 12 月 31 日,全国共有体育场地 169.46 万个,用地面积 39.82 亿平方米,建筑面积 2.59 亿平方米,场地面积 19.92 亿平方米。其中,室内体育场地 16.91 万个,场地面积 0.62 亿平方米;室外体育场地 152.55 万个,场地面积 19.30 亿平方米。以 2013 年末全国大陆总人口 13.61 亿人计算,平均每万人拥有体育场地 12.45 个,人均体育场地面积 1.46 平方米。

第二节　公共文化体育服务中的标准化探索

一、公共文化服务中的标准化实践

(一)我国公共文化服务标准化研究

　　标准化是公共治理模式的重要组成部分。标准化作为一种科学的工作方法、一套治理社会的模式,作为促进公共文化服务均等化的一种路径选择被政府采用,其根本属性在于统一性,是深化服务型政府建设的一项新内容。目前我国公共文化服务标准化尚处于探索阶段。大多数学者更多地探讨国家公共文化服务的标准化,鲜有对农村社区的研究。关于公共文化服务标准化的内涵,学术界主要是围绕其构建过程以及与均等化之间的关系而展开的。李国新[①]认为标准化就是为基本公共文化服务的范围、种类、程度、质量等定出标准,把标准上升为政府政策、行业准则,乃至于国家法律,以强有力的刚性约束

---

　　①　李国新.广西城市社区体育发展影响因素指标体系的构建研究[J].运动,2015(121):149-150.

来促进基本公共文化服务的普遍性和均等性。基本公共文化服务标准化,是运用标准化的原则和方法,制定和实施标准的过程,实现数量指标化、质量目标化、方法规范化、过程程序化,保障公民享有优质高效的服务。我国还处于最低公益模式阶段,需要形成我国基本公共文化服务的"底线保障标准"。在政府定位上,政府应该成为服务的提供者、管理者和监督者,并提出了各级政府的相应职责。公共文化服务标准化的研究尚处于探索阶段,构建服务型政府时期,标准化建设对政府自身改革创新提出的新要求,促使政府不断提升自身服务效能,保障人们享有均等化的公共文化服务,构建和谐社会,实现国家治理体系和治理能力现代化。可量化的指标、定性的指标以及各种行为服务规范构建公共文化服务标准化体系,是当前研究的重点。

（二）浙江省公共文化服务标准化实践

标准化建设是一项系统工程,在推进农村社区公共文化服务标准化建设进程中,浙江省围绕"一个责任""四张清单"的基本要求,为广大群众提供标准化的文化产品和服务。

1. 重视组织保障

一是构建协调机制,实现组织保障。在副省级层面上,成立了来自省级24个部门的协调组;在地市级、县区层面,由文广新局牵头,会同宣传部、发改委、文明办等20多个部门成立公共文化服务体系建设协调组。制定并修正了《浙江省标准化管理条例》,把公共文化设施优化工程、重点地区公共文化发展提升工程、农村文化礼堂建设工程、公共文化资源城乡一体化工程、人才队伍素质提升工程、公共文化服务信息化工程、公共文化活动拓展工程、全民阅读工程、广电惠民工程、全民健身提升工程等十大推进标准化建设的责任进行分解落实,明确各个工程的相关责任部门,明确各个工程的实施内容、范围、数量和水平。发布了《浙江省公共文化服务保障条例》,为构建现代公共文化服务体系提供法律保障。二是明确目标,细化标准化方案。到2020年,基本建成均等化的现代公共文化服务体系的总目标指导下,以"三个均等""四个标准化"为行动策略。推动浙江省26个县和10个基本公共文化服务标准化重点县市的公共文化服务发展,提升区域短板;加快农村公共文化服务供给,实现资源下沉;关注老年人、未成年人、残疾人、农村留守妇女儿童、生活困难群众等特殊群众的文化需求并提供针对性的服务。推进设施建设标准化、服务管理标准化、政府保障标准化、考核评价标准化。

2. 构建科学标准体系

构建设施网络体系、服务标准体系、产品供给体系、服务管理体系、服务保障体系"五大体系",融合"四个标准化",形成设施网络标准体系、服务标准体系、服务管理标准体系、政府保障标准体系。杭州市下城区出台了《社区公共文化服务动态评估规范》《公共文化服务第三方评估规范》《公共文化服务需求调查规范》,填补了地方公共文化服务标准化的空白。截至 2018 年,浙江省杭州市公共文化服务标准体系基本建成,杭州市编制的公共文化领域的标准见表 8.2。

表 8.2　杭州市编制的各级公共文化领域的标准

序号	标准类别	标准名称
1	省级地标	乡镇(街道)综合文化站服务规范
2		基层群众文化团队管理规范
3		公共文化服务第三方评价规范
4		公共文化跨区域服务规范
5		浙江省农村文化礼堂管理与服务规范
6	市级地标	社区公共文化服务评估规范
7		杭州市高校文化站建设服务规范
8		社会力量参与公共文化服务评估规范
9		文化志愿服务管理规范
10	区、县(市级地标)	社区综合性文化服务总线建设管理规范
11		公共文化服务需求调查规范
12		社区公共文化服务评估规范
13		公共文化数字化建设与服务规范
14		公共文化类社会组织管理规范
15		公共文化从业人员管理规范
16		城市街道文化站精准化服务规范
17		社区文化服务标准
18		公共文化服务评估规范
19		政府向社会力量购买服务规范
20		公共文化设施委托社会力量管理规范
21		文化礼堂服务管理规范
22		乡镇(街道)图书分馆服务和评估规范
23		公共文化机构年报规范
24		公共文化机构管理规范

3．注重标准实施

一是找准切入点和空白点，制定标准。根据浙江省基本公共文化服务标准化的基本服务项目，各地在具体实践中形成了具有特色的标准。如东阳的农村文化礼堂制定了"五有三型"标准，文化礼堂逐渐发展成为当地新的文化地标。二是统筹推进，全面提升。浙江省 26 个县确定 7 个为公共文化建设整体提升重点县，金华、衢州、丽水为 3 个市本级农村公共文化提升重点市，有利于缩小城乡差距、地区差距。

（三）东莞市公共文化服务标准化实践

1．以政策文件推动构建现代公共文化服务体系建设

2014 年，东莞市人民政府常务会议审议通过了《东莞市构建现代公共文化服务体系实施意见》以及与之配套的《东莞市公共文化服务体系绩效评估办法》《东莞市公共文化服务社会化发展促进办法》《东莞市加强村（社区）公共文化服务实施办法》《东莞市进一步引导企业加强文化建设实施办法》。"1＋4"政策文件突出体现东莞本土特色和城市风貌，有效提高资源配置效率；展现东莞本土城市的个性需求，为文化服务模式提供了方向和指引。东莞组建了"东莞市文化志愿者协会"，并通过购买"社工＋志愿者"的服务模式运行。

2．以课题招标形式委托专业文化机构研究制定标准的联动机制

东莞响应社会力量参与公共文化服务的号召，邀请专家联合探讨东莞市公共文化服务标准的制定机制，以定向招标组建课题团队，委托广东省标准化研究院制定东莞市基本公共文化服务保障标准和公共文化服务技术标准，委托深圳特区文化研究中心制定东莞市镇（街）公共文化服务绩效评估指标体系及评估方案，与这些专业化机构达成合作，共同研究东莞市农村社区标准工作机制。

二、公共体育服务中的标准化实践

（一）我国体育标准化建设研究

体育事业标准化是推进体育管理现代化的基础，是全球化发展的需要，是体育事业自身发展的需要，体育事业标准化建设符合标准化自身发展需要。我国体育标准体系构建的第一层次，以目前我国体育工作的划分为依据，分为学校体育标准体系、群众体育标准体系、竞技体育标准体系和体育产业标准体系四大类。将群众体育标准体系中各项标准按技术标准、管理标准和工作标准分类。指出学校体育标准体系中的标准应该重视标准与教育环境的配合，不但要完成锻炼目标，还要完成学生全面发展德才兼备的培养任务。竞技体

育标准体系应该由运动训练和运动竞赛两部分组成,在此基础上增加训练条件、运动器材、技术评价、机能检测与评价等标准。体育产业标准体系应主要从健身设备和体育服务两方面入手。[①] 苏明理同时指出我国体育标准的制定处于凌乱和随机的状态,主要体现在:①社会各界尤其是体育界未充分认识标准化工作的重要性,重视程度不够,导致标准化工作滞后于体育事业发展。②由于尚未建立科学的标准体系,我国体育标准化建设缺乏科学性、系统性和指导性。③标准化建设不平衡,差距较大。④体育标准制定缺乏超前性,不能有效解决发展中的实际问题。⑤体育标准制定缺乏动态性,适应社会环境发展的能力较差。

　　体育服务标准体系指体育服务系统范围内具有内在联系的标准组成的科学有机整体,即体育服务标准体系是一个由标准组成的系统。2004 年,张昊、陈雪玲[②]按国家质检总局 2003 年修订的国家标准 GB/T15624.1—2003《服务标准化工作指南第一部分总则》规定,将体育服务标准分为八个方面:①体育服务基础:是针对各类体育项目特点制定的体育专业基础标准,如有关体育的名词、术语、标识、方法、符号、代号、基本参数系列、可靠性要求等。②体育服务管理:它是适合为满足体育服务提供者建立质量管理体系的各项要求而制定的标准。如体育服务提供者制定的岗位责任制,人事、财务、销售、设备等管理制度。③体育服务质量:针对体育服务质量特性以及各项服务指标要求,服务提供者组织运营制定的标准。如体育服务提供的操作规程和服务规范,体育组织制定的岗位责任制以及服务规程等。④体育服务资质:是针对评价体育服务提供者服务能力制定的标准。如针对体育服务设施、设备、用品配置的基本条件、数量以及有关体育服务运营的其他基本条件而制定的标准,以及针对体育服务从业人员的职业行为、职业素质、职业工种等要求制定的标准。⑤体育服务场地设施:是针对体育服务者提供服务产品应配置的资源条件和安全要求制定的标准。如游泳场馆内应配置的游泳池、更衣室、淋浴间、跳台等设施的使用条件;以及这些设施的安全技术要求,如游泳池救生观察台的要求等。⑥体育服务安全卫生:是针对体育服务者提供的服务产品所应具备的安全卫生要求而制定的标准。如体育场馆中安全通道的畅通、游泳救生员的配置、危险警示设置等安全要求,以及室内空气细菌含量、游泳池水质、温度要求

---

① 苏明理,姜彩楼,仲宇.中国体育事业标准化建设研究[J].西安体育学院学报,2003,20(4):15-17.

② 张昊,陈雪玲.标准.标准化体育[J].体育文化导刊,2004(7):6-9.

等卫生条件。⑦体育服务环境保护：是针对体育服务者提供的服务产品应具备的对环境保护要求而制定的标准。

关于体育标准化体系的研究较少，缺少从国家战略角度对我国体育标准化体系的整体思考与设计，没有深入探讨体育标准形成的动力与作用机制、条件与表现；没有深入研究体育标准的演进规律；更没有认真收集和整理国外体育标准信息，研究其分类特点和技术发展方向；没有完整分析国内已经颁布和正在编制的体育相关标准，掌握我国体育标准化现状；没有按照体育标准研究的对象和对象之间的联系，划分体育标准层次，编制体育标准化体系表；也没有重视体育标准的实施规划工作，缺乏相应的运作机制和保障措施。

(二)我国公共体育服务标准化实践

新中国成立以来，我国体育标准化工作最初起步于体育器材方面，如20世纪80年代后期，制定单双杠、球类项目的体育用品和器材标准，部分满足体育竞技、体育市场和相关企业生产的需要。21世纪以来，随着体育事业的迅速发展，国家体育总局对标准化工作日益重视，组织制定了一些急需的体育标准。如体育场所开放条件与技术要求系列标准，体育场所等级的划分系列标准，体育场馆设备使用要求及检验方法等国家标准和行业标准。我国体育设施标准从20世纪90年代开始，经历了从无到有逐步丰富的过程。尤其2000年后，在国家体育总局关于体育产业发展规划中，将体育标准化工作作为一项重点工作来考虑。这些标准的颁布和实施，在一定程度上改变了体育事业内部混乱、无序的状态，有力促进了体育事业和体育产业的持续健康发展。

法律保障方面，目前体育标准化规章制度主要涉及认证类、基础类、标准实施办法类三类。认证类主要指2005年11月10日由国家认证认可监督管理委员会发布的《体育服务认证管理办法》，以及《体育场所服务认证实施规则》《体育服务认证审查员确认方案》。基础类有1986年颁布的《城市公共体育运动设施用地定额指标暂行规定》和2008年颁布的《体育及相关产业分类(试行)》。标准实施类主要是2013年12月国家体育总局、教育部、全国总工会印发的《国家体育锻炼标准施行办法》；2005年12月7日国家体育总局公布的《全国田径锻炼等级标准实施办法》；2008年颁布的《〈国家学生体质健康标准〉实施办法》《国民体质测定标准施行办法》《普通人群体育锻炼标准施行办法(试行)》；以及2010年2月，教育部颁布的《关于实施〈国家学生体质健康标准〉的通知》。

组织保障方面，2007年5月，成立全国体育用品标准化委员会，承担起跨行业领域体育用品的基础、通用标准的制定、修订，体育用品标准化的组织、协调工作,并组织制定体育用品行业标准体系,提出体育用品行业制定、修订计划。2009年7月,经国家标准化管理委员会批准,全国体育标准化技术委员会在北京成立,委员由来自体育界、企业、科研院校、检测机构、建筑设施等多部门专家组成。委员会主要负责体育基础活动、设施设备、竞技活动、体育场所等领域的标准化工作,涉及群众体育、竞技体育、体育产业等各个环节。体育标准化技术委员会成立,初步形成了一支专业能力较强的体育标准化科研队伍。2010年11月,体育设施设备分技术委员会成立,主要负责体育设施设备的技术、产品、性能要求、检测方法等领域(不含运动器材制造)的标准化工作,是体育标准化工作向前推进的一个重要标志,对于加快我国体育设施设备标准化技术研究,提高标准化工作质量,集中专家资源,完善体育标准化组织形式具有重大意义。

公共体育服务标准同时处于体育专业标准和服务业标准领域,在体育标准化体系中并没有直接的章节,相关节选见表8.3。

表8.3　公共体育服务相关标准体系节选

层次	体系编号	标准	备注
200 体育专业标准	203 体育服务标准	203.1 服务基础	
		203.2 服务质量	
		203.3 服务资质	
		203.4 保护消费者权益	
		203.5 其他	
300 体育专业标准	302 群众体育标准	302.1 锻炼标准	
		302.2 健身休闲	
		302.3 锻炼场所与条件	
		302.4 项目开展标准化	
		302.5 其他	
	303 体育经济标准	303.1 组织管理	
		303.2 场馆管理	
		303.3 中介活动	
		303.4 其他活动	

第三节 需求导向的公共文化体育服务质量管理

一、需求及满意度调查

（一）公共文化服务需求及满意度

公共文化服务内容与人民群众日益增长的文化需求相对应。当人人都在互联网、微时代时，公共文化的服务内容便不能仍停留在广播与电视信号、几本书、几场电影和几出戏的简单设置上。以群众需求为导向，提供群众需要的公共文化服务，提升群众享受公共文化服务过程中的期待是提高公共文化服务质量的重要方式。首先，需要畅通群众需求表达渠道，引导群众参与到具体的文化活动中，需要系统探索。其次，应以群众需求为导向组织资源给予公共文化服务供给。公共文化服务的供给与需求不对称则突出表现在供需的结构性失衡，即"供非所求"或"求而无供"。诚如公共文化服务的定义所界定的那样——公共文化服务的最终目的是满足人民群众的基本文化权益。但在具体的实施过程中，群众文化需求反馈机制不健全，政府职能转变不彻底，在一定地区和一些领域存在公共文化服务购买内容与群众需求有错位，服务对象单一、重复、不周全等问题。以传统戏曲的惠民演出为例，送戏下乡常常只有老年观众，青年观众缺失或兴趣点捕捉欠精准。送电影下乡，其服务内容又不能跟上全球化时代的最新动态，难以调动群众兴趣。数字图书馆内容虽丰富，但难以实现一对一指导，也欠缺对服务人群的分析和预测，加之信息不对称造成广大群众不会使用丰富的数据库功能，难以达到服务民众的最终目的。

（二）公共体育服务需求及满意度

郑家鲲等[①]对我国公共体育服务现状进行了调查，结果显示：①我国居民对公共体育服务总体状况的满意度不高，仅有 14.1％的城乡居民对公共体育服务持"满意"态度，超过 1/3 的居民认为自己所享受的公共体育服务"一般"，有 18.5％和 13.7％的居民对当前公共体育服务"不太满意"或"不满意"。②城市居民对公共体育服务总体状况的满意程度要高于农村，城市中仅有7.7％的居民对公共体育服务"不满意"，而农村居民选择"不满意"的高达22.4％，这

---

① 郑家鲲.刘炜.我国公共体育服务现状调查与分析[M]//戴健.中国公共体育服务发展报告(2013).北京：社会科学文献出版社,2013:78-102.

说明城市的公共体育服务发展水平明显好于农村,农村公共体育服务发展相对滞后。因此,加快发展农村公共体育服务,提高农村公共体育服务水平,使农村居民能享受到与城市居民一样的公共体育服务是未来一段时间公共体育服务建设需重点解决的问题之一。③我国不同区域的居民对公共体育服务总体状况的满意程度也存在差异,即东部地区的居民对公共体育服务的满意度最高,西部地区其次,中部地区满意度最低,只有 5.8% 的中部地区居民对公共体育服务持"满意"态度。不同年龄段的居民对公共体育服务的满意度差异不大,18 周岁以下的青少年及 60 周岁以上的老年人对公共体育服务的满意程度要高于其他年龄段群体的居民。不同性别的居民对公共体育服务的总体满意程度大体相当,男性居民的满意度略高于女性居民。

1. 我国城市居民对体育场地设施数量的满意度高于农村

从整体上看,我国城市居民对体育场地设施数量的满意度高于农村居民,城市中 18.6% 和 27.6% 的居民对体育场地设施数量持"满意"和"基本满意"态度,而农村中 16.7% 和 17.2% 的居民对体育场地设施数量持"不太满意"和"不满意"态度,农村居民的不满意程度明显高于城市,城乡差异显著。调查结果表明,城市居民经常进行体育锻炼的场所排名前三位的依次是"绿地、公园或广场""室外的小型运动场""学校的体育活动场地";而农村居民平时进行体育活动最多的场所依次是"自家庭院或室内""绿地、公园、广场或空地"及"学校的体育活动场地"。可以看出,城市居民和农村居民在体育锻炼场所的选择上差异较大,但都把"学校的体育活动场地"作为体育锻炼的主要场所之一。调查中也发现,34.5% 的城市居民和 43.1% 的农村居民认为自己附近的学校体育场馆设施不对居民开放,只有 35.6% 的居民认为自己附近的学校体育场馆设施开放且时间能满足锻炼需求。这也反映出学校体育场馆的对外开放程度还不高,开放力度还需加强。

2. 城乡居民对体育设施种类的需求存在差异

我国城乡居民对体育设施种类的满意程度大体相当,城市居民的满意度略高于农村居民,但农村居民对体育设施种类的不满意程度明显高于城市居民。在对"您希望增加哪些体育场地设施"的调查中,城市居民的选择排在前五位的依次是"健身房""游泳池""小型体育健身苑点""综合性的体育健身中心""羽毛球场地";农村居民的选择排在前五位的依次是"健身器械""综合文体室""乒乓球台""篮球场""健身苑点"。对体育设施种类的需求来看,城乡居民的选择存在明显差异,城市居民参加体育锻炼更多的是休闲、娱乐与放松身心,农村居民则较多考虑的是强健体魄、增强体质。

3. 城乡居民体育活动的形式和内容不够丰富

体育活动是保障人类健康、活跃文化生活、满足幸福需求,且男女老少皆宜的社会文化活动。近年来,全国各地都陆续举办了丰富多彩的公共体育活动,已形成全民健身周、社区健身大会和农民体育展示大会等健身活动品牌,也打造了各种各样的特色体育活动品牌,这些活动对推进全民健身运动的开展、丰富人们的精神文化生活都起到了重要的作用。但调查发现,有58.3%的城乡居民没有参与过群众性体育比赛或展示活动,究其原因是他们更希望参加有规律的日常体育锻炼活动,对专业的体育比赛、大众体育竞赛表演等活动兴趣不大。调查也表明,当前体育活动形式单一、内容缺乏吸引力,不能满足各阶层居民的体育需要已成为制约体育活动开展的主要因素。

调查显示,居民在活动内容的需求上比较关心的是与自己相关的最直接、最现实和最基本的体育活动项目,而对高层次、高强度和高消耗的大型或专业的体育活动需求不大。居民体育活动内容需求还因年龄、职业不同而呈现多样化趋势,拳、操等健身性体育活动是中老年人的首选,学生和自由职业者对休闲性体育活动比较感兴趣,军人对体育竞赛表演等演示性活动比较热衷,农民则最喜欢拳、操等健身性体育活动,而对娱乐性体育活动内容各个年龄段居民都有需求。值得注意的是,18岁以下的青少年群体更喜欢冒险类体育活动。青少年精力充沛、好胜心强,喜欢刺激、冒险,想通过冒险体育活动来宣泄他们的学习压力。因此,在安排体育活动内容时也应考虑青少年这个特殊群体的需求。

4. 城乡居民对体质监测的满意度不高

体质监测服务是居民最基本的公共体育需求之一,体质监测服务与居民的健康密切相关,定期的体质监测、个人体质健康档案建立,以及体质监控、干预和追踪等后续服务是居民最关心、也是最现实的公共服务要求。调查显示,城乡居民对体质监测服务的满意度普遍不高,仅有12.2%的城市居民和13.4%的农村居民对体质监测服务持"满意"态度,33.2%的城市居民和44.6%的农村居民对体质监测服务的态度是"不太满意"和"不满意"。可以看出,城乡居民对体质监测服务的满意度还不高,农村居民对体质监测服务的不满意度高于城市居民11.2个百分点。居民参加体育锻炼时需要掌握科学的健身知识和方法指导,而定期的体质监测和合理的运动方式能为日常锻炼提供准确的数据,进而使居民的体育锻炼更趋合理。[①]

二、供需差距下的公共文化服务供给拓展

（一）以深化文化体制改革为前提

公共文化服务领域供给侧结构性改革的实现有赖于良好的文化市场环境的营造、富有竞争力的市场主体的培育,以及适销对路的高质量文化产品的充分供给,这一切的实现都需要以深化文化体制改革为前提。2002 年至今,文化体制改革实现重大突破,特别是在国有文化事业单位转企改制领域成就明显,并摸索出分离改制、整体改制为企业直接进行股份制改造等多种转企改制的有效形式。在此基础上,为适应供给侧结构性改革的新常态,继续深化文化体制改革的重点在于转变政府文化职能,转变政府文化职能的关键在于理顺政府与文化市场、政府与文化企业（特别是转企改制文化企业）的关系,要着力做到以下三点。

第一,为政府"减负"。首先,改变强行政模式,实现政府文化行政职能重心的转移。推进政社分开,加强政社合作,使政府从公共服务事业的微观活动中抽身出来,将具体生产事务移交社会力量,实现政府文化行政职能由主办型和管制型向服务型和扶持型转变,由单向型和集权型向复合型和分权型转变,充分发挥市场机制在资源配置方面的决定性作用,调节文化产品的生产、流通和消费,实现文化生产资源的合理配置。其次,果断停止对"僵尸文化企业"的无谓输血,一方面,要尽可能地减少财政资金对"僵尸文化企业"的直接补助行为;另一方面,要坚决杜绝利用政府购买公共文化服务的便利实现对"僵尸文化企业"结构性过剩文化产品的分销,从而真正实现将"僵尸文化企业"推向市场,实现市场机制下的优胜劣汰,促进要素从过剩领域流转到有市场需求的领域、从低效率领域流转到高效率领域,提高资源配置效率,配合文化产业领域供给侧结构性改革的完成。

第二,为企业"解绑"。首先,要进一步明确文化企业的企业法人地位,鼓励文化企业根据市场需求和企业自身情况进行文化艺术创作与生产,积极参与市场竞争,使文化企业真正掌握文化艺术创作与生产的主动权。其次,推进文化资产产权制度的确立,要从委托权上取得突破,逐步解决文化资产的产权问题,提高文化企业的效率,并带动激励机制问题的解决。在一些发达地区,

---

① 郑家鲲.刘炜.我国公共体育服务现状调查与分析[A]//戴健.中国公共体育服务发展报告(2013)[C].北京:社会科学文献出版社,2013:78-102.

特别是部分中心城市,要重点推进投融资体制改革,鼓励社会力量通过参股、合伙经营乃至控股的方式参与文化建设,加快培育产权市场,加强对文化产权交易的管理,完善无形资产评估机制,鼓励和引导文化企业依法进行股权、版权、商标、品牌等方面的交易,为文化的进步繁荣创造源源不断的内生动力。

第三,为基层"扩权"。在互联网高度发达的 21 世纪,信息的数量呈几何级数增长,信息的瞬时性也空前增强,对政府而言,掌握公共服务供给决策所需的信息的足够、准确,避免信息的失真性和滞后性,对于做出科学的公共决策至关重要。信息往往来源于基层,当信息从基层向高层逐层传递时,所经过的层级越多,信息传递出现偏差和被篡改的可能性就越大,不少信息很可能已经被修正甚至是虚假的,因为信息传递层级的增加还会导致信息的延误和公共服务供给决策的迟滞,信息具有不可再生性,倘若不能迅速、及时地传递下去,很快就会变得过时。为保证公共文化政策决策的科学性与时效性,在公共文化服务供给领域,有必要实现部分决策权力的下移,通过纵向分权扩大社区等基层行政单位在公共文化供给中的决策权,特别是在广大农村地区要实现政府送文化与农民自己要文化的有机结合,探索科学合理的农民文化需求表达机制,实现公共文化供需的无缝衔接,更好地满足公众的文化需求。

(二)以充分发挥社会力量作用为重点

政府是最重要的公共文化服务供给主体,但不是唯一主体,在公共文化服务供给过程中,政府要充分调动社会力量的参与积极性,促进文化资源的合理优化配置,提高公共文化服务的供给效率。

第一,明确社会力量的参与范围。通过基本公共文化服务的内涵,明确基本公共文化服务与非基本公共文化服务的界限,以此为依据采取不同类型的供给方式,划定社会力量可参与的深度与广度。基本公共文化服务的主要实现目标在于均等化与标准化,这是政府公共文化服务建设的主要着力点,需要政府进一步加大财政投入,为全体公民提供基本和有保障的公共文化产品,同时也要创新服务提供方式,引入市场竞争机制,强化成本核算和绩效管理,提高服务效率和服务质量。在非基本公共文化服务领域,要大力推进市场化改革,活跃文化市场,加快发展文化产业,鼓励非政府组织与文化企业等社会力量以多种方式进入公共文化服务事业领域。

第二,破除社会力量的参与障碍。现阶段社会力量在参与公共文化服务的供给过程中依然面临"铁门""弹簧门""玻璃门"等多重障碍,这些障碍的破除是社会力量有效参与公共文化服务供给的前提。对于政策性文件明确表述为鼓励和引导社会力量进入的领域,要实现实质性的开放,不以个别领导或个别部门的局部利益而对社会力量进入设定人为的障碍,真正做到"法不禁即可"。通过简化行政审批制度,明确政府监管范围,避免出现社会力量因行政因素而退出的不良现象,破除社会力量进入的隐性障碍。出台硬性准入标准与内容审查标准,确保民营文化企业与国有文化企业审查标准的一致,对不符合准入标准的一律不允许进入,对检查出问题的严格按相关规定处理。

第三,规范社会力量的参与模式。社会力量参与公共服务事业的趋势将以公建民营和民办公助为主,鼓励发展民建民营模式中的非营利形式。在公建民营模式下,要鼓励社会力量通过部分购买、租赁、承包、受托运营等途径参与剧院等大型国有文化设施的运营管理,并以此为契机引入市场机制和现代管理理念,提高公共文化设施的利用效率和服务质量。在民办公助模式下,对于社会力量出资举办公共服务事业,要对其进行全面严格的审查,在确保所提供文化产品或服务内容的政治导向正确、质量上乘的前提下,提倡政府以购买、补贴、补助、税费优惠等形式给予政策支持,使民办公助成为社会力量参与公共服务事业的主流模式。

(三)以实现"智慧供给"为目标

公共文化服务的智慧化供给,是将智慧城市理念运用到公共文化服务的供给上,借助互联网、云计算、大数据等高新技术,推动供给决策的科学化,实现供给方式的创新,以达到公共文化服务供给的精准化、个性化、均等化。公共文化服务智慧化供给的实现要从以下两个方面入手。

第一,依托大数据实现公共文化服务供给决策的科学化。凭借政府官员个人判断与主观经验总结做出公共文化服务供给决策是造成公共文化服务需求与供给错位的根源之一,实现公共文化服务供给决策的科学化是公共文化服务领域供给侧结构性改革的重要内容,而大数据的出现在很大程度上改变了"出现问题—逻辑判断—提出方案"的传统公共服务供给模式。公共文化服务供给科学决策的做出是建立在对公众文化需求相关信息充分掌握的基础之上的,大数据极大地简化了信息的收集与加工处理过程。在庞大的数据基础上,借助大数据技术将公众文化需求进行多维度、多层次的细化与分析,从而能够精确感知公众文化需求,精准提供个性化公共文化服务。实现公共文化服务供给决策由"经验型"向"数字驱动型"的转变,建立开启"收集数据—量化分析—关系建立—提出方案"的智慧化公共文化服务供给模式,实现公共文化服务领域供给侧结构性改革的深化创新。

第二,推动互联网与公共文化服务的深度融合。互联网已成为我国经济社会发展的重要力量,同时也是最为重要的文化生产基地与传播平台,与普遍意义上的公共服务相比,互联网在公共文化服务的供给过程中应当发挥更为重要的作用。首先,要充分利用互联网信息传播的方便快捷性,通过微信、微博等现代社交媒体,做好对所提供的主题展览、公益讲座等信息的推送和成果的展示工作;其次,通过网络博物馆、网络图书馆的建设,实现观赏性公共文化服务的网络化,使网络成为公众消费公共文化服务的重要途径,使公众对此类公共文化服务的获得更加方便快捷,有助于提高公共文化资源的利用率;最后,通过互联网建立群众参与、表达、监督的平台,使公众真正成为公共文化决策的参与者,使公共文化的供给真正在阳光下运行。①

三、供给侧改革下全民艺术普及的"北仑样本"

(一)以数字服务平台为核心,实现全民艺术普及网络城乡全面覆盖

宁波市北仑区通过数字服务平台,大力实施全民艺术普及工程,开启"全民艺术普及直通车",以精准惠民为努力方向,完善公益艺术培训体系,开展互动式、菜单式、订单式服务,推动全民艺术知识、全民艺术欣赏、全民艺术精品、全民艺术技能、全民艺术活动等的普及,从而提高全民艺术素质、培育全民艺术审美、实现全民艺术梦想。

1. 建立资源库,"文化商品"分门别类

2013年初,宁波市北仑区文化广电新闻出版局牵头,北仑区文化馆负责,各镇、街道文化站共同参与,社区、村、企业等联动,整合和优化区、镇(街道)、村(社区)及辖区单位的文化阵地、文化活动、文化队伍等文化资源配置,全新推出数字化公共文化服务项目:北仑区文化加油站。首先对分散在全区的各类文化资源进行排摸、甄别、整合,然后分别建立文化项目库、人才项目库和文化阵地库三个综合性文化资源库。至2017年,文化项目库有541种3281套服装道具、417个设备器材、566个文艺节目;人才项目库有100多名骨干教师和300多个舞蹈、音乐、书画、健身、非遗等培训课程;文化阵地库有农村文化礼堂、企业俱乐部、社区文化室等80余处文化活动场地。三大资源库集成全区现有文化资源,将公共文化服务资源分门别类,按"库"上网,方便群众搜索选择。基层文化单位组织活动或排演节目时,不仅可以从中挑选合乎心意的服装道具,还可以调剂到文艺节目。这既减轻了基层文化管理员的工作压力,也实现了节目资源的共享和流动。如今,资源库成为区内最重要的公共文化

---

①　文立杰,纪东东.中国公共文化服务领域供给侧结构性改革研究(2007—2016)[A]//黄永林,陈汉桥,等.武汉文化创意产业发展报告(2016)[C].北京:社会科学文献出版社,2016:68.

综合服务共享点,大大提升了全区开展群众文化活动的效率,让文化资源发挥了最大效能。

2.建成配送站,文化物流覆盖全区

推动"固定文化服务"向"流动文化服务"转变,搭建流动博物馆、图书流通站、流动绘本馆、文化加油站等载体,把服务平台搭建在百姓身边。架构"1+N"文化加油站服务机构。"1",即1个总站,设在北仑区文化馆,负责分站的申建、设置、布局,管理和更新文化资源库,协调总管预约申请和配送服务等问题;"N",即N个分站,按照片区管理要求,在中心社区、中心村、工业园区、农村文化礼堂、重点学校、企业等处设立97个分站,每个分站有专门的管理员,负责活动组织、服务、建档、信息报送等相应工作。在"北仑文化加油站"网站上,文化惠民节目、场地、资源等变身"文化商品",基层单位或个人只需要轻点鼠标,自助选择,总站便会对提供的服务进行确认和调配,通过97个"文化物流"站点配送服务,形成点面结合、全域覆盖的工作格局。推出的文化加油站公共文化服务项目,通过转变服务理念、搭建有效平台、借力社会组织等办法,把服务送到群众身边,为群众提供更为精准的文化服务,做大做强全民艺术普及的线上服务,实现全民艺术资源的互联互通。此外,文化加油站通过在有条件的村、社区和企业设立加油站点,以基层为阵地,借用它们的场地设备开展培训辅导,加油站还充分调动和利用文艺团队、文艺骨干、文化管理员和文艺志愿者的服务力量,建立人才资源库,借助社会的力量,解决了基层人员力量不足的问题。

3.建立服务网,网上点选高效便捷

开通"北仑区文化加油站"网络平台,开设相应板块。平台设置主要包括总站服务、站点服务、资源平台、配送公示等四大板块十几个子项目,力求界面清新、使用便捷。总站服务以区文化馆为主要阵地,每月定期推出音乐、舞蹈、美术、摄影、书法、表演等多门类常规培训课堂,面向全体市民开放,市民可根据自己的兴趣爱好在网上直接报名参与。总站还在每年6~9月集中推出全民艺术普及季活动,基本做到天天有培训课程。站点服务以各分站点为阵地,搜集群众文化需求信息,并结合自己实际需求,在网上自行点单预约,总站根据分站要求按时配送。资源平台主要有场地器材、服装道具、展览展示和文艺节目四大类资源,供社会和个人在组织开展活动时进行选择和租借。配送公示每月定期对总站举办的活动和各分站点配送计划在网上公示,让群众及时掌握区内各类文化动态,实时在线查看各类课程时间、培训项目,了解培训动态详情,订阅最新入库文化资源,根据自身需求,自助选择培训项目,在线报名课程,预约开放场地等,并根据公示项目就近选择站点参与自己感兴趣的项目,从而实现了文化馆与群众之间文化服务的供需对接。北仑区文化加油站数字化服务平台借助互联网,按需输送,以"菜单"预约形式免费向基层群众提供有关培训、讲座、展览、演出等的最广泛、最便利、最贴心的一站式公共文化服务,使全民艺术普及零门槛零距离,成为简单便捷、公开透明和多样选择的面向全区基层单位、城乡群众的公共文化数字化服务平台。

4. 加强管理,确保平台有效运行

北仑区文化馆专门建立相关的工作制度,各部室全力配合,拟定了北仑区文化加油站实施推进方案和具体的操作实施细则,任务落实到人。每年召开加油站工作推进会,对分站的管理员进行业务培训,加强指导。出台星级考核评定办法,年底统一进行考核,对达到三星、四星、五星的站点进行奖励补贴。安排专人专职对文化加油站数字化服务平台进行更新、完善等常规动态维护,及时将相关文化资源上传,公布培训项目课程和每月配送计划,供各基层分站点选择。同时,还加强了宣传,提出了"文化快车,为幸福加油"的口号,全新改版了北仑文化网,推出文化微博和文化微信,建立管理员工作 QQ 群,及时进行沟通,加强信息的反馈。为提高公众知晓率,在当地报纸《北仑新区时刊》上推出了专版,详细介绍北仑区文化加油站的设置和服务功能、服务项目。对总站服务的课程每周一次在网站、电子屏幕和当地报纸上公告,最大限度和最大范围吸引群众报名参与,提高服务的有效覆盖面。自 2013 年文化加油站运行以来,被点击选择的各类培训、演出达 1530 多场次,站点之间的文化交流达230 多次,年均培训讲座达 370 次,累计受益群众超过 15 万人次。数字化服务平台搭载的线上线下 7×24 小时不间断的文化配送,用一个小平台撬动了整个大服务,受到了基层群众的热烈欢迎。

(二)以群众文艺团队为根本,带动全民艺术普及

通过全民艺术普及,把优秀的文艺爱好者培养成文艺骨干,把优秀的文艺骨干组建成群众业余文艺团队,让有文艺特长的群众文化志愿者加入全民艺术普及的行列,使常态化的文化志愿服务与专业化的艺术普及项目有机结合,把群众业余文艺团队发展成繁荣基层群众文化、开展全民艺术普及的重要推手和载体,使群众文艺团队实现从自娱自乐向服务社会的跨越转型发展。

1. 出台团队建设实施办法

制订并实施《北仑区加强业余文艺团队建设 繁荣群众文化实施方案》,提出逐步建立区级团队,企业团队,学校团队,乡镇、街道团队,村(社区)团队,实施团队建设的全覆盖目标。出台奖励扶持政策,采取以奖代补的办法,重点补

助经常开展文艺演出活动的团队,在年终考核中对业余文艺团队进行评比,每年评出优秀团队若干支,每支优秀团队补助 5000～20000 元。制订《北仑区企业文化俱乐部建设标准》,推进"企业文化俱乐部"建设。到目前,全区共有 66 家企业达到"企业文化俱乐部"等级标准,政府给予这些创建合格的企业文化俱乐部奖励补贴 5 万～8 万元。加大了对团队的日常经费补助,包括新建补助、活动补助、设施补助、项目补助等方式,同时对群众文艺团队组织开展的活动和购买的音响、乐器、道具等设备实行 50％的补助。

2. 扶持培育重点文艺团队

海晨业余艺术团是北仑区文化馆下辖管理的一支艺术团队,成员主要来自各机关、学校、企事业单位,拥有音乐、舞蹈、器乐、戏曲等多个小团队,成员达 150 余人。北仑区每年拨付 60 万元的专项经费,用于团队发展。艺术团常年活跃在城镇乡村,进部队、企业、社区、农村、福利院、学校、偏僻山区和海岛等地演出。近十年来,下乡演出场次不下 300 场,观众超过 60 万人次,成为一支活跃在北仑城乡舞台的文艺精兵,多次被评为"文化下乡先进集体"、浙江省优秀社会艺术团队、浙江省十佳群众文艺示范团队,曾参加上海世博会专场演出,并获得文化部通报表彰。民族之花文艺轻骑队是城区所在地新碶街道一家社区的文艺队伍,汇聚了满族、藏族、佤族、回族、朝鲜族、苗族、侗族、蒙古族等 10 多个少数民族艺术资源,成为北仑艺术百花园中一支耀眼的"乌兰牧骑",其案例被选入全国基层文化队伍培训教材《群众文化案例选编》一书。北仑还以"抓好一支队伍、创作一批作品、打响漆画品牌"为目标,在区域内积极扶持漆画创作团队。浙江省美术家协会漆画创作基地从 2011 年落户北仑以来,积极发挥教学培训、创作研究和学术交流的作用,加强漆画队伍创作水平,作品先后入围全国漆画展、全国美展,举办了浙江当代漆艺展、厦门宁波漆画学术交流展、2016 全国(浙江)漆画创作高级研修班等活动。2017 年 8 月,由中国美术家协会主办的首届中国(宁波·北仑)青年漆画大展落户北仑,中国美协漆艺委北仑创作中心届时挂牌成立,这是北仑、宁波乃至浙江在漆画事业发展上迈出的突破性一步,将极大推进浙江漆画艺术发展,提高区域漆画创作水平。北仑的漆画创作团队通过挖掘、发现、培养、创新、提高,一步步打造出精品团队,现在这群作者已经成为浙江省漆画创作人数最多的一个群体,成为艺术精品普及的样板。

3. 发挥团队示范引领作用

近年来,北仑合唱团、北仑越剧团、夕阳红艺术团、霞南越剧班、梅山舞龙舞狮队、穿山造跤队等一大批有特色的文艺团队纷纷成立或做大做强,不仅走出北仑,走出宁波,还走出国门。2016年,梅山舞狮代表宁波赴日本奈良参加东亚文化之都交流活动。这些骨干团队对社区、村落等业余团队起着辐射、示范和导向的作用,使得不同层次、不同文化需求的爱好者从单兵、个体向骨干、团队集聚靠拢,北仑区业余文艺团队实现了从无到有、从小到大、从单一到丰富的转变。另外,文化馆组织文艺骨干助力基层草根团队,要求每位业务干部立足基层,服务群众,做到每个专业干部每年下基层不少于60天,每年组织专业培训不少于200次,下基层辅导不少于300次。全区群众文艺团队从2011年底的421支发展到了目前的610余支,全区每个社区、村(居)、企业、学校均建立起1~2支基层群众文艺团队。2013年,"基层群众文艺团队建设长效机制"被列为浙江省首批公共文化服务体系建设示范项目。

（三）以区域多级联动为依托,提升全民艺术普及服务供给效能

北仑构建馆站联盟,加强馆与馆、馆与站之间的沟通和有效协同服务机制,通过共同协商、统筹安排、联合举办,共同举办展览、演出、比赛等,提升活动的规模、档次和深度、广度,提高全民艺术普及服务供给效能,创造文化新影响力。

1. 加强馆站联动

因地制宜,推进"北仑版"文化馆、图书馆总分馆服务体系建设,完善馆与馆、馆与站、站与站之间的有效协同服务机制,加强区域间纵向和横向的联动。2015年,各文化站联合建立北仑区书画展览联盟,以北仑港城文化长廊、百姓艺术馆为主阵地,统筹全区展览阵地,安排各地巡回展览时间。文化馆、图书馆两馆同时还与街道联手举办各类活动赛事,包括元宵灯会、元宵民俗踩街、浃江龙舟赛等一系列有影响的活动。2015年举办的"梅山杯"甬城龙狮争霸邀请赛,邀请来自宁海、鄞州、奉化、余姚、镇海、北仑等县市区的12支龙狮队伍角逐龙狮奖。本地队伍梅山狮王队夺得桂冠,确立了宁波狮王的地位。北仑区通过文化加油站的形式,让舞狮老师到各街道去辅导培训,如今北仑建成了30多支舞狮队伍。凭借舞狮项目,2016年北仑还获得了"浙江省民间艺术之乡"称号,2017年又入围宁波市非遗特色小镇创建项目。

2. 加强城际联动

2016年10月,来自甘肃、河南、海南、江西、山东、四川、上海、新疆等11地的文化馆联手举办"山海风情"全国十一地文化馆大联动活动,包括优秀民间美术(工艺)作品联展、优秀民间文艺大展演等,汇聚了江西羽毛画、四川德阳潮扇、成都手绘年画、上海西郊农民画、新疆哈萨克族手工编织品、山东唢呐艺术平派鼓吹乐《喜气洋洋庆丰收》、甘肃《裕固妇女服饰歌》、河南陕州锣鼓书

《南洼人家》等优秀民间美术工艺作品和民间文艺节目。这种区域性联动的展演形式,不仅有效推动了地域间优秀文化的沟通、合作、交流、学习和互动,实现了异地间优秀文化资源的对接与共享,拓展了区域文化建设的途径和空间,而且直接贴近生活,贴近群众,服务群众。除此之外,北仑近年来还相继举办了"浙江印记"——2015 年浙江省优秀民间文艺大展演暨文化走亲大联动、2016 年宁波市首届民俗文化庙会、"港通天下舞动四海"、2015 年中国港口城市街舞争霸赛、大港漆约——2015 年厦门·宁波漆画艺术交流展等。这些做法有利于形成"资源共享、优势互补、区域联动"的运行机制,不仅使公共文化经费、设施、活动、服务最大限度发挥作用,而且推动城市间各个层面的文化交流和区域互动,有助于北仑树立城市文化的品牌和形象,提升文化活动品质,增强城市文化影响力,提升全民艺术普及的服务供给效能。[①]

---

　①　曹敏杰.公共文化服务供给侧改革下全民艺术普及的"北仑样本"[A]//张爱琴.宁波"一人一艺"全民艺术普及发展报告(2017)[C].北京:社会科学文献出版社,2017:145-161.

第九章　公共教育服务质量管理

第一节　公共教育服务质量管理概述

一、公共教育服务

公共教育服务属于公共服务的基本内容,是政府重要的职能之一。传统观点认为政府是公共教育服务的重要供给方,但随着新公共管理理论和实践的兴起,公共教育服务供给开始呈现多样化的特点。基本的观点是除了政府以外,其他的社会机构包括个人都有可能成为公共教育服务供给的主体。关于此,学术界有几种不同的声音。第一种声音认为,公共教育服务是公共服务在教育领域中的服务职能体现,一般由法律授权的政府、非政府组织及其他的企业单位来承担供给有关方面的职能。政府不再是公共教育服务的唯一提供者和责任者,学校、市场、社会组织乃至个人也将成为公共教育服务供给的重要主体。第二种声音认为,公共教育服务最重要的特征是公益性,认为本质上公共教育服务就是一种由政府主导并惠及全社会公众且可以满足社会教育共同利益需求的公益性服务,所以公共教育服务产品的生产可由政府部门、非政府组织、非营利组织乃至营利组织一同完成,但主要由政府部门提供。

公共教育服务包括基本公共教育服务和非基本公共教育服务。基本公共教育服务是指由政府为主提供的,与全体人民群众最直接、最关心、最具有切身利益相关性的公共教育服务。如果要给公共教育服务下一个操作性定义的话,我们认为,公共教育服务可以被认为是在公共政策的规范指导下,立足于一定的社会共识,为满足公民需求和共同利益,由政府、市场、个人等多个主体共同提供的、面向全社会特别是青少年的一种文化服务。它是基本公共服务在教育领域的表现,具有公共性、普惠性、基础性、发展性四个主要特征,它与全体人民群众最关心、最直接、最现实的切身利益密切相关,是实现人的终身发展的基本前提和基础,[①]是我国教育改革的核心。

二、公共教育服务的种类和范围

有学者依据教育服务产品的消费维度将教育服务划分为三种类型:(纯)公共产品、准公共产品和私人产品。纯教育公共产品或免费产品主要指义务教育,是强制实施的全体适龄儿童可免费享受的产品;准教育公共产品或优惠服务产品主要指非义务教育,如学前教育、中学后教育等"选择性教育",因对个人和家庭有好处,故愿意做部分投资;私人教育产品或全收费产品主要指民办培训班和家教,国家一般不予补贴。其中,前两种产品属公共教育服务的范畴。因此,公共教育服务不仅包括通常所说的公共产品(非竞争性和非排他性物品),也包括市场供应不足的教育产品和服务。[②]

从不同的角度,公共教育服务有不同的种类划分。从涉猎角度看,公共教育服务可分为广义和狭义两种。广义的公共教育服务面向全社会公众,而狭义的公共教育服务仅面向学校。从产品类型角度看,公共教育服务可分为公共教育产品服务、部分非公共教育产品服务和非教育产品服务。从需求满足角度看,公共教育服务可分为基本和特殊两种。基本公共教育服务是为培养有基本生活能力、能够维持身体健康并适应社会发展的公民而提供的服务。这种服务具有阶段性与时代性。特殊公共教育服务从公民的人生观与价值观出发,是为使全体公民在某一专业领域有所发展、有所创新而提供的服务。特殊公共教育服务具有长远性及指向性,还有极强的专业性。对于特殊公共教育服务而言,基本公共教育服务是条件和前提;对于基本公共教育服务而言,特殊公共教育服务是对它的完善和发展。

所以公共教育服务的范围既包括面向学校的公共教育服务,又包括面向社会的公共教育服务;既包括公共教育服务,又包括部分非公共教育服务;既包括基本公共教育服务,又包括特殊公共教育服务。

总体而言,公共教育服务的范围不该只停留在通常意义上讲的公共教育产品(非竞争性和非排他性物品)服务,还应该包括那些市场供应不足的产品和服务。公共教育服务的范围不应止步于义务教育,还应包括所有教育层次,高中教育、高等教育、职业技术教育(尤其是中等职业技术教育)、婴幼儿早期

---

①　周光礼.改革体制机制推进基本公共教育服务体系现代化[J].人民教育,2017(19):48-50.

②　李保强,马婷婷.公共教育服务的概念及其体系架构分析[J].教育理论与实践,2014,34(7):35-38.

教育、成人教育、民办教育、民族地区教育、弱势群体教育、终身教育等都应包括在内。此外,当代兴起的远程教育和信息共享平台以及与教育相关的其他产品和服务也应该隶属于公共教育服务的范围。随着社会文明的不断延续和进步,公共教育服务范围也不断发生改变。一方面,面向学校的公共教育服务会在学段上不断扩展,例如,将学前教育和高中阶段教育纳入基本公共教育服务体系中去;另一方面,公共教育服务也在逐渐由学校向社会方向延伸,公共教育服务不断融入社会文化和风俗中去。伴随着公共教育服务的不断推进,其范围会更加广阔、全面且合理。

美国学者杰拉尔德·莱恩旺德曾对美国 21 世纪公共教育改革议题进行了预测,包括学校的真实世界、更好的学校、更长的学年、早期教育、天才学生计划、追求更小型化的学校、教育技术的应用、公司的参与、大学的参与、社区的参与、(青少年)的社区服务活动。这对我国公共教育服务体系的发展具有借鉴意义。[①]

《国家中长期教育改革和发展规划纲要(2010—2020 年)》明确提出,到2020 年我国要形成惠及全民的公平教育,建成覆盖城乡的基本公共教育服务体系,逐步实现基本公共教育服务均等化,缩小区域差距。在《国家基本公共服务体系"十二五"规划》中,明确规定整体提供的基本公共教育服务包括:为适龄儿童、少年提供免费九年义务教育,为农村义务教育阶段寄宿生提供免费住宿,并为家庭经济困难寄宿生提供生活补助;为贫困地区农村义务教育学生实施营养改善计划;为农村学生、城镇家庭经济困难学生和涉农专业学生提供免费中等职业教育;为家庭经济困难学生接受普通高中教育提供资助;为家庭经济困难儿童、孤儿和残疾儿童接受学前教育提供资助。在《"十三五"推进基本公共服务均等化规划》中,基本公共教育服务体系的构建作为基本公共服务的首要内容,确定其内容包括:免费义务教育、农村义务教育学生营养改善、寄宿生生活补助、普惠性学前教育资助、中等职业教育国家助学金、中等职业教育免除学杂费、普通高中国家助学金、免除普通高中建档立卡等家庭经济困难学生学杂费 8 项内容。伴随"建设服务型政府"为目标的政府改革的开始,公共教育服务也迅速成为教育学界和公共教育改革实践中的焦点领域和研究焦点。本书中所讲的公共教育服务特指基本公共教育服务。

---

① 李保强,马婷婷.公共教育服务的概念及其体系架构分析[J].教育理论与实践,2014,34(7):35-38.

第二节　基本公共教育服务均等化

一、均等化与教育均衡发展

（一）基本公共教育服务均等化概念

基本公共服务均等化是指全体公民都能公平可及地获得大致均等的基本公共服务，其核心是促进机会均等，重点是保障人民群众得到基本公共服务的机会，而不是简单的平均化。① 根据《"十三五"推进基本公共服务均等化规划》规定，我国在"十三五"期间，推行公共服务均等化旨在健全国家基本公共服务制度，完善服务项目和基本标准，强化公共资源投入保障，提高共建能力和共享水平，努力提升人民群众的获得感、公平感、安全感和幸福感，实现全体人民共同迈入全面小康社会。基本公共教育服务均等化是公共服务均等化在教育领域的体现。在基本公共服务均等化方面的重点任务包括以下几个方面。

（1）义务教育方面，重在建立城乡统一、重在农村的义务教育经费保障机制，加大对中西部和民族、边远、贫困地区的倾斜力度。统筹推进县域内城乡义务教育一体化改革发展，推进建设标准、教师编制标准、生均公用经费基准定额、基本装备配置标准统一和"两免一补"政策，城乡全覆盖，基本实现县域校际资源均衡配置，扩大优质教育资源覆盖面，提高乡村学校和教学点办学水平。落实县域内义务教育公办学校校长、教师交流轮岗制度。保障符合条件的进城务工人员随迁子女在公办学校或通过政府购买服务在民办学校就学。加强国家通用语言文字教育基础薄弱地区双语教育。加强学校体育和美育。

（2）高中阶段教育，重点支持中西部贫困地区，尤其是集中连片特困地区高中阶段教育发展，积极发展中等职业教育。逐步分类推进中等职业教育免除学杂费，率先从建档立卡等家庭经济困难学生（含非建档立卡的家庭经济困难残疾学生、农村低保家庭学生、农村特困救助供养学生）实施普通高中免除学杂费。

（3）普惠性学前教育，大力发展公办幼儿园，积极扶持民办幼儿园提供普惠性服务。扩大集中连片特困地区、少数民族地区学前教育资源。支持地方

---

① 国务院关于印发"十三五"推进基本公共服务均等化规划的通知（国发〔2017〕9号）.

健全学前教育资助制度,资助普惠性幼儿园在园家庭经济困难儿童、孤儿和残疾儿童接受学前教育。

(4)继续教育,建立个人学习账号和学分累计制度,完善学分认定和转换办法,拓宽学分认定转换渠道,探索建立多种形式学习成果认定转换机制,促进各类学习资源开放共享,推动构建惠及全民的终身教育体系。

针对以上重点任务,推出的重点保障措施包括:义务教育学校标准化建设,高中阶段教育设施建设,学前教育行动计划,教师队伍建设,教育信息化建设等。①

(二)我国公共教育服务均等化发展现状

从目前的公共教育服务发展情况来看,我国还处在起点机会均等阶段,即通过教学设施和资源的均衡配置并形成统一标准来满足所有适龄学生都有平等的入学机会。但这并不能保证公共教育服务达到教育服务客体身心的内在和谐以及内在、外在二者的统一。根据"十三五"推进基本公共服务均等化规划所描述的,"我国基本公共服务还存在规模不足、质量不高、发展不平衡等短板,突出表现在:城乡区域间资源配置不均衡,硬件软件不协调,服务水平差异较大;基层设施不足和利用不够并存,人才短缺严重;一些服务项目存在覆盖盲区,尚未有效惠及全部流动人口和困难群体;体制机制创新滞后,社会力量参与不足"②。

(三)公共教育服务非均等化的原因分析

公共教育服务均等化政策虽然实施,但非均等化问题仍然存在。有学者从不同的角度对公共教育非均等化问题进行了探讨。梳理相关文献,对公共教育服务非均等化的探讨主要从经济发展角度和政府行为角度展开。

市场经济发展水平的角度:区域经济发展不均衡是导致公共服务水平发展不均衡的一个重要原因。一个地区的经济发展水平越高,对公共资源投入的资金多,提供公共服务的财政能力也就强;相反,经济发展水平落后的国家,教育资源相对较少,教育质量也就无法得到强有力的保证。同时,由经济发展不均衡所引起的居民收入不均衡也影响了公共教育服务均等化的发展水平。Grand(1982)通过分析英国不同收入阶层所享受的公共服务情况,发现不同收入阶层享受的公共服务存在较大差距,企业雇主和经理在公共卫生和教育服务中的占比高于他们在人口总量中的占比,而穷人享受的公共服务则比较

---

① 国务院关于印发"十三五"推进基本公共服务均等化规划的通知(国发〔2017〕9号).
② 国务院关于印发"十三五"推进基本公共服务均等化规划的通知(国发〔2017〕9号).

少。但是,经济发展水平并不是决定公共教育服务均等化发展程度的唯一因素,除此之外还会受到政府偏好、财政激励等相关因素的影响。①

政府行为角度:在分权的情况下,地方政府行为会对公共服务均等化产生影响。在地方政府相互竞争的背景下,地方政府在提供教育、医疗、卫生等公共服务方面比中央政府更有效,因为他们对于非经济性公共物品掌握有更加直接的信息,在西方国家也是如此。但同时,地方财政竞争则可能带来地方福利的损失,特别是在不发达国家或农村地区,本身它们提供教育、医疗和公共卫生的成本就比城市要高,竞争环境可能带来城乡公共教育等服务供给的区域差距进一步拉大。② 中国学者更是对分权制度提出了质疑。③ Stiglitz (1982)指出,财政分权、城镇集聚及地区再分配等与市场失灵相关的政策手段,导致了社区在个人非经济性公共服务供给和分配上的低效以及供给水平和种类上的不足。④ 刘长生、郭小东和简玉峰认为,财政分权制度明确规定了地方政府完全拥有地方开支的自主权,导致了富裕与贫困地区在提供公共服务方面完全不同的政府行为:为了吸引更多的劳动力,富裕地区不得不改善教育、卫生等社会公共服务,而贫困地区由于人口流动性差,以及地方政府对吸引外资更感兴趣,普遍忽视了教育、卫生等社会服务需求⑤。

基于硬件均等化的前提,相关专家提出了"精细化治理"⑥,即针对学生的具体情况来配置教育资源和提供教育服务,实现教育服务模式的多元化和治理的多维度。具体来讲,基本公共教育服务精细化治理在基于人本、人文和个性化教育的价值追求上,重点关注基本公共教育服务的过程均等,以此保证每个个体和每一个社会阶层的人都能从各自的教育成长和整体的教育经验中得到相匹配的教育成效,达到结果均等,实现教育的和谐发展。"精"即补齐公共服务教育均等化发展中的短板,减少"木桶效应"对发展过程的影响;"细"即主

① Grand J L. The Strategy of Equality: Redistribution and the Social Services[M]. London. Allen & Unwin Inc., 1982:45.
② 李勇刚,高波,王璟.晋升激励、土地财政与公共教育均等化[J].山西财经大学学报,2012,34(12):1-9.
③ 张军,高远,傅勇,张弘.中国为什么拥有了良好的基础设施[J].经济研究,2007(3):4-2。
④ Stiglitz J E. The Theory of Local Public Goods Twenty-Five Years After Tiebout A Perspective[R]. NEER Working Paper, 1982.
⑤ 刘长生,郭小东,简玉峰.财政分权与公共服务提供效率研究——基于中国不同省份义务教育的面板数据分析[J].上海财经大学学报,2008(4):61-68.
⑥ 杨波,袁俊辉.基本公共教育服务精细化治理的运行逻辑及价值蕴含[J].武汉交通职业学院学报,2018(2):29-33.

要针对当前不同层级的基础教育政策制定和执行进一步细化,通过"微观均等"促使基本公共教育服务"宏观均等"的实现。

二、基本公共教育服务均等化的测量模型[①]

傅勇、张晏(2007)指出,1994 年以后地方政府财政权力的相对集中并不是导致科教文卫支出下降和供给相对不足的原因,地方官员的晋升激励才是产生基本公共服务供给不足和不均等的关键。与此同时,钱凯(2007)认为,地方政府的职能和财力、晋升激励引导机制以及公共服务供给效率对基本公共服务均等化有较大影响。基于此,本节引用李勇刚等关于《晋升激励、土地财政与公共教育均等化》研究中的相关案例作为材料,阐述对各地区公共教育均等化的程度进行测算的情况。该文利用我国 31 个省、区、市的面板数据,就晋升激励、土地财政对公共教育均等化的影响效应进行实证检验。

(一)公共教育服务指标体系

根据基本公共服务均等化所体现的公平正义原则以及基本国情,李勇刚等人构建了衡量公共教育服务水平的指标系统,主要包括投入类和最终有效产出类指标,如表 9.1 所示。

表 9.1　公共教育服务指标体系

指标类别	主要指标	指标计算方法
投入类	人均教育经费支出	教育经费总支出/人口总量
最终有效产出类	普通小学师生比	普通小学专任教师数/普通小学学生数
	普通中学师生比	普通中学专任教师数/普通中学学生数

(二)实证研究案例

为了考察地方政府晋升激励和土地财政对公共教育均等化的影响,将人均教育支出偏离度、普通小学师生比偏离度和普通中学师生比偏离度作为被解释变量,将土地财政和晋升激励作为解释变量。通过模型设定和变量定义建立了动态面板计量模型。基于此,使用两步 SYS-GMM 估计法进行回归分析,并得出结论。

三个基本结论如下:(1)土地财政对公共教育地区差距的影响显著为正,土地财政的增加扩大了公共教育的地区差距,而地方官员的晋升激励显著缩

---

①　李勇刚,高波,王璟.晋升激励、土地财政与公共教育均等化[J].山西财经大学学报,2012,34(12):1-9.

小了人均教育支出的地区差距,但显著扩大了普通中小学师生比的地区差距;(2)财政自给率和收入在一定程度上扩大了公共教育的地区差距,人口迁移率在一定程度上推动了公共教育地区差距的扩大;(3)人均转移支付缩小了以人均教育支出衡量的公共教育地区差距,但扩大了中小学等基础公共教育的地区差距,城镇化率和政府规模显著缩小了公共教育的地区差距。

要缩小公共教育地区差距,确保政府提供的基本公共服务达到中等收入省份的平均水平,最终实现公共教育均等化,其重点在于:(1)推动区域经济协调发展,加快欠发达地区的经济发展,缩小经济发展的区域差距;(2)构建更加科学、合理的地方官员政绩考核指标体系和考评机制,可考虑加入居民幸福指数和满意度指数,提高民生问题在考核体系中所占权重,降低地方政府投资经济性公共服务的热情;(3)增加对落后地区的转移支付,规范专项转移支付的使用,确保转移支付用于与民生关系密切的公共教育等项目;(4)调整中央与地方事权与财权的比例关系,适当增加对地方政府的补助,同时加强对地方政府土地出让收入的监督与管理,确保出让金专款专用,保证公共服务项目的资金投入。

三、我国义务教育均衡县督导评估实践

2005 年,教育部《关于进一步推进义务教育均衡发展的若干意见》提出:"县级教育行政部门要建立和完善义务教育均衡发展的监测制度,定期对辖区内义务教育学校间的差距进行检测和分析,并以适当的方式予以公布,接受社会监督。"2010 年,教育部《关于贯彻落实科学发展观进一步推进义务教育均衡发展的意见》明确将义务教育作为教育改革与发展的重中之重,把均衡发展作为义务教育的重中之重。要求县级教育行政部门制定和完善本地区义务教育学校基本办学标准,加强对义务教育均衡发展状况的督导和监测。2011 年12 月 30 日,教育部长袁贵仁在回答委员询问时表示,推进义务教育均衡发展是一项很艰巨很复杂的工作,并提出从学校标准化建设、教师资源合理配置、优质资源共享和强化督导评估四个方面来推进义务教育均衡发展。2012 年 5月,教育部颁布了《县域义务教育均衡发展督导评估暂行办法》(教督〔2012〕3号)(以下简称《办法》),出台了对县域内义务教育均衡状况进行评估的相关规定。通过开展均衡督导评估,督促地方政府切实履行职责,提高推进义务教育均衡发展工作的针对性和有效性。

一项公共政策的分析应该包含对政策内容与政策过程的研究。政策内容包括:政策将要影响的特定目标或集合,期望的特定时间过程,选择的特定行

动路线,提出的说明意图的特定陈述以及采取的特定行动。政策过程包括:一些行动和相互影响,这些行动和相互影响对一个最好的特定政策内容作出权威的最终选择以及政策的实施结果及评价。分析《关于进一步推进义务教育均衡发展的若干意见》将从规范性和描述性两种模式入手。

义务教育均衡发展督导评估主要分为四个方面:基本办学标准、县域义务教育校际间差距、县级政府推进义务教育均衡发展工作、公众对本县义务教育均衡发展状况的满意度。

基本办学标准评估,即要对其所辖义务教育阶段学校是否达到本省基本办学标准进行评估。设立一个门槛,即达到基本办学的标准。设定一定高度的"门槛",可以保证在每一所义务教育学校都能达到本省标准,成为合格学校,在此基础上再追求均衡。与此同时,通过"门槛"的设定,也能尽快实现推进《教育规划纲要》提出的"推进义务教育学校标准化建设"的目标要求。

校际间差距评估是以生均教学及辅助用房面积、生均体育运动场馆面积、生均教仪器设备值、每百名学生拥有计算机台数、生均图书册数、师生比、生均高于规定学历教师数、生均中级及以上专业技术职务教师数 8 项指标来分别计算小学、初中综合差异系数。达到基本均衡评估的标准为:小学综合差异系数不高于 0.65,初中综合差异系数不高于 0.55。

从指标体系的选择来看,《办法》的指标体系属于单一性指标和综合指标的结合,用县级政府均衡配置教育资源情况来衡量县域内校际间的教育均衡情况属于用代表性指标代替总体情况;用以上八项指标来衡量县级政府均衡配置教育资源情况,又属于全面性评价。随着我国义务教育发展进入追求优质均衡的新阶段,教育资源配置均衡、教育过程均衡、教育质量均衡成为面临的关键问题。而资源配置均衡问题相对容易解决,真正的重点是教育过程均衡和教育质量的均衡问题。因此,我们认为,要使教育评估指标在优化教育过程、提高教育质量上真正发挥作用,必须增加有关教育过程和教育质量的评价指标。正如有研究认为,校际均衡发展相对于城乡均衡发展和区域均衡发展处于微观层面,在指标设计时应该重点关注教育过程和教育结果方面。从差异系数计算方法方面来看,差异系数,也称变差系数、离散系数、变异系数,是一组数据的标准差与其均值之比,是测算数据离散程度的相对指标。离散系数大,代表其数据的离散程度大,其平均数的代表性就差,反之亦然。因此,研究者也常用差异系数来衡量教育均衡发展状况。

对县级政府推进义务教育均衡发展工作的评估主要是通过入学机会、保障机制、教师队伍、质量与管理 4 个方面的 17 项指标来进行,每个指标赋一定分值,总分为 100 分,达到 85 分以上的县方可视为达到此项评估的要求。考虑到省情不同,要求省级地方政府在制定实施办法时,可适当增加对县级政府工作评估指标。

公众对本县义务教育均衡发展状况的满意度也是评估、认定一个县是否实现基本均衡的重要参考依据。邀请公众对均衡发展状况进行满意度评定,一定程度上表现了该政策的开放性,是否照顾到了政策对象,是否保障了受益主体的利益。

义务教育均衡发展督导评估的程序,主要采取自下而上的方式进行,即县级自评、地市复核、省级评估、国家认定。如 2013 年,国务院教育督导委员会办公室共对 22 个省份申报的 325 个县(市、区)进行了材料审核,发现了部分地区校际间资源配置存在较大差距等问题,对相关地区采取约谈,限期整改,并组织国家督导检查组,带着问题对 293 个通过材料审核的申报县(市、区)进行实地检查。安排国家督学和专家 387 人次,随机检查学校 2139 所,召开人大代表、政协委员、校长、教师、家长座谈会 1147 个,发放问卷 14.2 万份,回收率 99.86%。根据检查结果,各督导组撰写了 23 份对受检省政府的反馈意见,并在教育部网站公布。要求对检查中发现的问题及时整改,上报整改方案。根据要求,22 个省份报送了 293 个县(市、区)的整改方案和整改情况报告。

第三节　政府履行教育职责评估

一、政府履行教育职责评估概述

政府是公共教育服务的基本供给主体,政府负有履行教育职责的责任。对政府履行教育职责情况的督导评价制度,首先是从县级政府层面开始的,起源于 20 世纪 90 年代的"两基"(基本普及九年义务教育、基本扫除青壮年文盲)。到了 21 世纪初期,"两基"完成后,广东、湖南等省建立了对县级政府履行教育职责情况的督导评价制度。[1]

2010 年,党中央、国务院颁布《国家中长期教育改革和发展规划纲要

① 刘阳科.对县级政府履行教育职责督导评价的多维视角[J].教育测量与评价,2019(2):22-26.

（2010—2020 年）》，提出"加强省级政府教育统筹""强化对政府落实教育法律法规和政策情况的督导检查"。将政府履行教育职责情况提到了政策关注点，同时这也是对政府自身权利义务进行督导评估的重大进步。2011 年，国家教育体制改革领导小组办公室和教育部将《制定地方政府履行教育职责评价办法》确立为教育体制改革重大项目。政府履行教育职责评估进入工作程序，从理论走向实践。

2014 年，国家教育体制改革领导小组办公室发布《关于进一步扩大省级政府教育统筹权的意见》，扩大了省级政府对教育的统筹权，如何进一步推进管办评分离，衡量省级政府履行教育职责情况以及更好地促进省级政府教育履职，推进教育公平，提高教育效率，成为国家督导的重要议题。教育督导作为教育管理的重要环节，在保障"两基"历史任务全面完成、推动国家重大教育政策项目落实、县域义务教育均衡发展、全面改善义务教育薄弱学校办学条件、农村义务教育营养改善计划实施等方面发挥了不可替代的作用。实践证明，充分发挥教育督导作用，是督促地方政府落实教育法律、法规、规章和国家教育方针政策，促进教育科学发展的重要抓手。

2017 年，国务院办公厅出台了《对省级人民政府履行教育职责的评价办法》，建立对省级政府履行教育职责情况常态化、综合的督导评价制度，实现了政府履行教育职责督导的全覆盖。这是我国首次将省级政府履行教育职责情况纳入国家教育督导评估范畴。评价的内容主要包括省级人民政府贯彻执行党的教育方针情况，落实国家教育法律、法规、规章和政策情况，各级各类教育发展情况，统筹推进本行政区域教育工作情况，加强教育保障情况和学校规范办学行为情况。评价结果作为对省级人民政府及其有关部门领导班子和领导干部进行考核、奖惩的重要依据。对履行教育职责不到位、整改不力、出现特重大教育安全事故、有弄虚作假行为的省级人民政府，国务院教育督导委员会将按照国务院有关规定，采取适当形式对有关责任人进行通报批评，并提出给予处分的建议。前所未有的问责力度说明中央政府在完善治理体系上的决心，也反映了中央政府对教育事业发展的高度重视。[①]

对省级政府履行教育职责开展评价，一方面将提升省级政府教育责任意识，进一步提升省级政府对教育发展在社会主义建设全局中战略地位的认识，增强依法履行教育职责的使命感，提升优先发展教育的紧迫感，加强对教育管理的责任感。另一方面，通过履职评估将提升省级政府教育管理水平，有助于

---

① 赵婀娜.教育履职不力，问责[N].人民日报，2017-06-22(2).

进一步理顺教育管理中的各种关系,逐步建立起高位统筹的教育管理体制和运行机制。此外,对省级政府履行教育职责开展评价,将提升队伍管理与建设水平,有助于进一步促进教育人事制度改革的深化,促进政府和相关责任部门在教师资格、编制、岗位责任等方面的落实。[①]

二、政府履行教育职责评估实践

在 2017 年,国务院办公厅出台《对省级人民政府履行教育职责的评价办法》以后,省级政府以该办法为依据,陆续开展了对下属县级政府的教育履职评估。下面以浙江省、沈阳市和青岛对区县市政府教育履职评估为例,呈现政府履行教育职责评估实践。

（一）浙江省实践

为推动市县级人民政府切实履行教育职责,提高教育质量,促进教育公平,提升教育服务经济社会发展能力,根据《国务院办公厅关于印发对省级人民政府履行教育职责的评价办法的通知》(国办发〔2017〕49 号)精神,2018 年,浙江省启动对市县人民政府履行教育职责评价试点工作。将评价对象确定为:全省所有市、县(市、区)政府;每年对各设区市政府开展评价的同时,遴选各市所辖约三分之一的县(市、区)政府开展评价,3 年内覆盖全省所有县(市、区)。评价内容包括五个方面:①政府重视情况。全面贯彻党的教育方针政策,落实教育优先发展地位,推进清廉教育建设,办人民满意的教育;建立教育工作决策机制和教育目标责任考核机制,强化和完善教育督导体制。②立德树人情况。落实立德树人根本任务,加强师德师风建设。③保障到位情况。依法落实教育财政投入,落实中小学(幼儿园)城乡统一教职工编制标准,依法落实教师工资待遇,有效改善学校办学条件,教育协调发展、城乡学校布局合理,校园平安有序。④管理规范情况。落实教育法律、法规、规章和政策,完善教育管理体制机制和治理体系,支持和规范民办教育发展,规范各级各类学校教育教学。⑤人民满意情况。社会公众对教育满意度。

评价工作遵循依法依规、突出重点、客观公正、注重实效的原则,由省政府教育督导委员会统筹领导、省政府教育督导委员会办公室组织实施。从 2019 年起,评价工作每年开展 1 次。具体按照印发通知、自查自评、第三方监测、实地督查、反馈意见、整改复查、发布报告等程序进行。

根据评价得分从高到低,评价结果分 A 等、B 等、C 等三个等级。对通过

---

① 杜晓利.促进省级政府依法履行教育职责[N].中国教育.2017-07-02(4).

全国义务教育优质均衡发展县(市、区)以及省教育基本现代化评估认定的县(市、区),当年不再进行实地督查,评价结果认定为 A 等。对设区市政府履行教育职责情况的评价赋分由两部分组成:一部分是市政府履行市本级教育职责评价得分,另一部分是所辖县(市、区)政府履行教育职责评价得分的算术平均值,两者的权重是 2∶1。

浙江省的评价实践强调,各市、县(市、区)政府对自评报告和相关材料的真实性、准确性负责,并且提出要重视发挥第三方专业机构的作用,《办法》第三部分第三条明确了第三方专业机构的职能和定位,即"第三方专业机构受省政府教育督导委员会办公室委托,制定科学的监测评估方案,根据评价指标对部分评价内容进行监测,并走访干部群众、师生及家长代表等,完成满意度测评,于每年 4 月底形成监测评估报告"。因为不是利益关联方,且又具备专业知识,故委托第三方专业评估机构开展评估,可以提高督导评估的公正性、专业性与独立性。对政府而言,要摆正自己的位置,虚心接受第三方评估机构对政府工作的评估,要把这种评估当作对政府工作的监督和推动。①

(二)沈阳市实践

沈阳市对区县市政府履行教育职能开展督导评估的关键词是:锁定关键,纲举目张。首先是锁定工作对象。在对区县(市)政府绩效考评和重大教育项目评估验收中,重点关注区县政府是否把教育摆在优先发展的位置,是否对区域教育发展进行合理规划,是否依法保障教育投入,是否对学校的布局调整、发展规模、师资队伍建设制定了明确的发展目标。通过宏观把控,保障区县政府全面贯彻党的教育方针,加强党对教育工作的领导,坚持正确的办学方向。督政工作着眼于学校,通过学校看政府,而不是通过政府查学校。其次是把握工作节奏。把握"点"的节奏。将省政府和市委、市政府重点工作中涉及教育的部分作为年度督政工作的重点。谱好"线"的节奏。沈阳市教育督导工作按照时间轴线,紧跟教育发展的节奏,分步骤实施,推动沈阳教育实现中长期发展目标:"十一五"期间,重点推进沈阳市的"双高普九"工作;"十二五"期间,开展"义务教育基本均衡达标"和教育强区县(市)的创建评估工作;"十三五"期间,工作重点放在推进义务教育优质均衡发展和全面推进教育现代化建设上。再次,善用工作抓手,做实督导激励机制。在一份督导报告中在详实的定量定性分析之后增加了具体的措施。最后,搭建工作平台,突出督导服务功能:通

① 陈继刚.浙江出台《对市县级人民政府履行教育职责的评价方法》 地方政府履职不力将被问责[N].2018-0-9-04(5)

过大数据平台、经验共享平台为学校提供服务等①。

(三)青岛实践

青岛市不断健全"督政、督学、评估监测"三位一体的教育督导体系,坚持督政与督学并重、监督与指导并举,推动教育事业科学发展。在督政方面,青岛市建立并完善政府履行教育职责的督导评估和考核机制,实现了领导管理机制、督导内容体系、督导方式方法、结果使用和问责机制、保障机制的五大创新。②

(1)青岛市建立健全市政府教育督导委员会工作制度,实现领导管理机制创新。青岛市政府于2013年成立了青岛市人民政府教育督导委员会,由市长或副市长担任主任,市编办、市发改委等部门相关负责人任委员,规格高,权威性强。在该委员会下,设立了定期会议制度,总结和部署工作,通过重点工作完成情况,通报存在的问题和困难;联合督政制度,每年年底,青岛市人民政府教育督导室联合市人大、市政协以及督导委员会成员单位(市教育局、财政局、审计局、国税局、地税局等部门)组成督导团,围绕年度区(市)政府教育重点工作、教育现代化和义务教育均衡发展等重点内容,从各自职能出发,对各区(市)履行教育职责情况进行督导检查;建立问题专题通报制度。将区(市)政府未履职到位而产生的问题,在督导委员会年度工作会议上进行专题通报,对十个区(市)逐一进行列表分析,限期整改,并将其纳入考核问责。

(2)不断完善区(市)政府教育督导评估指标体系,实现督导内容创新。2013年,青岛市政府正式印发《青岛市区(市)教育现代化督导评估指标》。该指标涵盖了学前教育、义务教育、普通高中教育、中等职业教育和社区教育等县级政府所应履行职责的各级各类教育,明确了政府在教育现代化建设中的职责与工作任务,涉及教育管理与规划、教育教学资源配置以及教育理念与教育改革等内容。2017年,青岛市研制了新一轮高水平教育现代化指标体系,对接全国15个副省级城市教育现代化水平评价指标体系,用于"十三五"期间青岛市区域教育现代化动态监测评估。在完善指标体系中,加强区(市)规范办学行为专项督导。同时还建立了区(市)教育质量评估监测体系。

(3)完善多元主体参与机制,落实督导方式方法。这些方法包括:建立第三方评价机制,实现督导评估的专业化;鼓励多主体参与,推进教育治理体系

---

①　徐爱秋.锁定关键　纲举目张——推动区县政府有效履行教育职责的沈阳经验[J].北京教育(普教版),2018(12):26-28.

②　林光琳.五个"创新"推动政府有效履行教育职责[J].北京教育(普教版),2018(11):35-38.

现代化;建立教育督导信息化平台,实现督导评估全程化。

(4)建立区(市)政府教育工作考核、公示及问责制度,实现督导结果使用机制创新。自 2002 年起,由市政府教育督导室围绕区(市)教育发展的重点难点,牵头组织开展对各区(市)教育工作的督导考核;建立区(市)政府年度教育重点工作公示制度;建立约谈问责制度,例如,2015 年 5 月,就山东省对青岛市平度市和莱西市"全国义务教育发展基本均衡县"评估中存在的问题,市教育督导委员会领导会同市政府办公厅、市财政局、市人社局、市国税局和市地税局等部门约谈两市分管副市长,听取两市就创建工作存在的问题、产生原因和整改方案等方面的汇报,并就两市整改工作提出具体要求。在约谈问责制度的推动下,两市追加拨款 6.2 亿,改善了办学条件,顺利通过了国家义务教育基本均衡县验收。

(5)加强队伍建设,实现督导保障机制创新。近年来,青岛市不断扩大督学队伍,优化督学结构,推进专业化发展。目前,建立了一支数量充足、结构合理的督学队伍,覆盖各级各类基础教育,包括一线优秀校长和教研员、人大代表、政协委员、督导委员会各成员单位相关负责人、财会专业人员、法律顾问、知名学者等。2017 年,成立"青岛市教育督导评估中心",开展督导评估业务,进一步充实督学队伍。

第十章 劳动就业创业服务质量管理

第一节 劳动就业创业服务概况

就业创业服务已成为关系国计民生的重要政府职能，早在 2007 年，第十届全国人民代表大会常务委员会第二十九次会议就通过了《中华人民共和国就业促进法》，并于 2008 年 1 月 1 日起正式实施。该法律旨在进一步扩大就业，保障各群体享有平等就业机会，促进经济健康稳定和社会发展，打造和谐社会。随着近些年来，经济发展进入转型期，就业服务的工作难度与压力不断提升，政府部门进一步转换职能，陆续优化、出台了一系列创业服务相关举措。2014 年 9 月，李克强总理在夏季达沃斯论坛上提出了"大众创业、万众创新"新理念，对我国创业创新服务工作提出了新要求，也掀起了国内新一轮"创业潮"。2015 年 6 月，国务院印发了《关于大力推进大众创业万众创新若干政策措施的意见》（国发〔2015〕32 号），提出要进一步完善相关体制机制，构建普惠性政策扶持体系，促进创业创新。国务院《关于印发"十三五"促进就业规划的通知》（国发〔2017〕10 号）明确提出了实现就业规模的稳步扩大和就业质量进一步提升的总体目标，实现高校毕业生、农民工等重点人群就业形势基本稳定，城乡均等的公共就业创业服务体系更加健全，就业质量进一步提升。同时，推动创业环境显著改善，带动就业能力持续增强，促进创业政策体系不断完善，服务能力明显提升，全社会支持创业、参与创业的积极性显著提高，创业成功率明显提升，创业带动创新、促进就业增收能力持续增强。2018 年 9 月，国务院发布了《关于推动创新创业高质量发展打造"双创"升级版的意见》（国发〔2018〕32 号），在原有政策基础上持续向更大范围、更高层次和更深程度推进，并且明确提出了当前我国经济已由高速增长阶段转向高质量发展阶段，对推动"大众创业、万众创新"提出了新的更高要求，通过出台"双创"升级版的一系列政策支持，明确了各相关职能部门的工作任务和职责要求，进一步优化创新创业环境,大幅降低创新创业成本,提升创业带动就业能力。

一、劳动就业创业相关概念

(一)公共就业服务

就业服务是劳动力市场中旨在完善就业供需对接,降低劳动就业交易成本,促进劳动就业的一系列行为的组合。由于服务主体及服务目的的差异性存在着不同类型,就业服务有不以营利为目的公益性就业服务,也有以营利为目的的市场性就业服务。Pete Zweifel、Christoph Zaborowski 在《就业服务:公共还是私营?》中对公益性就业服务和私营性就业服务进行了对比研究,并对公共就业服务和私营就业服务的效果进行比较,梳理了这两种服务的优缺点。[①] 公共就业服务起源于 19 世纪末的西方工业国家,随着西方劳动力市场的不断发展和政府劳动服务职能的不断拓展,发达国家越来越重视政府的公共就业服务职能,将提供社会公众所需求的服务作为政府的公共责任,[②]并逐步形成了政府的公益性就业服务工作。我国的就业服务工作由于起步相对较晚,且我国经济又经历一段较长时间的快速发展,劳动就业服务的相关工作相对滞后,亟待完善。经济合作与发展组织认为公共就业服务是确保劳动力市场正常运行的最重要工具。公共就业服务是以政府为主导,社会各方参与,通过就业服务机构,帮助劳动者获得就业岗位和提升就业能力,帮助用人单位寻找合格劳动力的一系列活动的总称。[③] 因此,公共就业服务是由政府部门或公共部门提供的不以营利为目的的,旨在促进劳动力市场均衡协调发展的公益性就业服务,一方面保障用人单位的人才需求,另一方面促进各类人员的就业,最终实现各类人才的供需对接,促进社会和谐稳定。《就业服务与就业管理规定》(劳保部〔2007〕28 号)最早对我国政府提供公共就业服务作出了范围规定,具体涉及:就业信息服务、就业咨询服务、就业指导服务、职业介绍服务、就业培训、就业委托服务等方面,后续随着国务院出台了《关于做好促进就业工作的通知》(国发〔2008〕5 号),将创业服务和创业培训两个职能也列入了公共就业服务的职能范围。此外,我国公共就业服务与国外公共就业服务相比,

① Pete Zweifel, Christoph Zaborowski. Employment Service: Public or Private? [J]. Public Choice, 1996, 89(1): 131-162.

② Phan T, Hansane, Price D. The Public Employment Service in A Charging Labour Market [R]. International Labour Office, 2001.

③ 王阳. 中国公共就业服务的供给机制——以国外就业服务供给经验为参照[J]. 经济与管理研究. 2015(9):53-59.

在供给主体、供给服务内容、资金来源等方面存在许多差异,具体如表 10.1 所示。

表 10.1 我国公共就业服务和国外公共就业服务的差异

比较内容	我国公共就业服务	国外公共就业服务
1. 供给者	政府设立的公共就业服务机构,并涵盖省、地市、区(县)、街道(乡镇)、社区(行政村)五个层级,职业中介机构、职业技能培训机构和职业院校等也是服务主体	不仅有政府,还包括作为私人部门的企业、作为第三部门的非营利组织、社区乃至公民个人
2. 服务资金	实行属地管理,同级财政安排资金,上级财政可适当补助,免费为劳动者提供服务,严格控制对用人单位服务收费,劳动保障行政部门监督、考评业绩	实行垂直管理,中央安排资金,地方安排生产,以需求为导向,提供多功能、一站式、自助与干预相结合的服务,并运用全面质量管理的方法,联合社会主体全程监督服务过程,持续改进服务流程和业绩
3. 服务方式	采取政府主导的供给形式,公共就业服务机构直接生产和提供,部分职业教育和培训、创业培训、职业介绍等服务以合同外包、补贴等方式实现供给,鼓励社会力量参与技能鉴定和职业指导服务	既有政府直接供给、也有市场供给和社会供给,形成了多种实现形式并存的多元供给结构。管理失业补贴、求职帮助等周期长的服务由政府主导供给,提供劳动力市场信息、管理培训与教育计划等周期短的服务由政府与市场、社会合作供给,政府通过合同外包、补贴等方式引入市场供给,同时鼓励非营利组织、社区、志愿者等社会主体参与供给

(二)创业服务

创业服务是政府行政主管部门及其附属部门提供的创业信息服务、创业手续办理、创业资金扶持、创业服务平台建设、创业场地设施供给等方面的一系列服务。创业服务是中央和地方政府十分重视的一项工作,早在 2008 年国务院办公厅转发了《关于促进以创业带动就业工作的指导意见》(国办发〔2008〕111 号),后续出台了《关于发展众创空间推进大众创新创业的指导意见》(国办发〔2015〕9 号),国务院颁发《关于进一步做好新形势下就业创业工作的意见》(国发〔2015〕23 号)、《关于大力推进大众创业万众创新若干政策措施的意见》(国发〔2015〕32 号),再到 2018 年国务院发布《关于推动创新创业高质量发展打造"双创"升级版的意见》(国发〔2018〕32 号)。通过一系列政策文件的出台,已逐步建立和完善了创业服务体系,创业服务的具体工作内容也变得更加具体和全面。同时,全国各地也纷纷出台了各类创业服务政策措施,力促创业和就业的联动。2015 年 11 月,上海市发布了《鼓励创业带动就业三年行动计划(2015—2017 年)》,启动第三轮鼓励创业带动就业的三年行动计划,实现创业教育培训 10.6 万人,创建 12 个创业型城区,实现创业成功达 3.2 万人,并带动 28.33 万人就业。同时,上海也开始尝试运用市场化的方式寻求政府购买创业服务的市场运行机制。2015 年,成都市发布了《关于进一步做好新形势下就业创业工作的实施意见》,通过加强公共创业载体建设、完善创新创业生态环境,统筹推进高校毕业生重点群体的创业,强化就业创业服务和职业培训,积极落实各项税费优惠政策等,全面推动创业带动就业。同年,杭州市发布了《关于支持大众创业促进就业的意见》,并于 2016 年 2 月开始正式实施,通过放宽市场准入、实行减税降费、加大创业资金扶持力度、加强创业教育培训、支持农村电子商务创业等 27 条政策措施,持续深化推进创业服务各项工作。

2015 年被称为国家"大众创业、万众创新"政策元年,后续 2016—2018 年国家实现"双创"井喷式发展的格局,并引起全社会高度关注和热烈响应,广大人民群众创业热情空前高涨,全国各地创业活动持续开展,各类创业活动取得了较好的社会成效。进入"双创"时代,各类创业公共服务也被寄予了更高的期望,政府部门及相关机构需要持续加大和扩展公共产品和公共服务的投入,创新服务模式和服务内容,构建相对完善的创业公共服务体系。

(三)公共就业创业服务质量

目前,公共就业创业服务机构存在着两种类型,即公共就业创业服务机构与私营机构并存的局面,部分服务环节还存在着政府部门与私营就业服务机构通过购买服务方式所形成委托—代理的关系,并且政府机构和私营机构在就业服务中相互影响,互为补充。公共就业创业服务质量是政府及公共部门在提供就业创业信息、工作指导、服务平台支持及相关资源支持等公共服务的过程中的服务效率、效果,以及群众满意度状况。公共就业创业服务质量的范围界定主要围绕几个方面:首先,是各类公共就业创业服务的设施场所的供给。比如,是否设立了就业创业服务中心,是否有完善的人才服务市场,是否建有创业孵化基地或平台等基础硬件。其次,是各类公共就业创业服务人员是否充足和有良好的服务能力与素养。在数量上是否有充足的就业创业服务人员,同时,这些就业创业服务人员是否具备良好的服务意识和必要的服务能力,能否承担好就业创业的专业服务工作。再次,是否有出台相关的就业创业政策和措施。这些政策和措施是激励公共就业创业服务的重要保障力量,是社会各界积极参与就业创业服务工作的依据,是带动各项就业创业活动的引擎,引擎是否有力和有针对性,直接影响到最终就业创业服务工作的有效性。最后,公共就业创业工作还需要有充足的资金保障。充足的资金是各项政策措施推行的重要保证,也是各项就业创业活动开展的重要支持,如开办各类就业创业培训需要投入大量资金,举办各类就业招聘活动需要资金投入,提供各类创业孵化补贴更需要充足的资金保障,因而资金保障是公共就业创业服务活动开展的关键要素。

二、提升我国劳动就业创业服务的现实意义

(一)提升劳动就业创业服务质量是维护社会稳定和谐的基石

劳动就业创业是广大人民群众获得基本生活物质的保障。人民群众通过就业的方式,获取劳动报酬,满足个人及家庭的基本生活开支。此外,部分群体通过创业的方式,在实现自身就业的同时,还能带动就业,让其他人在自己的创业公司中实现就业。因而,通过不断提升劳动就业创业的服务质量,使人民群众更加快捷地找到工作或更好的工作,实现就业,优化就业。同时,通过优化创业服务,使人民群众在创业的过程中,节省精力和时间,把主要精力投入到创业中去,并尽量争取更多创业资源,进而提升创业的成功率。最终,在就业创业带动下,社会也将更趋稳定与和谐。

(二)提升劳动就业创业服务质量有助于促进经济社会发展

社会财富是要靠人创造的,是人民群众通过劳动创造实现的,整个经济社会的发展离不开人民群众的劳动创造。同时,只有参与社会劳动的人群数量更多,提供的劳动服务的数量更大,推动整个社会经济发展的力量才能更加强大。因而,通过提升劳动就业创业服务质量,有助于提升当前社会的就业率和创业率,提高社会劳动力参与率,使整个社会劳动力得到最大限度的应用,人们通过实现就业和开展创业活动,生产出更多的物质商品和劳务服务,为社会

创造更多的财富和价值,进而持续推动经济社会的繁荣与发展。

(三)提升劳动就业创业服务质量将帮助人们实现自我价值

每一个社会个体在社会中生存和成长,都有着各自的人生价值。人们通过就业或创业的方式,将自己的所学所会应用到工作之中,在工作创业中找到自己的兴趣,实现自己的梦想,这也是一种被社会认可和接受的方式。根据马斯洛需求层次理论,人们通过就业创业实现了物质生活等方面的满足后,将会去追求更高层次的目标,会去思考工作本身的价值,甚至人生的意义。因此,不断提升劳动就业创业服务质量,帮助更多的人实现就业和创业,持续提升人们的物质生活条件,将使人们能够更加深远地思考自我价值,并积极追求、努力实现自我价值,为社会创造更大的价值。

(四)提升劳动就业创业服务质量将提高人民群众生活质量和幸福感

就业状况将直接影响人们的收入状况,也将影响人们的基本物质生活水平。创业是否成功将直接影响创业人员和所在公司员工的收入与回报,也将影响自身和员工的物质生活状况。同时,能找到一份自己满意的工作是一种幸福,做自己喜欢的事、创自己想创的业更是一种满足。通过提升劳动就业创业服务质量,使更多的人找到自己满意的工作,使更多的人获得创业成功,最终,让更多的群众获得更好的生活质量,并实现各自最大的幸福理想。

三、就业创业服务质量评价

(一)公共就业服务质量评价

人力资源与社会保障部为进一步加强就业服务和就业管理工作,为劳动者和用人单位提供更加完善的服务,于 2018 年 12 月对《就业服务与就业管理规定》进行了第三次修订,对公共就业服务的内容和要求进行了更为系统全面的梳理。公共就业服务机构应当免费为劳动者提供以下服务:①就业政策法规咨询;②职业供求信息、市场工资指导价位信息和职业培训信息发布;③职业指导和职业介绍;④对就业困难人员实施就业援助;⑤办理就业登记、失业登记等事务;⑥其他公共就业服务。公共就业服务机构应当根据用人单位需求提供以下服务:①招聘用人指导服务;②代理招聘服务;③跨地区人员招聘服务;④企业人力资源管理咨询等专业性服务;⑤劳动保障事务代理服务;⑥为满足用人单位需求开发的其他就业服务项目。

因此,结合公共就业服务的相关业务及内容,公共就业服务质量的评价主要围绕政府及公共就业服务机构在提供公共就业服务具体内容方面的表现来进行衡量,这些内容主要涉及:服务设施设备,服务人员、服务项目及效果、就业政策及执行效果等。服务设施设备主要表现在服务场地、设施、相关设备等的配置是否完善和可用方面,如就业招聘服务场所的建设、就业招聘相关信息发布的电子设备等;服务人员则主要表现在相关人员配备的数量是否充足,人员专业能力是否较高,以及相应的服务态度是否较好等方面;在服务项目及效果方面则更多地体现在职业介绍服务、职业指导服务、就业培训服务和就业岗位开发服务等方面的内容及效果方面[①];就业政策及其执行效果则较多地表现在当地就业主管部门出台的就业政策数量、执行情况和执行成效方面。详见表 10.2。

表 10.2　公共就业服务质量评价体系

评价内容	一级指标	二级指标
服务设施	服务设施数量	服务设施设备数量
		服务设施设备完善程度
		服务设施设备利用程度
	服务场所面积	服务场地面积
		服务场地环境整洁度
		服务场地结构布局
	服务现场管理	服务流程规范性
		服务现场安全管理
服务人员	服务人员业务水平	专业技能水平
		专业知识水平
		业务信息
	服务人员工作态度	工作热情水平
		工作细心情况

---

① 张华新,刘海莺.公共就业服务体系满意度的测评及实证[J].统计与决策,2010(9):92-93.

续表

评价内容	一级指标	二级指标
服务项目	职业介绍	求职与发布信息渠道
		职业介绍服务方式
		就业信息数量
		就业信息质量
		供需对接活动的次数
	职业指导	职业指导服务项目数量
		接收职业指导服务人次数
		职业指导服务的有效性
	就业培训	培训内容的契合度
		受培训人员人次数
		授课方式的有效性
		授课教师专业水平
		授课时间长短合适性
	就业岗位开发	公益性岗位开发服务效果
		劳务派遣服务效果
	就业信息化	就业信息库建设状况
		就业服务网站建设情况
		就业信息发布新媒体应用
政策与执行	政策数量	是否有出台相关服务政策
		出台政策的时间
	政策执行情况	政策执行宣传情况
		政策实施情况
		政策执行公众满意度

（二）公共创业服务质量评价

公共创业服务质量评价主要是围绕着创业者在开展创业过程中，政府及相关部门提供的创业咨询、创业指导和创业相关的资金、人才、技术、补贴等方面的服务情况和服务水平。较好的公共创业服务质量既需要在创业服务内容方面相对比较全面，做到广覆盖，又需要在服务内容的质量方面有较高的服务水平,做到深服务。在具体的创业服务方面,主要从以下几个方面展开:一是做好创业相关审批手续工作,要让创业人员比较便捷地了解到创业的相关事项,提供必要的创业咨询,同时也要做好相应的创业审批相关服务工作,完善相应的市场准入制度,建设好各类创业服务平台,并提供相关的市场管理行政服务。二是要做好创业相关政策及扶持办法的制订与实施工作,及时出台相关创业配套文件,并为创业企业提供资金融通、贷款审批、税费减免、小额担保等方面尽可能全面的支持和服务,同时,也注重相关政策出台的及时性和有效性。定期召开创业企业负责人座谈会,及时了解这些初创企业的心声,掌握创业企业在实际运行过程中出现的问题,并积极寻求相应的解决方案。三是不断完善创业园区建设,加大建设孵化器、加速器力度,为创业人员提供良好的硬件设施和服务保障,降低初创企业的创业成本。同时,做好创业相关的在线服务平台工作,及时发布各类创业企业关心关注的信息。四是要做好创业人员的辅导和培训工作,政府创业服务部门要做好培训和辅导等相关工作,积极联合外部力量做好创业培训基地的建设工作,做好创业人员培训需求的调查工作,定期开设创业人员培训班,并动员创业成功的企业家积极投身创业辅导的公益事业,建设一批优秀的企业家创业导师队伍,为创业人员提供最及时和最具针对性的服务。五是要做好创业教育工作,这项工作的重心是在各大专院校,让大学生积极投身创业大潮,提升创业创新能力。在大学教育中增设大学生创业的相关课程,积极组织各类以大学生为主体的创业创新大赛,同时做好大学生创业导师的培育和培训工作,切实提升大学生创业的积极性和成功率。六是要在本地区做好创业氛围的营造工作,积极鼓励社会各界开展创业创新工作,并做好创业工作政策的宣讲,组织各类创业沙龙、创业工作研讨会,以及开展创业成功案例的介绍和展示、创业先锋或成功者的相关创业事迹介绍等,营造良好的创业氛围。具体评价指标见表10.3。

表 10.3 公共创业服务质量评价体系

评价内容	一级指标	二级指标
创业政策	创业手续	创业咨询服务平台
		创业审批服务效率
		创业服务市场管理服务
	创业政策	创业扶持政策数量
		创业扶持政策有效性
		融资渠道
		税费减免
		小额担保
		创业场地服务
创业场地	创业场地及设施	创业园孵化器加速器的建设
		创业服务网络平台建设
		创业信息服务
	创业辅导与培训	培训基地建设
		创业辅导培训开展场次
		创业导师
	创业氛围营造	大学创业课程设置
		大学生创业比赛开展
		创业导师队伍
创业氛围	创业氛围营造	创业宣传
		政策宣讲
		创业沙龙
		创业研讨会

第二节　提升劳动就业创业服务质量的障碍

　　经过各级政府部门的努力,劳动就业创业服务工作取得了很多成绩,劳动就业创业的服务体系不断完善,服务质量不断提高,劳动就业创业的资金投入不断增加,群众对劳动就业创业的整体满意度也在不断提升。但在实践中,劳动就业创业相关工作也还存在一定的制约因素,对劳动就业创业服务质量的提升产生较多影响。

一、劳动就业服务质量提升的障碍

(一)劳动就业服务相关法律规范体系有待健全

我国在劳动就业法律法规的建设方面,虽然劳动就业法律体系的重要组成《中华人民共和国劳动法》从 1995 年 1 月 1 日开始施行,并于 2009 年 8 月 27 日进行了修订,2018 年 12 月 29 日又再次进行了修订,其他相关的法律法规涉及《中华人民共和国工会法》《工伤保险条例》《企业劳动争议处理条例》《职工奖惩条例》《劳动保障监察条例》《女职工劳动保护规定》等,这些法律法规明确了劳动者的劳动就业权、自由择业权、劳动保护权、职业培训权、劳动报酬权、休息休假权等,但劳动就业服务的法律保障体系还有部分领域有待进一步完善,如涉及劳动基准领域、集体合同领域、劳动监察领域、反就业歧视领域等,目前我国尚未出台相应的法律法规。而这些法律法规与当前快速发展的经济社会现状和规范劳动力市场的需求存在一定的落差。因此,政府部门应不断分析探索劳动就业市场的最新变化,及时了解劳动力市场的最新法律需求,对部分有待进一步深化细化的领域进行重点关注。

(二)公共就业服务法律监管体系不够完善

在公共就业服务领域,除了法规体系有待进一步健全外,法规体系的监督管理体系也有待进一步加强,需要将各类法律法规监管工作执行到位,切实保障劳动者的各项合法权益。由于劳动者在就业过程中处于相对弱势地位,部分用人单位在使用劳动者过程中出现就业歧视,未签订劳动合同,未按规定缴纳社会保险或未缴纳全部社会保险,加班加点频繁,未进行必要的劳动保护等侵害劳动者合法权益的情况。同时,地方政府为了促进地方经济发展,提升 GDP 增幅,积极开展招商引资活动。但在招商引资的过程中,为了提高招商成功率,地方政府对这些被招企业强化了服务意识,弱化了监督检查力度,也使得部分员工的合法权益未能得到有效保障。此外,公共就业服务法律监管的方式也应该不断完善。以往的法律监督管理体系以实地解决为主,劳动者提出问题、开展监督管理和劳动争议的处理等工作均通过实地办理的方式来解决,但随着数字化、信息化时代的到来,外部环境已经有了较大的变化,也对地方政府开展公共就业服务法律监管提出了更高的要求,而目前采用在线处理公共就业服务相关法律维权或监督的方式仍有待于进一步完善。

　　(三)农业转移人口的公共就业服务体系有待健全

　　我国农业转移人口数量众多,这一群体有较多的特殊性。如整体素质及文化程度不高,对就业服务的相关工作不清楚、不了解。同时,在遇到公共就业服务困难时,往往缺乏必要的寻找解决问题的方案或维护自身权益的意识和知识。整体而言,当前在针对农业转移人口的公共就业服务方面,还存在着诸多有待完善的空间。

　　首先,当前我国相应的公共就业服务设施有待进一步完善。针对农业转移人口的职业技能服务及培训场地不足,各类服务设施落后,服务的内容也相对较少,和当前不断进步的技术环境和工作技能要求相比,存在较大落差。这在一定程度上制约了农业转移人口素质和质量的提升。此外,人力资源信息服务的建设方面也有待于进一步完善,在城乡一体化的信息服务网络建设上亟待提速并建成覆盖广、效率高的网络服务体系。

　　其次,公共就业服务方面还存在着不平等的户籍制度限制。在我国数量庞大的农业转移人口中,大量的人群未能获得有效的就业服务保障。虽然国家出台了一系列就业政策和措施来改善农业转移人口的就业环境,但是很多地方未能有效实施和执行,甚至有些地方的城镇公共就业服务未能将农业转移人口纳入公共就业服务的保障对象之中。这些农业转移人口既无法获得地方政府提供的就业培训和就业指导等公共服务,也无法获得地方政府公共就业服务部门提供的各类就业信息。如:统计资料显示,2012—2014年,接受技能培训的我国农业转移人口分别为30.8%、32.7%和34.8%;《2014年四川省进城务工人员现状调查报告》显示,只有5.9%的四川省农民工接受过政府组织的职业技能培训;此外,农业转移人口获取就业信息的渠道较为狭窄,《2014年四川省进城务工人员现状调查报告》显示,仅0.9%的农业转移人口就业方式是政府牵线或组织的招聘会。[①] 因此,农业转移人口中获得地方政府公共就业服务的人群数量相对较少,这些帮扶工作不到位也制约了农业转移人口的成功就业。

　　最后,农业转移人口维权的机会成本较高。我国采用的是"先裁后审"的处理机制,很多劳动争议进行仲裁后并不能立即了结,还有可能进入诉讼环节,这也进一步加大了农业转移人口维权的时间成本,对农业转移人口十分不

　　① 蒲晓红,鲁宁宁,李军.提升我国农业转移人口就业质量的途径——基于公共就业服务视角[J].上海行政学院学报,2015(9):81-91

利,也进一步加大了维权的难度。① 同时,在维权费用方面,对农业转移人口也十分不利,根据目前的维权费用分摊机制,农业转移人口在维权过程中需要分摊很多维权费用。随着这部分维权费用的持续增加,支出成本可能接近甚至超过了通过维权获得的补偿或赔偿,这也导致很多农业转移人口的维权行为受到制约,降低了农业转移人口维权的主动性和积极性。

（四）公共就业财政投入仍有待提升

根据我国 2010—2017 年社会保障和就业财政总支出情况分析,总体支出呈逐年上升的趋势,年度支出总量增幅较大,增幅达 269.55%,一定程度上反映了国家对社会保障及就业工作的重视。但同时,统计发现全国总财政总支出的占比整体呈现小幅增长的态势,且从 2010—2012 年甚至出现小幅下跌的情形。自 2012 年开始逐年回升,并在 2017 年达到了最高比重,达到12.12%,与 2010 年相比,增长幅度高出 1.96%,详见表 10.4 所示。根据国务院制定的《关于完善城镇社会保障体系的试点方案》的要求,我国要逐渐增加社会保障支出占财政总支出的比重,力争将比重提高到 15%～20%。因此,结合当前我国社会保障及就业财政支出占比情况,离 15% 的最低目标尚存在一定的距离。

表 10.4　2010—2017 年社会保障和就业财政总支出情况

年份	社会保障和就业财政总支出（亿元）	全国财政总支出（亿元）	社保和就业财政支出占全国财政总支出比重（%）
2010	9130.62	89874.16	10.16
2011	11109.40	109247.79	10.17
2012	12585.52	125952.97	9.99
2013	14490.54	140212.10	10.33
2014	15968.85	151785.56	10.52
2015	19018.69	175877.77	10.81
2016	21591.45	187755.21	11.50
2017	24611.68	203085.49	12.12

数据来源:《中国统计年鉴 2011—2018》。

---

① 蒲晓红,鲁宁宁,李军.提升我国农业转移人口就业质量的途径——基于公共就业服务视角[J].上海行政学院学报,2015(9):81-91.

二、创业服务质量提升的障碍

近年来,国务院出台了一系列文件推动"大众创业、万众创新"工作,使国内创业创新工作上了一个台阶,也催生了一批成功的创业企业,为促进就业和社会发展提供了重要保障。但同时,也有很多企业在创业初始就面临重重困难,举步维艰。整体创业服务质量的提升主要存在以下几个方面的问题。

（一）机构、体制机制不健全

"大众创业"是一项系统工程,会受到方方面面的影响,也与多个职能部门有关,如人力资源与社会保障部、教育部、农业农村部、市场监督管理总局等众多部门,这些部门之间需要共同配合与协作才能完成该项系统工程,但目前没有专门的协调组织机构来统筹推进该项工程。有一些地方政府通过建立工作联席会议制度来推动该项工程,也有些地方则顺其自然、听之任之,想做的部门就多干些,不想干的就少干些,甚至不干。因此,在创业服务的组织机构建设方面整体表现出组织基础松散、组织类型及组织方式相对软弱,与大力推进、全力扶持的中央政府的要求存在一定的落差。在促进大众就业的体制机制设计方面,大众创业的激情还有待进一步点燃,尤其在开展创业服务方面的要素统筹协调机制有待进一步健全。很多初创企业在创业资源的获取、创业服务的提供和创业配套相关扶持措施的供给方面还不够深入和清晰,部分职能部门仍然存在不够重视创业服务工作的情况,还有些部门以居高临下的管理理念来对待这些初创企业,均大大降低了创业公共服务的服务质量和水平,抑制了创业人员的热情。这些都反映出体制和制度惯性已经成为制约创业公共服务上水平、上层次的重要因素,严重影响了创业公共服务的"最后一公里"。同时,国家虽然出台了一系列鼓励创业的新政,但这种有政策无制度、有制度无协调的状况,很难激发大众的创业热情,必须着力完善创业的体制机制建设,并将其转化为内生性的制度安排。①

（二）政府职能定位有待进一步明晰

部分政府职能部门在面对创新创业工作时,对自身定位的认知有待进一步明晰,是提供服务还是开展管理往往容易混淆。我国一直致力于打造服务型政府,不断加强和完善公共服务体系各项建设工作。而服务型政府和公共服务体系理念提出时的初衷就是坚持"以人为本",强调突出政府的公共服务

---

① 刘畅,李兆友.创业公共服务体系的构建研究[J].云南民族大学学报(哲学社会科学版),2018(3):120-126.

职能,持续扩大公共服务的覆盖范围、完善公共服务体系。[①] 公共创业服务工作是一项重要的国家战略工程,是缓解就业压力和提高就业质量的重要措施,地方政府各职能部门应明确自身的工作定位,提供好各项必要的服务工作,而不能习惯于运用公权力去插手市场经济活动,干预创业企业正常的创业创新活动。同时,政府部门在提供就业公共服务的过程中,也应该注意发挥和动员更多的社会力量参与就业服务。各类企业发展速度很快,政府作为单一的创业公共服务供给主体的体系已经无法适应当前形势发展的需要,存在着供给服务形式单一、供给精准性不高、供给活力不足等诸多问题,缺少多元参与的协同模式,政府、企业、社会、第三方等多元参与的创业公共服务供给主体还没有形成,应该在保证政府承担公共服务主导责任的同时,充分调动各方积极性,发挥市场和社会在创业公共服务供给中的作用。[②] 因此,有必要进一步理清政府部门的职能定位,加强公共创业服务的多元力量的合作和协同,做好相互配合和相互支持工作,为创业人员提供优质的公共创业服务。

（三）创业融资难度较大

创业前期资金往往成为创业者最大的障碍之一,很多初期创业者有很多好的投资项目,但由于受到创投资金的限制,无法获得足额的资金支持而难以为继。之前创业者的资金主要是通过自筹的方式,向父母、亲戚朋友融资进行创业,但该部分资金往往十分有限。之后创业者又开始通过风险投资、天使基金等方式向投资机构进行融资,虽然有很多项目前期都获得了较多的资金支持,但随着项目的深入推进,很多创业项目未能取得预期的成效,后期对资金还存在一定的需求缺口,也制约着这些创业项目的成功。而且,这些风险投资更多看好的是一些投资周期短、能快进快出的创业项目,往往追求短期效果,不关注企业的长远发展,因此很多投资周期长、见效慢的创业项目无法得到这些风投资金的支持。同时,随着近些年大批风投企业的投资失败,处于持续高温的风险投资潮已逐渐退去,融资的难度再次提高。此外,市场中又出现了一些创业项目的新融资方式——众筹,这虽然为解决创业项目的融资难问题提供了很好的解决思路,但实际获得成功的融资项目数量不多,覆盖面也不广,融资效果也不容乐观。而在传统的融资渠道方面,则得寄希望于通过银行贷

① 张立荣,姜庆志.国内外服务型政府和公共服务体系建设研究述评[J].政治学研究,2013(1):104-115.

② 姜晓康,袁曙宏,韩康,等.国外公共服务体系建设与我国建设服务型政府[J].中国行政管理,2011(2):9-15.

款获得创业资金支持。虽然近些年在政府大力倡导"大众创业,万众创新"的大环境下,银行对创业企业提供了一定的资金支持,但金额均不是很高。同时,银行对这些初创企业的兴趣也不是很高,更多的是为了迎合政府扶持创业的基本要求。因此,银行在无抵押条件下,对资金的安全还是持较为谨慎的态度。综合分析,当前初创企业对资金的需求和实际供给仍存在着较大的缺口,亟待寻求多元的、多形式的解决方案。

（四）创业辅导与培训服务效果欠佳

创业是一个既要投入实物资本,又得倾注智力资本的过程,既有风险性,更具有专业性。随着国家大力推动"大众创业、万众创新"工作,涌现了一大批下海创业的"弄潮儿",这些人中很多是凭借着一腔热血加入创业行列中的,对创业的难度和专业性没有充分认识,因此需要对这些创业人员,尤其是初创人员进行必要的辅导和培训。但这项工作在具体的实施过程中往往会流于形式,存在着很多问题。首先,在创业辅导和培训的形式上,很多创业辅导和培训用讲座的方式开展主题讲座,人多面广,但讲座形式单一,每位创业者的创业领域、发展阶段、遇到问题等不尽相同,单一的讲座授课方式无法满足多元创业群体的需求。其次,在创业辅导教师上,很多授课老师往往有较高的理论水平,但很多没有创过业,既没有丰富的创业实践经验,也没有行之有效的创业实践技能,更多地停留在理论知识的教学层面,甚至有些还不能与时俱进。最后,在创业辅导和提高培训内容的针对性上,很多授课内容缺乏针对性,创业者遇到的问题往往千奇百怪,需要对症下药,因此在培训需求的调查方面,相关创业服务部门要能够及时了解和掌握创业者的培训需求,切实做到培训内容是创业者迫切需要的。只有加强创业辅导和提高培训的有效性,才能真正提升创业人员的素质和能力,提高创业的成功率。

（五）创业服务平台建设有待加强

在各级政府的大力推动和政策激励下,社会上涌现出很多创业者,这些创业人员在创业之初,都迫切希望得到一些创业服务平台的支持和帮助,在迷茫中寻找到前进的方向和获得各项政策支持。但在实际中,很多创业平台的服务功能欠缺、服务质量低下、服务要素缺乏、服务效率不高,甚至有些创业服务平台只注重短期和专项的投入,随机性和随意性较大,对于发展性投入和可持续性投入缺乏长远规划。[1] 目前在创业服务平台的建设方面,主要存在着几

---

[1]　刘畅,李兆友.创业公共服务体系的构建研究[J].云南民族大学学报(哲学社会科学版),2018(3):120-126.

个方面的问题。首先是创业服务平台的不足。近年来,创业的人数不断攀升,而创业服务平台的建设还存在相对滞后的情况,尤其在一些欠发达区域,由于政府相关部门受到资金等因素的制约,无力建设相应的创业服务平台。其次,创业服务平台的服务项目内容相对偏少。很多创业服务平台建起来后,更多的是提供了场地等硬件设施,对于软件建设方面不够重视,未能为创业企业提供较好的政策解读、资金融通、业务培训和指导等多元化服务。最后,创业服务平台服务对象相对单一。目前各级政府部门对科技类人才、高校毕业生的创业关注度和支持力度较大,创业服务平台对这些人群的服务考虑得较多,而对于低端创业人群而言,他们往往没有较高的学历,也没有很高的技术水平,往往遭到忽视。

（六）创业扶持政策及激励体系有待进一步完善

创业扶持政策是地方政府推动大众创业的重要方式和手段,具有非常关键的影响作用。创业扶持政策及激励体系的完善程度对于做好当地创业服务工作十分重要,但当前在政策制定方面还存在着一些问题。首先,创业扶持政策存在着碎片化和分散化的状况。各级地方政府在大力推进大众创业的过程中纷纷出台了各项扶持措施,很多部门都拥有独立的扶持资源,如人力资源管理和社会保障部门、科技部门、教育部门、民政部门、文化和旅游部门等都出台了针对创业者的很多支持政策和措施,这些政策和扶持办法相对独立,归口管理部门也各自为政。很多创业者在获得这些创业扶持政策和支持时往往要投入很多精力,而获得支持的材料和手续又不尽相同也进一步加大了获得支持的难度和成本。很多创业者考虑到投入的精力问题,也只能选择放弃。其次,在创业扶持政策的有效性方面也有待提升。很多政府部门出台的创业扶持激励办法往往考虑的因素很多,对政策的广度和实施的审批环节方面考虑较多,容易导致政策本身不够清晰,甚至有些政策出台后没有配套具体的实施细则,也有些政策则在审批环节方面层层把关,实施细则相关手续繁琐复杂,导致这些政策在操作和执行方面难以落地,对创业者的吸引力不是很大,更是难以真正帮助和促进创业者的业务提升。再次,政府在出台各项创业政策时的短期目标和长期目标有待协调。政府部门在出台各项创业扶持政策时,更多的是考虑当下需要解决的问题,如为了提高就业率,缓解就业压力,或落实上级要求等,各项政策的出台以应急为主,解决短期目标为根本任务,而对于本地区的发展则缺乏长远的规划和安排,对哪些行业、哪些群体和哪些领域该重点鼓励,进行创业扶持并未进行长期的考虑和谋划。

第三节　劳动就业创业服务质量提升路径

　　劳动就业创业服务质量的提升是政府部门不断优化劳动就业创业环境的重要保障,是改善民生,保证和提升百姓生活品质的途径和方式。近年来,各级政府逐渐转变观念,将劳动就业创业作为政府部门的核心工作,不断加大资金保障和投入力度,简化各类审批手续,提高办事效率,为创业就业营造了较好的服务环境,获得了就业创业人员的较好评价。

一、加强创业园区的软硬件服务建设

　　创业园区、孵化器的建设工作一直是地方政府推进公共创业服务的重要抓手,前期很多创业园区及孵化器的建设较多地关注硬件设施的建设,有豪华的办公场地、完善的办公设施、整洁的办公环境、良好的物业服务等,虽然这些对创业企业而言也比较重要,但这只是创业企业的基础性条件。创业企业还希望能通过创业园区获得更多的软性配套服务,如政策解读服务、人员招聘服务、企业财务管理服务、创业辅导和培训服务、银行贷款服务、科技创新服务、政府资助申请等各类软件服务需求。这些软性服务为创业企业提供完善的配套服务,让这些创业企业把时间和精力投入到产品创新和生产、业务拓展等创业核心工作中去。具体可以采用以下几个方面提升软件配套服务:首先,可以通过引入专业外包服务的相关企业入驻,如引入财务服务公司,为创业企业提供必要的财务服务工作;引入人力资源公司,为创业企业提供人才招聘和培训等相关服务;引入贷款服务公司,为创业企业和银行架好桥梁,提供各种融资贷款服务。其次,提升创业园区和政府相关部门的对接。及时了解政府各部门针对创业企业的各项政策措施,以及具体的申请流程和需求,将这些信息进行汇总和整理,并及时将这些信息传递给各相关企业,为企业提供最及时和全面的政策对接服务,让这些创业企业获得最大力度的支持。最后,还应注重园区内各类工作人员的业务能力和综合素质的提升。园区内各类工作人员的工作表现是园区综合管理水平的一个具体展现,创业园区管理方应加强学习和培训,不断提升各岗位的服务能力和服务意识,提供优质的创业园区服务。

二、加强创业就业的信息化服务水平

　　随着"互联网＋"时代的到来,很多创业就业工作可以通过互联网的方式来推进,可提升服务的效率和质量。各级政府应做好创业就业的信息化服务工作,将各部门间的信息进行必要的整合和共享,确保服务的准确性和及时性。在就业失业登记方面,通过互联网平台,将就业和失业的信息进行及时对接,尽量减少求职者不必要的多头信息更新工作。同时,相关职能部门在信息平台中可以进行快速准确的审核,确保创业人员信息和失业人员信息的互联互通,减少不必要的错误操作。在再就业服务方面,可以及时将失业人员的信息汇总登记,并将失业人员信息库和用人单位的需求库进行对接,及时帮助失业人员尽快找到合适的用人单位,尽早实现再就业。同时,根据求职者的情况,对需要提升就业技能的人员提供相应的技能培训,对需要求职信息的人员则提供相关的就业服务信息。在创业服务方面,对创业企业的基本情况进行汇总登记,相关政府部门可以根据这些创业企业的实际情况,如所处的区域、领域和发展阶段,及时将相关政府的补贴激励措施和办法传递给相关企业,确保这些创业企业能获得及时有效的支持。

三、完善创业就业公共服务体系建设

各级政府应不断完善创业就业公共服务体系建设,在组织机构、人员队伍、信息系统、管理机制和保障措施等方面不断加强建设,持续提升服务质量。在组织机构方面,除了政府行政机关以外,加强企事业单位间的协同工作,明确各自角色定位及职能,逐步实现政府行政机构统领,行政审批类职能由政府机关整体负责,配套服务类工作则由企事业单位配合执行,市场化服务工作由企业组织协商开展的基本组织格局。在服务队伍方面,应加强各类人员的业务能力和服务意识,通过定期培训,不断学习最新的文件政策及实施细则,切实提高相关人员的业务水平,同时,加强相关服务人员的服务意识和综合素养,不断提升创业就业服务的满意度。在信息系统方面,不断加大信息化建设投入,加强各职能部门间的信息共享水平,完善创业就业服务信息库及人才需求库建设,并进一步提高相互对接水平,确保信息化时代下创业就业服务的及时性与便捷性。在服务制度建设方面,加强各职能部门、各服务环节的管理服务制度建设,加强各类创业就业服务工作的内部研讨,进一步理清和明确各部门、各服务环节、各岗位的服务内容和服务要求,细化服务项目,完善工作流程,提高创业就业服务的有效性。在保障机制方面,明确各服务环节的工作要求,在人员编制、资金需求、场地物资等方面的支持上应给予必要的保障,确保各项服务工作的有序推进。

第十一章 社会保险服务质量管理

第一节 社会保险服务概述

一、社会保险服务基本概念

(一)社会保险

社会保险是人类在社会发展史中,对社会弱势群体的经济保障乃至服务保障的认识,同时也是对政府承担责任的认可。特别是进入工业社会后,一方面,现代的生产方式与生活方式,如劳动的协作化、生产的机械化与高速化、生活的社会化、信息传导的快捷化,以致各类风险因素增加,为社会成员的个人风险转化为社会风险提供了条件。另一方面,工业革命带动城市化快速发展,大工业生产方式强制改变了家庭保障模式及其功能,劳动风险和经济收入损失已具有普遍性,家庭保障的屏障被突破,政府必须承担起维持社会公平与稳定的职责。

对社会保险的定义有很多,1953 年在维也纳召开的社会保险会议把社会保险定义为:"它是以法律保证的一种基本社会权利,其职能主要是以劳动为生的人,在暂时或永久丧失劳动能力时,能够利用这种权利来维持劳动者及其家属的生活。"美国危险及保险学会保险术语委员会经过仔细研究讨论后,把社会保险界定为:"通常由政府采用危险集中管理方式,对于可能发生预期损失的被保险人提供现金给付或医疗服务",并给出了具体的构成要素。我国部分学者将社会保险定义为:"是为保障劳动者(有些国家可能普及全体公民)在遭遇年老、伤残、失业、患病、生病等风险时的基本生活需要,在国家法律保证下强制实施的一种社会制度,它强调受保障者的权力与义务相结合。"

总的来说,社会保险是政府通过立法强制实施,运用保险方式处置劳动者面临的特定社会风险,并在其暂时或永久丧失劳动能力,失去劳动收入时提供基本收入保障的法定保险制度,包括基本养老保险、基本医疗保险、工伤保险、失业保险、生育保险等,通常具备强制性、适度性、互济性、权利与义务相结合、公平与效率相结合等特征,具有缩小社会贫富差距、促进国民经济健康发展、保障公民共享发展成果,促进社会和谐稳定等基本功能。

社会保险制度则是社会保险行为的法律规范,其主要内容包括有关社会保险的法律法规、社会保险管理机构的设置、社会保险基金的筹集、社会保险基金的投资运营、社会保险项目的设置、社会保险的给付标准和支付条件以及社会保险基金监督等。社会保险制度坚持广覆盖、保基本、多层次、可持续的方针,社会保险水平应当与经济社会发展水平相适应。

(二)社会保险机构

社会保险机构通常包括两大主要类型的机构:第一类是社会保险经办机构,是指由社会保险行政部门设立的,承担基本养老保险、基本医疗保险、工伤保险、失业保险、生育保险等的运行管理、经办事务和社会服务职责的机构。通常情况下,国务院社会保险行政部门负责全国的社会保险管理工作,国务院其他有关部门在各自的职责范围内负责有关的社会保险工作。县级以上人民政府社会保险行政部门负责本行政区域的社会保险管理工作,县级以上人民政府其他有关部门在各自的职责范围内负责有关的社会保险工作。第二类是社会保险服务相关机构,指的是社会保险经办机构以外,由政府部门设立、指定、授权、委托或社会保险经办机构委托提供社会保险服务的其他机构。

(三)社会保险服务

社会保险服务一般是指由社会保险经办机构及社会保险服务相关机构向服务对象提供的参保登记、权益记录、保费征缴、待遇支付、关系转移接续、档案利用和咨询服务等特有的服务项目,包括窗口服务、电话服务、网上服务以及其他渠道的服务。

二、社会保险制度发展历程

社会保险是整个社会保障制度体系的重要组成部分,从英国 1834 年颁布并实施的新《济贫法》算起,已有 180 多年的历史,即使从德国 1883 年推出最早的社会保险制度算起也有将近 130 年的历史,其已成为现代社会文明的重要标志,成为当今世界上绝大多数国家都在运用的社会政策。

德国是最早实行社会保险立法的国家,1883 年德国颁布《疾病社会保险法》,标志着世界社会保险制度的诞生。在社会保险制度正式建立以前,已经存在具有危难互济性质的民间互助会和营利性商业保险组织。社会保险制度得益于民间互助会的组织系统和组织办法，也得益于商业保险的技术手段，比如生命表和精算技术。1884年和1889年，德国政府又分别制定了《工伤社会保险法》和《老年、残疾、死亡保险法》，成为世界上第一个具有比较完整的社会保险制度体系的国家。此后，欧美国家纷纷仿效学习，社会保险制度开始在世界各国普及。1918年，苏俄颁布了《劳动者社会保险条例》，这是第一部社会主义的社会保险法令。美国在罗斯福当政时期，为了应对经济危机带来的失业、老年退休等社会矛盾，也于1935年8月14日通过了《社会保险法案》。

1941年6月，英国经济学家威廉·亨利·贝弗里奇被任命为英国各部研究社会保险及有关福利联合委员会主席，负责考察和研究英国现行社会保险制度及福利问题，并提出改革计划。1942年12月，该委员会提出了《社会保险和联合服务报告书》，即"贝弗里奇报告"。该报告提出："国家所组织的社会保险和社会救济旨在保证以劳动为条件获得维持生存的基本收入。建议实行福利国家政策，即实行失业、残疾、疾病、养老、生育、寡妇、死亡七项社会保险。"按照他的计划，社会保障包括社会保险、社会救济和自愿保险三类。社会保险用以满足居民的基本需要，社会救济用以满足贫苦需要，自愿保险用以丰裕居民的需求。该计划成为战后英国推行福利国家社会立法政策的蓝图，要求政府对国民提供儿童补助、养老金、残疾补助、丧葬补贴、丧失生活来源补助、妇女福利和失业工人的救济等全面保障。英国政府于1944年发布了社会保险白皮书，基本接受了"贝弗里奇报告"的建议，出台了一整套"从摇篮到坟墓"的福利政策，并于1948年宣布成为福利国家。瑞典、芬兰、挪威等其他欧洲国家也先后建立了具有本国特色的福利国家体系。

我国社会保险制度的建立最早可追溯到民国时期。受世界范围内社会保险制度普遍发展的影响，20世纪初，国民政府也开始了社会保险立法活动。北伐战争胜利后，中国国民党于1928年颁布了《工人运动纲领》，规定要"制定劳工保险法、疾病保险法、灾害救济法、死亡抚恤法、年老恤金法等"。1929年，国民政府的劳动法起草委员会完成《劳动法典草案》，其最后一编为"劳动保险"，虽是"草案"，但它开了中国社会保险立法的先河。1947年10月31日，由国民政府社会部拟定的《社会保险法原则草案》经修改后，由国民政府国务会议通过，定名为《社会保险法原则》，这是民国时期制定并正式通过的唯一的社会保险法规。

新中国成立以后，国务院于1951年2月23日通过了《中华人民共和国劳动保险条例》，并于1953年1月2日进行了修订，这是一部包括养老、疾病、工伤、生育等多方面内容的综合性社会保险行政法规，标志着新中国社会保险制度建设的开始。但该条例中没有失业保险条例,因此当时处理失业问题需要根据临时颁布的其他行政法规,如《关于救济失业工人的指示》(国务院 1950年 6 月 17 日发布)和《救济失业工人暂行办法》(劳动部 1050 年 6 月 17 日颁布)等。

　　我国社会保险制度建设转折创新是从 1986 年开始,计划经济时代的"国家保险型"模式逐渐开始动摇。1986 年 7 月 12 日,国务院颁布了《国营企业实行劳动合同制暂行规定》和《国营企业职工待业保险暂行规定》,首次规定养老保险个人缴费:"企业缴纳的退休养老基金,在缴纳所得税前列支,缴纳的数额为劳动合同制工人工资总额的 15％左右。劳动合同制工人缴纳的退休养老基金数额为不超过本人标准工资的 3％,由企业按月在工资中扣除,向当地劳动行政主管部门所属的社会保险专门机构缴纳。"

　　1997 年 7 月 16 日,国务院《关于建立统一的企业职工基本养老保险制度的决定》(国发〔1997〕26 号)颁布,向全国推广"社会统筹与个人账户相结合"的养老保险模式,正式宣告了中国社会保险模式转换完成。中国社会保险制度从原来的"国家保险型"模式转变为"社会保险型"模式,"社会统筹与个人账户相结合"的养老保险模式是一个创新。在中国社会保险史上,国务院《关于建立统一的企业职工基本养老保险制度的决定》是一个具有里程碑意义的法规。随后,我国其他的社会保险制度也先后完成了模式转换。1998 年 12 月,国务院颁布了《关于建立城镇职工基本医疗保险制度的决定》,1999 年 1 月颁布了《失业保险条例》,2003 年 4 月颁布了《工伤保险条例》等。

　　2002 年,党的十六大以后,我国城镇居民养老保险和医疗保险制度逐步建立和发展起来。2007 年 7 月,国务院颁布了《关于开展城镇居民基本医疗保险试点的指导意见》(国发〔2007〕20 号),城镇居民基本医疗保险制度开始试点,这是我国社会保险覆盖面首次扩展到城镇非就业人口。在农村社会保险方面,除了扶贫救助,还进行了新型农村合作医疗保险和新型农村社会养老保险的推广。2002 年 10 月,中共中央、国务院《关于进一步加强农村卫生工作的决定》指出:要逐步建立以大病统筹为主的新型农村合作医疗制度,到2010 年,新型农村合作医疗制度要基本覆盖农村居民。我国新型农村社会养老保险于 2009 年开始试点。

　　在逐步建立和完善我国社会保险制度的过程中,《中华人民共和国社会保险法》于 2010 年 10 月 28 日正式颁布,自 2011 年 7 月 1 日起施行。《中华人民共和国社会保险法》进一步从法律上明确了国家建立基本养老、基本医疗和工伤、失业、生育等社会保险制度,并对确立基本养老保险关系转移转接制度,提高基本养老保险基金统筹层次,建立新型农村社会养老保险制度和新型农村合作医疗制度等做了原则规定,进一步完善了用人单位和参保人员对社会保险的监督,强化了各级人大常委会对社会保险基金收支、管理和投资运营情况的监督职权,开启了我国社会保障制度领域用法律代替行政规定的进程。

三、社会保险体系

社会保险体系指现代国家为使劳动者在其劳动生涯和整个生命周期不必受将遇到的种种风险所带来的连累和折磨而从整体上作出的统一设计。从多数国家实施社会保险的过程分析,通常由工业领域而逐渐推广到其他产业,由低收入人群而推广到高收入人群,由受雇佣者而推广到自雇者。根据各国的国情及经济发展的状况。一般而言,考察一国社会保险发展程度的高低,一方面看其承保对象的范围,另一方面看其给付项目的多少。

(一)承保对象

多数实施社会保险的国家,一般先以从事危险程度较大、发生灾害机会较多的体力劳动者为承保对象,然后逐步扩大到一般薪资收入的员工,进而再扩大到全体国民。因此,社会保险的承保对象可以分为如下四种类型。

1. 特定职业受雇人员。如公务人员保险以公务人员为承保对象,渔民保险以渔民为承保对象,船员保险以船员为承保对象,等等。

2. 一般受雇人员。凡是经常受雇于他人,从事某种职业的工作,以薪资收入维持生计的员工,都可以获得某种社会保险所提供的安全保障。这类被保险人通常是经济上的弱者,自己没有充分的能力应付各种危险事故,迫切需要各种社会保险。

3. 一般从业人员。凡是就业并参与经济活动的成员,不论从事何种职业,自雇者或受雇者,一律纳入承保范围。

4. 全体国民。基于社会安全为基本人权的观念,社会保险的承保对象以全体国民为立项目标。

(二)承保项目

依据国际劳工局订立的《社会安全最低标准公约》规定,社会安全保障的种类包括九项:医疗给付、疾病给付、失业给付、老年给付、职业伤害给付、家庭给付、生育给付、残废给付及遗属给付。

从理论上讲,社会保险体系包括七大组成部分:生育社会保险、疾病社会保险、职业伤害社会保险、残障社会保险、失业社会保险、老年社会保险和死亡社会保险。它为保障劳动者生活安定和社会稳定作出了贡献。但在实践中,各国出于本国国情,对社会保险体系构建的情况稍有差别。

大多数国家,都把医疗社会保险、职业伤害社会保险和老年社会保险作为主要的社会保险体系建设内容,使劳动者遇到各种风险都能获得必要的收入补偿。如,女性工作者因生育风险而失去工资收入时,可通过生育津贴形式从医疗社会保险获得收入补偿。劳动者因工负伤或染上职业病,丧失工作能力落下残疾,可通过一次性伤残赔偿、经营性收入补偿乃至负伤补偿从职业伤害社会保险获得基本生活保障。至于死亡,通过遗属补助形式,既可以从医疗社会保险和职业伤害社会保险获得保障,也可以从老年社会保险获得保障。

第二节　社会保险管理和运行

一、社会保险管理内容

(一)社会保险管理概念

社会保险管理是指国家和政府通过一定的组织机构和制度、程序安排,采取一定的方式、方法和手段,对社会保险活动进行计划、组织、指挥、协调、控制与监督,以实现社会保险政策的目标与任务的管理系统的总称。社会保险管理主要包括行政管理、业务管理和对象管理三方面的内容。

1. 行政管理。指社会保险各级管理机构运用行政权力,在法律规定的职责范围内,综合运用组织、人事、计划、协调、监督、财务等手段,有效、及时地贯彻落实社会保险法规、政策,并处理实施中遇到的各种争议。通常包括拟定社会保障发展规划和计划,统筹协调社会保险政策,妥善处理地区和人群间的利益和矛盾;制定社会保险法律、法规和政策,具体规定社会保障的实施范围和对象,享受保障的基本条件、社会保险资金的来源、基金管理和投资办法、待遇支付标准和对象以及社会保险各主体的权力、义务等;贯彻、组织和实施各项社会保险法律法规并负责监督、检查;受理社会保险方面的申诉、调解和仲裁;建立和完善社会保险信息化、社会化服务体系;培养、考核、任免社会保障管理干部等。

2. 业务管理。社会保险业务管理范围较广,具体包括社会保险的登记、审查,社会保险基金的筹集和运作,保险费的征缴,待遇的计算与给付,丧失劳动能力的医务鉴定与审批等。其中,基金筹集渠道主要是国家、单位和个人按一定比例缴纳的社会保障费用以及社会的捐助;基金的运营管理包括基金的日常财务和个人账户管理以及基金的投资运营;基金支付是给付参保人各项社会保障待遇,如养老金、失业金、救济金、医疗费用报销、家庭补助等。

3. 对象管理。在社会保险的管理和服务过程中,要加强对群众的对象管理,了解群众基础情况,并让群众参与日常管理。基层管理机构要向群众宣传社会保险的法规、政策,及时掌握和了解被保险对象的生、老、病、伤、残及其家属的情况,形成一套完整的对象管理工作制度。

(二)社会保险基本业务

社会保险业务涉及对参保单位、参保职工和保险基金的管理。根据基本运行模式特点,可将各基本业务环节划分为征收、支付和内容管理三条主要的管理业务线。

1. 征收。主要业务管理对象是在职职工,包括社会保险登记、在职职工变更、缴费基数核定、征缴结算及税务代收等环节。

2. 支付。主要业务管理对象是离退休人员,包括退休审批、待遇核定、支付结算和养老金社会化发放等环节。

3. 内部管理。主要业务管理对象是财务账目、个人账户、凭证资料和计算机数据等,包括财务记账、数据库、资料归档等内部管理环节。

(三)社会保险经办

目前,大多数国家都依法设立了社会保险经办机构,其主要职责是依照法律规定收支、管理和运营社会保险基金,并承担社会化管理工作。目前,世界社会保险经办主要有三种形式。

第一种形式通常由政府内的一个或几个部门分工合作,共同管理和监督社会保险政策的执行。社会保险经办由政府部门管理的独立机构来承担。该类经办形式的代表国家是日本。日本养老保险中的雇员和国民养老金由厚生省进行一般监督,由该部门所属的社会保险厅及派出机构管理;医疗保险由厚生省进行一般监督,并通过所属的社会保险厅以及健康保险组织和国民健康组织进行管理;工伤保险和失业保险由劳动省进行一般监督,通过地方劳动基准局和职业安定局(所)进行具体管理。这种管理模式的特点是在政务、事务权上划分不够清晰,相互交叉。

第二种形式通常由政府指定的一两个部门进行监督,社会保险的具体经办由若干个半自治或非政府组织在国家法律规定的范围内管理。该类经办的形式的代表国家是法国。法国的养老保险由全国养老保险基金会经办,伤残、疾病保险由全国疾病保险基金会具体经办,失业保险由劳资双方组成就业组织理事会负责具体经办。这种经办管理模式遵循的是社会保险制度的管理原则，即社会保险主要由受保人及其雇主的代表进行自主管理，政府部门只对社会保险进行一般的监督。

第三种形式通常是在国家立法范围内由中央工会理事会通过其地方分支机构具体经办社会保险事务。

《国际劳工公约及建议书》对社会保险基金经办机构的形式作出了专门规定。《社会保障（最低标准）公约》也规定："凡管理权不授予为公共当局所控制的机构或对立法机构负责的政府部门时，受保护人的代表应按规定条件参与管理，或以咨询身份参与，国家法律或条例同样可对雇主和公共当局的代表参与问题作出规定。"因此，社会保险经办机构不论采取哪种形式，都必须在法律规定的范围内从事自己的事务，征缴保险费、制定基金管理相关政策和支付保险金，并且在不同程度上受到政府的监督。

（四）社会保险登记

凡是依法须参加社会保险、缴纳社会保险费的单位都应在《社会保险费征缴暂行条例》规定的期限内到所在地社会保险经办机构进行社会保险登记。社会保险登记是扩大社会保险覆盖面，体现社会保险强制性，确保应参保单位参加社会保险和维护职工社会保险权益的重要手段，也是社会保险经办机构了解缴费单位基本情况的主要途径。

社会保险登记主要包括以下内容：

1. 设立登记。缴费单位应在领取营业执照之日或自成立之日起 30 日内，向当地社会保险经办机构申请办理社会保险登记，参加社会保险。社会保险经办机构审核后发给缴费单位社会保险登记证。缴费单位具有异地分支机构的，分支机构一般应当作为独立的缴费单位，向其所在地社会保险经办机构单独申请办理社会保险登记。跨地区的缴费单位，其社会保险登记地由相关地区协商确定，意见不一致时，由上一级社会保险经办机构确定登记地。

2. 登记事项。社会保险登记事项包括：单位名称、住所或地址、法定代表人或负责人、单位类型、组织机构代码证（五证合一）、主管部门、隶属关系、开户银行账号、社会保险经办机构规定的其他事项。

3. 变更登记。缴费单位社会保险登记事项之一发生变更时，应当依法向原社会保险登记机构申请办理变更社会保险登记。

4. 注销登记。缴费单位发生解散、破产、撤销、合并以及其他情形，依法终止社会保险缴费义务时，应当自办理工商注销登记之日起或自有关机关批准或宣布终止之日起 30 日内，向原社会保险登记机构申请办理注销社会保险登记。

二、社会保险管理模式

社会保险管理方式的选择受制于国家的社会管理体制、社会保险的指导思想以及历史上的管理传统等因素,既是社会保障法制的自然延伸,也是对社会保障法制的强化,能对社会经济和保障事业产生重要影响。

社会保险管理模式是指社会保险行政管理机构、经办管理机构、基金管理机构和监督管理机构在社会保险管理过程中形成的体例和框架,它主要涉及不同层级的社会保险机构之间的权责划分、各管理部门之间的协调等内容。社会管理模式根据政治、经济、文化和历史背景的差异而各不相同,当前世界上较为成熟的管理模式主要有三种,分别是政府直接管理模式、自治机构管理模式和以私营机构为行为主体的管理模式。我国目前所实行的主要是中央政府和各级地方政府共同负责的管理模式。

（一）政府直接管理模式

政府直接管理模式是采用纵向领导的方法,由中央到地方设置不同层次的管理机构,中央对地方的管理机构实行垂直管理和领导。中央制定社会保险的政策法规,对社会保险运行过程进行监督;地方社会保险管理部门把中央的政策法规细致化,负责具体业务的实施。社会保险行政管理、业务管理都由政府负责,行政管理部门规定社会保险的实施范围、享受对象、基金筹集、待遇支付以及各方的权力义务,对法律法规的实施进行检查和监督,受理社会保险有关的行政争议;业务管理部门作为政府部门的派出机构对社会保险事务进行管理,负责参保人登记和审查、社会保险基金的筹集和支付、为被保险人提供咨询等服务。

政府直接管理模式下,政府权力的强制性能充分发挥作用,保证社会保险政策规范统一,政府制定的社会保险制度目标较容易实现。但这种管理模式缺陷在于政府须投入大量人力物力从事具体的社会保险事务,管理成本较高,经办机构的工作效率也容易呈现低下的倾向。在政府直接管理模式下,行政管理部门和业务经办机构的工作人员都属于政府公职人员,约束和监督机制难以有效发挥作用,从而也容易出现工作效率低下的倾向。

政府直接管理模式根据管理方式的差异可再细分为统一管理模式、分散管理模式和统分结合管理模式。

1. 统一管理模式

统一管理模式把不同的社会保险项目置于一个统一的管理体系之中,建立统一的社会保险管理机构对全国的社会保险事业进行自上而下的纵向统一管理,而地方层层设置社会保险管理机构,实行统一的制度、统一的政策和管理标准。统一管理模式体现了社会保险行政管理机构、业务管理机构、基金管理机构和监督管理机构的统一。在统一管理模式下,各种不同的社会保险项目主要由一个部门集中管理,其他未涉及事项由其他部门附带管理。

这种管理模式有利于社会保险的统一实施,能有效避免由不同部门管理所引起的部门冲突和矛盾。在这种模式下,不同社会保险项目的管理能进行有效的衔接和协调,社会保险基金的集中程度较高,使用效率也较高。由于实行统一的部门集中管理,可使得管理成本相对较低,社会保险政策的实施效果也较好。与此同时,实行统一管理模式也需要具备一定的客观条件,若是在具有分散式管理传统、社会保险情况复杂的国家实行统一的管理模式必定遭受众多阻力。

英国是实行统一管理模式的典型代表。英国社会保障部由总部和五个执行局组成。总部负责在政策发展方面提供支持,组织协调社会保障部的内部管理,并对社会保险项目的发展、维持和给付进行全方位的管理。社会保障国务大臣全权负责社会保障事务;社会保障和福利改革国务大臣负责社会保障长期规划、项目变动、待遇计发、基本开支检查以及工作激励等问题;负责上议院的助理国务大臣管理因病失去工作能力补贴、严重伤残补贴、工伤以及战争养老金等事项;负责下议院的助理国务大臣管理国家养老金、职业和个人养老金、国家保险缴费征收、法定医疗及生育待遇等事项。五个执行局负责社会保险政策的具体实施,具有相对独立性,职责划分明确,各执行局有独立的机构系统,各局局长负责本局的具体管理实务。五个执行局分别是待遇计发局、缴费征收局、信息技术服务局、儿童供养局和战争养老金局。在行政管理和业务管理之外,有独立法定机构对社会保险工作过程进行监督。这些独立的法定机构包括独立仲裁庭、中央裁判庭、社会基金独立审查署和养老金申诉调查办公室。独立监督体系的建立对于英国社会保险起到一定的约束作用。

在医疗保险管理方面,英国的卫生保障部是最高管理机关,统一领导全国和地方的医疗保险管理,负责医疗卫生系统的管理。英国在各地区设置社会保险局,在县市设立国民保险办事处,形成了从中央到地方的完善的医疗保险管理网络。

英国社会保障的统一管理模式在有些方面实行了简化,首先,缴费只有国家保险费一项,其涵盖所有保险项目。其次,在部内实行了严格的分工,总部管政策,各执行局管操作,执行局按基金的进出和特别对象设立,避免发生职能交叉。最后,英国统一管理的独立监督体系也较为完善。

2. 分散管理模式

由于社会保险项目较多,各个社会保险项目的保障对象、管理方法各异,采取过于集中的管理方式未必适合所有情况。因此,在政府对社会保险进行统一协调决策的前提下,有必要对不同的社会保险项目进行分散管理。分散管理模式采取与统一集中管理模式相反的管理方式,由不同的政府部门对不同的社会保险项目进行横向多头管理,养老保险、医疗保险、生育保险、工伤保险、遗属保险和失业保险都分别由不同的政府部门管理,且不同的社会保险项目都有各自对应的保险经办机构、基金运营机构和监督管理机构,各社会保险项目之间具有相对独立性,各项目所筹集到的社会保险基金专款专用。

分散管理的情形下,不同的社会保险项目往往实行不同的管理模式,比如德国,除个别特殊行业以外,养老保险的管理机构按地区进行设置,医疗保险管理机构按行业和地区进行设置。我国长期以来实行的是分散管理的模式,但随着社会保险制度的改革,这一情形逐步改变,原来过于分散的社会保险管理日趋集中,使得社会保险管理难度有所降低。

3. 统分结合管理模式

统分结合的管理模式是指对共性较强的社会保险项目进行集中管理,而对具有特殊性的社会保险项目实行分散管理。如,有的国家将养老保险、医疗保险等社会保险项目集中起来进行统一管理,而失业保险和工伤保险分别由劳动部门和其他部门进行管理。有的国家设置特定的部门管理养老保险,而医疗保险、工伤保险和失业保险集中由劳动部门管理。在不同的国家,由于部门设置和部门分工的不同,各部门对应的社会保险管理职责也存在较大差异。

实行统分结合的管理模式,既适应了社会保险集中管理的趋势,又兼顾了不同性质社会保险项目的特殊要求,能够发挥统一管理模式和分散管理模式各自的优势,管理效率能够得到提升,而管理成本也可相应减少。在这种模式下,有两个或两个以上的部门对社会保险事务进行管理,至少有一个部门集中管理几个具有同质性的社会保险项目的具体事务,而另外有少数部门负责某个提升社会保险项目的管理。

加拿大是典型的统分结合管理模式代表国家,其卫生和服务部负责管理老年保险、遗属保险、伤残(疾病或非因公致残)保险、健康医疗保险和家属津贴;就业和移民部负责管理以失业者为服务对象的失业保险以及疾病、生育保险;退伍军人部负责管理伤残军人抚恤;劳工部劳工补偿局负责管理工伤保险。雇员若在工伤待遇方面有异议,由劳工补偿局和劳工补偿委员会仲裁;雇员若在工伤待遇方面有异议,由劳工补偿局和劳工补偿委员会仲裁,如果仲裁不服,可以向法庭申诉。省级机构层面的机构设置与联邦机构大致相同。

(二)自治机构管理模式

自治机构管理模式是指社会保险的业务管理由非政府组织承担,政府负责社会保险立法并对社会保险政策的实施提供监督和指导。负责业务管理的非政府组织可能是由政府代表、雇主代表和雇员代表三方组成的独立机构,也可能是其中两方组成的管理组织,其名称可以是基金会、董事会、委员会、理事会等。这些独立机构依照相关法律法规的实体性规定和程序性规定对社会保险的具体业务进行管理,实行民主管理,接受来自政府和社会的监督。在自治机构下面设有办事机构,在法律规定范围内开展各种业务活动。

德国是自治机构管理模式的典型代表国家,社会保险机构不是政府部门的派出机构,而是独立法人,实行自治管理。联邦政府劳动与社会事务部是政府管理社会保险的最高行政机关,社会保险承办机构完全独立,联邦政府设有社会保险管理监督办公室作为具体的管理部门。该办公室隶属于劳动和社会事务部,但不同于劳动与社会事务部的内设机构,有相对独立性。德国社会保险自治机构影响力很大,一般实行地区管理与行业组织管理相结合的方式,自治机构成员由雇主代表和雇员代表共同组成。

德国自治管理模式是在统一立法和统一监督下,按照各种社会保险项目分头自治管理。如,医疗保险、年金、战争被害者的援助等工作由劳动社会部自治管理;医疗、保健、食品卫生、医药和社会福利则由青少年、家庭、妇女保健部实行自治管理;设置专门的养老保险机构承办养老保险。无论是养老保险,还是医疗保险,在全国都不是由一个机构来负责,而是由多个不同的机构来承办。这些机构设置的原则,主要是按照参保人的职业或身份来组织,即全国不同身份的人参加不同社会保险机构开办的专门社会保险项目。如德国目前主要有 29 个养老保险机构负责全国的养老保险工作,具体包括:1 个联邦白领志愿养老保险局,负责全国所有的白领雇员的养老保险;23 个蓝领雇员养老保险局,这些机构在全国各州按照地区设置,各自负责本地区蓝领雇员的养老保险,各 LVA 互不隶属;其他养老保险机构,主要有联邦铁路职工养老保险局、联邦矿工养老保险局、联邦海上和渔业作业人员养老保险局以及农民养老保险基金(非强制性参加)和艺术家促进基金。

德国的自治管理模式实际上是让社会直接参与管理,而政府退到幕后,通过间接监控方法管理社会保险,如审查和批准社会保险机构的报告和建议,调查社会保险机构的活动等。当联邦劳动与社会事务部与 BFA 有不同意见时,一般不会直接采取行政命令手段,因为 BFA 的理事会不受劳动与社会事务部的领导,而是以建议的方式表明他们对某一问题的看法和态度。在德国自治管理模式下,政府是小政府,社会保险机构和参保人承担了主要的责任,因而管理比较有效率。除此之外,德国还有社会法院,受理社会保险等方面的诉讼,在比较大的城市设有社会保险局,隶属于地方政府,该机构实质上只是一个咨询和代办机构,主要工作是宣传介绍政策、发放表格、指导填写、代理送达、通告错误等,向市民提供便利的服务。

（三）以私营机构为行为主体的管理模式

以私营机构为行为主体的管理模式是在实行社会保险基金"完全积累制"的前提下,由私营机构对社会保险基金的投资和运营进行管理,以实现基金的保值、增值。政府不直接参与社会保险基金的管理,而是对社会保险的具体实施过程进行监督。比如,新加坡实行中央公积金制度,具有半官方性质的中央公积金局负责社会保险的管理和具体实施,而劳动部对社会保险管理进行监督。此外,智利的养老金管理模式是典型的私营机构管理模式,其国民养老保险基金是让获得资格认定的养老基金管理公司来管理养老金,并从事养老保险基金投资、运营、管理和发放,基金投资风险管理委员会、社会保障总署对社会保险管理进行监督。养老保险参保人可以选择养老基金管理公司来管理自己养老保险个人账户中的资金,如果不满意也可以更换养老基金管理公司。养老基金管理公司将参保人账户中的资金汇集起来进行投资运作,以实现资金保值、增值的目标。印度、印度尼西亚等国也采取这种管理模式。

私营机构为行为主体的管理模式较少受政治因素影响,社会保险基金投资管理机构依据市场原则进行投资,由于存在市场竞争,每家社会保险基金管理公司都会努力提高自身的管理效率和提高基金的投资收益率,以获取更大的市场份额,从而使社会保险基金的整体管理效率和投资收益率提高。在以私营机构为行为主体的管理模式下,政府付出的管理成本较低,政府责任较轻,但是私营机构管理社会保险近年来出现了管理效率降低的趋势,被保险人的利益与社会保障基金在资本市场的收益直接相关,此种模式给被保险人带来的风险较大。

第三节   社会保险服务质量实践

随着社会保险服务覆盖面扩大,服务质量成为重要的关注内容。2010年4月23日,人力资源和社会保障部发布《关于开展社会保险标准化工作的指导意见》(人社厅发〔2010〕41 号)明确指出:"从现在起到 2020 年,基本建立结构合理、层次分明、重点突出、科学适用的社会保险国家标准体系,行业标准、地方标准与国家社会保险标准协调配套,将社会保险服务、评价、管理等领域的全过程纳入标准化管理轨道,实现对关键环节和关键因素的有效监控,以标准化手段提升社会保险经办管理服务能力。"其中,对于社会保险服务质量的重视已不再是简单的群众满意度,而是从标准化、信息化等角度进行全过程服务质量监控,在服务流程、服务人员管理、服务评价等各个模块,充分体现社会保险服务质量的全方位提升。

为了进一步推动社会保险标准化工作和服务质量的提升,人力资源和社会保障部 2015 年发布了《关于推进社会保险标准贯彻实施工作的意见》(人社部发〔2015〕63 号),提出社会保险标准贯彻实施工作的近期目标和中期目标。其中,近期目标为 2015—2017 年,在省级、地市级以及县级试点社会保险经办机构,社会保险标准贯彻实施实现"三统一";中期目标为 2018—2020 年,在县以上社会保险经办机构全面落实"三统一"的基础上,社会保险标准贯彻实施实现"三规范"。目前已形成发布涉及社会保险服务管理、质量提升、业务管理等各类标准,具体包括:

- ◆ GB/T 27768—2011《社会保险服务总则》;
- ◆ GB/T 31594—2015《社会保险核心业务数据质量规范》;
- ◆ GB/T 31596.4—2015《社会保险术语 第 4 部分:医疗保险》
- ◆ GB/T 31599—2015《社会保险业务档案管理规范》;
- ◆ GB/T 32621—2016《社会保险经办业务流程总则》。

依据各个国家标准,各省市相应制定出台了具体实施意见,推动全国范围内社会保险服务的质量改进。

一、社会保险经办体系服务质量

社会保险经办机构将国家相关的社会保险政策转变为公共服务产品,然后提供给社会公民。因此,社会保险经办机构所提供的服务水平直接关系着国家社会保障政策的实施力度,并对我国社会保障体系的可持续发展造成影响。随着我国社会保障体系的逐渐完善,参保人员逐步增加,其服务对象的需求日益呈现多层次、多样化特点,社会公众对社会保险公共服务有了更新更高的标准,因而使得经办机构的工作难度越来越大,并对其现有的管理水平和服务质量提出了更高的要求。在我国社会保险制度改革已有一系列顶层设计的背景下,社会保险经办机构迫切需要进一步提升管理与服务能力,从而在保障民生、全面深化改革、全面建成小康社会的进程中发挥应有的作用。

我国社会保险经办服务体系于 1993 年建立,30 多年来我国社保经办服务体系从无到有,人员规模从小到大,为社会保险制度的发展作出了巨大贡献。中央政府十分重视社保经办服务体系的建设,党的十八届三中全会通过的《关于全面深化改革若干重大问题的决定》指出,"加快健全社会保障管理体制和经办服务体系"。健全社会保障管理体制和完善经办服务体系,既属于切实转变政府职能和深化行政体制改革的范畴,又属于建设服务型政府的标志性举措。然而,随着中国社会保险制度覆盖人次的成倍增加和社会保障制度精细化管理的客观要求,全国社保经办服务体系面临着空前的挑战。

(一)社会保险经办服务体系的现状与作用

1. 社会保险经办服务体系支撑的"制度规模"不断扩大

2018 年末,全国参加城镇职工基本养老保险人数 41848 万人,比上年末增加 1555 万人。参加城乡居民基本养老保险人数 52392 万人,增加 1137 万人。参加基本医疗保险人数 134452 万人,增加 16771 万人。其中,参加职工基本医疗保险人数 31673 万人,增加 1351 万人;参加城乡居民基本医疗保险人数 89741 万人,增加 2382 万人。参加失业保险人数 19643 万人,增加 859 万人。年末全国领取失业保险金人数 223 万人。参加工伤保险人数 23868 万人,增加 1145 万人,其中参加工伤保险的农民工 8085 万人,增加 278 万人。参加生育保险人数 20435 万人,增加 1135 万人。年末全国共有 1008 万人享受城市居民最低生活保障,3520 万人享受农村居民最低生活保障,455 万人享

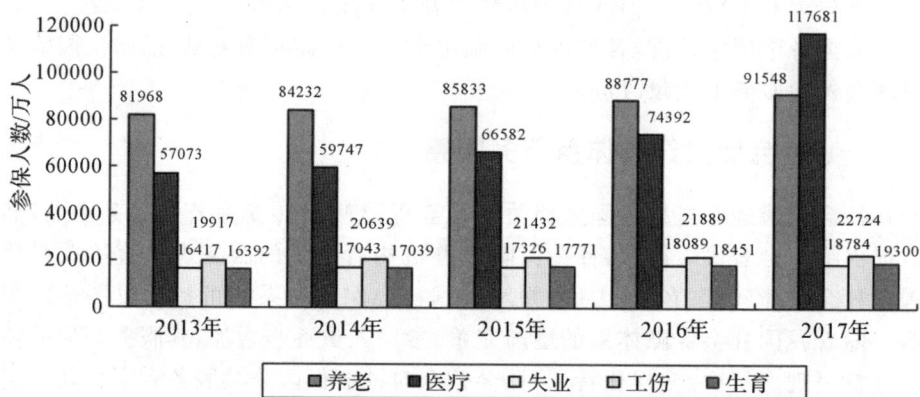

图 11.1　2013—2017 年我国社会保险参保人数
资料来源:国家人力资源和社会保障部发布的历年《发展统计公告》.

受农村特困人员救助供养,全年临时救助 1075 万人次。全年资助 4972 万人
参加基本医疗保险,医疗救助 3825 万人次。国家抚恤、补助退役军人和其他
优抚对象 861 万人。

同时,1990 年社会保险基金收入合计仅为 186.8 亿元(不含系统统筹部
分),支出 151.9 亿元,累计结余 117.3 亿元(包括购买国家特种债券)。2017
年底,5 项社会保险基金收入合计 67154.2 亿元,基金支出合计 57145 亿元,5
项社会保险累计结余(含城乡养老保险)77311.6 亿元。如此大规模的资金流
动,没有经办机构服务体系的支撑是远远无法完成的,也从另一个层面反映出
我国当前社会保险服务经办体系支撑的制度规模不断扩大。

表 11.1 1990—2017 年全国社会保险收支累计结余情况 单位:亿元

年份	收入	支出	累计结余	年份	收入	支出	累计结余
1990	186.8	151.9	117.3	2008	13696.1	9925.1	15225.6
1995	1006	877.1	516.8	2009	16115.6	12302.6	19006.5
2000	2644.9	2385.6	1327.5	2010	19276.1	15018.9	23407.5
2001	3101.9	2748	1622.8	2011	25153.3	18652.9	30233.1
2002	4048.7	3471.5	2423.4	2012	30738.8	23331.3	38106.6
2003	4882.9	4016.4	3313.8	2013	35252.9	27916.3	45588.1
2004	5780.3	4627.5	4493.4	2014	39827.7	33002.7	52462.3
2005	6975.2	5400.8	6073.7	2015	46012.1	38988.1	59532.5
2006	8643.2	6477.4	8255.9	2016	53562.7	46888.4	66349.7
2007	10812.3	7887.8	11236.6	2017	67154.2	57145.0	77311.6

数据来源:中国统计年鉴 2018.

2. 社会保险经办服务体系保证了制度运行质量

近年来,全国范围的社会保险经办服务体系逐步实现了养老金社会化发
放,企业保险几年间便"升级"为社会保险,2009 年建立了在 30 个工作日内完
成异地转移接续养老关系的制度框架,用半手工式的操作程序消除了由于制
度构建缺陷带来的"便携性损失",而从 2010 年 1 月 1 日起,养老保险可以跨
省转移,由此带来的工作量却逐年增大,养老关系跨省转续数量 2010 年为 38
万人次,2011 年激增至 104 万人次,2012 年高达 115 万人次;跨省转移资金规
模逐年增长,2010、2011 和 2012 年分别为 33 亿元、104 亿元和 179 亿元。

在由社保部门征缴的省份,社会保险费的"五险统管""五险合一"或"一票
统缴"征缴体制已成为发展趋势,大约半数省份建立了类似的统一征收制度;
社会保障卡发放数量从 2009 年的 1 亿张激增到 2018 年底的 11.5 亿张,平均

每年增发 1 亿多张;新农保、城居保先后于 2009 年、2011 年建立,在短短几年时间里,这两个制度基本实现了应保尽保。

3. 社会保险经办服务体系自我完善与成长

社会保险制度覆盖面不断扩大,险种不断增加,这就要求经办系统的规模同步发展。为此,各级编制管理部门和社会保险行政管理部门在社会保险经办机构数量和人员配备上给予了很大支持,机构数量从 2000 年的 4784 个增加到 2012 年的 8411 个。2012 年底,全国有 1364 个县(区)设立了居保机构,占县级行政区划的 47.7%。在经办人员中,参公管理的为 77657 人,占实有总人数的 45.1%;其中,"养老"机构参公管理人员为 50666 人,占参公管理人员总数的 65.2%,其余四类机构参公管理的人员共 26991 人,占 34.8%,他们包括"医保"(含医疗、失业、生育)、"工伤"、"居保"(新农保和城居保)和"机保"(机关事业单位养老保险)。在全国范围内,参公管理的机构有 4421 个,占机构总数的 52.6%,其中,"养老"机构为 2368 个,占参公管理机构总数的 53.5%,其余四类参公管理的机构总计为 2053 个,占 46.5%。随着经办队伍规模的扩大,经费预算也随之逐年增加,实际支出有增无减。在经办机构几乎全部为全额拨款的情况下,各级政府逐年大幅增加对经办机构行政成本的转移支付,这说明社会保障越来越受到各级政府的重视,尤其是受到财政部门的支持。

(二)社会保险经办服务存在问题分析

1. 经办机构设置合理性有待增强

当前,我国社保经办机构从部门设置上看,还缺乏一定的科学性。

如某县的社会保险主要分四个经办机构管理,社保局主要管理企业职工的养老和生育以及工伤三项保险;城乡居保中心主要管理居民养老保险;就业局主要管理失业保险;医保局主要管理医疗保险。每个经办机构既要有相对独立的内控制度,又要有相对独立的业务操作系统,无论是参保单位,还是参保个人,都要到各个机构将各项社会保险业务进行办理。这种分散管理既可能导致经办机构的工作量增大和社会资源浪费,又使办事人员和参保单位需要跑许多个部门,无论对于提高管理服务水平,还是提升办事效率都非常不利。

此外,由于各地的社保机构体制未实现统一,导致组织机构较为分散,且经办职能设置还缺少一定的科学性、规范性。尤其在险种的设置上,业务统一性差,使得业务交叉现象明显,不能实现信息共享,也增加了社会保险的管理成本,降低了工作效率。

2．经办机构工作负荷大，服务质量受到制约

随着改革开放的不断深入，我国的就业结构已经出现了很大变化，在社会参保结构上就体现为自由职业者、个体就业人员和灵活就业人员的比例越来越大。社会参保工作的业务范围和工作数量日益变大，社会保险经办机构的工作的内容也发生了巨大的改变，由传统的征缴、发放，变为现在的续保、稽核、完善个人账户等保险管理服务，工作强度也不断增加。虽然经办人员规模在过去的十几年里增加了1倍多，但社会保险几个险种合计参保人次却增加了7倍（不含新农合与失业保险），经办系统人员的增长速度远赶不上社会保险制度的膨胀速度。于是，全国经办系统相对应的各个险种的参保人次人均负荷比不断攀升，从2000年的1∶2757（即1个经办人员对应2757参保人次），提高到2012年的1∶9692，尤其是2009年以来，新农保和城居保的建立使参保人次激增，从2009年的10亿人次增加到2012年的16.7亿人次，参保人次增加了67%，而经办人员仅增加了22%，从14.1万人增加到17.2万人。如果将新农合（8.4亿人）和失业保险（1.9亿人）纳入经办体系之中，截至2012年底，全国社会保险参保人次达到26.6亿。

此外，失业保险和工伤保险是两个大险种，随着覆盖面的扩大，还有几个亿的潜在参保人，如果再加上2亿～3亿的农民工和城镇灵活就业人员的潜在养老保险参保规模，未来10年全国经办系统大约还需增加10万人（按照目前1∶9692的负荷比计算）。由于工作量成倍增加，县市级经办机构工作人员经常处于超负荷运转状态。

3．信息孤岛和重复建设现象共存

信息资源的管理逐渐成为社会保险的重要方面，社会保险经办工作对其信息技术的应用需要越来越大，对参保单位及其人员的基础信息、各种账户及缴费记录等各个方面无不采用信息技术。然而整体来看，信息孤岛和重复建设社会保险信息系统情况都存在。社会保险经办机构的信息管理系统与金融机构及政府其他的机关将信息共享情况较差。同时，社会保险经办机构各个内部信息系统也是分散进行管理，互相之间并不兼容，往往会出现资源不共享或者标准不统一所带来的各种问题，如养老、工伤、失业、医疗、生育五险分立，目前为止仍没能够实现统一申报、记账。经办机构间信息共享难致使参保人员在享受待遇时需要重复提供各种依据，导致经办管理服务水平难以提升。

社会保险经办机构职能不统一，使得各地的业务职能或者机构设置各自为战，社会保险信息系统重复建设现象普遍存在，既导致整体规划前瞻性欠缺，又造成资源浪费，出现标准各异的情况。而开发信息系统只能满足单险种

基本业务处理需求，其兼容性、空间拓展性较差，不能满足复杂业务的办理需求。

此外，经费和人员编制也存在一定的问题，保障系统的维护和运行投入资金欠缺，各级经办机构中，无论从事社会保险维护硬件的专业人才，还是开发软件的专业人才都非常欠缺，导致社会保险系统在开发软件的应用方面明显滞后，现有信息网络功能已经很难满足高效便捷的服务需求。

4. 经办机构人员专业水平参差不齐

从经办机构工作人员素养看，其综合能力还有待提高。许多社会保险机构经办人员都是从其他单位转过来的，无论是业务技能，还是系统政策法规水平都有欠缺。机构在职称评定和选拔人才以及测评能力等相关方面普遍存在轻视能力而重视学历的情况。在社会保险机构经办中，真正能够通过学习业务技能和熟练掌握政策，并且能够将实际问题有效解决的业务骨干非常有限：其一，操作不规范，业务不精，对实际问题解决的能力比较差；其二，没有透彻地理解政策法规，解释得也不到位，既难以准确地依法办事，也很难准确地执行政策；其三，不善于协调和沟通，主动的服务意识欠缺，针对矛盾不能够妥善地化解和处理，很难服务到位。

由于经办机构忽视了对人才的培养，使得人员素质良莠不齐，不能透彻地理解我国的相关政策法规，在执行政策时对遇到的各种问题不能妥善解决，业务水平较低，操作不规范，工作效率低下。同时，还有的工作人员缺乏沟通、协调能力，没有主动服务的意识，导致服务能力较低。

(三)提升社会保险经办服务质量的路径

1. 加强信息化建设力度

社会保险经办机构需加强信息系统的建设，更好地推进信息化经办管理服务。在信息管理系统建设中，可从各省市范围内着手，通过统一应用经办管理信息系统，确保数据信息更加集中，并实现联网数据的全覆盖，让资源信息得以即时共享。无论是构建全国各省市地区的财政部门和经办机构以及金融机构的信息平台，还是构建其他社会保障相关机构和部门统一的信息平台，都应该将社会保险经办机构信息系统快速地整合，从而最大化利用信息资源。作为建设社会保险信息化的补充，应设置自助服务终端，运用卫星技术联网，将管理信息系统与自助服务端信息共享有效地实现，从而使经办大厅的窗口拥护和秩序混乱情况得以缓解。同时，还要在全国范围内构建相关的社保管理信息系统，并建立服务网络平台，让跨地域的社保关系办理更具有连接性、高效性，以方便流动参保人员。

2. 促进社会保险经办机构的整合

社会保险经办机构要有意识地对经办资源进行优化整合,将职能配备和设置机构进行调整,按照统一、高效、精简原则进行经办服务管理,其能大大提高经办操作效率,同时也能提高经办机构的管理服务能力水平,为广大的参保人员提供更为便捷的服务。通过对失业保险、养老保险、医疗保险等不同的险种进行整合,对社会保险经办工作统一进行管理,对社会保险事务集中进行办理,对各种资源最大限度地进行整合,无论是参保个人还是参保单位,资源整合后事务性负担都得以减轻,信息共享也得以实现,管理成本也能节约,从而有效提升经办服务机构的服务能力和经办效率。

3. 加强经办机构人才队伍建设

经办机构应大力加强人才队伍建设,建立社会保险经办机构与参保人数编制挂钩的机制,根据增加服务和参保对象比例对机构人员编制进行增加。以免对正常工作的顺利开展造成影响。同时还要注意人员的优化配置,引进先进的管理人员,增强工作人员的工作信心,以确保工作效率和工作质量。在强化经办队伍的建设中,经办机构要通过培训、宣传教育等形式,提高员工的整体素质,并实行考核奖惩机制,充分调动经办人员的工作热情,定期组织经办人员参加学习法律法规和技能培训,从而提升经办人员的专业水平和综合素质,并使其积极主动地学习国家相关政策、法规,有意识地规范自身的操作,形成服务意识,打造出一支能力强、素养高、作风正的人才队伍,提升整个经办机构的办事效率。强化人文关怀,吸引更多的优秀人才加入社会保险经办机构队伍,在社保事业中扎根。加强建设行风,开展敬业、爱岗以及奉献等多种形式的活动,对于乐于奉献和勤政廉洁的优良作风和传统应该大力弘扬,从而使大家自觉钻研业务,立足本职,勤恳工作。

4. 推进经办服务质量标准化建设

经办机构要加强社会保险的标准化建设,按照《社会保险经办业务流程总则》(GB/T 32621—2016)、《社会保险业务档案管理规范》(GB/T 31599—2015)等国家标准,严格规范社会保险经办服务,以更好地满足参保人员对于社会保险服务的需求,推动保险事业的稳定发展,使社会保险经办机构的管理服务能力提升至更高的水平。当前,针对经办窗口的业务流程已经逐渐趋向规范化、标准化,针对不同的险种还制定了相应的经办指南。但随着城乡居民社保体制的日益完善,参保人数逐年增加,人员的流动性也日益增强,一些经办机构出现了险种经办流程不统一的现象,异地就医的相关费用也无法即时结算。所以,要加快推进社会保险经办的更为细致统一的标准,包括跨省转移等标准管理办法,以确保各项工作的顺利开展。此外社保经办资源的优化整合,也要求经办机构制定出更加统一的经办流程,并形成新的办理模式,让社会保险制度实现全面覆盖。

5. 推行实施业务外包机制

可依据国外社会保险经办机构的相关经验,如参考日本和西班牙等一些发达国家的做法,把一部分社会保险经办业务外包,例如,将查询服务、社会保险咨询、稽核参保对象以及退休人员社会化管理等相关业务,使用服务外包形式提交给市场组织机构承担管理。由社会保障主管部门运用公开招投标方法,确定外包机构,并且与外包机构签订好合同,在这期间,需要严格地评价和考核外包机构对合同的执行情况。如此,既能够有效节约物力和人力,又能够大力提升社会保险的管理效率。

6. 提高经办窗口操作水平

社会保险经办窗口服务本身蕴含着较高的价值体系,且其核心在于发展与卓越。因此,在经办窗口操作中,工作人员应该遵循合理、公平的价值准则及行业标准,提高自身的操作水平,对参保人员提供周到的服务。同时,社会保险经办机构还要注重自身文化发展,并以此作为经办的推动力,让经办操作人员在管理服务的实践中,形成内外兼修的文化意识,使其在工作过程中,不断丰富自身的知识体系,优化服务。

二、社会保险数据质量管理

近年来随着我国"数据质量年"活动的开展和社会保险数据管理的加强,在确保社会保险制度和经办管理服务工作正常运行的同时,社保数据管理逐步从注重提高社会保险联网数据上传量向重视数据质量以及提高数据分析应用水平方向转变。社会保险数据被比作社会保险经办系统的血液,血液质量如何势必影响整个机体的发展。因此,切实加强社会保险数据质量管理对于提升整体服务质量具有至关重要的作用。在数字化、信息化时代背景下,没有全面、准确、及时的社保数据,就不可能真正建立起以实现业务经办、基金监管、公共服务和决策支持为主要功能的信息化管理系统,而没有运转正常的信息化系统的支持,社会保险经办机构就不可能拥有高效的政策执行力、优质的管理服务能力,更不可能有至关重要的防范风险的能力,进而也不可能有维持社会保险独特地位的核心竞争力。因此,建立运作规范、管理科学、控制有效、考评严格的数据工作体系,对保障数据的真实、有效、完整、及时和安全,发挥其对业务的支撑作用有着重要的意义。

（一）社会保险数据质量的内涵

所谓数据质量，对其概念的理解，人们更容易从一般意义上来进行，即数据的准确性和全面性。但其实，数据质量包括两方面的内容，首先是数据本身的质量，它要求数据必须具有真实性（即数据必须真实、准确地反映实际发生的业务）、完备性（即数据是充分的，任何有效的数据都没有遗漏）、自洽性（即数据之间存在合理的逻辑关系，而不能互相矛盾）。数据的这三个特性是数据质量最基本的要求，可以称之为绝对质量。除此之外，数据质量的概念随着科技的进步和应用层级的提高，其外延也得到了极大扩展，数据质量不仅表现为数据的绝对质量，还存在一个在利用和存储数据过程中产生的过程质量。数据的过程质量主要包括三层含义。一是数据的使用质量，即数据被正确使用。一个独立存在的数据是无属性的，当被正确地使用之后，可以帮助使用者得出准确的结论，此时的数据价值无疑是正面的，而当数据被错误地使用，或使用不当，导致使用者得出错误的结论，数据价值就沦为负面；二是数据的存储质量，即数据被安全地存贮在适当的介质上，免受破坏；三是数据的传输质量，即数据在传输过程中的效率和正确性。

社会保险数据质量也同样包含上述两种数据内容。随着社会保险统筹层次的不断提升和宏观管理的日益强化，数据在机构之间的传输将会越来越多。当社会保险数据在更大的非系统范围成为共享资源时，加强传输质量的管理将会显得尤为重要。从目前的情况看，比较突出的问题是数据在一个系统内部传输不顺畅，在机构之间更是存在着天然屏障，基本处于"老死不相往来"的隔绝状态，在上下级之间也存在着传输不及时和数据不准确的问题。

数据质量来自于强化数据应用。没有质量的数据不能称之为信息，不被利用的信息是无价值的。这是信息理论上的一个著名论断。经过多年的发展，社会保险产生了大量丰富的数据，但因种种原因，我们对这种宝贵的资源并不善于利用，或利用不充分，使数据仅仅停留在原始状态，而不能转化为有价值的信息。

不解决这些问题，信息就只能是孤岛上的美果，其价值就不能最大限度地得到利用。数据质量来自于质量控制体系的建立。在社会保险改革至今的不短历程中，由于种种原因，人们对属于基础性工作范畴的数据质量管理并不重视，从而导致我们的数据存在数据不准、项目不全和数据不真实的突出问题，对社会保险业务经办和管理服务产生了消极影响，制约了社会保险事业的健康发展。

立足于建立常态化的数据质量控制体系，从机制上保证社会保险数据质量的长久稳定。而建立数据质量控制体系是一项系统工程,涉及体制、制度、技术和人员等多个方面。首先,借鉴企业特别是与社会保险有相似特点的金融、保险业在数据质量管理上的经验。其次,从制度建设入手,逐步建立起完善的数据质量控制体系,重点建设好业务流程环节的数据质量控制制度,从源头上把好数据的入口关;强化数据分析监测,完善数据质量监控体系;落实工作责任制度,完善数据质量检查考核体系。最后是充分发挥统计在数据质量管理中特殊的专业性作用。在提高数据质量的系统工程中,统计工作的作用是别的部门所无法替代的,因此,应通过"数据质量年"活动的开展,普遍增强对统计工作的认识,要从机构、人员和工作机制上解决当前存在的问题。

"提高数据质量,加强数据应用",道出了质量和应用两者之间的辩证关系。提高数据质量不是目的而是手段,真正的目的是为了数据的应用,而数据的应用反过来又可以促进数据质量的提高。一方面,数据的应用是数据质量最直接、最有效、最科学的检验方式。通过数据的应用不仅可以检验数据的准确性和完备性,还可为数据质量的进一步提高提出新的、更多的需求,为进一步加强和改进数据管理工作明确方向。另一方面,也是更重要的方面,通过持之以恒的数据应用,使社会保险系统的各个层面直接感受到数据质量提高所带来的益处,从而激发操作层、管理层和决策层从思想到行动都能自觉地投身到数据质量管理中去,这种动力对数据管理的作用将是巨大和永续的。

数据是社保部门的核心资产,应重点从四个方面着力挖掘利用大数据。一是挖掘参保扩面资源。通过社保参保单位数据与工商、民政等部门登记数据进行比对分析,挖掘参保扩面资源,提高参保扩面工作的针对性和有效性。二是强化基金安全监管。建设以大数据为基础的监管监控平台,逐步实现对经办业务的全面监测,及时防范经办管理风险。开展社保各险种之间的数据比对,以及就业、劳动监察、公安、税务等方面的数据关联分析,对重复领取待遇、死亡冒领养老金、违规提前退休等问题进行有效监管,筛查社保基金欺诈违法行为,提高基金安全监管的针对性和精确性。三是提供个性化、多样化服务。通过汇集整合人口、就业、社保等数据资源,实时感知群众的服务诉求,及时回应群众关切,推送服务信息,提供个性化的主动服务。利用旅行、医疗、消费等生活轨迹信息,动态掌握参保人员状态,在悄无声息中完成退休人员待遇享受资格认证,避免出现"证明自己还活着"的尴尬。四是提供决策支持服务。社保大数据不仅反映民生诉求,同时也是经济运行情况的晴雨表。通过对企业参保缴费能力的分析,可以判断企业乃至整个行业的生产经营状况,为经济运行提供更为准确的监测分析,为政府宏观经济调控和制定产业发展政策提供决策支持服务。

（二）社会保险数据质量标准建设

《社会保险核心业务数据质量规范》（GB/T 31594—2015）是由全国社会保险标准化技术委员会编制的非强制性国家标准，2016 年 1 月起正式实施，是我国首次制定的社会保险数据管理标准，其对于提高社会保险核心业务数据质量、提高社会保险经办与管理服务水平、提升社会保险经办机构执行力以及实现社会保险政策制定科学化具有十分重要的现实意义，对进一步推进社会保险数据质量管理和加快我国社会保险领域内的标准化建设也起到至关重要的作用。

《社会保险核心业务数据质量规范》规定了社会保险核心业务数据的定义和范围，明确了社会保险核心业务数据是社会保险业务经办、公共服务、基金监管、政策制定的重要依据，涉及养老、医疗、失业、工伤、生育等社会保险的主要业务数据，对社会保险核心业务数据的指标、数据质量及数据错误检查技术三个方面作出了规范性要求，适用于各级各类社会保险服务机构开展社会保险主要数据质量管理。

（三）社会保险数据质量管理实践

1. 社会保险数据质量的影响因素

社会保险数据的质量受到众多因素的影响，包括历史沿革的原因、政策制度的推动以及操作系统、经办服务的水平和社会化管理程度、参保对象的变化等等。

（1）发展历史。社会保险发展近 30 年来，由手工经办逐步到计算机信息化管理，社保数据也由纸质卡片数据发展到现在的电子存储，虽然数据一直在不断沉淀、积累、扩大，数据标准也从无到有到规范，但是原来粗放型管理模式下的数据显然与越来越精细化管理的标准难以吻合。而随着社会保险事业的发展，社会保险信息系统也经历了多次开发及数据迁移（有的甚至从一体到拆分到整合），问题数据的产生难以避免。事实上，社会保险数据质量的工作难点在于历史数据厘清和原缺失数据或不准确数据的补充、核实。

（2）政策制度的变化。相关政策制度的变化也会导致数据异常，产生数据质量问题。如随着户籍制度的改革，大力推进城镇社会保险一体化，在一定程度上突破了现有制度，导致大量数据异常；如大力推行"双低"养老保险政策，其社会保险异常数据出现就会更多；针对社会保险相关历史遗留问题的处理，对按照不同于常规政策规定纳入养老保险体系的区域，同样会发生众多的数据质量问题。

（3）操作经办业务系统原因。在产生异常数据的对象中，一是流动（转移接续）人员居多，这与各地政策不一有关，也与各地业务系统不一有一定关系；二是"老人"比"新人"的异常数据比例高，主要是数据标准滞后于业务经办；三是政策要求突击纳入的"非正常"人员异常率高；四是一些政策出台，往往有脱离经办承受能力的经办时限要求，仓促按任务时点完成运行，结果必将造成问题数据多。

（4）信息系统整合。在整合业务系统（数据库）集中的过程中，以及实行"五险合一"系统、建设范围更宽的数据平台时，进行数据整合仍会对数据质量提高产生影响，可大大降低数据异常率。

（5）参保对象变化情况。随着经济的改革、形势的发展，参保对象也发生了变化。撤并、破产、改制、城镇化、工业化等，使人员结构已经由原来的大部分单位人员集中参保分化到若干个小微单位分别参保，甚至转为个体参保，且参保人员流动性大，一方面产生新的数据问题，另一方面为解决数据质量问题增加了难度。

2. 浙江省社会保险数据质量管理

社会保险数据质量管理目前正日益受到重视，浙江省在社会保险数据质量管理实践方面取得了丰富经验，以下以浙江省社会保险数据质量管理为例进行探讨。在社会保险数据管理方面，浙江省有以下经验做法。

第一，调整社会保险联网数据通报办法，建立量化考评办法。自 2011 年 1 月起，浙江省对原社会保险联网数据上传考评和通报办法进行了调整。具体包括以下几方面。

（1）联网数据情况按月统计分析。继续实行社会保险联网数据按季全省通报的形式，但每月对各地数据情况实行统计分析。即浙江省社保中心和信息中心每月 15 日前完成当月上传全省社会保险联网数据统计分析，每季度初对全省 11 个地区和省本级上季度 3 个月的养老保险、工伤保险和生育保险（自 2012 年二季度起增加了城乡居民养老保险）联网数据上传情况进行评分和通报。

（2）增加生育等保险数据上传通报。在养老保险数据和工伤保险数据上传通报的基础上，2011 年增加了生育保险数据上传情况的通报，2012 年新增城乡居民养老保险数据上传情况的通报。

（3）细化分析项目，按标准进行评分。以市（地级）为单位每月按市（地）按上传率、覆盖率和差异率三个考核项目对各个险种上传情况进行统计评分。具体考核项目量化并确定明确的评分标准：①上传率。上报的联网数据参保人数(养老保险包含在职和离退休人员总数,工伤、生育保险为参保职工人数)和当月统计报表上的参保人数的百分比。上传率 100％为 40 分,少 1 个百分点扣 1 分,扣完为止。上传率超过 110％,多一个百分点扣 1 分,扣完为止。②覆盖率。各市(地)实际上报联网数据县(市、区)和应上报联网数据市、县、区的百分比。覆盖率 100％为 20 分,覆盖率每下降 5 个点扣 1 分,扣完为止。③差异率。以国家人力资源和社会保障部金保工程联网软件各险种数据质量分析报表为依据,以 10％差异率为基础,统计差异率大于等于 10％的差异项个数。在 10％差异率以上的差异项个数为 0 时得满分 40 分,每增加 1 个差异项扣 0.8 分,扣完为止。养老保险、工伤保险、生育保险三个险种(城乡居民养老保险只通报,2012 年暂未列入考评)的平均得分为该市月度考评平均得分。

(4)按季度得分进行排名通报。季度得分为该季度三个月得分之和,通报时按得分由高到低的顺序对全省 11 个地区和省本级进行排名。同时,在分析的基础上指出数据主要质量问题和经办操作流程上存在的问题,并针对性提出措施和要求。

(5)年度考评依据。社会保险联网数据通报有关工作调整后,每季度的考评得分及排名情况作为各市(地)年度社会保险主要业务工作及社会保险信息化建设考评的重(主)要依据。

第二,推进联网数据应用,提升业务经办和数据质量。联网数据上传量和数据质量的不断提升和改进,使得数据分析应用到实际工作的基础大大增强。

(1)借助于全省范围的城乡居民社会养老保险待遇享受人员异地比对系统和基于全国养老保险联网监测数据比对查询服务系统的启用,浙江省各级社保机构按照相关文件精神积极开展比对查询工作,目前在用的比对查询平台有城乡居民养老保险待遇异地比对、基本养老保险待遇比对、外国人参保信息比对和城乡居保领取待遇比对等四项内容,其中待遇重复享受人员以及重复参保比对工作成效非常显著,近一年时间内,全省疑似人员从 1.6 万人次,下降到 114 人次。

(2)结合审计部门提出的"核实联网疑似问题数据"的要求,组织全省经办机构落实排查,根据浙江省基本养老保险县级统筹的实际,在联网数据中将所有疑似问题数据按行政区划代码以市一级进行了分类,并及时下发通知,要求各市组织本市(含所辖县、市、区)社保经办机构认真核实并说明情况,对确实存在的问题数据拟定整改措施。

(3)结合内控排查共发现参保同时领取、缴费基数大于 300、跨省重复领取、省内重复领取、死亡一个月继续参保缴费、同身份证在不同省市参保和同身份证在同省市参保八大类问题,逐一梳理后对疑似问题数据做了深入分析,提出相应的整改措施。

(4)联网数据应用到养老待遇调整、解决养老保险历史遗留问题、个人权益寄递等实际工作中。数据问题产生的根本原因在于经办管理信息化建设滞后,具体表现在三个方面:一是指标体系和业务软件统一性差;二是统计工作信息化程度偏低,应用少,无把握;三是存在数据安全管理措施执行情况还不完全到位。信息部门是负责信息系统基础设施运行和维护的主体,主要负责应用软件的上线实施、系统的正常运行和数据安全等方面的工作,对应用软件进行管理与监控,是数据的维护者。业务部门则是社会保险数据的生产者和使用者。

第十二章　医疗卫生服务质量管理

医疗卫生服务质量关乎国家与民族的生存发展。自 1990 年始，联合国开发计划署每年发布的人类发展指数（Human Development Index，HDI）就将"人民获得长寿和健康的生活"纳入指数计算范畴，用于衡量和比较不同国家、地区间的人类发展水平。[①] 医疗卫生服务质量管理则是实现人类发展基本目标的重要保障。随着中国特色社会主义进入新时代，我国医疗卫生服务体系的发展面临新的任务与挑战。当前，我国仍然存在医疗卫生资源总量不足、质量不高、结构与布局不合理、服务体系碎片化、部分公立医院单体规模不合理扩张等供给问题。[②] 伴随城镇化、人口老龄化、单独二孩生育政策实施带来的医疗卫生服务需求大幅提升，我国的医疗卫生服务供需矛盾将更加突出。因此，坚持以人民健康为中心、在"病有所医"上持续取得新进展，加快推动医疗卫生服务质量管理迫在眉睫。

第一节　医疗卫生服务质量管理概述

一、医疗卫生服务质量管理的内涵与目标

作为公共服务的基本模块，医疗卫生服务质量管理的内涵、目标与公共服务质量管理的内涵、目标一脉相承。聚焦到医疗卫生服务领域，20 世纪 60 年代，美国医生多纳比第安（Avedis Donabedian）第一次提出了医疗质量概念的三维内涵：结构—过程—结果[③]，并建立了医疗质量全面评估的经典范式（见

---

① 王志平. 人类发展指数含义、方法及改进[J]. 上海行政学院院报，2007(3)：47-57.
② 国务院办公厅. 全国医疗卫生服务体系规划纲要(2015—2020 年)(EB/OL). 中华人民共和国中央人民政府官网：http://www.gov.cn/zhengce/content/2015-03/30/content_9560.htm.
③ 魏晋才，沈志峰，周海燕，等. 基于患者感知的医疗卫生服务质量评价模型分析[J]. 中国医院管理，2007(4)：25-27.

图 12.1）。随着理论与实践的推进,医疗卫生服务质量的概念在经典范式框架下得到了持续细化与深化。如,1990 年美国医学研究所将医疗卫生服务质量界定为"在当前的专业知识水平下,医疗卫生服务增加个体和人群理想健康结果的程度",并提出了安全性、效果、以病人为中心、及时性、效率和公平六大质量改进维度。[①]　总的来说,医疗卫生服务质量管理是指按照医疗卫生质量形成的规律和有关法律、法规要求,运用现代科学管理方法,对医疗卫生服务要素、过程和结果进行管理与控制,以实现医疗卫生服务质量系统改进、持续改进的过程。[②]　这一动态过程的目的在于,保障医疗卫生服务提供充足、分配均衡、获得方便、享用普惠,不断提高人民满意度。[③]

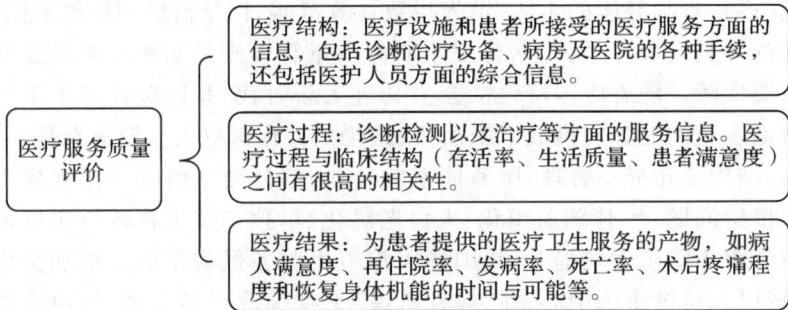

医疗服务质量评价

> 医疗结构:医疗设施和患者所接受的医疗服务方面的信息,包括诊断治疗设备、病房及医院的各种手续,还包括医护人员方面的综合信息。

> 医疗过程:诊断检测以及治疗等方面的服务信息。医疗过程与临床结构(存活率、生活质量、患者满意度)之间有很高的相关性。

> 医疗结果:为患者提供的医疗卫生服务的产物,如病人满意度、再住院率、发病率、死亡率、术后疼痛程度和恢复身体机能的时间与可能等。

图 12.1　医疗质量评估三维经典范式

注:本图由作者根据魏晋才等观点绘制。

二、医疗卫生服务质量管理体系的基本构成

医疗卫生服务质量管理体系是一个多维的复杂系统。其管理内容囊括医疗、卫生、医学、药学研究、突发事故救护等领域;[④]管理过程贯穿服务供给、分

---

① 李艳丽,高建民,闫菊娥,等.医疗卫生服务质量改进中的政府责任[J].卫生经济研究,2015(5):34-36.

② 国家卫生健康委员会.医疗质量管理办法[EB/OL].http://www.nhc.gov.cn/xxgk/pages/viewdocument.jsp?dispatchDate = &staticUrl =％2Ffzs％2Fs3576％2F201610％2Fae125f28eef24ca7aac57c8ec530c6d2.shtml&wenhao＝第 10 号委令 &utitle＝医疗质量管理办法&topictype＝&topic＝&publishedOrg＝法制司 &indexNum＝000013610％2F2016-00218&manuscriptId＝ae125f28eef24ca7aac57c8ec530c6d2.

③ 这一概念界定延续了谢星全对公共服务质量管理的概念界定。文章来源:谢星全.基本公共服务质量评价研究——以基本医疗卫生服务为例[J].宏观质量研究,2018(1):44-54.

④ 徐双敏,张远凤.公共事业管理概论(第二版)[M].北京:北京大学出版社,2013:170.

配、获取与效果产出四个阶段；管理流程涵盖质量标准、质量评价、质量改进等环节；管理主体涉及政府医疗卫生监管职能部门、医疗卫生服务机构及人员、社会其他主体与病患受众等。如图 12.2 所示，医疗卫生服务质量管理体系包括内容、阶段、流程、主体四大分析维度，医疗卫生服务质量管理实际上是不同管理主体在服务供给、分配、获取与效果产出阶段，根据事先制定的质量标准，对不同服务内容进行质量评价与质量改进的过程。

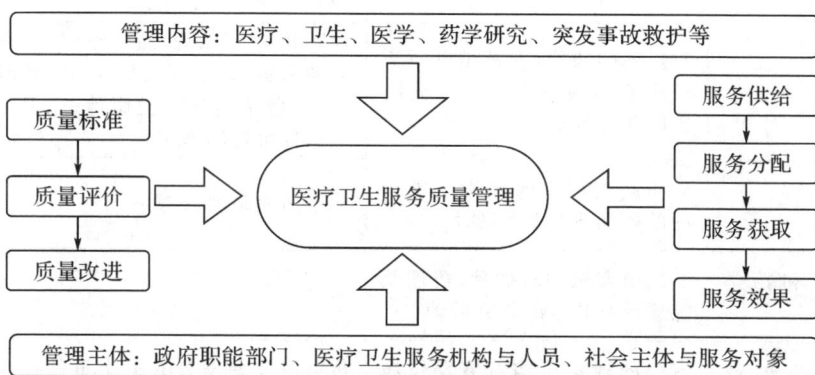

图 12.2　医疗卫生服务质量管理体系的构成要素

（一）质量管理的五项内容

根据徐双敏等学者的总结，医疗、卫生、医药、医学和药学研究、突发事故救护是卫生事业的主要内容，但不同国家卫生事业的具体内容是不同的。[①]我国已经建立健全了覆盖城乡居民的基本医疗卫生制度，服务项目增加到 20 项[②]。对这些服务项目进行归类发现（见表 12.1），当前我国的医疗卫生服务主要涉及医疗、卫生、医药、突发事故救护及计划生育等五个领域。需要指出的是，由于面向群众，服务项目尚未涉及"供应链上游"的医学与药学研究领域。而作为我国的基本国策，计划生育也在医疗卫生服务中占有一席之地。

---

①　徐双敏，张远凤.公共事业管理概论（第二版）[M].北京：北京大学出版社，2013：170.

②　中华人民共和国国务院新闻办公室.国务院关于印发"十三五"推进基本公共服务均等化规划的通知 [EB/OL]. http://www. scio. gov. cn/xwfbh/xwbfbh/wqfbh/35861/36367/xgzc36373/Document/1544135/1544135_1. htm.

表 12.1　医疗卫生服务的内容及具体项目(以我国为例)

内容	内涵	我国具体服务项目
医疗	临床医学所涉及的、医疗机构以治病为主要内容的业务活动	居民健康档案、儿童健康管理、孕产妇健康管理、老年人健康管理、慢性病患者管理、严重精神障碍患者管理、结核病患者健康管理、中医药健康管理、艾滋病病毒感染者和病人随访管理(9 项)
卫生	对疾病的预防,尤其是以对流行疾病的预防工作为主要内容的业务活动	预防接种、食品药品安全保障、社区艾滋病高危行为人群干预、健康教育、免费孕前优生健康检查、卫生计生监督协管(6 项)
医药	以防病、治病、保健为主要目的的药品研制业务活动	基本药物制度(1 项)
医学和药学研究	专门研究机构对病理、药理及临床治疗技术的研究活动	
突发事故救护	专门的救护机构对突发伤病进行的救援和护理工作	传染病及突发公共卫生事件报告和处理(1 项)
其他:计划生育		计划生育技术指导咨询、农村部分计划生育家庭奖励扶助、计划生育家庭特别扶助(3 项)

(二)质量管理的四个阶段

医疗卫生服务质量管理涉及服务供给、服务分配、服务获取和服务效果四个阶段。四个阶段的质量管理目标包括:①供给充足,医疗投入、医疗设备与技术、医疗人才等资源的充足程度是决定医疗卫生服务质量的基础条件。②分配均衡,医疗卫生服务的区域分配、城乡分配是否均衡,是医疗卫生服务公益性的重要体现。③服务可及,病患或受众获得医疗卫生服务或产品的便利程度、消费过程的容易程度、产生费用的负担能力等是实现医疗服务真实效果的前提条件。④效果显著,患者的治愈率、受众对服务过程与结果的满意度是体现医疗卫生服务质量的结果性指标。医疗卫生质量管理的核心任务是实现服务供给充足、分配均衡、服务可及与受众满意。

(三)质量管理的三大环节

从质量管理的流程来看,质量标准制定与完善、质量评价与结果反馈、质量改进是医疗卫生服务质量管理的三大环节。政府相关职能部门及不同医疗卫生服务供给主体应当根据服务内容的特性与目标,分类制定清晰、科学与务实的质量标准,并且根据标准,对医疗卫生服务的四个阶段进行质量检测与监督。在系统质量评价的基础上,根据结果,有针对性地制订与实施医疗卫生服务的质量改进计划,加速医疗卫生服务的目标实现。

（四）质量管理的多元主体

医疗卫生服务的五项内容、四个阶段、三大环节意味着质量管理的主体将是多元的。一方面,政府有关部门在医疗卫生服务质量管理过程中承担着制定卫生政策与技术规范、建立医疗卫生保障制度、实施医疗卫生服务发展规划、医疗卫生服务市场监管、资质认定、医药价格确定等质量规范、监管与发展职责;另一方面,医疗卫生服务机构及从业人员承担着优化医疗卫生服务质量、深化基础医药研究等质量改进职责。另外,社会公众、市场化评价机构则通过受众满意度评价、专业化质量评价等方式履行质量反馈与改进建议的职责。

第二节　我国医疗卫生服务质量管理的发展概貌

一、我国医疗卫生服务的质量现状与存在问题

公众评价和专业评价是公共服务质量评价的两大主要技术,前者基于服务对象角度,通过公民满意度调查实现主观质量评价,后者则基于服务供给与成效数据,通过统计数据分析实现客观质量评价。[1] 因此,我们将从这两方面考察当前我国医疗卫生服务的质量现状与存在问题。

（一）客观质量

1. 国内成效:来自国家统计数据的发展趋势分析

对比我国医疗卫生服务"十二五"发展成果,我国的医疗卫生服务供给水平提升到了新的高度。截至 2017 年底[2],从医疗卫生服务供给主体来看,我国医疗卫生机构数达到 986649 个,卫生从业人员达 1174.9 万人,相较"十二五"末（2015 年末）分别上升了 0.32%、9.87%;从医疗卫生服务供给总量来看,我国各类医疗机构诊疗人次数达到 81.83 亿人次,各类医疗卫生机构入院

---

①　陈文博.公共服务质量评价与改进:研究综述[J].中国行政管理,2012(3):39-43.

②　数据来源:国家统计局网站-http://www.stats.gov.cn.

人数达到 24435.88 万人,较"十二五"末分别上升了 6.29%、16.06%;从医疗卫生服务设施供给情况来看,各类医疗卫生机构床位数达794.03 万张、各类医疗卫生机构病床工作日达 291 日,较"十二五"末分别上升 13.19%、0.31%;从医疗卫生服务总费用来看,卫生总费用达到 52598.28 亿元,较"十二五"末上升 28.37%;从人均医疗卫生服务水平来看,人均卫生费用 3783.83 元、每万人医疗机构床位数达 57.22 张、每万人拥有卫生技术人员数达 65 人,较"十二五"末分别上升 26.94%、11.98%、12.07%;最后,从医疗卫生服务成效来看,各类医疗卫生机构平均住院日降至 8.6 日,较"十二五"末下降 3.37%,28 项甲乙类法定报告传染病中 10 项的发病率较"十二五"末得到显著降低[①],新生儿、婴儿、5 岁以下儿童及孕产妇死亡率分别降至 4.48‰、6.77‰、9.05‰和 19.60(1/10 万),较"十二五"末死亡率分别下降 0.92‰、1.33‰、1.65‰和 0.5(1/10 万)。

对比我国医疗卫生服务"十三五"主要发展指标(见表 12.2),婴儿死亡率、5 岁以下儿童死亡率在 2017 年底率先达到 2020 年发展目标,个人卫生支出占卫生总费用比重在 2017 年底已经接近 2020 年发展目标。

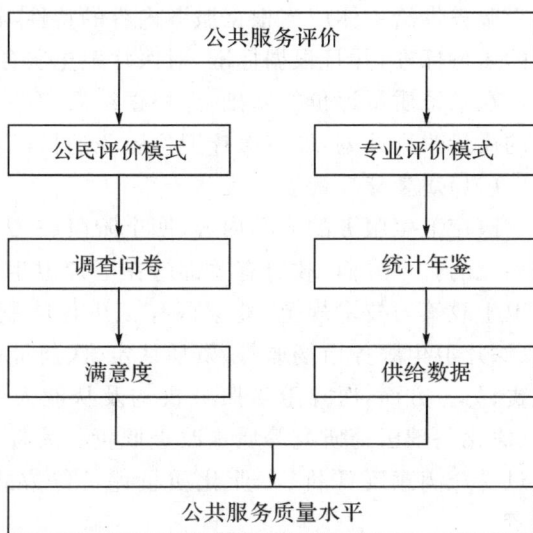

图 12.3　公共服务质量评价模型
注:本图由作者根据陈文博观点绘制。

---

① 28 项甲乙类法定报告传染病分别为病毒性肝炎、肺结核、梅毒、细菌性和阿米巴性痢疾、淋病、猩红热、新生儿破伤风、布鲁氏菌病、艾滋病、伤寒和副伤寒、流行性出血热、麻疹、甲型 H1N1 流感、血吸虫病、疟疾、百日咳、狂犬病、流行性乙型脑炎、钩端螺旋体病、炭疽、流行性脑脊髓膜炎、登革热、霍乱、脊髓灰质炎、鼠疫、人感染高致病性禽流感、传染性非典型肺炎、白喉。发病率较"十二五"末降低的 10 项传染病分别为肺结核、细菌性和阿米巴性痢疾、新生儿破伤风、布鲁氏菌病、伤寒和副伤寒、麻疹、血吸虫病、疟疾、狂犬病、钩端螺旋体病。具体数据详见国家统计局网站:http://data.stats.gov.cn/easyquery.htm? cn=C01.

表 12.2　我国医疗卫生服务发展情况

指标	2017 年	2020 年	2020 目标文件出处
孕产妇死亡率(1/10 万)	19.6	18	《"十三五"推进基本公共
婴儿死亡率(‰)	6.77	7.5	服务均等化规划》,国发
5 岁以下儿童死亡率(‰)	9.05	9.5	〔2017〕9 号
每千常住人口医疗卫生机构床位数	5.72	6	
每千常住人口执业(助理)医师数(人)	2.4	2.5	《全国医疗卫生服务体系
每千常住人口注册护士数(人)	2.7	3.14	规划纲要》,国办发
每千常住人口公共卫生人员数(人)	0.63	0.83	〔2015〕14 号
每万常住人口全科医生数(人)	1.82	2	
医护比	1∶1.12	1∶1.25	
个人卫生支出占卫生总费用的比重(%)	28.8	28	《"十三五"深化医药卫生 体制改革规划》,国发
居民人均预期寿命(岁)	76.7①	77.34②	〔2016〕78 号

　　其次,经对部分具备 10 年(2008—2017 年)有效数据的指标进行 3 年预测发现,在当前发展速率下,到 2020 年底,我国每千常住人口医疗卫生机构床位数将达到 7.24 张、每千常住人口执业(助理)医师数将达到 2.68 人、每千常住人口注册护士数将达到 3.56 人、孕产妇死亡率将降至 15(1/10 万),4 个指标均将超越"十三五"规划的预期目标。

　　当然,仍有部分指标,如每千常住人口公共卫生人员数与全科医生数、医护比、居民人均预期寿命等与 2020 年目标仍有一定距离,其中 2015 年、2016 年、2017 年的居民人均预期寿命分别为 76.34 岁、76.5 岁、76.7 岁,按照这样的发展速度,同样经 Growth 函数预测,到 2020 年底我国居民人均预期寿命将达到 77.24 岁,仍有可能无法达到预期目标(77.34 岁)。

　　最后,部分指标在城乡细分后呈现出显著的差异性。如,每万人拥有卫生技术人员数、百万人拥有执业(助理)医师数、百万人拥有医疗机构床位数均存

---

　　①　数据来自中国政府网—规划发展与信息化司发布的"2017 我国卫生健康事业发展统计公报解读"数据,网址:http://www.nhfpc.gov.cn/guihuaxxs/s10742/201806/0137beba97044da0b28b1c20b3499023.shtml.

　　②　根据国务院 2017 年初发布的《"十三五"深化医药卫生体制改革规划》,到 2020 年深化医药卫生体制改革主要目标第一条"居民人均预期寿命比 2015 年提高 1 岁",结合中国政府网—中华人民共和国国家卫生健康委员会发布的"关于《2015 年我国卫生与计划生育事业发展统计公报》有关数据的说明"中的统计数据(2015 年我国居民人均预期寿命达到 76.34 岁)计算得到。

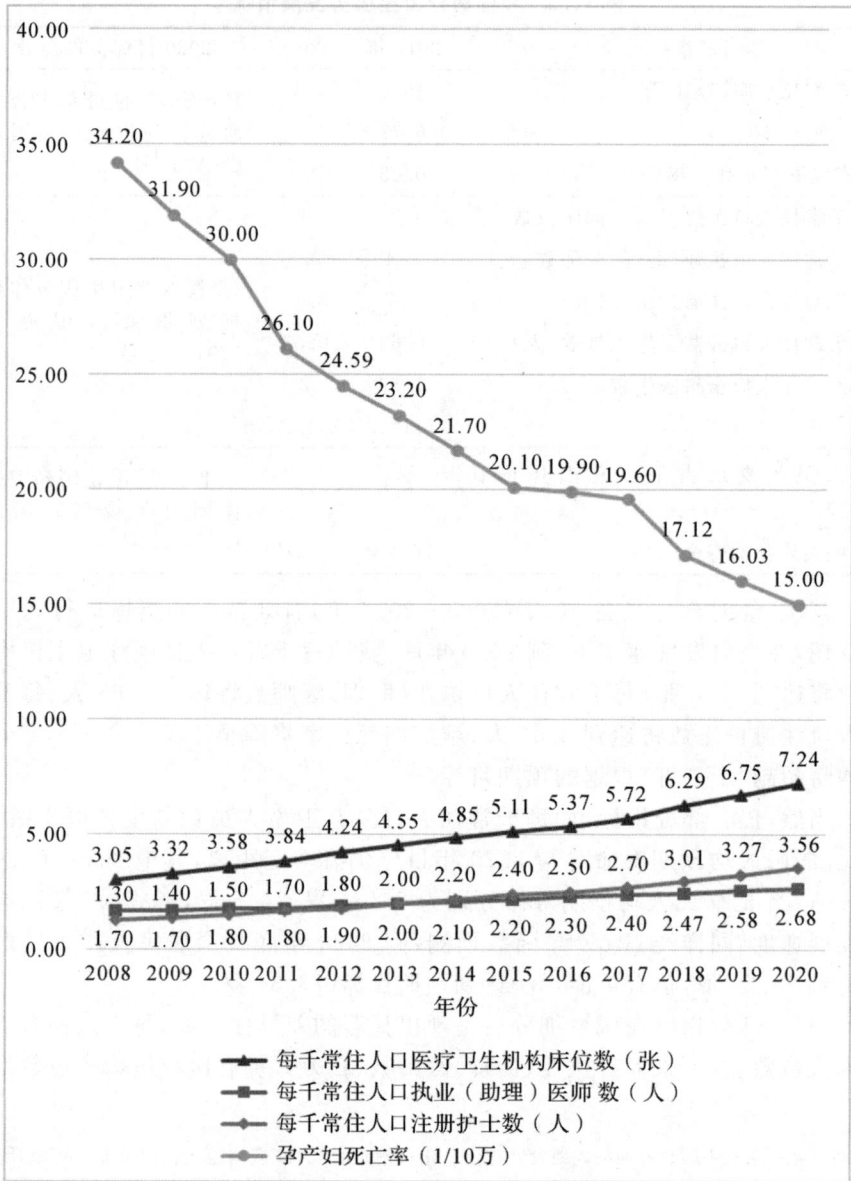

图 12.4　我国医疗卫生服务发展预测

注:本图系作者根据国家统计局统计年鉴数据(2008—2017)运用 EXCEL 软件的 Growth 函数进行三年数据预测绘制而成。

在城市高于农村地区的特征；而新生儿死亡率、婴儿死亡率、5 岁以下儿童死
亡率及孕产妇死亡率则呈现出农村高于城市的现象（见表 12.3）。在对这几
类指标进行城乡差值计算基础上，我们进一步描绘了我国医疗卫生服务城乡
差距的发展趋势（见图 12.5），7 项指标中，每万人拥有卫生技术人员数、每万
人拥有执业（助理）医师数、每万人拥有医疗机构床位数的城乡差异呈逐年走
高趋势，即在医疗卫生人员与床位资源供给上，城市比农村的优势逐年拉大；
新生儿死亡率、婴儿死亡率和 5 岁以下儿童死亡率的城乡差距则在逐年缩小；
而孕产妇死亡率的城乡差距则呈现出上下波动的变化趋势。

表 12.3　2017 年我国医疗卫生服务质量的城乡比较

	每万人拥有卫生技术人员数（人）	每万人拥有执业（助理）医师数（人）	每万人医疗机构床位数（张）	新生儿死亡率（‰）
城市	109	40	87.54	2.65
农村	43	17	41.87	5.3

	婴儿死亡率（‰）	5 岁以下儿童死亡率（‰）	孕产妇死亡率（1/10 万）
城市	4.15	4.84	16.6
农村	7.94	10.94	21.1

2. 国际比较：*Lancet* 全球医疗可及性和质量指数（Healthcare Access
and Quality Index，HAQ）[①]

国际著名医学期刊 *The Lancet* 根据 2016 年全球医疗负担（GBD）中 32
种传染病、呼吸道疾病、母婴疾病、心脏病及癌症等的死亡率数据，采用主成分
分析方法计算了 1990 年到 2016 年间 195 个国家和地区、7 个国家地方层面
的医疗可及性和质量指数（HAQ，0～100 分），用以评估全球人民的健康覆盖
率，为各国提升自身医疗卫生服务质量提供思路。

根据研究，2016 年，全球 HAQ 指数排名前三的国家依次为冰岛（97.1
分）、挪威（96.6 分）、荷兰（96.1 分），排名最后的国家为中非共和国（19 分）。

---

① Nancy Fullman，Jamal Yearwood，Solomon M Abay，et al. Measuring Performance on the
Healthcare Access and Quality Index for 195 Countries and Territories and Selected Subnational
Locations：A Systematic Analysis from the Global Burden of Disease Study 2016[J]. The Lancet，2018
(6)：2236-2271.

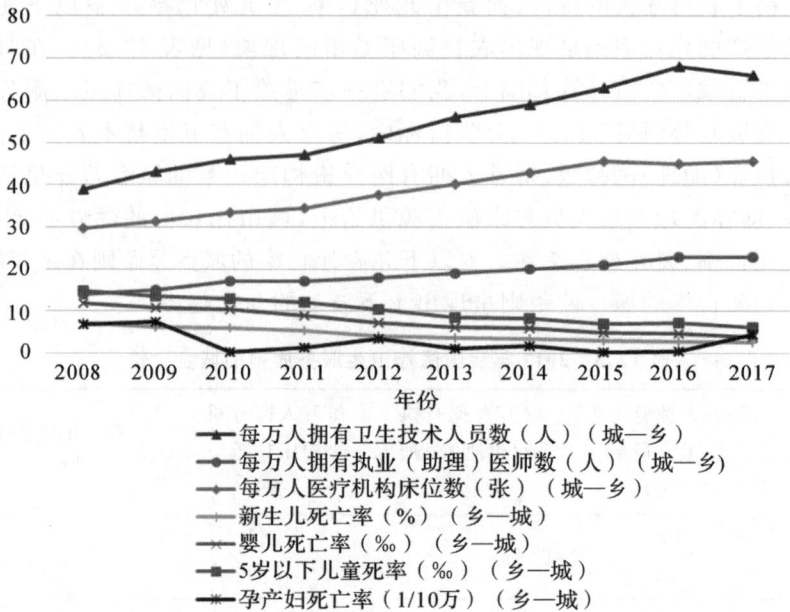

图 12.5 2008—2017 年间我国医疗卫生服务的城乡差距

注:根据国家统计局统计年鉴数据进行城乡比较计算后绘制。

中国 HAQ 指数为 77.9 分,排名第 48 位,在 195 个国家和地区中处于前四分之一行列,较 2015 年(74.2 分,排名 61 位)上升 13 位,较 1990 年 HAQ 指数上升 35.3 分,成为 195 个国家中医疗卫生服务进步最大的国家(见图 12.6)。

全球范围内,2000 年到 2016 年的 16 年间取得最大进步的疾病治疗领域主要集中在疫苗可预防疾病(如麻疹)、部分传染性疾病(如腹泻)、部分癌症(如血癌)以及一些非传染疾病等方面。这在中国、土耳其等 HAQ 指数发展迅速的国家尤为明显。

在我国,虽然从 32 种疾病的 HAQ 绝对得分来看,非黑色素皮肤癌(21)、卒中(31)、先天性心脏病(36)的 HAQ 指数在 32 种疾病死因中排名垫底(见图 12.7),这几类疾病的医疗水平仍然堪忧。

但从 32 种疾病的 HAQ 指数得分变化来看,28 种疾病的 HAQ 指数在 16 年间均得到了不同程度的提升,其中进步最快的 3 种分别是百日咳(提升 49 分)、白血病(提升 45 分)、麻疹(提升 38 分)。当然部分疾病的医疗质量进步并不明显,缺血性心脏病甚至减少了 6 分(见图 12.8)。

此外,该研究也表明,当前全球医疗可及性与质量的区域分化愈加明显、

2016　77.9
2010　71.3
2005　62
2000　53.3
1995　47.6
1990　42.6

年份

HAQ 指数

0　10　20　30　40　50　60　70　80　90

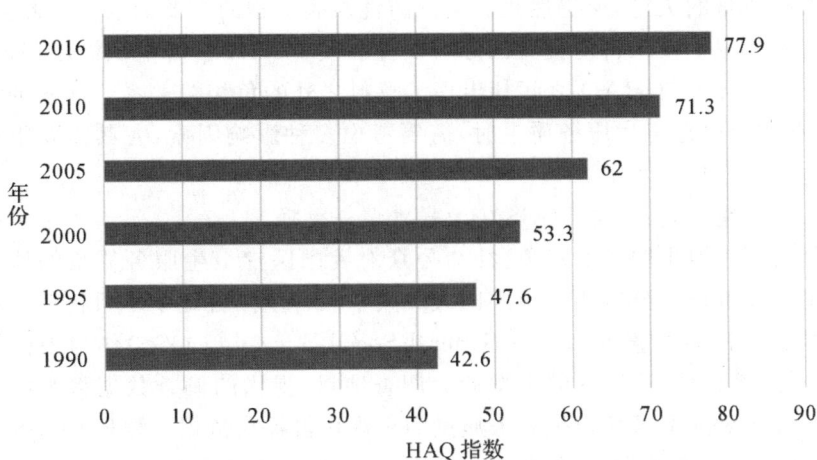

图 12.6　中国医疗可及性和质量指数(HAQ)发展情况

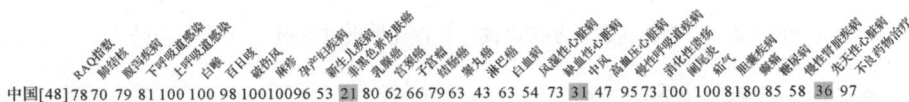

HAQ指数　肺结核　腹泻疾病　下呼吸道感染　上呼吸道感染　白喉　百日咳　破伤风　麻疹　孕产妇疾病　新生儿疾病　非黑色素瘤皮肤癌　乳腺癌　宫颈癌　子宫癌　结肠癌　膀胱癌　阑尾炎　风湿性心脏病　缺血性心脏病　中风　高血压心脏病　慢性呼吸道疾病　消化性溃疡　阑尾炎　疝气　胆囊炎　肾脏病　慢性肾脏疾病　先天性心脏病　不良药物治疗

中国[48] 78 70 79 81 100 100 98 100 100 69 53 21 80 62 66 79 63 43 63 54 73 31 47 95 73 100 100 81 80 85 58 36 97

图 12.7　2016 年中国 HAQ 指数

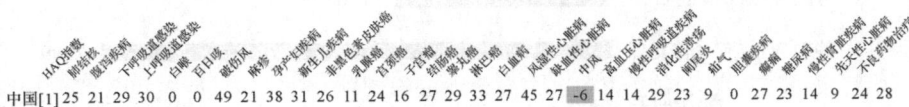

HAQ指数　肺结核　腹泻疾病　下呼吸道感染　上呼吸道感染　白喉　百日咳　破伤风　麻疹　孕产妇疾病　新生儿疾病　非黑色素瘤皮肤癌　乳腺癌　宫颈癌　子宫癌　结肠癌　膀胱癌　阑尾炎　风湿性心脏病　缺血性心脏病　中风　高血压心脏病　慢性呼吸道疾病　消化性溃疡　阑尾炎　疝气　胆囊炎　肾脏病　慢性肾脏疾病　先天性心脏病　不良药物治疗

中国[1] 25 21 29 30 0 49 21 38 31 26 11 24 27 45 27 45 27 -6 14 14 29 23 9 0 27 23 14 9 24 28

图 12.8　2000—2016 年中国 HAQ 指数变化绝对值

不平等问题日益突出。第 1 名冰岛与最后 1 名中非共和国的 HAQ 得分相差 78 分,HAQ 排名前十的国家中 9 个来自西欧与北欧的发达国家,北美、西欧 及澳洲成为全球 HAQ 指数最高的三个区域,而非洲、南亚、中亚等区域则成 为全球 HAQ 指数最低的区域。聚焦到我国国内,HAQ 指数最高的北京 (91.5 分)与最低的西藏地区(48.0 分),得分差距达到 43.5 分之高,东、中、西 部三个区域的 HAQ 指数呈由高到低的变化趋势。可见,当前区域医疗可及 性与质量同经济发达程度相一致,缩小发达国家与欠发达国家、国内东西部医 疗质量的差距同样成为了当前医疗卫生质量管理的重要目标之一。

最后,*The Lancet* 的研究也发现,风险管理和社会经济因素并不是直接影响医疗质量的关键,但仍然是影响预防性疾病负担的重要因素。与此同时,政府的医疗卫生投入将对提升医疗可及性和质量(HAQ)产生积极作用,但国家医疗援助计划与 HAQ 之间却出现了意料之外的负相关关系。这样的结果说明,在改进医疗卫生服务质量时,需要考虑多种影响因素,尤其需要重视医疗卫生服务的投入水平。

(二)主观质量:来自 CGSS 的大样本调查数据

作为医疗卫生服务的对象,社会公众对我国医疗卫生服务质量的体验感知和主观评价也十分重要。由中国人民大学联合全国各地学术机构共同执行的中国综合社会调查(Chinese General Social Survey,CGSS)作为中国第一个全国性、综合性、连续性的大型社会调查项目,提供的调查数据将为我们了解中国民众对国家医疗卫生服务质量的主观评价提供依据。根据 CGSS 2015 数据,从民众对医疗服务的重要性评价来看,10968 位被调查者中有 7499 名 (68.37%)认为政府绝对应该/绝对有责任使人人有医疗保险(见图 12.9)。可见,政府的医疗保障工作受到民众的广泛关注。

总体来说,您认为政府是否应该或有责任提供以下福利: 人人有保险

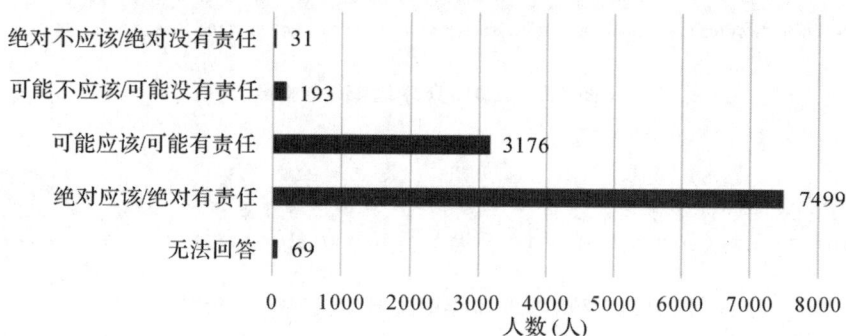

图 12.9 CGSS 受访者对医疗保险的重要性评价

CGSS 2015 年数据显示,10968 位被调查中有 9959 名(90.8%)的受访者表示参加了城市基本医疗保险/新型农村合作医疗保险/公费医疗,与之相反的是,仅 950 名(8.66%)的受访者表示参加了商业性医疗保险,高达 9797 名 (89.32%)的受访者没有参加任何商业性医疗保险(见图 12.10)。可见,当前我国的医疗保险负担主要集中于政府部门,民众对商业性医疗保险的认可度亟待扭转,鼓励民众参与商业性医疗保险、促进市场主体分摊政府医保经费负担成为当前我国医疗卫生事业发展的一项重要工作。

您目前是否参加了以下社会保障项目：
城市基本医疗保险/新型农村合作医疗保险/公费医疗

没有参加　958
参加了　9959
不适用　28
无法回答　23

人数（人）

您目前是否参加了以下社会保障项目：
商业性医疗保险

没有参加　9797
参加了　950
不适用　172
无法回答　49

人数（人）

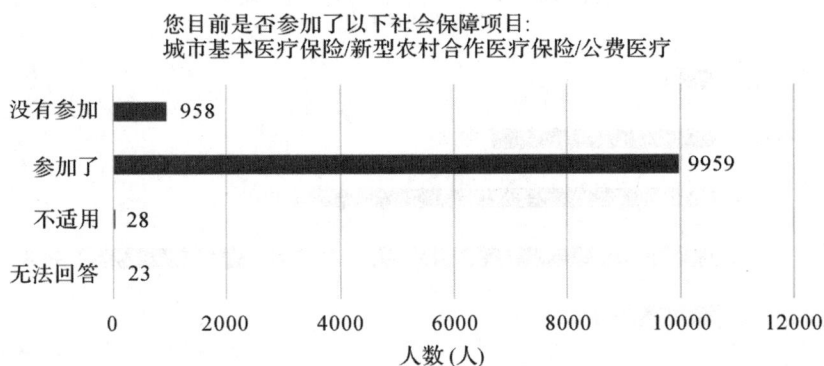

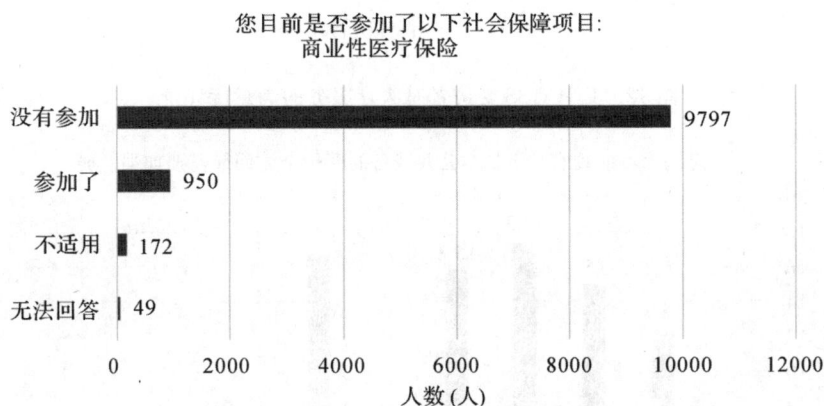

图 12.10　CGSS 受访者的医疗保险参保情况

最后，从民众对我国医疗卫生服务的质量评价来看，CGSS 2015 数据显示，综合考虑各个方面，受访者对医疗卫生公共服务的总体满意度均值达到 68.23 分（100 分制），44.8％的受访者对我国的医疗服务持满意态度，6.1％的受访者对我国医疗服务持非常满意态度，29.7％的受访者认为我国医疗服务质量一般，15.7％和 2.6％的受访者对我国医疗服务质量不满意或非常不满意（见图 12.11）。与此同时，16.7％的受访者认为政府最需要加强发展医疗卫生服务，成为了继社会保障（17.3％）后，受民众关注度最高的公共服务改进领域（见图 12.12）。由此可见，近五成受访者对我国医疗卫生服务的满意度在一般、不满意、非常不满意之间，当前我国医疗卫生服务的质量亟待提升，政府有关部门应将医疗卫生服务质量管理工作摆在重要位置。

根据上述主客观评价，我们归纳了当前我国医疗卫生服务质量的几方面

您对政府在以下工作方面的表现是否满意:
为患者提供医疗服务

非常不满意	2.6
不满意	15.7
一般	29.7
满意	44.8
非常满意	6.1
无法回答	1.1

百分比 (%)

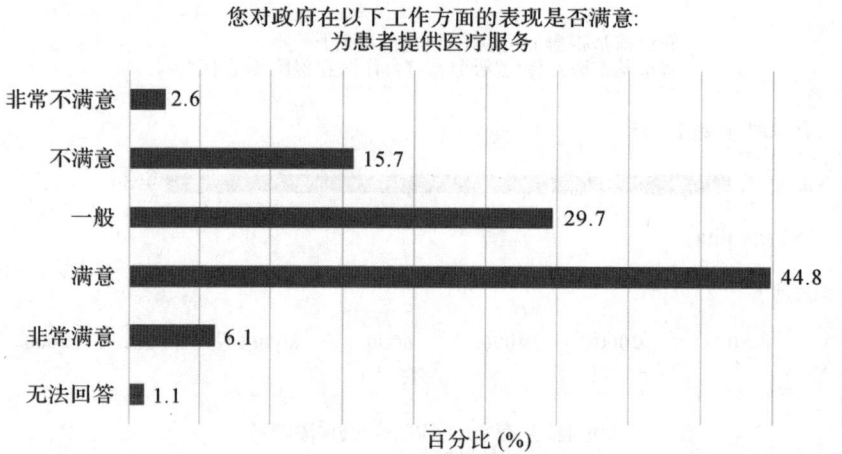

图 12.11　CGSS 受访者对医疗服务的满意度评价

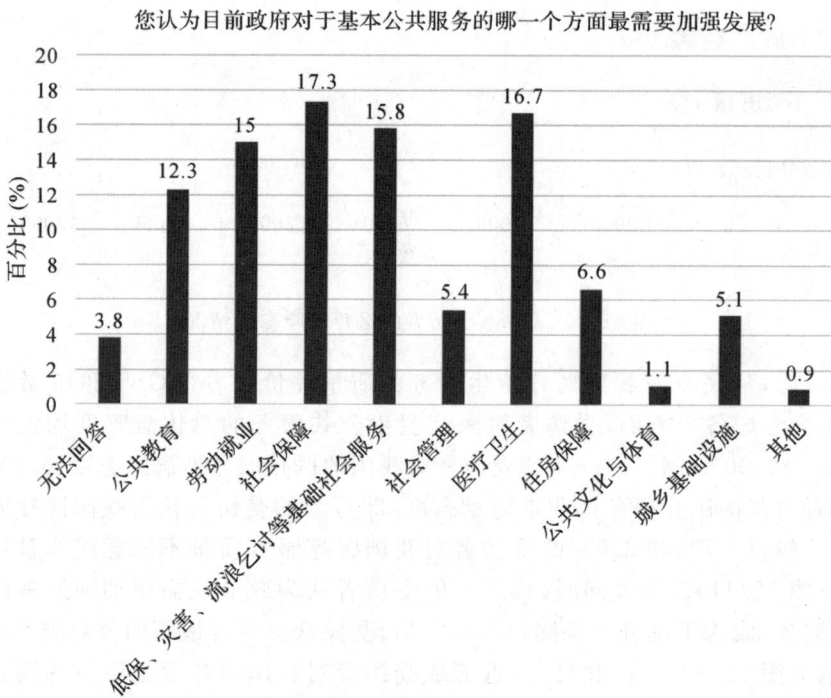

您认为目前政府对于基本公共服务的哪一个方面最需要加强发展?

百分比 (%)

无法回答	公共教育	劳动就业	社会保障	低保、灾害、流浪乞讨等基础社会服务	社会管理	医疗卫生	住房保障	公共文化与体育	城乡基础设施	其他
3.8	12.3	15	17.3	15.8	5.4	16.7	6.6	1.1	5.1	0.9

图 12.12　CGSS 受访者对政府基本公共服务发展方向的建议

特征趋势：①近年来，我国的医疗卫生服务无论在数量供给还是质量提升上，都取得了巨大进步。其中，婴儿死亡率、5 岁以下儿童死亡率在 2017 年末率先实现 2020 年目标，每千常住人口医疗卫生机构床位数、每千常住人口执业（助理）医师数、每千常住人口注册护士数、孕产妇死亡率以及个人卫生支出占卫生总费用比重等指标都将在 2020 年末超越规划目标。32 种疾病的 HAQ 指数在 1990—2016 年的 26 年间取得了不同幅度的提升（除上呼吸道感染、白喉、腹疝、缺血性心脏病），我国医疗可及性与质量指数在 2016 年末全球排名提升至第 48 名。国内大样本调查 CGSS 2015 显示，当前我国半数以上受访者对我国的医疗卫生服务持满意及以上评价。②当前我国医疗卫生服务的数量与质量仍然存在东西部地区之间、城乡之间的不均衡性。HAQ 指数研究报告通过绘制我国东中西部的总体 HAQ 指数色谱得以清晰地显示这一点。而根据国家统计年鉴，多项医疗卫生资源的分配与结果指标则显示出我国医疗卫生服务的城乡差距问题。③当前我国民众对医疗卫生服务质量的主观评价与理想需求之间存在差距，医疗卫生服务质量管理成为缩小现实与理想差距的重要手段。④民众商业性医疗保险参保率远低于城乡基本医疗保险（或公费医疗）参保率，政府的医保负担较重。

二、我国医疗卫生服务质量管理的发展现状与存在问题

（一）法律法规与政策出台情况

据不完全统计，目前我国医疗卫生领域已颁布了《执业医师法》《食品安全法》《人口与计划生育法》等 14 部法律，制定了《公共场所卫生管理条例》《食品安全法实施条例》《突发公共卫生事件应急条例》等 30 余部行政法规（见表 12.4），出台了《医疗质量管理办法》《国家职业卫生标准管理办法》《药品生产质量管理规范》等逾百个部门规章，编制了涵盖传染病、寄生虫病、职业卫生、环境卫生、护理等 18 个卫生领域逾千项的卫生标准。[①] 此外，新医改以来致力于优化医疗卫生服务供给，有关部门重点就保障医疗卫生服务供给总量、弥合医疗服务供需缺口、缩小城乡医疗服务水平差距、提升医疗服务质量与安全，密集出台了一系列政策（见表 12.5）。

但就当前的法规政策内容来看，除了国家卫生和计划生育委员会于 2016 年发布的《医疗质量管理办法》是针对医疗卫生质量管理的专门性部门规章。

---

① 法律法规及标准的统计来源为中华人民共和国国家卫生健康委员会网站"信息"模块，网站地址：http://www.nhc.gov.cn/wjw/xinx/xinxi.shtml。

其余法律规范虽然涉及医疗卫生服务质量管理,如《公共场所卫生管理条例》,对公共场所的卫生管理要求、卫生监督措施、违反条例的相应惩罚措施进行了明确规定;如《乳品质量安全监督管理条例》《药品生产质量管理规范》等规定,明确了食品、药品的质量管理要求;各类卫生标准划定了医疗卫生服务的质量基准。但就目前来看,现有的法律法规对医疗卫生服务质量管理的规定仍然是零散的,缺乏具有较高法律效力的综合性法律,如《医疗卫生服务质量管理法》的顶层架构与统合。

表 12.4　我国医疗卫生领域颁布的法律与行政法规名录

法律	中医药法、食品安全法、人口与计划生育法、执业医师法、红十字会法、献血法、母婴保健法、传染病防治法、国境卫生检疫法、药品管理法、职业病防治法、老年人权益保障法、精神卫生法、妇女儿童权益保护法
行政法规	女职工劳动保护特别规定、中药品种保护条例、放射性药品管理办法、医疗用毒性药品管理办法、公共场所卫生管理条例、食品安全法实施条例、流动人口计划生育工作条例、放射性同位素与射线装置安全和防护条例、加强食品等产品安全监督管理的特别规定、乳品质量安全监督管理条例、护士条例、人体器官移植条例、血吸虫病防治条例、艾滋病防治条例、疫苗流通和预防接种管理条例、计划生育技术服务管理条例、病原微生物实验室生物安全管理条例、乡村医生从业管理条例、医疗废物管理条例、突发公共卫生事件应急条例、中医药条例、药品管理法实施条例、使用有毒物品作业场所劳动保护条例、医疗事故处理条例、母婴保健法实施办法、医疗器械监督管理条例、国内交通卫生检疫条例、血液制品管理条例、红十字标志使用办法、食盐加碘消除碘缺乏危害管理条例、尘肺病防治条例、公共场所卫生管理条例

注:根据中华人民共和国国家卫生健康委员会网站公开的法律法规信息整理编制。

表 12.5　基于优化供给的新医改医疗卫生服务政策轨迹

年份	主要内容
2009	《国务院关于深化医药卫生体制改革的意见》
	《城乡医院对口支援管理办法(试行)》
2010	鼓励和引导社会资本举办医疗机构
2011	《进一步鼓励和引导社会资本举办医疗机构的意见》
	全科医师制度指导意见

续表

年份	主要内容
2013	首次明确鼓励"医联体"形式 卫生系统加快政府职能转变 深化行政审批制度 提出城乡医院对口支援工作方案 加快发展社会办医 《住院医师规范化培训制度指导意见》
2014	限制公立医院规模扩张 《住院医师规范化培训管理办法（试行）》 规范医师多点执业意见 远程医疗信息系统建设技术指南
2015	公立医院综合改革试点 在公共服务领域推广政府和社会资本合作模式的指导意见 关于实行市场准入负面清单制度的意见
2016	家庭医生签约服务指导意见 促进和规范健康医疗大数据 分级诊疗制度建设指导意见
2017	《国务院办公厅关于推进医疗联合体建设和发展的指导意见》 《国务院办公厅关于建立现代医院管理制度的指导意见》 《关于加快医疗机构、医师、护士电子化注册管理改革的指导意见》
2018	《关于做好2018年家庭医生签约服务工作的通知》 发布一系列促进互联网＋健康发展，以及规范互联网诊疗活动的政策措施

本表引用自付强：创新政府医疗服务质量及安全监管：动因与路径[J]. 中国行政管理，2018(10)：13-16.

（二）组织架构与职责分配情况

在组织架构和职责分配上，以医疗质量管理体系为例，目前我国形成了在党的统一领导下，涵盖国家到县级以上地方卫生计生行政部门、国家中医药管理局和军队卫生主管部门、各级各类医疗卫生服务机构、卫生行业组织等在内的医疗质量管理组织体系。2016年9月，国家卫生和计划生育委员会发布的《医疗质量管理办法》中明确了我国医疗质量管理的组织机构与职责（见图12.13），其中，原国家卫生和计划生育委员会（后更名为国家卫生健康委员会）负责全国医疗机构的医疗质量管理工作，领导县级以上地方卫生计生行政部门、国家中医药管理局、军队卫生管理部门开展职责范围内的医疗质量管理工作;充分发挥卫生行业组织的作用,设立国家各专业质控组织,鼓励有条件的地方设立质控组织,负责制定全国统一的质控标准及开展一系列医疗质量管理和控制工作;各级各类医疗机构实行"院—科"两级质量管理责任制,分层设立医疗质量管理部门或组织,贯彻落实国家医疗质量管理的各项要求、组织开展本单位或部门的医疗质量检测、预警、分析、考核、评估及反馈工作。

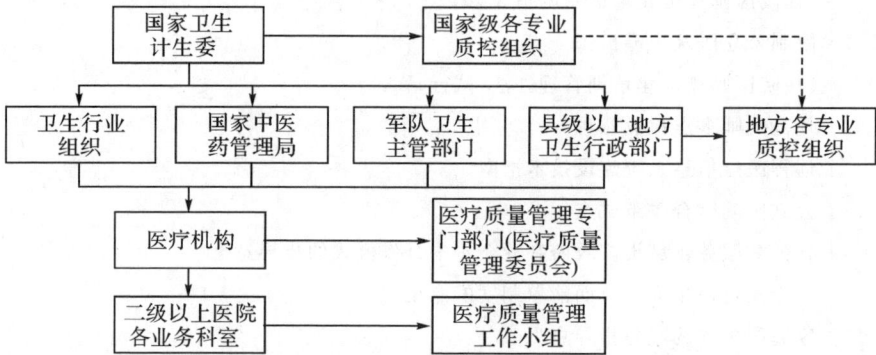

图 12.13　我国医疗质量管理的整体组织架构

注:本图由作者根据《医疗质量管理办法》(国家卫生计生委第 10 号委令)的内容整理绘制。

作为医疗质量管理的第一责任主体,《医疗质量管理办法》详细规定了医疗机构在医疗质量保障、医疗质量持续改进、医疗安全风险防范三方面的具体职责(见表 12.6),要求医疗机构对医疗从业人员、医疗设备资源、医疗服务过程进行标准化、精细化管理,从质量管理工作的工作制度完善、基础设施支撑、质量评价反馈等方面推动医疗质量改进,依托医疗质量不良事件报告制度,加强医疗安全风险防范,实现医疗质量的全过程管理。

除了医疗机构的内部质量管理外,政府卫生计生行政部门则承担着主要的外部监管职责。除了领导与组织开展各项法律法规、政策、规划、标准等规范性文件的制定外,政府有关部门开始将医疗质量评价纳入重点工作范畴。2019 年初,国务院办公厅发布了《关于加强三级公立医院绩效考核工作的意见》,构建了涵盖医疗质量、运营效率、持续发展和满意度评价四个维度 55 个指标的三级公立医院绩效考核指标体系,并制订了三级公立医院绩效考核工作计划,以此推动三级公立医院在发展方式上由规模扩张型转向质量效益型,在管理模式上由粗放的行政化管理转向全方位的绩效管理,实现效率提高和质量提升。此外,国家卫计委于 2017 年 9 月至 2018 年 8 月分四阶段开展了

表 12.6　我国医疗质量管理的具体职责(医疗机构层面)

管理环节	具体职责
医疗质量 保障	① 加强医务人员职业道德教育; ② 按核准登记的诊疗科目执业,诊疗人员、设备资源、诊疗服务过程应符合相关法律法规、规范、标准要求; ③ 加强药学部门建设和药事质量管理,合理合规用药; ④ 加强护理质量管理; ⑤ 加强医技科室质量管理; ⑥ 完善门急诊管理制度; ⑦ 加强医院感染管理; ⑧ 加强病历质量管理; ⑨ 加强患者自主选择和隐私保密; ⑩ 加强中医医疗质量管理。
医疗质量 持续改进	① 建立本机构全员参与、覆盖临床诊疗服务全过程的医疗质量管理与控制工作制度; ② 加强临床专科服务能力建设; ③ 加强单病种质量管理与控制工作; ④ 制定满意度检测指标,不断完善推行患者和员工满意度检测; ⑤ 开展全过程成本精确管理; ⑥ 现场检查和抽查各科室医疗质量管理情况,建立医疗质量内部公示制度; ⑦ 强化基于电子病历的医院信息平台建设,建立完善信息管理制度; ⑧ 加强本机构医疗质量管理要求执行情况的评估、分析、反馈、预警与干预改进机制。
医疗安全 风险防范	① 国家建立医疗质量(安全)不良事件报告制度; ② 医疗机构建立药品不良反应、药品损害事件和医疗器械不良事件检测报告制度; ③ 建立医疗安全与风险管理体系。

全国医院满意度调查试点工作,调查内容分为患者满意度和员工满意度两类,其中患者满意度围绕医患关系、信息提供、服务流程、硬件环境和总体满意度

五方面展开调查,员工满意度围绕工作内容、薪酬福利、职业发展和总体满意度四方面展开调查,该项调查通过基于移动互联网和大数据技术的在线调查形式展开,以期获得更加广泛和具有代表性的满意度评价数据。

　　那么我国医疗质量管理组织的实际运行情况究竟如何? 截至 2017 年 8 月,我国已经成立了 36 个国家级质控中心,基本涵盖临床主要专业,各省(市、区)成立了相应的质控中心 1200 余个,颁布实施了涵盖医疗机构、临床专科、医疗技术的质量控制指标。[①] 医疗机构层面,虽然目前尚无全国性的调查数据,但部分研究从局部抽样调查的角度给出了一些参考。

　　田丹等通过对上海市 20 家医院医疗质量管理现状的问卷调查,从组织架构、管理职能、管理工具、专业培训、制度规范、运行监督六个维度进行评估。评估结果显示,20 家医院基本建立健全了医疗质量管理体系,100% 建立了医院质量管理委员会,但在科室质量管理、制度规范性、信息化支持、管理工具的参与性等细节方面还有待提高。[②] 易丽丹和刘庭芳通过对深圳市 10 所综合性公立医院员工的问卷调查发现,虽然 10 所医院均设置了治疗质量管理组织三级架构,但区属医院的被调查者对医疗质量管理组织架构中职能部门设置情况的知晓度要高于市属医院。[③] 周平等通过电话访谈调查了辽宁、吉林、北京、山东、陕西、安徽、上海、浙江、湖北、湖南、云南等省区市 28 所大型综合三甲医院发现,28 所医院的质量管理组织主要有独立设置质量管理处(办公室)、医务处下设立医疗质量管理办公室、医务处有相对固定人员分工从事医疗质量管理工作三种模式;人员配比上,28 所医院质量管理人员/床位比平均为 1∶537,从事质量管理人员多数为 59 人。[④] 陈晔等通过 5 省调研发现,我国医疗机构的内部质量管理主要存在质量管理组织架构不完善、质量管理专业人才匮乏、信息化发展程度不均衡三方面局限。[⑤]

　　总的来说,当前我国医疗质量管理的制度架构日臻完善,质量管理的链条

---

　　① 资料来源:央视网-http://news. cctv. com/2017/08/17/ARTIQFAtWCGza2ehz8tNtzr C170817. shtml.

　　② 田丹,赵列兵,江忠仪,等.上海 20 家医院质量管理现况及对策研究[J].中华医院管理杂志,2015(8):611-614.

　　③ 易丽丹,刘庭芳.我国综合性公立医院医疗质量管理组织架构调查研究:以深圳市为例[J].中国医院,2017(12):28-32.

　　④ 周平,孙蓉蓉,韩光曙.对 28 所三级医院质量管理架构的调查与思考[J].中国医院,2018(2):48-50.

　　⑤ 陈晔,甘雪琼,韩明林,等.我国医院质量管理现状——基于五省调研[J].中国卫生政策研究,2016(9):49-54.

从结果质量管理逐渐延展为医疗服务全过程质量管理,但实践发展中仍然存在一系列问题。付强将当前我国医疗质量管理的困局归纳为三个方面。其一,互联网医疗、市场力量参与医疗卫生服务供给等医疗卫生服务业态变化增加了有关部门对医疗质量及安全监管的难度;其二,政府、医疗卫生行业组织在医疗质量外部监管过程中的职责定位不清、交叉重叠、自利性等因素大大削弱了外部监管的影响力;其三,聚焦医疗卫生服务质量管理的相关法律规范体系建设仍然相对滞后、医疗机构的自我监管动力不足等都成为制约我国医疗卫生服务质量管理进程的桎梏。[①]

第三节　国内外医疗卫生服务质量管理的实践经验与启示

一、医疗服务质量第三方评价

(一)实践介绍

日本的世界医疗质量指数(HAQ)雄踞亚洲首位(2016 年 94 分,位居全球第 12 位),得益于日本国内的医疗卫生服务质量管理,其中不得不提(Japan Council for Quality Health Care,JCQHC)医院审查政策。日本的 JCQHC 医院审查政策源自日本老龄化问题加剧、医疗资源过度使用、医疗费用急速膨胀的社会背景,历经 20 多年的发展成为了世界上医疗服务质量第三方评价最为成功的典范之一。该政策的建立标志是 1995 年日本医疗保健质量委员会(JCQHC,唯一获得日本政府授权开展医院质量审查的非营利性独立第三方评价机构)的出现。在 2001 年日本政府颁布的《医学事业法》(修订版)明确了"医疗服务提供者必须提供 JCQHC 出具的审查合格证书或 ISO 质量标准证书才能继续营业"这一规定后,JCQHC 医院审查政策在日本迅速发展起来。

根据邓剑伟等人的整理与介绍,JCQHC 医院审查政策[②]的运行模式包括审查参与者、审查流程、审查标准、资金来源、政策支持、审查效果等六个维度(详见表 12.7)。该政策自 1997 年正式推行以来成效显著,通过审查的医院

---

①　付强.创新政府医疗服务质量及安全监管:动因与路径[J].中国行政管理,2018(10):13-16.

②　邓剑伟,杨艳,杨添安.如何实施医疗服务质量第三方评价——日本 JCQHC 医院审查政策及其借鉴[J].中国行政管理,2018(2):143-148.

表 12.7　日本 JCQHC 医院审查政策的运行模式

维度	具体设置
审查参与者	① 评审委员会:评审委员会下设若干小组,负责不同医院现场评审;人员类型为专业医务人员、律师、保险公司从业人员、国家经济组织成员、国家劳动组织成员、医疗服务受众(患者)(不招募任何医院协会人员);评审成员须接受初步培训、现场培训、场外培训及绩效考核、同行评议和被审查医院反馈。 ② 被审查者:日本国内所有医院。根据类型与规模进行划分,制定不同审查方案。接受审查为一种自愿行为。
审查流程	① 申请与受理。 ② 文件审阅:文件包括医院的运营、临床文件和自我评价报告。审阅围绕文件齐全、规范、真实性及质量评估展开。 ③ 现场调查:依据评价标准对医院服务质量进行考核,时间在 2~3 天。结束后评审小组出具详细调查报告。 ④ 委员会决议:对调查报告进行讨论和最终裁定,如存疑,则重新派驻评审小组现场调查。 ⑤ 认证:评审委员会向通过审查的医院发放证书,予以认证。
审查标准	2012 年最新标准将医院细分为普通医院、地区医院、康复医院、慢性病护理医院和精神病医院 5 类。各类医院的评价标准在高层指标、中层指标和评价要素方面有所差异。 ① 评价维度:推广以患者为中心的医疗保健服务(A)、优质的医疗服务实践(Ⅰ)(B)、优质的医疗服务实践(Ⅱ)(C)、为了实现目标的组织管理(D)。 ② 普通医院:16 个高层指标(A:按照病人意愿提供医疗保健、传播信息并与当地社区合作、保障患者安全、与医疗保健有关感染的控制措施、质量持续改进的措施、医疗环境的改善和便利性;B:医疗保健的质量和安全保证、通过团队协作实施医疗保健;C:构成优质医疗服务的第一类职能、第二类职能;D:医院管理以及管理者和执行者的领导力、人力资源和劳动力管理、教育和培训、商业经营、设施和设备管理、医院危机管理)、88 个中层指标和 383 个评价要素。 ③ 地区医院:16 个高层指标、88 个中层指标(与普通医院类似)、293 个评价要素。 ④ 康复医院:16 个高层指标、89 个中层指标、405 个评价要素。 ⑤ 慢性病护理医院:16 个高层指标、89 个中层指标、399 个评价要素。 ⑥ 精神病医院:16 个高层指标、91 个中层指标、409 个评价要素。

续表

维度	具体设置
资金来源	① 来源：医院审查资金主要来自顾客（主要是医院，占 66.9%）和政府（卫生部，占 33.1%）。 ② 用途：顾客资金用于医院审查项目收取的评审认证费用及无过失补偿制度收取的管理费；政府财政资助用于评审成员的招聘和培训、评审委员会的科研和发展、循证医学的发展、预防医疗不良事件及收集近期医疗事故信息等。
政策支持	① 医院获得保守治疗的资格必须通过该审查。 ② 允许通过 JCQHC 医院审查的医院对其所获资质和认证成果进行宣传。 ③ 通过 JCQHC 审查，医院的院长或部门主任可以由非医学专业背景人员担任。
审查效果	JCQHC 不定期针对医院审查想过开展效果反馈。如 2010 年开展了由 1716 家受审查医院的效果反馈问卷调查，审查政策的实施效果得到参评医院的广泛认同。

　　本表根据邓剑伟等观点编制。

从初始的 50 家上升到 2009 年的 2574 家，之后常年保持在 2400 家左右；1997 年至 2013 年间已经有超过 3200 家医院首次参与审查，认证有效期满后仍有许多医院选择再次参加审查，可见该政策的国内认可与普及度之高。

　　（二）经验启示

　　日本 JCQHC 医院审查政策给予我国最大的启示在于：第一，建立相对独立、权威的第三方医疗服务质量评价机构的重要性。当前我国虽然鼓励第三方专业评价机构参与国内医院的医疗服务质量评价，但在实践中往往缺乏相对独立性，且尚未形成全国范围的评价规模。由于第三方评价仍停留在地方层面，评价结果的"含金量"不足，导致评价流于形式，缺乏反馈。因此，我国可学习日本经验，通过成立全国性、非营利性、相对独立的医疗机构服务质量评价组织，以承担国内医疗机构的服务质量评价与认证工作。第二，形成系统化、高效化、科学化的医疗机构服务质量评价运作模式的重要性。完善这一模式的关键是，在医疗机构分类的基础上，制定科学精简、操作性强、匹配患者需求的评价指标体系；简化与优化评价流程，合理缩短评价周期；加强评价结果的应用，提升评价结果的权威性与指导意义。

二、医疗卫生服务质量持续改进机制:英国 NHS 模式[①]

(一)实践介绍

英国医疗卫生服务是世界上最早的真正意义上的全民免费医疗。在漫长的发展过程中逐渐形成了相对完整成熟的医疗卫生服务质量管理体系。英国国民医疗保健服务系统(NHS)建立于 1948 年,围绕改善全民健康状态、确保医疗服务按需提供、持续改进和提升医疗卫生服务质量、提高公众选择医疗卫生服务的可能性与互动性四大目标,NHS 形成了基于卫生服务质量与结果指标体系(QOF)的"质量标准→质量评价→考核结果→质量奖励→质量保障→质量领先"六环节质量持续改进机制(见表 12.8)。

表 12.8　英国 NHS 质量持续改进机制的六大环节

环节	主要举措
质量标准	① 指标信息甄校:对 QOF 中使用的指标进行重新审查、收集潜在新指标; ② 指标审查和优先排序:审查当前使用指标是否需要废除或调整阈值,根据公众新需求给出新指标建议; ③ 指标构建(试行和调整):考察可行性、可操作性、接受度、可靠性、有效性和意外情况; ④ 决议与发布:决议并在各渠道发布指标制定的全过程信息。
质量考核	① 组织机构(162.5 分):患者的病历记录和信息、与患者的交流情况、执业管理、教育和培训、药物管理等指标; ② 患者反馈(146.5 分):医疗卫生服务质量调查及调查报告反馈; ③ 临床方面(655 分):已制定了 10 种疾病的相应指标,每个病种的指标均分为记录、诊断和治疗前、治疗中三大指标。
考核结果	① 英国保健质量委员会(CQC)定期公布卫生服务机构质量账户; ② NHS:每年以年报形式公布医疗卫生公共服务质量报告:医疗安全、效果、患者反馈。
质量奖励	除与 NHS 对医疗机构补助挂钩外,其他奖励还有质量与创新委员会支付奖励、临床优化奖、NHS 灯塔计划、健康与社会保健年度奖。

---

① 陈文博.公共服务质量改进机制建设的英国经验——基于医疗卫生领域的分析[J].东南学术,2012(1):113-121.

续表

环节	主要举措
质量保障	NHS的卫生服务机构到CQC注册,卫生服务提供者到各专业协会注册,以保障医疗卫生服务质量。
质量领先	CQC的特别审查革新基金和奖项,鼓励卫生创新和教育,建立卫生学术中心。

本表根据陈文博观点编制.陈文博.公共服务质量改进机制建设的英国经验——基于医疗卫生领域的分析[J].东南学术,2012(1):113-121.

（二）经验启示

英国NHS质量持续改进机制相较日本JCQHC审查政策更加体系化。从功能上来看,后者更像是前者的一个模块。从管理主体来看,日本JCQHC审查政策由相对独立的第三方组织负责开展,而英国NHS模式则由职责明晰的政府部门主导。因此,英国经验对于我国医疗卫生服务质量管理模式的优化更具参考价值:①建立动态更新的全国性医疗卫生服务质量评价体系,统合质量标准制定与动态更新、突出患者满意度与需求的质量评价、质量评价结果公开与应用、质量奖励与预警、质量保障与领先等管理环节;②建立统一的医疗卫生服务质量管理机构,以卫健委主导,政府官员、专家学者、行业组织、专业性评价组织、公众及医疗卫生服务机构代表为参与者,承担我国医疗卫生服务质量持续改进机制的主体责任。

三、医疗服务质量管理信息化[①]

（一）实践介绍

湖北省麻醉质控中心历经2次麻醉质量管理技术革新,为麻醉质量管理提供了有效的技术与平台支撑。立足于"数据是质控工作的依据和核心"这一基本思路,湖北省麻醉质控中心突破传统的质控信息汇报统计模式,建立计算机麻醉质控网络体系及质控数据中心服务器,实现麻醉质量数据的规范集成与信息化分析(V1.0);并针对信息化V1.0尚未解决的问题,基于云平台进一步打造完整的多级质控数据中心(V2.0),实现质控管理体系的互联互通(见表12.9)。

---

① 王杰,程琳,陈庆红,等.湖北省麻醉质控云平台——新医疗环境中的质控利器[J].麻醉安全与质控,2017(4):217-222.

表 12.9　麻醉质控数据管理的模式演变

	方式	缺点	优点
传统数据运行模式	① 省质控中心以邮寄、传真、电子邮件的方式将数据调查表发放给各医疗单位的麻醉科主任； ② 麻醉科主任手动填报并反馈； ③ 质控中心将反馈数据录入 Excel 文档并统计。	① 周期长、时间人力成本高，数据上报、统计难以落实； ② 数据相对主观，存在缺失，且无法追踪，参考价值小。	前期数据基础。
信息化V1.0	① 建立计算机麻醉质控网络体系及质控数据中心服务器； ② 运用信息化手段分析有效数据特征、可能存在的数据质量问题及来源； ③ 逐步建立全面、标准化的指标和客观权重。	① 数据收集存在区域限制，只能覆盖经济发展好的区域； ② 信息系统运用多限于院内质控，质控中心的区域质控信息化网络有待推进； ③ 麻醉相关死亡率及不良事件数据缺失较多；	① 实现网络直报和数据库统计，提高麻醉质量数据集成的相对规范性与效率； ② 保障麻醉质量评价过程客观性，改进麻醉质量管理； ③ 提升麻醉医疗质量。
信息化V2.0	建立完整的多级质控数据中心，范围涵盖结构管理、过程管理、结果管理，将分中心、医疗单位真正纳入质控管理体系中。		① 实现"省级中心—市级分中心—医疗单位"三级质控数据中心，并实现互联互通； ② 给予云平台建设，实现全省麻醉科结构信息集成； ③ 实现麻醉质量实时监测和不良事件信息化上报； ④ 通过云平台实现质量反馈与改进意见传达； ⑤ 基于数据分析，及时研究制订预防措施。

注：本表根据王杰等观点编制. 王杰，程琳，陈庆红等. 湖北省麻醉质控的平台——新医疗环境中的质控利器[J]. 麻醉安全与质控，2017(4)：217-212.

下一阶段,湖北省麻醉质控中心云平台将围绕建立完整的麻醉质控大数据、麻醉专业知识库,更好地实现多维度数据分析、完善麻醉质控的闭环管理①、帮助制定行业标准、加强麻醉专业知识共享,并最终实现麻醉医疗的整体质量改进。

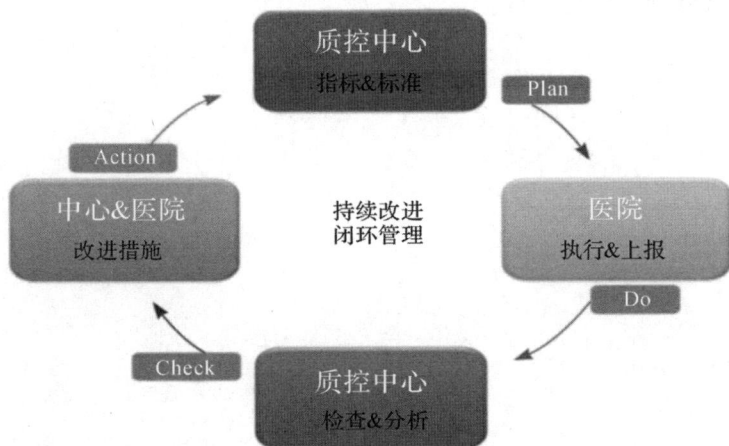

图 12.14　麻醉质控闭环管理流程图

本图引自王杰等人的研究。

(二)经验启示

信息化平台打造是医疗卫生服务质量管理的基础性工作。湖北省麻醉质控中心云平台有效实现了区域麻醉质控数据的规范化集成、分析、反馈、共享功能,并且不断补充与优化了云平台在闭环管理中的支撑功能,极大程度地辅助与推动了麻醉质控工作。但值得注意的是,湖北省麻醉质控中心云平台虽然最大程度地整合了覆盖各区域医疗机构的麻醉质量数据,但仍然无法避免数据源,即医疗机构在数据填报、编辑、保存、取消、上报过程中的"保守行为",尤其是不良非预期事件等负面质量信息的上报。此外,在云平台构建与运行过程中,患者无法参与其中,基于平台的相关质控数据与分析预警报告都只能

---

①　闭环管理又称 PDCA 循环("戴明环"),是全面质量管理所遵循的科学程序。其循环模式包括计划(Plan)、实施(Do)、检查(Check)和处理(Action)四个阶段及八个步骤,分析现状并找出质量问题,分析原因和影响因素,找出主要影响因素,制订改善质量的措施,执行计划或措施,检查计划的执行效果,总结经验,提出尚未解决的问题。观点来自:吴庆敏.浙大二院:用科学的方法改善医疗质量管理[J].中国卫生质量管理,2017(ZⅡ):4-5.

在各级医疗单位、省市县质控中心等医疗卫生系统内部主体间流转,尚未实现社会公开,不利于患者进行质控信息补充。因此,进一步加大医疗卫生服务质量管理信息化平台的公开化程度,增设患者满意度评价与不良事件上报的信息录入与审核端口,是提高质控数据完整度与真实性的必要步骤,也是实现医疗质控闭环管理的前提条件。

第十三章　住房保障服务质量管理

　　住房作为基本公共服务体系的重要组成部分,是人类赖以生存和发展的必不可少的物质条件之一。对任何一个国家而言,住房问题都是一个重大的社会经济问题,而住宅权更是人类的一项基本人权。但由于工业的发展和人口的高度集中,产生了对城市土地和住房的巨大需求。这种需求推动土地价格和房屋价格不断上涨,最终超越了中低收入或最低收入家庭的住房支付能力,从而使得这个群体的住宅权得不到保障,引发一系列严重的社会问题,危害整个社会的经济发展和政治安定。

　　为了提高人民福利,缓解住房矛盾和社会矛盾,世界各国政府都对住房问题进行了积极干预,特别是第二次世界大战以后,住房保障的法律制度得到了空前的发展和完善。许多国家都认为,通过立法的手段解决中低收入家庭的住房问题,实现"居者有其屋"的社会目标,既是维护社会安定的重要手段,也是社会收入再分配的重要方式。目前,各国基本上已经形成相互补充和完善的住房保障法律体系,对不同收入家庭实行不同的住房供应政策:最低收入家庭租赁由政府提供的廉租住房;中低收入家庭购买经济适用住房;其他收入高的家庭购买、租赁商品房。目前,英国 1919 年出台的《住宅法》、美国 1949 年出台的《住房法》以及加拿大的《加拿大联邦住宅法》等,这些法律都大体确立了住房保障的目标、适用对象以及住房保障的融资手段等,使住房保障法律制度逐步成为各国法律体系和社会保障制度的重要组成部分。

　　我国自 1999 年停止了住房的实物分配,住房分配体制发生了根本性的转变,由过去福利性分房转变为由市场性货币购房,这就使得获取住房的使用价值必须付出相应的住房市场价格。同时,由于改革开放后,我国城市化进程急剧加速,土地价格和住房价格迅速上涨,使得部分居民的住房支付能力不足。这就要求有一种制度,即住房保障制度来保障这一部分人的住房,体现社会的公平性原则。但与住房市场化改革速度相比,我国的住房保障制度建设相对滞后,面临着一系列的问题,这也对政府公共服务效率和质量提出了新的挑战。本章将从住房服务质量管理的角度,探讨我国住房保障服务的相关内容。

第一节　住房保障制度及其发展历程

一、住房问题与住房保障制度

（一）住房

住房，亦称住宅用房，即供人居住的房屋，或主要用于人类居住用途的房屋。房屋包括住宅、厂房、仓库和商业、服务、文化、教育、卫生、体育以及办公用房等。相对而言，房屋具有体积大，投资多，生产周期长，凝聚的劳动量、价值量大，不能移动等特点，它为人类提供了最基本的生存和发展空间。

（二）住房保障与保障性住房

1. 住房保障的概念和特征

"住房保障"是在住房领域实行的社会保障制度，是指由政府作为责任主体，以实现中低收入阶层居民的基本居住权为目的，具有经济福利性的国民居住保障体系。[①] 也有学者认为，住房保障是由国家或政府负担起给所有社会成员提供最基本的居住条件的责任而举办的社会保障项目，是由政府作为责任主体，以解决国民住房困难和政府改善住房条件为目的，具有经济福利性的国民居住保障系统。[②] 上述概念虽有差异，但都抓住了住房保障的核心内容：即它属于国家在住房领域实施的社会保障；它以政府为责任主体；它以解决中低收入国民的住房困难为目的。因此，住房保障实质是政府利用国家和社会的力量，通过国民收入再分配，为中低收入家庭提供适当住房，保障居民的基本居住水平。严格来说，"住房保障"区别于"保障性住房"。目前，我国的住房大致可分为"商品住房"和"保障性住房"两大类。商品住房又可细分为政府调控的中小户型、中低价位商品住房和其他商品住房。在我国现阶段，"保障性住房"主要是指经济适用房和廉租房。

2. 住房保障的目标和要素

住房保障是保障"人人有房住"而不是"人人有住房"。住房保障的目标是帮助低收入群体"保持和满足基本的生活条件"，即保障"人人有房住"（即可以满足其享受社会基本的、最低标准的住房需求），而不是保障"人人有住房"（即

---

① 符启林.房地产法[M].4版.北京：法律出版社，2009：365.
② 杜文.我国城镇住房保障制度研究[D].成都：四川大学，2006：20.

拥有住房资产并享受资产升值效益），是政府对社会成员中不具备基本住房支付能力者进行的居所帮助。住房保障最基本的层次是救助，政府必须保证"没有人流离失所"，无论一个人多么无能，多么贫困，都拥有居住的权利，这是基本人权，政府有责任确保每一个公民都能获得基本和公平的住房机会，以实现社会公平，这里涉及住房保障两个层次的功能。其一是帮助那些永久失去生存和劳动能力的人（如残疾人、老人）体面地生存下去；其二是帮助那些由于出身、教育、生活和工作技能上存在劣势而处于贫困状态下的人们（如农民工、失业下岗工人）获得居住、工作和学习的机会，使受益者慢慢不再依赖生活福利，逐步成为负责任和富有成效的社会成员。

因此，保障住房的要素包括住房面积和住房质量。公平的"住房机会"不仅仅是指几平方米的"容身之所"，更重要的是指居住的环境和区位，这是因为交通、治安、公共卫生等公共服务都是与居住的区位和环境密切联系的，在对城市公共服务和就业机会具有基本可达性的地方为低收入者提供居住机会，提高其健康水平、技能水平和融入社会经济生活的能力，最终摆脱贫困，应当是对住房保障社会目标更为全面的理解。具体如下。

①体面的住房：基本的住房面积，能够满足基本生活需求的生活设施，如电力、洁净的水、合格的卫生设施、保暖或防寒的能源供应。

②良好的社区环境：良好的治安；社会交往的机会；与高素质居民接触的机会；基本的生活便利性，如购物、医疗、教育。

③接近就业的机会：住房附近能够有符合这部分群体的就业机会，或者具备便利的公共交通，以抵达就业机会集中的地方。

3. 保障性住房和住房保障水平

保障性住房是指为了实现社会公平，实现中低收入阶层居民的基本居住权，由政府直接出资建造或收购，或者由政府以一定方式对建房机构提供补助，由建房机构建设，并以较低价格或租金向中低收入家庭进行出租或出售的住房。

住房保障水平，指的是住房保障的程度，通常以保障性住房的建筑标准、户均面积标准、住房保障人口占总人口的比例和住房保障支出占财政支出或国内生产总值的比重等指标来衡量。这一指标反映的是一个国家和地区对于居民住房保障程度的高低。它是相对于国民经济发展程度而言的，故是一个相对的范畴。在相同条件下，住房保障水平越高，人民生活的住房保障程度越大。

（三）住房保障制度的内涵和外延

著名的制度经济学家诺斯（North）认为，制度是一系列被制定出来的规则、守法秩序和行为道德、伦理规范。一般制度包含两方面的含义：一是行为规则，决定人们在经济活动中作为或不作为；二是人们结成的各种经济、社会、政治等组织或体制，决定着一切经济发展活动和各种经济关系展开的框架。制度是约束人们行为的一系列规范，既包括正式制度（如法律法规、成文的规则等），又包含非正式制度（如存在于人的观念、能够实现人的自我约束及社会舆论约束的道德、风俗、习惯等）。因此，住房保障制度无疑包括国家为了解决居民的住房问题而制定的规则、政策和行为规范等，是政府在一定的社会、经济和政治形势下为了改善住宅的数量、质量、价格以及所有权和使用权状况，为了适应不同时期的住房需求和住房供应模式而设计的基本政策安排和干预措施，是政府解决全体国民住房问题的手段和方法的总称。在某种程度上，住房保障制度是政府依据法律的规定，在住房领域内实现的社会保障制度，是通过国民收入再分配保障居民基本居住权的一种制度。

因此，其内涵主要体现在以下几个方面。

1. 住房保障的责任主体是政府。一方面政府应该是公共利益的代表，只有政府才能合法地动用国家和社会的力量，通过国民收入再分配，为中低收入家庭提供适当的住房，从而保障居民的居住权。另一方面，住房市场失灵的主要表现为出现高度垄断、贫富差距、负外部效应、总量失衡等危害市场机制的情况，政府通过依法对住房市场的干预，可以减少贫富差距、实现住房市场的健康发展和社会的公平正义。

2. 住房保障的目标是满足特殊阶层基本居住需要。居住权是一个公民的基本权利，受到国际公约和各国宪法的保护，住房保障制度更是以保护居住权为核心，从某种意义上讲，住房保障制度的目的是实现"居者有其屋"的目标，即保障居民"住有所居"，但并非保障人人都拥有住房，因此居住权不等同于房屋所有权。

3. 住房保障实施的保证和依据是保障立法。行为规则是制度的最主要的组成部分，而法律是最具有权威和最有效的行为规范，它可以规范社会关系、减少冲突和降低交易成本。对于像住房保障这样的正式制度，需要法律的确认和维护。住房保障是社会收入的再分配，需要法律的保障才能达到公平和有效。

4. 住房保障是社会保障制度的组成部分。所谓衣食住行，当人们满足了最基本的食物和衣物的需求以后，居住问题便是最先考虑的问题。住房保障制度与其他社会保障制度存在密切联系,收入标准既是居民领取最低生活保障的前提,也是申请廉租住房、经济适用住房等的一个重要条件。收入与住房是成正比的,低收入一般就意味着缺少必要的居住条件。当前,我国的住房保障制度主要包括经济适用住房制度、住房公积金制度和廉租住房制度。

二、住房保障制度的发展历程

(一)国外住房保障制度的产生和发展

自 19 世纪末 20 世纪初,各国纷纷建立起各自的住房保障制度,美国、英国、新加坡、日本等国的住房保障制度建立得较早,且完善程度较高,对我国住房保障制度完善和发展具有重要的借鉴意义。

1. 英国住房保障制度发展历程

英国是世界上社会保障制度体系建立最早的国家之一,早在 1909 年以前,由医疗官主管住房问题,并经过研究发现拥挤、贫穷和不健康的居住环境是导致人们身体不健康的主要原因,从而引起人们对住房问题的重视。1885年《工人阶级住房法》是英国第一个对住房具有重要影响的法令。1909 年《住房与城镇计划法案》则是首次将住房与都市计划相结合,随后出台了各项法律,包括《租金及购房贷款利率限制法》(1915 年)、《住房法》(1923 年)、《住房补贴法》(1956 年)、《住房法》(1964 年)等,涉及租金管控、住房补贴、住房金融政策和租税减免等各项内容。第二次世界大战期间,不仅停止新建住房,而且大量原有的住房遭战火摧毁,住房短缺问题严重。1970 年初,英国政府不但健全住房相关法律,更要活跃并稳定房地产市场。1980 年《住房法》确定出售出租公共住房,以低于市场 50% 的价格出售给承租人,全面推进住房私有化政策,减少地方政府直接干预出租住房,转由半国营的住房公司和民间的住房协会参与出租公共住房,这一方式使市场化水平提升。近年来,英国公共住房兴建及维修支出虽然减少,但从整体的住房支出来看,其资源并未减少,只是从传统住宅补贴转移到自有住房及所得协助的补贴上,其发展历程主要表现为逐渐减少供给方的住房补贴(如地方政府出租公共住房大幅减少),而将资源转向需求方的住房补贴(如整合住房津贴制度、鼓励自有住房等);同时逐渐减少公共支出的政府直接补贴,鼓励民间提供住房补贴。自 1890—1996 年间,英国共制定或修订了 48 部住宅法,是世界各国中最为频繁修订住宅法的国家,由此也反映出英国住房保障制度逐渐完善的过程。

英国的住房保障制度的发展大体经历了四个阶段。

　　①市场自由调节阶段（产业革命时期—1913 年）

　　英国产业革命以后，大批农民涌入城市，住房出租的需求量迅速增大。据统计，在 1890—1914 年的大约 25 年间，英国城市住房出租率高达 90％。但此时，政府对房屋租赁市场却并未干预，任由出租者高租剥夺，因此也出现了不少无家可归者，引发工人的抗议运动。由于工人运动的兴起和舆论压力迫使英国政府在 1890 年颁布《工人阶级住宅法》，为地方政府建设公共住房提供了法律依据。在这一阶段，英国公共住房建设发展缓慢、规模很小，住房的供给和需求完全由市场调节。

　　②政府直接介入住房问题阶段（1914—1938 年）

　　第一次世界大战是英国住房政策的分水岭，战争导致住房建设停滞，住房短缺加剧，政府不得不关注工人阶级的住房问题。从这一时期住宅法的内容来看，英国政府对住房问题的干预主要表现在如下三个方面：一是实施房租管制政策；二是地方政府直接进行住房建设；三是发放住房补贴。这一时期英国公共住房政策的基本特征是：依据中央政府确立的政策目标框架，地方政府在住房数量、质量和价格政策的实施方面起关键性作用；政策目标随时间而变化，20 世纪 20 年代以普通的工人阶级住房为目标，30 年代则以解决城市贫困阶层的住房为主，而社会普通住房则主要由私营机构提供。英国住房政策在这个阶段的重要发展是政府干预已成为一项长久之策，公共住房也成为继自有住房和私有出租住房之后的重要住房产权类型。

　　③重要改革阶段（1939—1979 年）

　　第二次世界大战后，英国政府的住房政策目标开始调整为增加住房供应，对贫困户实施住房补贴，后期又逐步强化私有住房政策。这一阶段住房政策的主要特点是：工党和保守党的住房政策趋于一致，改进公共住房供应政策和补贴政策，实施公平租金和"真实租金"政策，住房协会兴起，住房自有化率提高。整体上来说，从产业革命到 20 世纪 70 年代末这一时期，英国政府主要的住房政策是以增加住房供给、缓解住房短缺为主，其保障住房占全部住房的30％。但是，政府直接兴建大量住房，实行低租金的住宅体制也显示出它的弊端：公共支出大幅上升，政府财政负担日益严重；由于忽视市场机制在解决住房问题方面的作用，降低了住房市场运作的效率。

　　④全面改革阶段（1979 年至今）

　　1979 年是英国住房保障制度的重要转折点，这一时期出台了一系列的住房保障法律，政策焦点是减少住房税收补贴和保障住房开支，鼓励住房私有化，扩大私有部门在住房供应和管理中的作用，主要表现在如下几个方面：推行住房私有化政策;削减住房公共支出,转变支出方向和方式;补助无家可归者;确定租户特权和选择权。

2. 新加坡住房保障制度发展历程

新加坡是世界上公认的住房问题解决得最好的国家之一,具有较为完善和独特的住房保障体系和保障政策。与世界上大多数国家首先关注和解决收入性保障问题不同,新加坡政府将其对国民的社会保障首先定位在"居者有其屋"上,这是由新加坡的国情所决定的。新加坡是一个多种族的移民国家,华人占 75.2%,马来人 13.6%,印度人 8.8%,其他种族 2.4%。新加坡国土面积仅有 699.4 平方公里,却居住着 448 万常住人口,人口密度非常大。受制于经济发展水平和英国殖民地政府对住房问题自由放任的态度,在新加坡自治(1959 年)前,房荒问题极其严重,据英国殖民地政府住房委员会报告,1947 年新加坡住房水平仅为 18.2 人/套,约 30 万人住在没有任何基本卫生设施的临时棚屋中。1959 年自治时仍面临着严重的"房荒",住房形势十分严峻。当时 200 万人口中有 40% 的人居住在贫民窟和窝棚内,大多数民众只能栖身于用木板和铁皮搭建的棚屋之中,能够住上像样住房的人口仅占居民总数的 9%。人均住房面积只有 3.3 平方米。恶劣的住房条件导致公共卫生状况恶化和一系列社会问题,成为社会不稳定的重要因素,以至于政府将解决住房问题作为一项基本国策,在立国之初就提出了"居者有其屋"的口号,"我们的新社会,居者有其屋是关键"。时任新加坡总理李光耀指出:"我们将全力以赴去达致我们的目标:使每一个公民的家庭都拥有自己的家。"

新加坡政府将公共住房建设作为优先任务,把提高居民住房自有率作为增强社会凝聚力和国家认同感的基石,从而缓解了由于房荒叠加贫困和失业等造成的社会极其不稳定的状况。目前,新加坡已形成以公共组屋为主、私人住宅为辅的独特住房体系,成功实现了"居者有其屋",建立并形成了完善的住房供给体系、住房金融体系和住房政策体系。

1960 年,新加坡成立了直属于国家发展部的建屋发展局,它是一个独立的、非营利性政府机构,财政预算纳入国家计划。政府赋予建屋发展局在公共住房方面广泛的合法权力,既代表政府行使权力,负责制定组屋发展规划及房屋管理,实现"居者有其屋"的住房保障目标;同时又作为最大的房地产经营管理者,负责组屋施工建设、出售和出租,是新加坡住房保障体系中的供给主体。

创建于 1955 年的中央公积金制度是一项全面的强制储蓄制度,规定雇主和雇员均须按照法定的公积金缴纳率(目前为 32%,其中雇员缴纳 20%,雇主缴纳 12%)将个人月薪的一部分存入中央公积金局的个人账户,用于退休、住房、医疗、教育、投资增值等诸多方面。新加坡组屋计划之所以能够顺利推行，良性循环的中央公积金制度起到了十分关键的作用。一方面,中央公积金局将公积金归集起来后,除留足会员提款外,其余全部用于购买政府债券,政府以贷款和补贴等形式注入建屋发展局,从而使建屋发展局有能力大规模地进行公共住房建设。另一方面,中央公积金局直接履行住房金融职能,即向建屋发展局发放公共住宅建设贷款,同时向个人购房者提供住房公积金贷款。新加坡的中央公积金制度不仅解决了公共住房建设资金问题,而且解决了中低收入家庭购买力不足的问题。

此外,新加坡的住房政策体系也相应进行配套。新加坡政府推出了庞大的"居者有其屋"计划,1961—1995 年通过七个"五年计划",累计建成超过 80 万套的组屋,使得公共住宅占比一度超过 90%,在很大程度上保障了住房政策实施的延续性。

新加坡的住房保障制度发展大体上经历了如下四个阶段。

①20 世纪 20—50 年代:陋屋区时代

从 20 世纪 20 年代早期开始,新加坡许多人的住房都是在拥挤的陋屋区,没有良好的卫生、照明或通风设施。因住房短缺日趋严重,当时的英国殖民政府于 1927 年设立了新加坡改良信托局（Singapore Improvement Trust,SIT）,专门负责清理陋屋区,并为从那里搬出来的民众提供住所。到 1947 年,新加坡人口增加到 20 年前的 2 倍多,达到 100 万。1947 年新成立的住房委员会（Housing Committee）调查发现 68 万人口（约占总人口 72%）住在城市中心区,其中约 1/3 人口拥挤在 4 平方公里的区域内,极其的拥挤。1959 年约 25 万人居住在城市贫民窟内,约 30 万人居住在棚户区。在新加坡改良信托局存在的 32 年中,共建造了 2.3 万个单位的住房,但只能为 8.8%的居民解决住房问题。大多数新加坡人的居住环境既不符合卫生标准,也容易发生火灾,很不安全。1961 年在河水一带发生的一场大火灾,摧毁了数以千计的住房,造成 1.6 万人无家可归。

②20 世纪 60 年代:居者有其屋

1959 年新加坡成立自治政府时,失业和住房短缺是当时两个最大的社会矛盾。当时 200 万人口中 80%以上住房困难,其中 40%居住在贫民窟和棚户区中。在这种背景下,新加坡政府决定把住房建设放在优先位置上,制定了《住房发展法》（Housing and Development Act）,并在 1960 年根据该法成立建屋发展局（Housing & Development Board,HDB）。建屋发展局的目标一开始就非常明确,就是为低收入阶层提供廉价房屋。其住房发展的目标是使

90％的人口居住在公共房屋中,10％的人口居住在私有房屋中。为了鼓励居民拥有自己的组屋,建屋发展局在 1964 年推出"居者有其屋"计划(Home Ownership Scheme),正式开启新加坡的组屋年代。这个计划是非营利性的,旨在为无力在住房市场上购买私人住房的居民提供公共住房。该计划主要是由政府拨出国有土地和适当征用私有土地作为建房之用,同时由银行和中央公积金局提供建房所需资金。在政府组屋计划的实施中,建屋发展局、中央公积金局和银行部门相互配合、协同运作、相得益彰。在建屋发展局的主持下,新加坡大力建设公共组屋,完成了六个建房五年计划,建成 70 余万套住房。1968 年,新加坡政府开始允许国民利用公积金购买政府组屋,大大地推动了"居者有其屋"计划的实施。政府也鼓励居民购买租住的组屋,并给予 20％的首付免除优惠。到 1970 年,超过 50％的人口住进了组屋。

③20 世纪 70 年代:增加供给和改善条件

在 20 世纪 60 年代的 10 年中,主要是解决住房缺乏问题,所以第一、第二两个建房计划中所建的房屋,大多数类型为单居室,以小房型为主,主要用于出租,以解决住房极其短缺的问题。1971—1983 年,随着房荒问题的缓解,住房政策的重点向改善型转变。住房的类型随之也发生变化,由过去的一居室、二居室转向发展三居室、四居室一套的单元。建屋发展局也开始专注于开发建设设施齐全的新市镇,每个新镇约容纳居民 25 万。通过完善的规划,宏茂桥、勿洛及金文泰等新建市镇都拥有丰富齐全的设施,如市镇中心、邻里中心、巴士转换站、学校、公园及工厂。镇内的居民可轻易地在住宅周围找到诸如体育场、图书馆等休闲场所。原先应急的住房被拆除,重新盖起了造型美观、设备齐全的高级公寓,在满足需求程度上达到了 80％。1974 年,新加坡政府又组建了国营房屋与城市开发公司(Husing and Urban Development Corporation, HUDC)(1982 年 HUDC 将住房发展业务转给了 HDB),专门建设大型的五居室套房,称之为"HUDC 套房"。这种住房比建屋发展局开发的住房售价贵,但比市场价低,月收入在 4000 新元以下的家庭均可购买。

④20 世纪 80 年代至今:全面提升居住环境

到 20 世纪 80 年代初期,大约 70％的人口住进政府组屋。随着住房供应方面政策的日趋完善,新加坡开始将更多的重点放在为居民提供高质量的生活环境上。为培养居民对邻里的归宿感及促进人际交往,新加坡推行了邻里概念。每个邻里都有户外园地,可作为公共及休闲场所,如公园、儿童游乐场、体育运动场等等。通过这样建立一个全面的生活环境,既可满足居民在休闲方面的需求,让他们方便地使用各种设施,同时也能增强社区的凝聚力。80

年代后期,超过 85％的人口住在政府组屋中。新加坡除了为大众建造新的家园,也为较旧的市镇提供"组屋更新计划"。主要包括:翻新计划——把旧的住房修复到当前新住房的标准;选择性整体重建计划——为了更好地利用土地,有选择性地将旧的组屋拆除,并在附近地段为受影响的居民提供新的住房。政府通过组屋区更新计划,以系统化的方式重新发展屋龄较久的市镇或社区邻里,以便和新的住屋发展相互融合。通过组屋更新,居民生活环境获得改善,居民不仅享受到资产升值的益处,生活质量也得到了极大的提高。

（二）中国住房保障制度的产生和发展

我国的住房保障制度与国外相比走出了一条独特的发展道路。在新中国成立之初,中国实行实物分配制度,按照"统一管理,统一分配,以租养房"进行公有住房的实物分配。在这样的福利分房制度下,房屋建设和维护都完全由财政资金承担,财力约束导致房屋供应不足。1978 年,全国内地城镇人均住房面积从解放初期的 4.5 平方米下降到 3.6 平方米,并有一半的城镇户都没有被安排到住房。在此现状背景下,中国内地从 20 世纪 70 年代末至 80 年代初开始实施房屋改革的探索和试点,包括允许公房出售、允许私人建房、补贴出售住房、提升租金价格等,并在 20 世纪 90 年代全面进行城镇住房制度的改革,从福利分房转向货币工资购房,并建立分层住房供应体系。

我国的住房保障制度发展大致可分为四个阶段,但不同的学者有不同的划分方式。

第一种观点认为,从 1949 年至今,我国城镇住房保障制度的发展大致经历了四个阶段:福利分房阶段(1949—1978 年),住宅私有化与福利分房并存阶段(1978—1998 年),取消福利分房、住房保障收缩阶段(1998—2007 年),以及住房保障制度重建探索阶段(2007 年至今),主要包括经济适用房、限价商品房、共有产权房、廉租房、公共租赁住房等多种住房保障形式。

第二种观点认为,上述四个阶段的划分有着时间节点的差异,具体如下图。

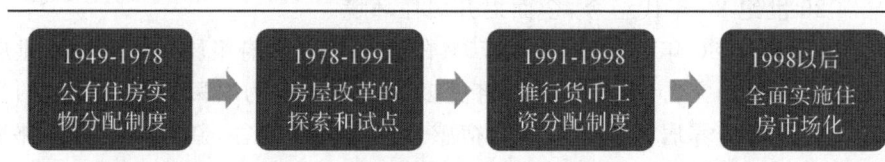

1949-1978 公有住房实物分配制度 → 1978-1991 房屋改革的探索和试点 → 1991-1998 推行货币工资分配制度 → 1998以后 全面实施住房市场化

还有研究者将我国的住房保障制度分为计划经济体制时期和经济体制转轨时期两大阶段,后者还可分为:(1)探索和试点阶段(1978—1990 年);(2)全面推进和配套改革阶段(1991—1993 年);(3)住房保障的完善阶段(1994 年至今)。

　　总的来说,上述划分都有着一定的合理性,大致上展示出我国住房保障制度的发展历程。笔者依据整理的文献资料,按照"宜粗不宜细"的原则进行重新划分,大致上将我国住房保障制度的发展分为三个阶段。

　　1. 计划分配、福利性住房制度阶段(1949—1978 年)

　　1949 年,新中国成立以后,我国实行严格的计划经济,住房领域也相应地强调住房的福利性和分配性,这种制度的延续性较强,因此将这一阶段划分为一个整体,具有如下几个特征:①高福利、低水平。城市居民可以无偿地使用公有房屋,或只要象征性地交点租金便可以取得对住房的永久使用权。但这种高福利是建立在低水平之上的。由于缺少后续资金,无法对现有住房进行维护和修缮,也不能兴建更多更好的住房。②体制僵硬,无法实现可持续发展。由于新中国成立以来,我国对住房一直实行"一大二公"的社会主义公有制,排斥住房的商品属性,城市住房建设只有政府投资这个唯一的途径,缺乏市场机制,无视经济效益,导致政府对住房的财政补贴只有投入没有产出,造成财政不堪重负,无法可持续发展,最终导致的结果就是进一步的住房短缺。③分配的公平、不透明极易造成腐败。在这种"统分统配"的体制下,分配的过程不公开、不透明,行政长官的随意性很强。住房需求者会为了这样的住房而不惜一切代价,极易造成腐败和不公。④缺少法律规定,主要依靠行政手段。这一时期的住房保障不重视法律制度的作用,而主要以行政命令,甚至是当地政策为依托,被认为是"产权扭曲的住房制度"。20 世纪 50 年代中期,国家将旧中国城镇私有房产收归国有,这些房产成为我国住房制度启动时赖以分配的存量基础。一直到 20 世纪 70 年代末,国家基础拨款是城镇住房投资的唯一来源,其根本特征是以纯计划的行政方式运作,以资金定供给,以供给定需求,等国有房产形成以后,再以行政手段、条块分割方式在国有单位之间、国有单位职工之间,主要以非经济因素为标准进行分配,从而出现住房消费的"低租制",而这种制度形成的经济根源在于"低工资",低工资形成公共积累,并作为基建拨款的重要组成部分进行住房投资。因此,低工资、低租金成为这一时期住房消费的外在表现形式,其实是通过职工对自己工资中住房消费部分扭曲的"非商品性消费",索回本应属于自己的住房产权。

　　2. 住房制度改革阶段(1979—1998 年)

　　改革开放以后,我国开始实行有计划的商品经济,住房的商品属性受到重视。1980 年开始城市住房制度改革,政府是积极推进的主体,主要表现形式是各类住房改革政策的出台。如，1988 年，国务院成立了住房改革领导小组，发布了《关于在全国城镇分期分批推行住房制度改革的实施方案》；1991 年，国务院发布《关于继续积极稳妥地开展城镇住房制度改革的通知》；1994 年《关于深化城镇住房制度改革的决定》出台；1998 年《进一步深化城镇住房制度改革、加快住房建设的通知》出台等。特别是 1994 年的《关于深化城镇住房制度改革的决定》首次指出，改变住房福利性实物分配的体制为工资性货币分配的体制；建立以一般收入家庭为对象、具有社会保障性质的经济适用房供应体系和以高收入家庭为对象的商品房供应体系；建立住房公积金制度；发展住房信贷和住房保险，建立政策性和商业性并存的住房信贷体系。1998 年《进一步深化城镇住房制度改革的决定》更是提出中国住房实物分配制度并实行住房分配货币化，提出对不同收入家庭实行不同的住房供应政策等，尤其是明确提出构建廉租住房保障制度。

　　3．住房保障制度初步建立阶段（1999 年至今）

　　1993 年我国决定建立社会主义市场经济体制以后，市场机制的作用得到尊重，"市场失灵"的问题也成为大家关注的话题，有关房地产市场的宏观调控法和市场监管法便应运而生，从而使得我国住房保障制度从法制化的角度正式建立。目前，我国涉及住房保障的法规、规章主要有《住房公积金管理条例》（1999 年 4 月 3 日，国务院颁布）、《经济适用住房价格管理办法》（2002 年 11 月 17 日，国家发展计划委员会和建设部发布）、《廉租住房保障办法》（2007 年 11 月 8 日，建设部、国家发改委、监察部、民政部、财政部、国土资源部、人民银行、税务总局、统计局联合发布）、《城市低收入家庭认定办法》（2008 年 10 月 22 日多部门联合发布）等。这些相对完善的法律法规体系，标志着我国住房保障制度体系初步建立完成。

第二节　我国住房保障服务质量管理实践

一、我国住房保障服务的现状

（一）我国住房保障服务的类型

　　我国住房保障服务重点领域仍在住房本身，现有的住房保障可以划分为产权性质保障房，如经济适用房、限价房和共有产权房，以及使用权性质的廉租房和公共租赁房，均既有实物形式的保障房，也有货币化的住房补贴。其相关的住房供给类型管理、住房公积金管理、土地供给政策管理、财税减免政策管理等，都属于住房保障管理体系的重要内容。

我国的经济适用房，是以保本或微利的价格向城镇中低收入家庭出售的住房，最初是作为福利分房制度与住房市场化制度之间的过渡性安排出现的，被确定为城镇住房供给的主要方式。2003 年，经济适用房的主体地位让位于商品房，降格为"具有保障性质的政策性商品住房"。除了一般意义上理解的公开向社会销售的经济适用房，政策还特别允许一些政府部门和国有企事业单位在"自有用地"或以其他方式取得的土地上建设经济适用房定向销售给其内部成员。

限价商品房，又称限价房，指以限房价、竞地价的方式招标确定开发建设单位，由中标单位按照约定标准建设，并按照约定价位面向符合条件的居民销售的中低价位、中小套型普通商品住房。两限房的定位是面向中等收入家庭，一般规定购买限价房在 5 年内不得转让，5 年后可上市交易。

共有产权房是指政府将保障房用地与正常出让土地之间的价差（及政府给予保障房的其他优惠政策）显化为政府出资，形成政府产权，购买者（被保障对象）和政府根据购房款和政府出资的比例，共同拥有房屋产权。未来房屋如出售，所得应按产权比例在购房者和政府间分配。共有产权房在整个保障房体系中占的比例不大。

廉租房是指政府以租金补贴或实物配租的方式，向符合城镇居民最低生活保障标准且住房困难的家庭提供的社会保障性质的住房。

公共租赁住房是由政府或公共机构所有，以低于市场或者承租者可以负担的价格，向符合条件的人员出租的保障性住房，主要面向三类人员：中等偏下收入住房困难家庭（收入在经济适用房和廉租房标准之间），新就业人员，有稳定职业并在城市居住一定年限的外来务工人员。

（二）我国住房保障服务的内容

我国进行住房制度改革之初，曾尝试效仿新加坡。1991 年至 1998 年，国务院先后颁布《关于全面进行城镇住房制度改革的意见》《关于深化城镇住房制度改革的决定》《国务院关于进一步深化城镇住房制度改革加快住房建设的通知》，提出建立住房公积金制度和以经济适用房为主的多层次城镇住房体系，最低收入家庭可承租廉租住房，中低收入家庭可购买经济适用住房，高收入家庭以市场价购租商品住房。从公积金制度到试图以经济适用房为主的住房体系都不难看出新加坡模式的影子。

但在财政分权和标尺竞争的央地关系下，最初的制度设计难以兑现，重基本建设、轻公共服务的地方政府拥抱土地财政是最为理性的选择。经济适用住房投资在全部住宅投资的占比在 1999 年最高攀升至 16.56%,但之后一路下滑,2010 年已跌至 3.14%,可以说经济适用房模式事实上已被弃用。具体见图 13.1。

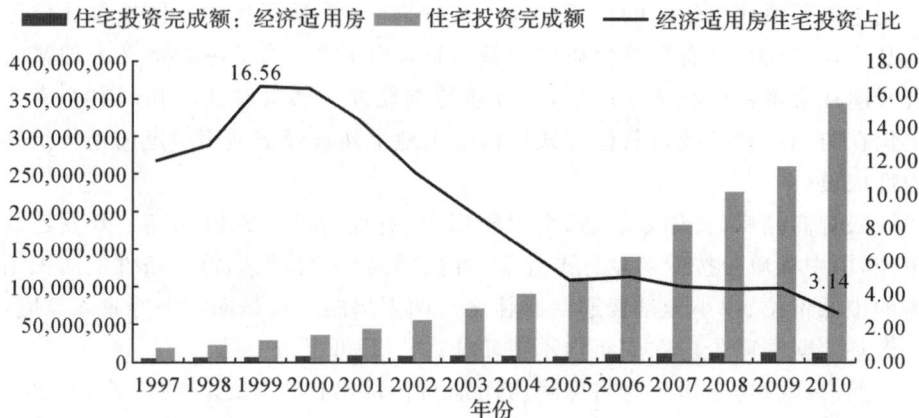

图 13.1　经济适用房投资在全部住宅投资占比

资料来源:详解住房保障三模式:新加坡、香港、内地有何不同? http://finance.sina.com.cn/stock/hkstock/hkstocknews/2017-09-05/doc-ifykpzey4575822.shtml

随后,我国住房保障的土地供应状况也发生了变化。经济适用住房和廉租房的土地供应逐步让位于棚改和公租房。从土地供应来看,2010 年至 2013年,保障性安居工程用地面积在全部住房供地面积中的占比从 33.1% 降至27.6%。住房保障用地中,棚改始终是最主要的组成部分,而棚改腾挪出的用地 60% 以上用于中小套型商品房建设;狭义的保障性住房(经适房+廉租房)占比从 40% 降至 33%,公租房则从不足 1% 提高至 10%,具体见图 13.2所示。

财政支出同样在向棚改和公租房倾斜。2010 年,全部保障性安居工程财政支出中,58% 的资金用于廉租房建设,2016 年已降至不足 2%;用于棚改的财政资金占比则持续攀升,从 2010 年的不足 20% 提高至 2016 年的40.1%;公租房建设在 2011 年正式启动,当年在安居工程财政支出中的占比达25.1%,但之后震荡回落,2016 年已降至 13.9%。棚改和公租房合计占比过去五年来稳定在 50% 左右。

结合土地供应和财政支出,“十二五”开始至今,住房保障的重心已全面转向公租房和棚改房。在当前地产长效机制的建设中,租售同权更被视为核心

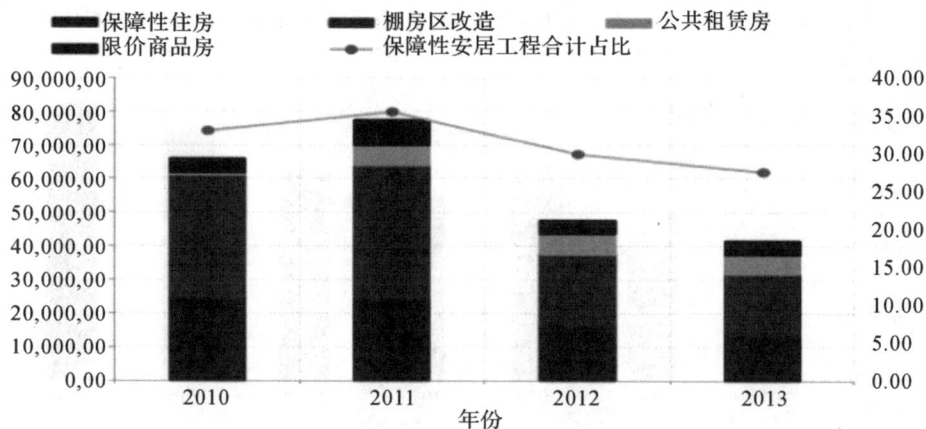

图 13.2　保障性安居工程用地供应计划

资料来源:详解住房保障三模式:新加坡、香港、内地有何不同?［EB/OL］.（2017-09-05）
［2020-08-02］. http://finance. sina. com. cn/stock/hkstock/hkstocknews/2017-09-05/doc-
ifykpzey4575822. shtml.

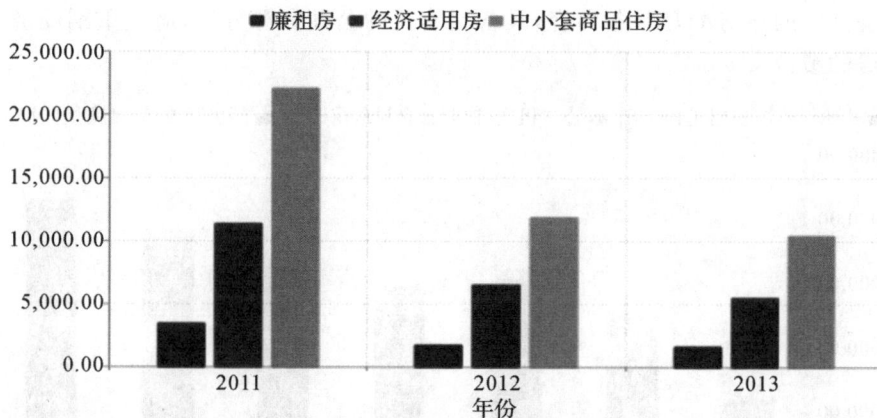

图 13.3　棚户区改造腾挪用地去向

资料来源:详解住房保障三模式:新加坡、香港、内地有何不同? http://finance. sina. com.
cn/stock/hkstock/hkstocknews/2017-09-05/doc-ifykpzey4575822. shtml

抓手,公租房正取代经济适用房和廉租房成为保障性住房的主体。而根据
2010 年人口普查的微观数据,中国内地住房自有率(居住在自有产权房屋的
家庭在全部住户中的占比)已达到 74.2%,当前住房服务管理领域的问题更
多在于教育等公共资源的缺失与错位。在各类保障性住房服务实施过程中,

■ 其他保障性安居工程支出 ■ 公共租赁住房 ■ 农村危房改造 ■ 棚房区改造 ■ 廉租住房

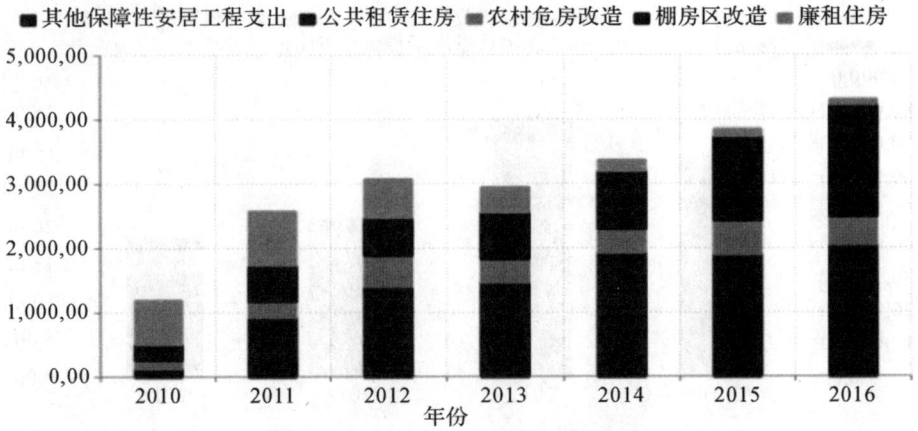

图 13.4　保障性安居工程财政支出

资料来源：详解住房保障三模式：新加坡、香港、内地有何不同？http://finance. sina. com. cn/stock/hkstock/hkstocknews/2017-09-05/doc-ifykpzey4575822. shtml

能否改革现有央地关系，使地方政府回归公共职能本位，关系着公租房是否能具备良好的住房配套服务内容，具备更充足的公共资源分享，避免重蹈经济适用房的覆辙。

■ 其他保障性安居工程支出 ■ 公共租赁住房 ■ 农村危房改造 ■ 棚房区改造 ■ 廉租住房

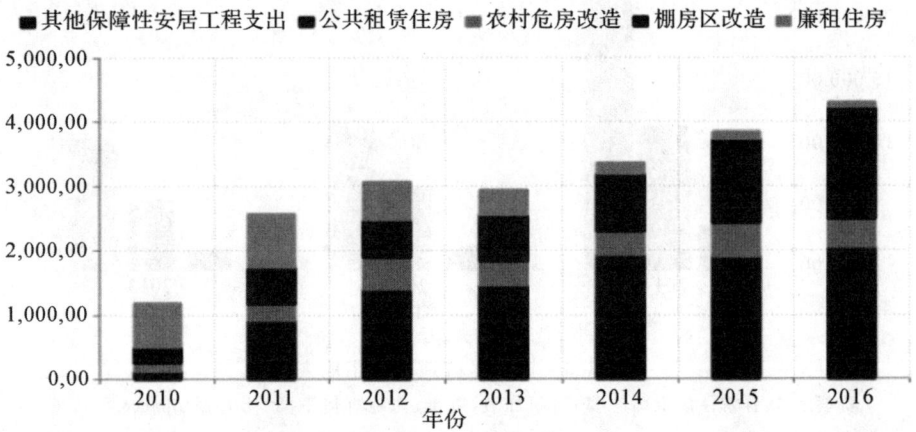

图 13.4　基于 2010 年人口普查数据的各省住房自有率

资料来源：详解住房保障三模式：新加坡、香港、内地有何不同？http://finance. sina. com. cn/stock/hkstock/hkstocknews/2017-09-05/doc-ifykpzey4575822. shtml

基于上述现实问题，我国在浙江、安徽、山东、湖北、广西、四川、云南、陕西等 8 个省(区)开展政府购买公租房运营管理服务试点,并于 2019 年底前,总结试点经验成果,为提升公租房运营管理能力提供支撑。"当前我国公租房大规模建设时期已基本结束,住房保障工作重心由建设为主转变为管理为主。"住房和城乡建设部住房保障司相关负责人曾指出,采取政府购买公租房运营管理服务是解决当前公租房管理涉及的一些问题、难题的有效手段。据悉,政府购买服务主要内容包括公租房入住和退出管理事项;租金收缴和房屋使用管理事项,包括发现违法违规行为并采集证据上报;维修养护事项以及综合管理事项等。

二、我国住房保障服务管理存在问题

（一）住房保障制度建设衔接性相对偏弱

1999 年,为解决城镇最低收入家庭住房问题出台了《城镇廉租住房管理办法》;2003 年,《城镇最低收入家庭廉租住房管理办法》进一步建立和规范了城镇廉租住房制度;2007 年,《廉租住房保障办法》出台;2004 年和 2007 年,分别出台了不同版本的《经济适用住房管理办法》;2010 年,《关于加快发展公共租赁住房的指导意见》出台;2014 年,廉租住房并轨到公共租赁住房制度中。尽管多项保障办法出台,但其在住房保障制度建设中无法达到无缝衔接,因此出现了"夹心层",各地方政府也都根据自身情况相继出台为解决"夹心层"住房问题的住房保障政策和保障性住房类型。以北京为例,除廉租住房、经济适用住房和公共租赁住房以外,还有两限商品住房、自住型住房和共有产权住房等。在各种保障性住房准入上未能做到有效衔接,总体上我国住房保障制度建设衔接性和体系性都较差。

（二）住房保障制度发展不均衡不充分

我国住房制度改革以后,呈现发展的不平衡不充分,表现在如下几点。首先,住房制度的建设滞后于住房市场的发展,特别是 2003 年以后,房地产市场迅速发展,占比重较大的住房市场也随之快速发展。1998—2006 年,保障性住房供给及住房保障制度建设均滞后于住房市场发展。2007 年,全国近 1000万户人均建筑面积 10 平方米以下的城市低收入住房困难家庭需要廉租住房的保障。1998—2010 年,具有保障功能的经济适用住房共计建设 4.3 亿平方米,占同期住宅比重的 7.6%。第二,我国住房保障在城市间供需分配不平衡,忽视大城市和中小城市内在需求差异,大城市供不应求而中小城市供过于求。据统计资料显示,深圳 2015 年新建保障房申请者与房源数的比例高达2.89,2016 年加大供给力度,该比例仍高达 1.68;上海浦东新区 2018 年在供

公租房 3800 套,但符合条件的申请家庭多达 5000 多户;广州市公租房 2018
年户籍家庭申请者与房源数的比例将近 1.5∶1,如果考虑非户籍申请者,则
缺口更大。与此同时,中小城市保障性住房供给过剩和闲置浪费现象严重。
根据 2016 年和 2017 年国家审计署公布的《保障性安居工程跟踪审计结果》,
2016 年和 2017 年建成后搁置 1 年以上的保障性住房分别有 12.87 万套和
14.21 万套,其中以七台河市、许昌市、娄底市、达州市、朔州市等中小城市最
为突出。因此,当前住房保障建设未充分考虑大城市和中小城市实际需求,导
致大中小城市间住房保障供需不平衡问题较为突出。

其次,住房保障发展不平衡表现为城市内部空间分布不平衡。从各地保
障性住房建设情况来看,公租房、廉租房建设选址通常远离产业集中的城市中
心,交通基础设施条件差,通勤成本过高,公共服务配套不足,导致受保障群体
职住分离的问题尤为突出,多地因此出现保障性住房入住率不高的现象。
2017 年,国家审计署发布的《2016 年保障性安居工程跟踪审计结果》显示:
2016 年全国共计有 27.24 万套已办理竣工验收备案保障房因位置偏远、户型
设计不合理等原因被空置超过一年。这说明保障性住房空间分布不平衡带来
的住户职住分离问题已经显著降低了受保障群体的入住意愿,保障性住房供
给和需求空间匹配度有待提高。

最后,住房保障发展不平衡表现为保障性住房建设与管理不平衡。保障
性住房不仅是为受保障群体提供房屋,还应提供相对完备的后期管理和服务。
根据住房与城乡建设部公布的数据,"十二五"期间国家保障性住房实际开工
超 4000 万套,2015 年全国保障性住房覆盖面达到 20% 左右。而《2016 年保
障性安居工程跟踪审计结果》指出,部分住房分配使用管理不到位,有 2.96 万
户不符合条件家庭违规享受城镇住房保障货币补贴 244.53 万元、保障性住房
1.57 万套;有 3.36 万户不再符合条件的家庭未及时退出,违规享受住房 2.63
万套、补贴 1197.44 万元;有 5949 套住房被违规转借、出租、销售或用于办公
经营。这表明对保障性住房资格审核和后续监管的不到位,已经对政策效果
造成了负面影响。

(三)住房保障制度覆盖对象有待进一步扩大

伴随着近年来房价总体上涨,城市现有中低收入群体的住房可支付能力
越来越弱。当前住房保障尚难以对这些群体形成全覆盖,保障性住房房源不
足、申请困难等问题在许多大城市仍然较为普遍,其保障对象的覆盖面有待进
一步扩大和加强,特别是针对流动群体。在我国快速城市化的过程中,大量农
民工不断转化为新市民,高校毕业生和流动人口进入城市工作定居,住房保障

需求持续增加,大城市保障性住房建设速度滞后于人口流入速度。因此,住房保障总体供给规模不充分问题,尤其是持续扩大的大城市住房保障供给缺口,仍然是制约住房保障效果的重要短板。

而国家统计局发布的《2017年农民工监测调查报告》显示,2017年进城农民工人均居住面积为19.8平方米,人均居住面积5平方米及以下居住困难的农民工户占4.6%。进城农民工居住条件和环境需要改善和提高。2007年,建设部等出台了《关于改善农民工居住条件的指导意见》;2010年,住建部等七部委出台的《关于加快发展公共租赁住房的指导意见》明确规定,有条件的地区可以将新就业职工和有稳定职业并在城市居住一定年限的外来务工人员纳入公共租赁住房供应范围;2016年,购买保障性住房和租赁公共租赁住房的农民工不足3%。

(四)住房保障目标多元化和政府责任界定不清晰并存

我国的住房保障政策目标过于多元,如刺激消费、防止通胀、维护稳定、吸引人才等等,在不同的经济发展阶段政策主要目标还会经常变化,导致住房保障制度变动过于频繁,住房保障政策往往被当作短期工具来使用,显示出过强的功利性。缺乏长远考虑的制度设计一方面使住房保障难以得到稳定的财政支持,另一方面使利益集团有更大的空间影响政策走向。

而现行的保障房制度没有清晰地界定政府的责任。首先,我国对政府责任(包括但不限于住房保障)的规定大多是笼统而模糊的,是无法问责的。其次,政府履行责任的程度是量力而行,没有制度化的预算保证。所以,实际情形常常是,在某项公共服务欠账多年造成严重问题之后就集中补课,这是住房保障制度设计难有长远考虑的制度原因之一。最后,对住房保障的对象和标准没有明确界定,使政府部门在执行过程中拥有太大的解释空间,影响住房保障的公平公正。

(五)现行住房保障制度实施机制不健全

我国现行住房保障制度的实施机制不健全主要体现在如下几个方面:第一,建设用地指标和地方政府财力已成为制约保障房供应的两大障碍。在现行制度下,对于非产权性质的保障房,政府既要提供土地,又要提供资金;既要解决"房源"所需的资金,又要长期负担建成后大量的房屋维修费用,所需资金数量庞大、且占用周期长;按照目前的租金补助标准,难以形成建设资金投入产出的良性循环。此外,保障房建设在金融、财政和税收上的系统配套支持政策严重不足。现阶段,虽然政府提出了财政拨款、住房公积金增值资金、直管公房出售一定比例的归集资金、社会捐赠等多种渠道、多种方式的资金筹措机制,但在实践中,住房保障所需资金仍然主要来源于财政资金,包括上级政府转移支付和地方政府自筹资金,但这两部分资金来源都是不稳定的。第二,保障房规划与实际需求严重不符。经研究发现,只有少数城市对保障房的实际需求做了较为详细的摸底调查,调查结果发现保障房的实际需求与预估有较大出入。例如,某城市的摸底调查发现,真正的低收入人群由于小孩上学、照顾父母等原因,对实物配租住房的需求并不大,如果可以选择,可能希望获得货币化的补贴。对于公共租赁房,由于其选址偏远,交通、配套不齐全,有很多城市都出现了空置。第三,监管机制不健全影响了保障房制度的顺利实施。产权性质保障房在退出机制建设上存在的问题主要是住房在市场出售时政府的优先回购权或收益分成权难以落实。对于非产权性质保障房,那些经年审发现不再符合保障条件的家庭,在具体的清退方面缺少切实有效的手段。目前各地退出机制主要采取经济调整手段,效果有限。

三、我国住房保障服务质量管理的对策

(一)提高住房保障供需匹配精准度

为解决住房保障供需不平衡问题,相关政策亟须向精准施策和精准保障转变。精准施策主要是指考虑城市间差异而“因城施策”。住房保障应当摒弃以往指标任务式的“一刀切”模式,以人口流动趋势为切入点建立住房保障供给和需求变动的动态协调机制。大城市作为人口净流入地区,住房供需矛盾比中小城市更为尖锐,住房保障政策应进一步向大城市倾斜,制定差异化的保障性住房供给政策。精准保障主要是指考虑居民个体间差异而“因人施策”。城市居民的年龄结构、收入结构和就业结构都是制定政策的重要依据,有针对性地扩大住房供需矛盾突出城市的住房保障覆盖面,使住房保障政策能够有效覆盖城市低收入者、新市民和青年人等住房支付能力较弱的群体。建立共有产权住房、公租房、廉租房等保障性住房体系,确保不同群体的住房需求都能够得到满足。

(二)以标准化手段促进保障性住房的运营管理

保障性住房的运营管理是提升其服务质量的关键点,目前公租房是我国住房保障体系的重要形式,随着公租房大量建成和交付使用,公租房已从重点建设逐渐向运营管理转变,公租房运营管理中专业人员不足、服务水平不高、管理不规范等问题日益凸显。其运营管理包括租赁管理(入住管理、租金管理、退出及续租管理、房屋使用管理)、维修管理、物业服务监督、社会综合治理和档案管理等内容。目前,针对住房保障服务管理和质量规范等方面尚未出

台相关的国家标准和规范,在行业层面仅有《公共租赁住房运行管理标准》(JG/T 433—2018)从宏观层面规定了公租房运营管理的基本要求,各地方也仅有北京市发布《公共租赁住房建设与评价标准》(DB11/T 1365—2016)和重庆市发布《公共租赁住房物业管理服务规范》(DB50/T 667—2016)。公租房运营管理标准供给存在一定程度的缺失,应积极推进标准化的手段,规范各类型保障性住房的运营管理流程和管理服务质量,提升运营管理效能和水平。

(三)引入社会力量参与住房保障的多元化供给

福利供给主体多元化能够有效减轻国家财政负担,改善福利供给效果,因而丰富住房保障供给主体和形式,能够有效化解政府单一供给带来的问题。在政府主导的基础上,应逐步破除社会力量进入的壁垒,通过土地供给、法律支持和税收优惠等政策完善社会力量参与机制,例如在保障性住房土地出让和保障房建设融资环节可以借鉴 BOT 或 PPP 模式运营,在公共租赁住房领域尝试社区土地信托等更为灵活的土地供给形式。在保障性住房后期管理方面,社会力量可以发挥更大作用,政府可采取公开招标的方式引入专业的市场化机构,并形成竞争机制,也可吸引公益组织参与,形成政府、市场、社会和家庭共建、共治、共享的保障性住房社区治理格局。

(四)改革住房保障服务工作的绩效考核方式

改变现阶段普遍存在的保障性住房重建设轻管理的局面,就必须改革住房保障工作绩效考核方式,既要考核建设指标完成情况,更要关注后续的管理服务质量,将保障性住房工程质量、配套设施完善程度、管理专业化程度和居民满意度等具体指标纳入考核范围,以考核促落实,督促地方政府切实解决城市低收入群体的住房问题,不仅要建设足够数量的保障性住房,而且要围绕入住居民的实际需求,完善配套设施建设,确保实现其基本公民权利,有条件的地区应进一步考虑入住居民在医疗、教育、文体等方面的实际需求,提升其居住品质。此外,城市政府应探索建立保障性住房监管机制,特别是动态跟踪和退出机制,在应保尽保的前提下确保优先保障最困难群众。总的来说,亟须以绩效考核方式的改革促使住房保障工作重点从房屋建设延伸至权利保障。

第三节　住房保障服务质量管理的国际经验

一、公共住房供应体系的国际经验

由于世界各国的经济体制、经济发展水平、城市化进程等方面存在较大差异,使得各国政府在干预和解决住房问题上所用的政策手段和方式都各不相同。纵观世界各国和地区的住房政策,根据住房的商品性和福利性的特点,形成了不同的住房供应体系。作为特殊商品的住房,完全依赖市场机制或者完全依赖福利分配方式来进行都是不可能也不现实的。在住房保障政策供应方面应着力考虑到全部人口的利益,高收入家庭可以在市场上自行解决住房问题,政府的主要任务在于解决占人口大部分的中低收入家庭的居住问题。因此,公共住房的供应体系是住房保障体系的重要内容。世界上的发达国家或是发展中国家都发展过公共住房,如英国由地方政府投资建设的主要针对工人阶层的市郡议会住房(council housing),是由住房协会投资建造并接受政府补贴的合作住房;美国联邦政府的公共住房(public housing);瑞典政府的公共住房和合作住房(public housing and co-operative housing);日本政府的公营住房和公团住房;新加坡房屋发展局的公共组屋(或称政府组屋)等。

以美国为例,美国公共住房的来源,主要有政府直接建房和政府补贴开发商建房两种。从 20 世纪 30 年代开始,联邦住房管理局就通过贷款和补贴金补助地方营建公共住房,供应低收入家庭。地方政府获得建造、拥有和经营公共住房的权力。从 70 年代开始,美国政府减少了直接建房的做法,转而支持私人机构开发建设廉价住房,向低收入家庭供应。对于开发商按政府标准兴建、经营廉价住房,政府有相关税费减免和贴息贷款,提供低价公有土地,用于降低成本。整个 20 世纪,美国联邦政府通过一系列面向低收入阶层的住房政策,促进了全社会各收入阶层住房水平总体的提高。

新加坡的公共组屋建设也是以低价向居民出售或出租的"居者有其屋"计划,是新加坡公共住房供应体系的主要特色。它主要包括公房申请资格的标准、公房分配政策和程序,以及保护家庭传统的分配政策等。居民在购买住房时,一定要按照政府规定的标准购买,才可以享受优惠购买的住房面积,超过规定多出来的部分要提高房价,这样就可以限制居民过多地占用住房。同时,政府对购房的优惠也采取分级的办法。如,一室一套的单元房,政府优惠1/3;

三室一套的,政府只优惠 5%;四室一套的,不仅没有优惠,而且按成本价加5%的利润;五室一套的住房,则加收成本价 15% 的利润。

从上述公共住房的供应体系来看,主要有两种形式:一种是国家投资建设国有住宅,低租金出租给低收入家庭,如二战后的英国、法国、美国、德国、瑞典、荷兰等国家兴建了大批公共住房供低收入居民租用。但相对来说,政府直接保障的覆盖范围较低,一般在 6% 左右主要面向低收入家庭。美国政府对占家庭总数 40% 左右的低收入家庭提供直接住房资助或政策支持,但直接提供实物廉租住房的比例很低,只有 3% 左右。总的来说,美国、日本、澳大利亚等国家的住房保障和供应体系,更加强调政府通过法律、经济辅以必要的行政手段,调动各类资源的作用来提升住房保障和供应的效率,尽量减少采取政府直接投资建设社会住房的方式。

另一种则是国家提供土地、贷款、税收优惠或资金,支持团体、住房合作社开发建设住宅成为集体所有的公共住房,如瑞典的公益住房、法国的社会住房、英国的公共住房、日本的地方政府住房等都属于集体所有。美国住房政策演变的主线是,由政府主导、直接供给向政府与企业、非营利组织共同参与、市场化供给为主的方向转变,公私合作机制发挥越来越重要的作用。进入 20 世纪 80 年代中期以后,日本住房政策的重点从支持住房直接投资向住房直接投资和间接投资并重的方向发展,政府既对公库、公团、公社的住房建设投资给予资助,同时又大力支持住房信贷,日本住房政策核心思路是,以低息贷款促进企业从事民间住宅建设,以低税和免税优惠促进私人住宅的兴建与购置,发挥地方群众团体的作用、吸收社会资金发展住宅建设。为保障公共住房供应真正做到面向低收入阶层,一些国家和地区都采取明确的政策措施,制定入住公共住房的条件。

此外,从国外的经验来看,推动贫民窟和棚户区改造也是增加住房政策供给的一大重要方式。发达国家在快速城市化和工业化过程中,出于缓解城市社会危机、改变城市面貌、优化土地利用、增加住房供应等的考虑,也将推动贫民窟和棚户区改造作为住房政策的重要内容。美国 1949 年的《住房法》明确,联邦政府要为贫民窟改造提供融资支持,1973 年把分散低收入者住房、改善社区质量纳入公共住房政策。新加坡的公共住房,也源于棚户区清拆和住户安置。英国在一战和二战结束后进行了两次大规模的清除贫民窟行动。新加坡的公共住房,也源于棚户区清拆和住户安置。巴西除为贫民窟改造提供支持、为最低收入家庭提供免费住房外,还持续推行了"我的家园,我的生活"低价住房项目,增加为中低收入家庭提供的廉价住房有效供应。

二、住房补贴模式的国际经验

各国政府鼓励中等偏低收入居民购买自住住房,政府提供首付款补贴、抵押贷款担保和税收抵免。按照补贴方式的差异,可分为面向住房供应方的补贴(俗称"补砖头")和面向住房需求方的补贴(俗称"补人头")两大类。其中,住房供给补贴主要覆盖范围包括对低租金公共住房的建设和运行补贴以及向低收入家庭出租私有住房的供应补贴。住房需求补贴则包括以现金方式支付给租房者的房租补贴和对于购买自有住房家庭的税收减免。整体上,这两者通常会在实际运作中并存,但整体趋势仍是由住房供应方的补贴向住房需求方的补贴转变。特别是二战之后,西方工业化国家逐渐以房租补贴取代住房建设补贴。

(一)政府直接介入住房供给并投入财政补贴

政府直接介入住房供给并投入财政补贴的方式,其最大特点就是能够有效地、直接地刺激和控制住房生产,能在较短时间内提供较多的住房,通常的做法是:(1)政府自己直接建造大量低租金公房供住房困难户、低收入户居住。英国、新加坡都采用过这种手段。英国政府在1946—1976年的30年中,平均年建造14.3万套公房,并从最初限于低收入困难户发展到向所有家庭开放。经过20世纪80年代的住房私有化浪潮之后,英国仍有34%的公房(1989年数据统计)。(2)大多数国家由政府向房地产企业提供财政补贴,同时对建成住房的出租作出限制,用这种款项建成的住房必须以"成本租金"出租给家庭条件和收入符合规定的用户。其中,一种做法是向营利性房地产企业提供的补贴必须用于建造租金价格适中的住房。在二战中德国大量住房毁于战火,为迅速建设大批新住房,政府向私营房地产商提供无息贷款,同时还规定,向统一为低收入家庭建造或改建住房的私营开发企业提供低于市场利率的贷款,条件是他们必须降低租金。另一种做法是,依靠非营利性房地产企业解决住房紧缺困难,包括公私合营的公司、工会系统组织、住房合作社和各种住房协会。这些非营利性房地产企业靠出售利率有限的股份获得启动资金,在此基础上申请政府的低息或无息贷款,享受免税待遇,因此能以低于市场的价格出租所建住房,瑞典、荷兰、法国等多采用这一做法。

(二)政府向住房需求者提供财政补贴

政府向住房需求者提供财政补贴的方式最常用的手段:一是免税减税,通常是用来补贴购买自住住房者;二是现金补贴,通常用来补贴租房者(一般称为房租补贴)。也有部分国家政府采取对消费者补贴、减免税和生产者补贴等。作为一种政策选择,其具有三个显著的特点:第一,避免了对住房市场的直接干预,不会给市场运行带来障碍,不会产生降低市场效率的副作用;第二,这种收入再分配的方式,可以使国民平等的住房权利得到较为公正的实现;第三,对不同收入者区别对待,更能体现政策倾斜,并适当降低财政压力。

以美国为例,其家庭收入为居住地的中等收入 80% 以下者均可申请住房租金补贴,享受补贴的家庭拿出总收入的 25% 支付租金,其余由政府发放的住房券支付。2012 年美国约 700 万低收入者获得联邦租房补贴,超过 3400 万住房所有者获得联邦按揭利息扣除优惠;联邦政府租房补贴支出 470 亿美元,购房补贴支出超过 2200 亿美元。美国住房需求补贴的形式有三大类:(1)房东补贴。尼克松政府时期,联邦政府向房东提供补贴,补贴额为市价租金与贫穷家庭收入一定比例的差额。(2)住房券。政府发放给低收入者用于领取住房补贴的凭证。持券人可以根据自己的职业特点,自由选择居住地,只需缴纳不超过自己收入 30% 的房租,不足部分由政府负责支付。这种补贴方式使得受补贴者有选择住房余地的同时,也提高了人口的流动性。住房券对于改善贫民社区的集中度取得了良好的效果,租户们可以运用住房券和公共住房入住资格证书选择邻居,还可以根据自己的意愿搬出贫困人口集中的地区。(3)现金补贴。里根政府执政期间,联邦政府对低收入家庭直接提供现金补贴,补贴额为市价租金的 70%。

1974 年颁布的《住房与社区发展法案》为当前美国的住房补贴政策提供了基本框架,法案规定,低收入家庭及特殊人群的房租支出不能超出其家庭收入的 25%(后来提高到 30%),超出的部分将由政府以租房券的形式提供补贴。该法案奠定了此后美国实行需求方住房补贴的基本基调。美国需求方补贴的一个显著特点,是注重发挥金融手段的作用,通过金融创新和各种住房贷款补贴提高居民的住房支付能力。美国政府住房金融管理局的一个重要职能就是向中低收入者提供购房贷款担保,为了降低首付压力,这些贷款的首付比例可以低至 3.5%,如果出现了还款违约,住房管理局将补偿贷款发放机构的损失。2013 年,共有 120 万户家庭获得了该项贷款担保,其中 78% 为首套房购买者,贷款总额 2130 亿美元,占当年新增住房抵押贷款的 15.5%。为稀释转移风险,在住房二级金融市场,美国政府通过"两房"(房利美、房地美)开展住房贷款证券业务,同时规定,"两房"收购的住房贷款中,发放给低收入家庭的购房贷款必须占到一定比例。在 2006 年,这一比例为不低于 53%。

南非目前主要是通过发放消费者补贴(直接支付给供给者),鼓励月家庭收入低于 3500 兰特(约合人民币 4500 元)的家庭购买户型面积 40 平方米左右的住房，以促进建房、改善住房条件。

　　虽然需求方补贴具备许多优点，但是其政策实施需要一定的前提条件，那就是，住房市场发展较为成熟，住房供需基本均衡。如果不具备这一条件，需求方补贴也不会收到很好的效果，英国就是一个典型的例子。20 世纪 80 年代后，英国的住房保障方式向需求方补贴转变，但是，政策效果并不理想。从 1992 年至 2007 年，英国房价上涨了 250％，上涨速度几乎为居民收入的 2 倍。政府重新审视了住房政策，1997 年布莱尔政府开始重拾供给方补贴，寻求"砖头补贴"和"人头补贴"的平衡点。2004 年，英国颁布《住房法》，明确强调政府将致力于解决中低收入者的住房问题。布朗政府在 2007 年进一步宣布，将在未来的 10 年里投资 100 亿英镑新建公共住房。英国的情况说明，近 30 年来，虽然需求方补贴是西方各国住房保障的主要方式，但是不能简单认为，需求方补贴就是解决中低收入者住房问题和改善收入分配的最好方式。

三、房租控制管理的国际经验

　　房租控制，简称控租，是指通过立法对各类房租，特别是对低档住房的租金加以限制。这是各国解决低收入阶层住房管理问题的重要政策手段之一，而政府对市场进行管制是因为市场自身的调节作用失灵或是为了实现社会公平。英国是最早实行控租政策的国家，英国政府对私房出租采取了限制政策。美国是目前世界上实行房租管制政策范围最大的国家。类似的相关法律在其他国家甚至一些亚洲地区如印度、日本等也早已存在，并且各国房租管制制度在立法技术上基本相同。

　　美国房屋租金管制源于 1942 年罗斯福总统签署生效的紧急价格控制法案。它是美国政府应对二战和朝鲜战争带来的住房严重短缺和通货膨胀压力的临时立法。战后由于经济复苏，联邦政府在 1947 年颁布法令授权各州自行决定房屋租金管制的存废。随后，美国各州开始出现解除对房屋租金的控制。20 世纪 70 年代后，房屋租金管制在美国许多城市重新出现。至 1991 年，美国 200 多个地区实施了房屋租金管制，纽约市是战后全美唯一始终保留房屋租金管制的城市。1947 年，联邦政府授予地方选择权后，由于纽约持续的住房短缺，州政府保留了房屋租金控制法案。20 世纪 60 年代，越南战争的爆发，耗费了联邦政府大量的财力、人力、物力，导致了当时美国经济的衰退和停滞。受其影响，纽约房屋建设规模缩小，住房短缺进一步加剧。纽约市整体房屋空置率由 1965 年的 3.2％下降到 1968 年的 1.23％，严峻的房屋租赁市场导致纽约市紧急制定了《房屋租金控制法》（1962 年）、《房屋租金稳定法》

（1969 年）以及《房屋租金保护法》（1974 年）。

从制定背景来讲，美国纽约房屋租金管制立法是在房屋出租率高、自有住房率低的状况下制定的。在自有住房率低的情况下，承租者与出租房形成了一种单向依赖关系，出租者滥用房屋资源，房东在住宅短缺市场上获得类似垄断利润的房屋租金，会直接损害承租者的居住权。因此，通过立法对其干预，通过一定范围内的财富再分配为人们提供可以负担的住宅，是房屋租金管制立法的合理性基础，也是立法可行性的前提。从实施效果来说，纽约房租管制产生了正、负向度社会效应。正向效应体现在受益者范围的扩展以及社会管理成本的降低；负向效应主要体现在建房投资的抑制以及维护房屋积极性的降低。房租管制使可负担房租的受益者由低收入者扩展到中低收入者。由于私人经营的出租房与传统的公共廉租房相比，数量大，对其实施房屋租金管制保障了大多数中低收入者。房租管制还能降低社会管理成本，房租管制会将管理负担转移到私人经营者，以接近于市场机制运行，与传统公共廉租住房的管理负担相比大大降低。同时，房屋租金管制可以使承租人相对长久地居住在同一住宅中，避免完全市场选择导致的贫富聚居，有助于社区关系稳固和谐，进而减少管理成本。在控租政策作用下，美国公共住房的租金长期以来只占低收入家庭收入的 25% 左右，其绝对数额比最低市价租金还低 20%。

当然，在房屋租金管制法执行地区，负面效应也十分明显。房屋租金管制挫伤了建造新房的积极性。由于房屋供应量在价格过低的时候会比价格高时少很多，在房屋租金管制的情况下，通过市场难以形成建造新房的动力。另外，房屋租金管制还降低了房主维护现有住房的积极性。

德国政府在《德国民法典》中设置专门章节对住宅房屋租赁进行专门规定，其中对租房合同和租金水平进行了严格限定，对租金的核算也有严格标准。德国市政部门、房东与房客协会、房屋租赁介绍所等机构，共同制定该地区不同房屋类型的"房租合理价格表"，房东不得任意涨租金，并且上涨租金的幅度也受到严格的限制，如果房东的房租上涨超过"合理房租"的 20%，就构成违法，超过 50% 就构成犯罪。如果房东不及时更正，还会面临高额罚款甚至是牢狱之灾。德国《租房法》规定所有大中型城市都要制定每年更新的"租价表"。根据"租价表"制定"合理房价"，房租超出"合理价格"的，将被视为"房租超高"的违法行为，被课以巨额罚款；如果超出"合理房价"的，将直接被视为"房租暴利"的犯罪行为，处以刑事处罚。此外，房东每隔 6 个月才可对租金做出调整，德国相关部门或组织每年都会结合区位及住房质量，对每一个区位的租金最高额度做出限制，房东必须遵守该项规定，否则出租人不仅会被要求退还超额租金,还将被处以高额罚金。2013 年 5 月 1 日,德国政府出台新的《出租权利法案》,通过这部法律德国政府对房租租金管制进一步加强。该法律规定,德国联邦州可以将年内房屋租金的增幅上限由原来 20％的下调至 15％,以此来遏制大城市房屋租金过快上涨。租金增幅下调至 15％是建议而非强制性的规定。

四、住房保障金融管理的国际经验

发达国家金融机构开展住房抵押贷款业务已有上百年的历史。由于各国在政治、经济、文化和法律等方面存在诸多差异,在住房抵押贷款合约中有关变量的选择不尽相同。表 13.1 中列出了部分国家个人住房抵押贷款合约中有关贷款成数、贷款年限和利率的情况。

表 13.1　不同国家个人住房抵押贷款合约中变量的比较

	英国	美国	德国	日本	法国	意大利
贷款价值比(LTV)	最高可达100％,但＞95％较少	在二级抵押市场必须满足特定的标准	合同储蓄贷款一般不超过25％～30％。抵押贷款不超过60％	一般在60％左右	一般可向金融机构申请贷款最高可达80％	正常限额是50％
最高期限	25 年	30 年	建房互助储蓄信贷社最高很少到 12 年,抵押债券融资的贷款最高可达30 年	25～30 年	15 年	10～25 年
利率	现有抵押贷款的90％是可变利率	抵押贷款的74％是固定利率,而且在抵押贷款的整个期限内利率固定	大多数贷款利率固定 5～10年,由长期、固定利率储蓄或发行固定利率证券筹资	相对于长期优惠利率,多数贷款利率可调整。	贷款大多数是固定利率。有些贷款在利率上升到一定点时用可变利率	约一半的抵押贷款是变动利率

资料来源:引自郁达文.住房金融:国际比较与中国的选择[M].北京:中国金融出版社,2001:92.

美国住房金融市场和多样化的金融衍生产品市场组成了完善的网络体系,且通过政府部门的调控而产生了该国发达的住房金融市场。美国的住房抵押贷款主要是由各种规模的私人金融机构经营开发的,住房抵押贷款初级发放市场较为成熟,二级市场也非常的发达,刚发放的贷款在二级市场上能够转化为证券很快被卖出去,初级市场和二级市场互相衔接、互相促进形成了该国发达的住房金融市场,而大部分的国家都缺乏二级市场。美国政府部门在其发达的住房金融市场中的主要职能就是对市场进行调控,进一步健全市场运行机制,促使住房金融市场的稳健性和有效性得到有效的提升。美国对使用抵押贷款购买公共住房的中等收入者,按照每月归还贷款的数额,核减一定比例的税款,并免缴财产增值税,以鼓励私人购房;美国由联邦全国抵押协会、政府全国抵押贷款协会和联邦住宅抵押协会为中低收入家庭提供购房贷款,由政府出面对符合条件的中低收入家庭购房进行担保,如果居民无力偿还银行贷款,政府可为其安排廉租房,并将原来的住房出售,归还贷款,以避免银行出现贷款风险。

新加坡住房推行"居者有其屋"计划,实行强制储蓄即公积金制度,其主要的做法为:凡是在新加坡有薪金收入的人,都必须与其雇主按同等比例将月薪的一部分缴存于中央公积金局,用于退休、住房、医疗、教育、投资增值等诸多方面。雇员可以用来买房,但不能用于支付房租。初期缴交率为5%,随着经济发展,目前达到35%～40%左右。在新加坡,中央公积金制度与公共住房建设有着十分密切的关系,为保证"居者有其屋"计划的实现发挥了重大作用,中央公积金局把公积金归集起来后,除留足会员提款外,其余全部用于购买政府债券;公积金会员动用公积金储蓄购买建屋发展局的政府组屋,以现金支付或抵押支付房款,这又促使更多的款项转入国家手中,为政府建立了强大的资金储备。政府利用部分公积金储备,以贷款和补贴的形式注入建屋发展局的组屋建设。新加坡的住房金融政策管理模式以基金管理为主,中央公积金制度与住房抵押贷款政策的结合造就了自身独特的住房金融模式。利用自身独具特色的金融模式,新加坡有效解决了本国大部分居民的住房问题,也因此获得其他诸多国家的赞赏,被誉为成功的典范。

日本的住房金融模式与完全的住房金融市场模式和以基金为支持的住房金融模式都存在差异,可以说是将两种模式的特征合为一体,其最突出的特点就是政府与民间的相互结合。在日本的住房金融市场上,私人金融机构的活跃度是很高的;与此同时,地方政府也对此进行干预且实施了相应的措施。最初日本建立了专管住房建设的住房局等官方或官民结合的组织机构,贯彻实施日本政府部门制定和出台的住房金融政策。接下来建立住房金融公库等住房金融政策的执行机构,住房金融公库行使政府住房金融政策的职能,代政府部门对公共住房建设实行补贴。最后建立咨询机构,这类部门主要的职能就是为政府部门提供住房金融政策建议。在日本,民间金融机构和政府部门金融机构是并存的,体现了该国混合型的住房金融市场模式。

参考文献

外文文献

1. A. Lerner. There is More than One Way to be Redundant[J]. Administration & Society, 1986(3).

2. E. Anderson. High Tech v. High Touch: A Case Study of TQM Implementation in Higher Education[J]. Managing Service Quality, 1995, 5(2): 48-56.

3. B. Gidron, R. M. Krammer and L. M. Salamon. Government and the Third Sector Emerging Relationship in Welfare States[M]. New York: Jossey-Base Public Administration Series, 1992: 18.

4. Christopher Pollitt. Public Service Quality: Between Everything and Nothing? [J]. International Review of Administrative Sciences, 2009, 75(3): 379-382.

5. E. S. Savas. Privatization: The Key to Better Government[M]. London: Chatham House Publishers, 1987.

6. N. Flynn and F. Strehl. Public Sector Management in Europe[J]. London: Prentice Hall/Harvester Wheat Sheaf, 3.

7. N. Flynn. Public Sector Managemen[M]. 3rd Edition. London: Prentice Hall/Harvester Wheatsheaf, 1997, 60-115.

8. C. A. Fornell. National Customer Satisfaction Barometer, The Swedish Experience[J]. Journal of Marketing, 1992, 56(1): 6-22.

9. L. Gaston and N. Nha. Searching for Excellence in Business Education: An Exploratory Study of Customer Impressions of Service Quality[J]. International Journal of Educational Management, 1997, 11(2): 72-79.

10. Gerry Stoker. Public Value Management: A New Narrative for Networked Governance? [J]. The American Review of Public

Administration，2006,36(1)：41-57.

11. Handel，Michael. Democracy's Disconten[M]. Cambridge，MA：Belknap Press，1996.

12. Hauser，R. John，Don Clausing. The House of Quatity[J]. Harvard Business Review,1988(3)：63-73.

13. Healthcare. Access and Quality Index for 195 Countries and Territories and Selected Subnational Locations：A Systematic Analysis from the Global Burden of Disease Study 2016[J]. The Lancet，2018（6）：2236-2271.

14. A. Hefetz，M. Warner. Privatization and Its Reverse：Explaining the Dynamics of the Government Contracting Process[J]. Journal of Public Administration Research and Theory，2004，14(2)：171-190.

15. L. Horner，L. Hazel. Adding Public Value[M]. London：The Work Foundation，2005：34.

16. J. A. Howard，J. N. Sheth. The Theory of Buyer Behavior[M]. New York：Voley，1969.

17. James M. Buchanan. An Economic Theory of Clubs [J]. Economica,New Series，1965，32(125).

18. James M. Buchanan. The Demand and Supply of Public Goods[M]. Chicago ：R and-McNally,1968：11.

19. G. Kelly，G. Mulgan，S. Muers. Creating Public Value：An Analytical Framework for Public Service Reform[M]. United Kingdom：Cabiner Office，2002：171-190.

20. E. H. Klinjin. Analyzing and Managing Policy Processes in Complex Networks：A Theoretical Examination of the Concept Policy Network and Its Problems[J]. Administration & Society，1996，28(1).

21. J. Kotler and J. Scheff. Crisis in the Arts：The Marketing Response[J]. California Mangment Review,1996,39(1)：28-53.

22. M. Landau. Redundancy，Rationality，and the Problem of Duplication and Overlap[J]. Public Administration Review，1969(4).

23. M. H. Moore. Creating Public Value：Strategic Management in Government[M]. Cambridge，MA：Harvard University Press，1995.

24. R. L. A. Oliver. Cognitive Model of the Antecedents and

Consequences of Satisfaction Decisions[J]. Journal of Maketing Research, 1980,17: 460-469.

25. Pall Samuelson. The Pure Theory of Expenditure[J]. Review of Economics, 1954(11):36.

26. A. Paul Grout, Margaret Stevens. The Assessment: Financing and Managing Public Service[J]. Review of Economic Policy, 2003(2):215-234.

27. Pete Zweifel, Christoph Zaborowski. Employment Service: Public or Private? [J]. Public Choice, 1996, 89(1): 131-162.

28. T. Phan, E. Hansan, D. Prich. The Public Employment Service in A Charging Labour Market[M]. International Labour Office, 2001.

29. C. Pollitt. Joined up Government: A Survey[J]. Political Studies Review, 2003,1(1).

30. R. Miranda, A. Lerner. Bureaucracy, Organizational Redundancy and the Privatization of Public Services[J]. Public Administration Review, 1995(2).

31. Ralph Kramer. Voluntary Agencies in the Welfare State [M]. Berkeley: University of California Press, 1987.

32. R. T. Rust, R. L. Oliver. Service Quality: New Directions in Theory and Practice[M]. New York: Sage Publications Inc, 1994.

33. Sandel, Michael. Democracy's Discontent[M]. Cambridge, MA: Belknap Press, 1996.

34. D. Savnie. Reforming Civil Service Reform[M]. Policy Options, April, 1994.

35. Sullivan, P. Lawrence. Quality Function Deployment[J]. Quality Progress, 1988(6): 39-50.

36. Tom Ling. Delivering Joined-up Government in the UK Dimensions, Issues and Problems[J]. Public A, 2002 (4).

37. R. A. Westbrook, M. D. Reilly. Value-percept Disparity: An Alternative to the Disconfirmation of Expectation Theory of Consumer Satisfaction[J]. Advances in Consumer Research, 1983,10:256-261.

38. M. Wisniewski and M. Donnelly. Measuring Service Quality in the Public Sector: the Potential for SERVQUAL[J]. Total Quality Management, 1996,7(4): 357-366.

39. A. G. Woodside，L. L. Frey and R. T. Daly. Linking Service Quality，Customer Satisfaction and Behavioral Intention［J］. Journal of Health Care Marketing，1989，9：5-17.

中文文献

1. 埃利诺·奥斯特罗姆.公共事务的治理之道［M］.上海：三联书店，2000.

2. 安徽省质量技术监督局，安徽省标准化研究院.标准化知识与实务［M］.北京：中国质检出版社，2014：2-3.

3. B.盖伊·彼得斯.政府未来的治理模式［M］.吴爱明，夏宏图，译.北京：中国人民大学出版社，2001：29.

4. 柏良泽."公共服务"界说［J］.中国行政管理，2008(2).

5. 蔡立辉，论当代西方政府公共管理及方法［J］.中山大学学报(社会科学版)，2003(02).

6. 曹立前，李圣田.乡镇公共就业服务体系建设探析——基于山东省广饶县花冠乡的专题调研［J］.农村经济，2013(8)：14-19.

7. 柴盈，韦福祥.服务质量内涵的综述与思考［J］.科技与管理，2004(5).

8. 陈昌盛，蔡跃洲.中国政府公共服务：体制变迁与地区综合评估［M］.北京：中国社会科学出版社，2007.

9. 陈朝兵.公共服务质量的概念界定［J］.长白学刊，2017(1)：63-68.

10. 陈律.大型综合超市顾客满意度测评与提升实证分析［J］.商业经济研究，2015(22)：61-64.

11. 陈秋芳，刘沛珍.QC 小组活动在提高术前健康教育效果中的作用［J］.护士进修杂志，2000(09)：702-704.

12. 陈睿.沿海地区宗教参与养老存在的问题及对策研究——以浙江台州地区为例［J］.发展，2018(6)：47-49.

13. 陈世香，谢秋山.链接公共性和私人性：登哈特新公共服务理论评述［J］.公共管理与政策评论，2013.

14. 陈伟.收入分配视角的住房保障方式选择：国际经验与借鉴［J］.安徽行政学院学报，2018(6)：43-47.

15. 陈渭.标准化基础教程——标准化理论与实践［M］.北京：中国计量出版社，2008：1-3.

16. 陈文博.公共服务质量改进机制建设的英国经验——基于医疗卫生

领域的分析[J].东南学术,2012(1):113-121.

17.陈文博.公共服务质量评价与改进:研究综述[J].中国行政管理,2012(3):39-43.

18.陈翔宇,梁工谦.休哈特控制图在现代制造业质量控制中的作用和地位——纪念休哈特控制图诞生 80 周年[J].世界标准化与质量管理,2005(7):40-41.

19.陈信勇.中国社会保险制度研究[M].杭州:浙江大学出版社,2010.

20.陈晔,甘雪琼,韩明林,孙佳璐,马丽平.我国医院质量管理现状——基于五省调研[J].中国卫生政策研究,2016(9):49-54.

21.陈振明,等.公共服务质量管理——理论、方法与应用[M].北京:科学出版社,2017:14.

22.陈振明,耿旭.中国公共服务质量改进的理论与实践进展[J].厦门大学学报(哲学社会科学版),2016(1):58-68.

23.陈振明,孙杨杰.公共服务质量奖的兴起[J].湘潭大学学报,2014(4):7-12.

24.陈振明.公共服务导论[M].北京:北京大学出版社,2011:60.

25.程方升.服务型政府构建中的地方政府服务质量:缺口与完善[J].华中农业大学学报,2007(5).

26.程乐华.数据质量从何而来——写在社会保险数据质量年活动之际[J].中国社会保障,2009(6):43-44.

27.程谦.公共服务、公共问题与公共财政建设的关系[J].四川财政,2003(12):18-19.

28.褚超孚.城镇住房保障模式研究[M].北京:经济科学出版社,2005.

29.戴泰,刘志光.政府管理创新视阈中的加拿大公共服务改革[J].学术研究,2007(5):74-79.

30.戴维·奥斯本,特德·盖布勒.改革政府——企业精神如何改革着公营部门[M].上海市政协编译组,东方编译所,编译.上海:上海译文出版社,1996:21,151.

31.戴维·威尔逊,克里斯·盖姆.英国地方政府[M].张勇,译.北京:北京大学出版社,2009:27-28.

32.丹尼斯·C.缪勒.公共选择理论[M].杨春学,等译.北京:中国社会科学出版社,1999:321.

33.丹尼斯·A.荣迪内利.为人民服务的政府:民主治理中的公共行政

角色的转变[J].经济社会体制比较,2008(2).

34.邓剑伟,杨艳,杨添安.如何实施医疗服务质量第三方评价——日本JCQHC 医院审查政策及其借鉴[J].中国行政管理,2018(2):143-148.

35.习羽.基于 QFD 的高校图书馆服务质量保证体系研究[J].图书馆理论与实践,2015(1):78-81.

36.懂礼胜.中国公共物品供给[M].北京:中国社会出版社,2007:18.

37.段冰.基于结构方程的顾客满意度测评模型[J].统计与决策,2013(12):48-50.

38.E.拉兹洛.决定命运的选择[M].李吟波,等译.北京:生活、读书、新知三联书店,1997:6.

39.E.S.萨瓦斯.民营化与公私部门的伙伴关系[M].北京:中国人民大学出版社,2002:42.

40.冯华.社会保险信息网络可靠性与数据安全技术研究,无线互联科技,社会保险大数据前程[J].中国社会保障,2017(6):42-45.

41.冯云廷.城市公共服务体制:理论探索与实践[M].北京:中国财政经济出版社,2004.

42.符启林.房地产法(第四版)[M].北京:法律出版社,2009:365.

43.符启林,等.住房保障法律制度研究[M].北京:知识产权出版社,2012(1).

44.付强.创新政府医疗服务质量及安全监管:动因与路径[J].中国行政管理,2018(10):13-16.

45.甘藏春,田世宏.中华人民共和国标准化法释义[M].北京:中国法制出版社,2017:15.

46.高和荣.建国 70 年中国社会救助制度的发展与展望[J].济南大学学报(社会科学版),2019(2).

47.广东省社会保险基金管理局课题组.社会保险经办风险评估及应对[M].北京:经济管理出版社,2011.

48.郭力源.共建共享:对社会服务新挑战的破题[J].学习与实践,2018(3).

49.韩朝胜.基于多属性决策的电子商务顾客满意度测评[J].统计与决策,2011(02):167-169.

50.汉斯·范登·德尔,本·范·韦尔瑟芬.民主与福利经济学[M].北京:中国社会科学出版社,1999.

51. 洪涛,曾其勇,杨其华.基于 QC 小组的课程设计组织方法[J]. 实验室研究与探索,2012, 31(01)：138-141.

52. 侯玉兰,冯晓英.城市社区发展国际比较研究[M].北京：北京出版社,2000.

53. 胡川宁.住房保障法律制度研究[M].北京：法律出版社,2016.

54. 胡宏伟,杜晓静.新时代中国社会救助精准治理——现状、挑战与改进[J].北京航空航天大学学报(社会科学版),2019(2).

55. 胡吉亚.英、美、新共有产权房运作模式及其对我国的有益启示[J].理论探索,2018(5):95-102.

56. 胡水星.社区教育信息化服务质量评价指标体系研究——基于 SERVQUAL 评价模型的视角[J]. 教育发展研究,2015(23)：77-84.

57. 胡税根,徐元帅.我国政府公共服务标准化建设研究[J].天津行政学院学报,2009(6).

58. 淮建军,刘新梅.公共服务研究：文献综述[J].中国行政管理,2007(7).

59. 黄海.美国医疗风险管理做法及对我国医院建设的启示[J].医院院长论坛,2013(6):54-59.

60. 黄恒学,张勇.政府基本公共服务标准化研究[M].北京：人民出版社,2011:130—132.

61. 黄伟.大型公共体育场馆顾客满意度评价体系研究[J].当代体育科技,2017,7(08)：168-169.

62. 黄新华.从公共物品到公共服务——概念嬗变中学科研究视角的转变[J].学习论坛,2014(12).

63. 贾玉东.浅析布莱尔的"第三条道路"[J].乌鲁木齐职业大学学报,2005 (3):81-83.

64. 江治强.新时代社会救助制度改革的方向与思路[J].中国民政,2019(5).

65. 姜异康,袁曙宏,韩康等.国外公共服务体系建设与我国建设服务型政府[J].中国行政管理,2011 (2).

66. 景军,高良敏.寺院养老：人间佛教从慈善走向公益之路[J].思想战线,2018(3):37-47.

67. 拉塞尔·M.林登.无缝隙政府[M].北京：中国人民大学出版社,2002:3.

68. 莱昂·狄骥. 公法的变迁——法律与国家[M]. 邓戈,译. 沈阳:辽海出版社,1999:33,47,50,53,446.

69. 赖长春. 略论社区教育评价指标体系构建:顾客满意度测评视角[J]. 职教论坛,2017(09):48-51.

70. 蓝志勇,陈国权. 当代西方公共管理前沿理论述评[J]. 公共管理学报,2007(3):1-12.

71. 李保强,马婷婷. 公共教育服务的概念及其体系架构分析[J]. 教育理论与实践,2014,34(7):35-38.

72. 李靖. 在中国建设服务型政府的理论基础[J]. 政治学研究,2005(4):70-72.

73. 李军鹏. 公共服务型政府[M]. 北京:北京大学出版社,2004.

74. 李军鹏. 公共服务型政府建设指南[M]. 北京:中共党史出版社,2005:19-22.

75. 李柯平. 住房金融政策的国际比较与借鉴[J]. 时代金融,2018(2):49-49.

76. 李宁. 基于QFD的高校创业人才有效培养研究[J]. 中国成人教育,2017(18):71-74.

77. 李绥州. 我国推进公共服务标准化的形势和任务[J]. 中国质量万里行,2015(11):34.

78. 李艳丽,高建民,闫菊娥,杨晓玮. 医疗卫生服务质量改进中的政府责任[J]. 卫生经济研究,2015(5):34-36.

79. 李洋,杜蕾,张立超. FMEA法在医疗风险管理中的应用现状与展望[J]. 中国医院管理,2014(9):36-37.

80. 李勇刚,高波,王璟. 晋升激励、土地财政与公共教育均等化[J]. 山西财经大学学报,2012,34(12):1-9.

81. 理查德·B. 博克斯. 公民治理:引领世纪的美国社区[M]. 孙伯瑛,译. 北京:中国人民大学出版社,2005:19.

82. 廖永平. 简明质量工具与方法[M]. 北京:中国科学技术出版社,2012(1).

83. 林光琳. 五个"创新"推动政府有效履行教育职责[J]. 北京教育(普教版),2018(11):35-38.

84. 林闽钢,杨钰. 公共服务质量评价:国外经验与中国改革取向[J]. 宏观质量研究,2016(3):90-98.

85. 林全艺.新疆自治区人口计生委启动计划生育 QC 小组活动[J].中国计划生育学杂志,2005(06):379.

86. 林尚立.国内政府间关系[M].杭州:浙江人民出版社,1998:29.

87. 林义.社会保险基金管理(第三版)[M].北京:中国劳动社会保障出版社,2015.

88. 林赟,蒲昌伟.地方政府基础公共教育服务质量评价指标研究——以广东汕头市为例[J].广西职业技术学院学报,2017,10(03):79-82.

89. 刘斌,祁京,管群.美国医疗风险管理策略及启示[J].解放军医院管理杂志,2011(4):352-353.

90. 刘畅,李兆友.创业公共服务体系的构建研究[J].云南民族大学学报(哲学社会科学版),2018(3):120-126

91. 刘颢,妥艳洁.新西兰:行政改革的先驱者[J].中国社会工作,2007(7):17-18.

92. 刘鸿恩,张列平.质量功能展开(QFD)理论与方法——研究进展综述[J].系统工程,2007,18(2):1-6.

93. 刘琳,等.我国城镇住房保障制度研究[M].北京:中国计划出版社,2011.

94. 刘尚希.基本公共服务均等化:现实要求和政策路径[J].浙江经济,2007(13).

95. 刘武,刘钊,孙宇.公共服务顾客满意度测评的结构方程模型方法[J].科技与管理,2009,11(04):40-44.

96. 刘旭涛.行政改革新理论:公共服务市场化[J].中国改革,1999(3).

97. 刘阳科.对县级政府履行教育职责督导评价的多维视角[J].教育测量与评价,2019(02):22-26.

98. 刘颖,李晓敏.OECD 国家学前教育质量监测系统分析及其对我国的启示[J].学前教育研究,2016(03):3-14.

99. 刘玉敏,张晓丽,徐济超.顾客满意度测评的质量功能展开方法[J].系统工程理论与实践,2004(09):20-27.

100. 柳成洋,等.社会管理和公共服务标准化概论[M].北京:中国质检出版社,2014:7.

101. 娄兆锋,曹冬英.公共服务导向中基本公共服务与非基本公共服务之研究[J].中国行政管理,2015(3):104.

102. 卢映川,万鹏飞.创新公共服务的组织与管理[M].北京:人民出版社,2007.

103. 罗伯特·B.丹哈特.公共组织理论(第三版)[M].北京:中国人民大学出版社,2003:200.

104. (美)罗伯特·登哈特.公共组织理论[M].扶松茂,丁力,译.北京:中国人民大学出版社,2003:10.

105. 罗海成.基于服务质量的地方政府服务竞争力研究:概念模型及研究命题[J].福建行政学院学报,2011(3).

106. 吕维霞.公众感知行政服务质量对政府声誉的影响机制研究[J].中国人民大学学报,2010(4).

107. 马凯,张婷,马力辉.基于QFD质量屋模型的远程医疗规划设计[J].重庆医学,2013,42(18):2169-2184.

108. 迈克尔·哈默,詹姆斯·钱皮.改革公司:企业革命的宣言书[M].上海:上海译文出版社,1999:2.

109. 毛建仓.零缺陷质量管理探析[J].航空标准化与质量,2001(6):23-24.

110. 毛连程.西方财政思想史[M].北京:经济科学出版社,2003:123.

111. 梅虎,朱金福,汪侠.基于灰色关联分析的旅游景区顾客满意度测评研究[J].旅游科学,2005(05):31-36.

112. 慕小军,鲜静林.质量管理的世纪回顾与发展展望[J].甘肃理论学刊,2001(2):62-65.

113. 纳菡,郑晓瑛.宗教在养老机构中的介入和作用研究——以北京市牛街民族敬老院为例[J].人口与发展,2017(1):82-91.

114. 欧文·E.休斯.公共管理导论(第三版,英文)[M].北京:中国人民大学出版社,2004:52-53.

115. 潘锦棠.社会保险[M].北京:中国人民大学出版社,2011(12).

116. 彭和平,竹立家.国外公共行政理论精选[M].北京:中共中央党校出版社,1997:1.

117. 彭锦鹏.全观型治理:理论与制度化策略[J].政治科学论丛(台湾),2005(23).

118. 蒲晓红,鲁宁宁,李军.提升我国农业转移人口就业质量的途径——基于公共就业服务视角[J].上海行政学院学报,2015(9):81-91.

119. 全国服务标准化技术委员会.服务业标准化[M].北京:中国质检出版社,2013:7-9.

120. 萨尔瓦托雷·斯基亚沃—坎波,丹尼尔·托马西.公共支出管理[M].张通,译校.北京:中国财政经济出版社,2001:77-78.

121. 上海市质量和标准化研究所.公共服务标准化理论与实务[M].北京:中国质检出版社,中国标准出版社,2015:32.

122. 上海市质量和标准化研究院.公共服务标准化理论与实务[M].北京:中国质检出版社,2015:55-58,60-61.

123. 尚慎文,姜建平.质量管理的基本理论[M].山东交通科技,1997(4):90-94.

124. 沈云交.质量理论体系的一个模式——费根堡姆全面质量管理理论研究[J].标准科学,2007(9):38-40.

125. 史潮.社会保险学[M].北京:科学出版社,2012.

126. 史蒂文·科恩,罗纳德·布兰德.政府全面质量管理实践指南[M].孔宪遂,译.北京:中国人民大学出版社,2002:12-13.

127. 世界银行东亚与太平洋地区.改善农村公共服务[M].北京:中信出版社,2008:9.

128. 舒辉.标准化管理[M].北京:北京大学出版社,2016:48-50.

129. 宋雄伟.话语构建与路径依赖:英国大社会公共服务及对中国的启示[J].中国行政管理,2016(3):137-141.

130. 苏明理,姜彩楼,仲宇.中国体育事业标准化建设研究[J].西安体育学院学报,2003,20(4):15-17.

131. 孙恒有.WTO背景下我国政府服务质量差距分析[J].领导科学,2004(18).

132. 孙吉海.解读公共行政学的范式转型[J].行政论坛,2006(5):18-20.

133. 孙健.西方国家公共行政范式的演变及其发展趋势[J].学术界(6):271-277.

134. 孙树菡,毛艾琳.社会保险学[M].北京:北京师范大学出版社,2012.

135. 孙树菡.社会保险学[M].北京:中国人民大学出版社,2008.

136. 唐兴霖.公共行政组织原理[M].广州:中山大学出版社,2002.

137. 滕尼斯.共同体与社会[M].林荣远,译.北京:商务印书馆,1999.

138. 田丹,赵列兵,江忠仪,等.上海20家医院质量管理现况及对策研究[J].中华医院管理杂志,2015(8):611-614.

139. 王才兴等.构建完善的体育公共服务体系[J].体育科研,2008(2): 1-13.

140. 王国田.国外住房保障和供应制度的对比[J].城乡建设,2018,550 (19):72-74.

141. 王海燕,张斯琪,仲琴.服务质量管理[M].北京:电子工业出版社, 2014:92.

142. 王杰,程琳,陈庆红,袁世荧,姚尚龙.湖北省麻醉质控云平台——新 医疗环境中的质控利器[J].麻醉安全与质控,2017(4):217-222.

143. 王齐奉.高校教育服务质量感知的定量研究[J].高等工程教育研 究,2003(6).

144. 王庆锋.国外公共部门质量管理机制研究[M].北京:中国经济出版 社,2007:169-173.

145. 王维.我国各省份基本公共教育服务水平评价研究[J].教育科学, 2017,33(02):1-10.

146. 王阳.中国公共就业服务的供给机制——以国外就业服务供给经验 为参照[J].经济与管理研究,2015(9):53-59

147. 王元华,曾凤章.基于熵值法的顾客满意度测评[J].商业研究,2004 (22):11-13.

148. 王志平.人类发展指数(HDI)含义、方法及改进[J].上海行政学院 院报,2007(3):47-57.

149. 魏晋才,沈志峰,周海燕,林海芬.基于患者感知的医疗卫生服务质 量评价模型分析[J].中国医院管理,2007(4):25-27.

150. 翁列恩,胡税根.发达国家公共服务均等化政策及其对我国的启示 [J].甘肃行政学院学报,2009(2):23-29.

151. 翁列恩.地方政府创新的动因及其作用机制研究[M].北京:中国社 会科学出版社,2019.

152. 吴旭梅,卢福营.宗教机构养老:一种独特的养老服务方式——以温 州基督教会柳市堂"敬老之家"为例[J].浙江师范大学学报(社会科学版), 2015(1):77-82.

153. 武树帜.发展城乡便民服务网络推动"创业就业"——湖南省创建新 型现代公共服务业的实践与启示[J].中国行政管理,2013(4):123.

154. 奚立峰,宋玉红,潘尔顺,等.零缺陷质量管理思想的应用与实践 [J].工业工程与管理,2003(1):9-12+29.

155. 夏敬.社会保险理论与实务[M].大连：东北财经大学出版社，2011
(10).

156. 肖林鹏,李宗浩,杨晓晨.我国公共体育服务体系概念开发及其结构
探讨[J].天津体育学院学报,2007(6):472-475.

157. 谢星全,朱筱屿.基本公共服务质量评价研究——以基本住房保障
服务为例[J].软科学，2018,32(03):29-32.

158. 谢星全.基本公共服务质量评价研究——以基本医疗卫生服务为例
[J].宏观质量研究,2018(1):44-54.

159. 邢文英.QC小组基础教材[M].北京：中国社会出版社,2008:5-9.

160. 熊伟.质量功能展开:理论与方法[M].北京：科学出版社,2012.

161. 徐爱秋.锁定关键纲举目张——推动区县政府有效履行教育职责的
沈阳经验[J].北京教育(普教版),2018(12):26-28.

162. 徐双敏,张远凤.公共事业管理概论(第二版)[J].北京：北京大学出
版社,2013:170.

163. 徐小青.中国农村公共服务[M].北京：中国发展出版社,2002.

164. 徐迅."后现代"景观中的国家[A].刘军宁.自由与社群[M].北京：
生活·读书·新知三联书店,1998:271.

165. 杨宝,李秋月.社会服务的合作生产:基本框架与实践类型——基于
多案例的比较研究[J].学习与实践,2017(11).

166. 杨波,袁俊辉.基本公共教育服务精细化治理的运行逻辑及价值蕴
含[J].武汉交通职业学院学报,2018(2):29-33.

167. 杨明伟.新公共管理理论述评[J].四川行政学院学报,2005(2):
21-24.

168. 姚迈新.公共治理的理论基础:政府、市场与社会的三边互动[J].陕
西行政学院学报,2010,24(1):21-25.

169. 易丽丹,刘庭芳.我国综合性公立医院医疗质量管理组织架构调查
研究:以深证市为例[J].中国医院,2017(12):28-32.

170. 尹文嘉.论后新公共管理的缘起[J].广西大学学报(哲学社会科学
版),2013(1):97-103.

171. 余姚市高校毕业生就业创业领导小组办公室.浙江余姚：立体式服
务助力毕业生就业创业[J].中国人才,2011(11):42-45.

172. 俞可平.全球化时代的"社会主义"[M].北京：中央编译出版社,
1998:173.

173. 俞可平.治理与善治[M].北京:社会科学文献出版社,2000:86-96.

174. 约翰·奈斯比特.大趋势[M].北京:新华出版社,1984:336.

175. 张定淮,曹晓明.全球化时代各国政府行政改革[J].马克思主义与现实,1999(1):32-34.

176. 张公绪,孙静.统计过程控制与诊断第八讲两种质量诊断理论与选控图[J].质量与可靠性,2003(2):42-46.

177. 张华新,刘海莺.公共就业服务体系满意度的测评及实证[J].统计与决策,2010(9):92-93.

178. 张锦,梁海霞,杜海东.基于QFD的高职创业教育学生满意度评价体系构建与实证研究[J].职业技术教育,2014,35(26):41-44.

179. 张立荣,姜庆志.国内外服务型政府和公共服务体系建设研究述评[J].政治学研究,2013(1).

180. 张立荣,冷向明.协同治理与我国公共危机管理模式创新——基于协同理论的视角[J].华中师范大学学报(人文社会科学版),2008(2):11-19.

181. 张小燕,吴婉玲,韩娟,等.开展QC小组活动改善病房的空气质量[J].护士进修杂志,2001(11):820-821.

182. 张序.与"公共服务"相关概念的辨析[J].管理学刊,2010(4).

183. 张祝平.当代乡村社会民间信仰的养老参与[J].武汉大学学报(人文科学版),2017(5):53-62.

184. 赵凯.美国纽约房屋租金立法管制及其启示[J].价格理论与实践,2012(10):45-46.

185. 赵黎青.什么是公共服务[J].中国人才,2008(15).

186. 赵武,张颖,石贵龙.质量机能展开(QFD)研究综述[J].世界标准化与质量管理,2007(4):56-61.

187. 赵晏,邢占军,李广.政府公共服务质量的评价指标测定[J].重庆社会科学,2011(10).

188. 珍妮特·V.登哈特,罗伯特·B.登哈特,登哈特.新公共服务:服务,而不是掌舵[M].北京:中国人民大学出版社,2004:29.

189. 郑家鲲."十二五"时期构建我国公共体育服务体系的若干思考[J].成都体育学院学报,2011,37(12):1-6.

190. 中国质量协会.质量管理小组基础知识[M].北京:中国计量出版社,2010:2.

191. 中华人民共和国国家卫生健康委员会.法律法规及标准的统计[R].

http://www.nhc.gov.cn/wjw/xinx/xinxi.shtml.

192. 中华人民共和国国务院新闻办公室.国务院关于印发"十三五"推进基本公共服务均等化规划的通知[R].http://www.scio.gov.cn/xwfbh/xwbfbh/wqfbh/35861/36367/xgzc36373/Document/1544135/1544135 1.htm

193. 周光礼.改革体制机制推进基本公共教育服务体系现代化[J].人民教育,2017(19):48-50.

194. 周平,孙蓉蓉,韩光曙.对28所三级医院质量管理架构的调查与思考[J].中国医院,2018(2):48-50.

195. 周晓红.公共管理学概论[M].北京:中央广播电视大学出版社,2003.

196. 周晓雨,马晓东.新公共服务理论及其对中国政府管理的借鉴[J].新强社科论坛,2005.

197. 周志忍.当代国外行政改革比较研究[M].北京:国家行政学院出版社,1999:81.

198. 周志忍.公共部门质量管理:新世纪的新趋势[J].国家行政学院学报,2000(2).

199. 朱德清.浙江安吉力推"一园区一专员"创业服务模式[J].中国人才,2013(5):47.

200. 朱迪·斯特劳斯,等.网络营销(第四版)[M].北京:中国人民大学出版社,2007.

201. 朱国玮,刘晓川.公共部门服务质量评价研究[J].中国行政管理,2010(4):24-26.

后　记

　　我国社会主义建设进入新时代,经济社会快速发展,简政放权、放管结合、优化服务有效激发了市场活力,加快了新旧动能转换,增进了社会公平正义,促进了经济社会高质量发展,同样,公共服务也被寄予了更高的期待,高质量公共服务成为重要发展趋势。本书立足公共服务质量管理,从理论和实践两个方面开展深入分析,对公共服务质量管理的相关理论及研究方法进行剖析,并结合公共服务质量管理的现状,解读我国七大公共服务领域的实践,具体包括:社会服务、公共文化体育服务、公共教育服务、劳动就业创业服务、社会保险服务、医疗卫生服务和住房保障服务。本书由中国计量大学长期从事公共服务质量管理及标准化管理的研究团队合作完成,虞华君撰写第一章和第十章,梁皓撰写第二章,霍荣棉撰写第三章和第八章,赵春鱼撰写第四章和第九章,李战国撰写第五章,翁列恩撰写第六章和第七章,吴丽撰写第十一章和第十三章,朱蕾蕊撰写第十二章。

　　本书在撰写过程中获得了许多专家学者及领导的支持,中国计量大学宋明顺校长为本书题写了序言,对本书提出了许多建设性意见,进一步完善了本书的体系结构。同时,本书得到了中国计量大学重点建设教材以及研究生教材项目的联合资助,保障了本书的顺利出版。本书也得到浙江大学出版社曾建林、李海燕等老师的大力支持,使本书得以加快出版,深表感谢。此外,本书在撰写过程中也参考了许多前人的研究成果,使本书的内容更为全面和丰富,在此一并表示感谢!

虞华君

2020 年 7 月 10 日

图书在版编目（CIP）数据

公共服务质量管理理论与实践 / 虞华君等编著. —杭州：
浙江大学出版社，2021.3
ISBN 978-7-308-21029-4

Ⅰ. ①公… Ⅱ. ①虞… Ⅲ. ①公共服务－质量管理－
高等学校－教材 Ⅳ. ①C916.2

中国版本图书馆 CIP 数据核字（2021）第 019583 号

公共服务质量管理理论与实践

虞华君　霍荣棉　翁列恩　吴　丽　等编著

责任编辑	李海燕
责任校对	王建英　孙秀丽
封面设计	雷建军
出版发行	浙江大学出版社
	（杭州市天目山路 148 号　邮政编码 310007）
	（网址：http://www.zjupress.com）
排　　版	杭州好友排版工作室
印　　刷	杭州高腾印务有限公司
开　　本	710mm×1000mm　1/16
印　　张	20.5
字　　数	414 千
版 印 次	2021 年 3 月第 1 版　2021 年 3 月第 1 次印刷
书　　号	ISBN 978-7-308-21029-4
定　　价	56.00 元